丛 书 主 编 石长顺
丛书副主编 郭 可 支庭荣

全国高校网络与新媒体专业规划教材

突发新闻教程

李军 著

北京大学出版社
PEKING UNIVERSITY PRESS

图书在版编目 (CIP) 数据

突发新闻教程 / 李军著 . —北京：北京大学出版社，2015. 11
（全国高校网络与新媒体专业规划教材）
ISBN 978-7-301-25947-4

Ⅰ . ①突… Ⅱ . ①李… Ⅲ . ①突发事件 – 新闻报道 – 高等学校 – 教材 Ⅳ . ① G212

中国版本图书馆 CIP 数据核字 (2015) 第 132145 号

书　　名 突发新闻教程
TUFA XINWEN JIAOCHENG
著作责任者 李　军　著
责任编辑 韩文君　李淑方
标准书号 ISBN 978-7-301-25947-4
出版发行 北京大学出版社
地　　址 北京市海淀区成府路 205 号　100871
网　　址 http://www.pup.cn　新浪微博：@ 北京大学出版社
电子信箱 zyl@pup.pku.edu.cn
电　　话 邮购部 62752015　发行部 62750672　编辑部 62767857
印 刷 者 三河市博文印刷有限公司
经 销 者 新华书店
787 毫米 ×1092 毫米　16 开本　21.25 印张　480 千字
2015 年 11 月第 1 版　2015 年 11 月第 1 次印刷
定　　价 45.00 元

总　　序

国家教育部在2012年公布的本科专业目录中，首次在新闻传播学学科中列入特设专业“网络与新媒体”，这是自1998年以来为适应社会发展需要，该学科新增的两个专业（其中包括数字出版专业）之一。实际上，早在1998年，华中科技大学就面对互联网新媒体的迅速崛起和新闻传播业界对网络新媒体人才的急迫需求，率先在全国开办了网络新闻专业（方向）。当时，该校新闻与信息传播学院在新闻学本科专业中采取“2＋2”方式，开办了一个网络新闻专业（方向）班，即面向华中科技大学理工科招考二年级学生，然后在新闻学院继续学习两年新闻学专业课程。首届学生毕业时受到了业界的特别青睐，并成为新华社等媒体报道的新闻。

2013年，在教育部新颁布《普通高等学校本科专业目录（2012）》之后，全国首次有28所高校申办了“网络与新媒体”专业并获得教育部批准，继而开始正式对外招生。招生学校涵盖“985”高校、“211”高校和省属高校、独立学院四个层次。这28所高校的网络与新媒体专业，不包括同期批复的45个相关专业“数字媒体艺术”和此前全国高校业已存在的31个基本偏向网络新闻方向的传播学专业。2014年，教育部又公布了第二批确定的普通高等学校“网络与新媒体”专业，计有20所高校。

过去的一年正是现代互联网诞生30周年的年份。30年的发展，网络与新媒体已成为当代人们生活的一部分，并逐渐走向21世纪的商业和文化中心。数字化媒体不但改变了世界，改变了人们的通讯手段和习惯，也改变了媒介传播生态，推动着基于网络与新媒体的新闻传播学教育改革与发展，成为当代社会与高等教育研究的重要领域。尼葛洛庞蒂于《数字化生存》一书中提出的“数字化将决定我们的生存”的著名预言（1995年），在网络与新媒体的快速发展中得到应验。

据中国互联网络信息中心（2014年7月）在京发布的第34次《中国互联网络发展状况统计报告》显示，截至2014年6月，我国网民规模达6.32亿，互联网普及率为46.9%（见图1），与10年前的8700万网民[①]规模相比，增长了近7.3倍，成为中国互联网发展的一大亮点。

网络与新媒体技术正处在一个不断变化的流动状态，其低门槛的进入使人与人之

① 2004年7月20日，中国互联网络信息中心（CNNIC）在京发布的“第十四次中国互联网络发展状况统计报告”。

间的交往变得更为便捷，世界已从“地球村”走向了“小木屋”，时空概念的消解正在打破国家之间、地域之间的界限。加上我国手机网民数量持续增长，手机网民规模目前首次超越传统 PC 网民规模，达到 5.27 亿用户，网民中使用手机上网的人群比例也由 2013 年的 81.0%提升至 83.4%，这是否标志着移动互联网时代的到来，让“人人都是记者”成为现实呢？

网络与新媒体的发展重新定义了新媒体形态。新媒体作为一个相对的概念，已从早期的广播与电视转向互联网。随着数字技术的发展，新媒体更新的速度与形态的变化时间越来越短(见图 2)。当代新媒体的内涵与外延已从单一的互联网发展到网络广播电视、手机电视、博客、微信、互联网电视等。在网络环境下，一种新的媒体格局正在出现。

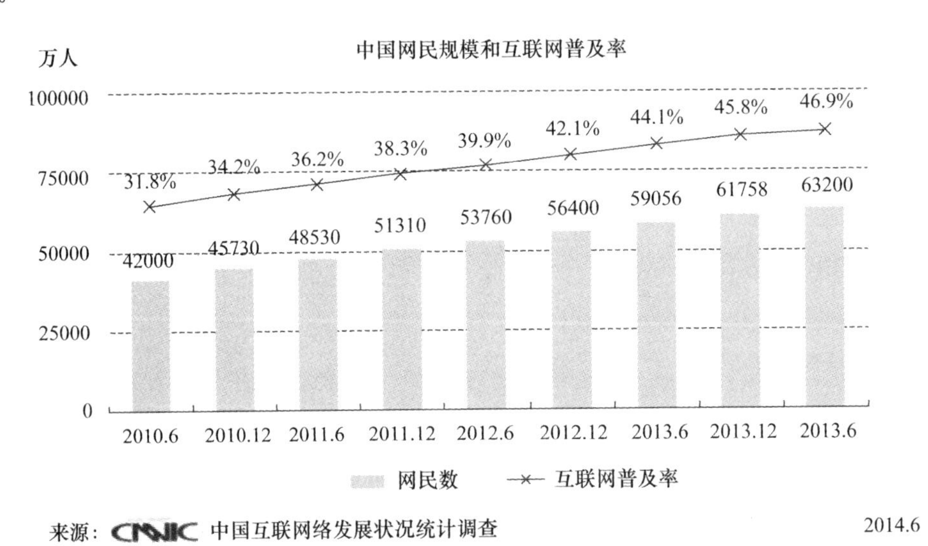

图 1　中国互联网发展规模图

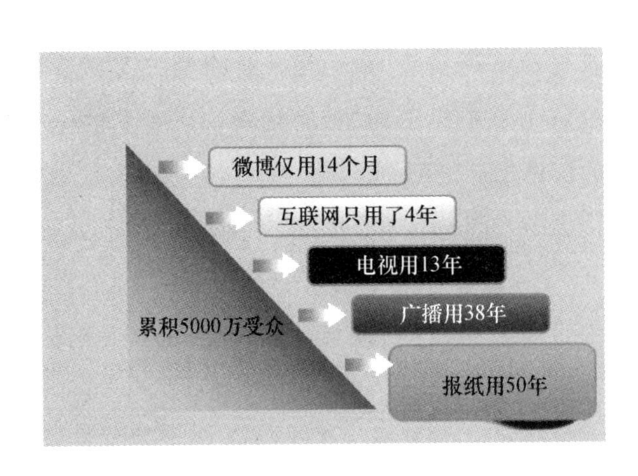

图 2　各类媒体形成“规模”的标志时间

基于网络与新媒体的全媒体转型也正在迅速推行，并在四个方面改变着新闻业，即改变着新闻内容、改变着记者的工作方式、改变着新闻编辑室和新闻业的结构、改变着新闻机构与公众和政府之间的关系。① 相应地也改变着新闻和大众传播教育，包括新闻和大众传播教育的结构、教育者的工作方式和新闻传播学专业讲授的内容。

为使新设的"网络与新媒体"专业从一开始就走向规范化、科学化的发展建设之路，加强和完善课程体系建设，探索新专业人才培养模式，促进学界之间的教学交流，共同推进"网络与新媒体"专业教育，由华中科技大学广播电视与新媒体研究院及华中科技大学武昌分校主办，北京大学出版社承办的"全国高校网络与新媒体专业学科建设"研讨会，于2013年5月25—26日在华中科技大学举办。参加会议的70多名高校代表就议题"网络与新媒体"专业培养模式、"网络与新媒体"专业主干课程体系等展开了研讨，通过全国高校之间的学习对话，在网络与新媒体专业主干课和专业选修课的设置方面初步达成一致意见，形成了"网络与新媒体"专业新建课程体系。

"网络与新媒体"主干课程共14门：网络与新媒体（传播）概论、网络与新媒体发展史、网络与新媒体研究方法、网络与新媒体技术、网页设计与制作、网络与新媒体编辑、全媒体新闻采写、视听新媒体节目制作教程、融合新闻学、网络与新媒体运营与管理、网络与新媒体用户分析、网络与新媒体广告策划、网络法规与伦理、新媒体与社会。

选修课程初定8门：西方网络与新媒体理论、网络与新媒体舆情监测、网络与新媒体经典案例、网络与新媒体文学、动画设计、数字出版、数据新闻挖掘与报道、网络媒介数据分析与应用。

这些课程的设计是基于全国28所高校"网络与新媒体"新专业申报目录、网络与新媒体专业的社会调查，以及长期相关教学研究的经验讨论而形成的，也算是这次首届会议的一大收获。新专业建设应教材先行，因此，在这次会议上应各高校的要求，组建了全国高校"网络与新媒体"专业"十二五"规划教材编辑委员会，全国参会的26所高校中有50多位学者申报参编教材。在北京大学出版社及李淑方编辑的大力支持下，经过个人申报、会议集体审议，初步确立了30种教材编写计划，并现场与北京大学出版社签订了教材编写合同，这套网络与新媒体专业"十二五"规划系列教材，计划近三年内完成。出版教材包括：

《网络与新媒体概论》《西方网络与新媒体理论》《新媒体研究方法》《融合新闻学》《网页设计与制作》《全媒体新闻采写》《网络与新媒体编辑》《网络与新媒体评论》《新媒体视听节目制作》《网络与新媒体技术应用》《网络与新媒体经营》《网络与新媒体广告》《网络

① [美]约翰·V.帕夫利克.新闻业与新媒介[M].张军芳，译.北京：新华出版社，2005：5。

与新媒体用户分析》《网络法规与伦理》《新媒体与社会》《数字媒体导论》《数字出版导论》《网络与新媒体游戏导论》《网络媒体实务》《网络舆情监测与分析》《网络与新媒体经典案例评析》《网络媒介数据分析与应用》《网络播音主持》《网络与新媒体文学》《网络与新媒体营销传播》《网络与新媒体实验教学》《网络文化教程》《全媒体动画设计赏析》《突发新闻教程》《文化产业概论》。

这套教材是我国高校新闻教育工作者探索"网络与新媒体"专业建设规范化的初步尝试,它将在网络与新媒体的高等教育中不断创新实践,不断修订完善。希望广大师生、学者、业界人士不吝赐教,以便这套教材更加符合网络与新媒体的发展规律和教学改革理念。

石长顺

2014 年 7 月

(作者系华中科技大学广播电视与新媒体研究院院长、教授)

前　言

《突发新闻教程》以全媒体环境为视域对突发新闻传播规律与现象进行研究，立足新闻学，综合运用管理学、社会学、心理学、传播学和政治学的相关理论，探讨了新的传播环境对我国现有突发新闻报道机制的挑战和应对之策；并结合近年来发生的一些重大突发事件，对我国各类媒体突发新闻报道方式以及舆论引导方法和策略进行了分析；为改进和完善我国突发新闻报道体制和机制，提高突发新闻报道质量和提升突发新闻报道研究水平提供了新的视角和思路，力求在突发新闻报道的理论架构上形成一套较为完整的体系，推动全媒体环境下突发新闻报道的有效传播。

培养学生的突发新闻传播能力已成为当代新闻教育教学工作的一个重要课题。这是因为我国已经进入突发事件的多发时期，突发事件的发生正在由"非常态"转变成为"常态"。我国曾经在较长一段时期内对突发公共事件采用"缓报"或"不报"的做法。这种做法在相对封闭的社会环境和媒介环境下一度"有效"，但随着我国社会开放程度的加深和公众媒介接触能力的增强，"捂着""盖着"的做法越来越行不通。

全媒体时代的技术革命颠覆了关于突发新闻报道及其管理的传统观念。全媒体环境使突发事件瞬间就能形成"舆论风波"。如何做好突发公共事件新闻报道成为我国新闻媒体面临的新挑战、新课题。本书总结整理了近年来突发新闻传播实践经验，诠释了适应全媒体环境下国家信息开放的管理政策，这成为本书的一个特点。

信息全球化时代，"媒介融合"与业界的全媒体转型已成为国际新闻传播的趋势，对其进行的实践探索与理论研究正成为新闻传播教育领域的主流。在全媒体环境下，突发新闻报道出现了与传统媒体时代显著不同的特点，并成为衡量媒介人员素质及政府各部门工作人员应对能力的试金石。新闻院校必须尽快培养适应全媒体环境特别是能够报道突发新闻的新闻人才。

随着传播突发新闻的主体从传统媒体向手机、社会网站等自媒体转移，"公民记者"队伍像滚雪球似地不断扩大，对其如何加以引导与规范？对这些新的现象必须进行新的研究，以期阐释突发新闻传播的新现象新办法，本书试图为此作出努力。

2013 年，全国设立网络与新媒体专业的有 28 所高校。在首届全国高校网络与新媒体专业学科建设研讨会上，已将"突发新闻报道"列为应开课程。随着大家对于突发新闻报道越来越重视，必将越来越重视此课程的教学。实际上，这一课程可以在新闻传播学各专业中开设。

由本人领衔负责的全媒体时代突发新闻传播能力培养及教学模式研究课题，以本教材为核心内容，已申报立项为湖北省教育科学十二五规划 2013 年度课题，课题申报报告中已提出本课程应成为高校本科新闻专业的主干必修课。

突发新闻传播能力的培养是当代新闻教育的重要课题。这种能力的内容体系可以从突发事件演变为突发新闻的转换过程、发现过程、传播过程，归纳出思维、沟通、写作等三大方面的九种能力，具体表述为：快速反应能力、观念更新能力、道德坚守能力，人际交往能力、信息采集能力、价值判断能力，语言表达能力、叙事模化能力、体裁掌握能力。本书正是以此种能力构成体系来进行系统阐述的。

新闻传播学本身是一门实践性很强的学科，突发新闻传播因其独特的传播效应更强调了其实践性要求。本教材充分考虑到这一特点，以大量篇幅对突发新闻传播的实际操作进行了归纳，其中也融入了笔者从事 30 余年新闻工作的实践经验。希望本书能给同学们的学习增添裨益。

李　军

2014 年 12 月 30 日

目　录

发现篇

传播篇

转换篇

第一章 绪 论

学习目标

1. 突发事件概述。
2. 突发事件与突发新闻。
3. 突发新闻传播的媒介形态及相互影响。

突发新闻并非等同于突发事件。突发事件是客观世界现实发生的一种灾难性的事实,它是客观的;突发新闻是传者对突发事件的反映与传播,带有传者的主观烙印。因而,突发新闻与突发事件常会出现差异。

正是这种差异需要新闻传播界长期不懈地付出努力,也正是这种差异对新闻工作者提出了更高的素质要求。

突发事件与突发新闻是我们的研究对象。突发新闻的传播在不同的媒介环境中会发生不同的演变。分析突发新闻在不同的媒介环境中的传播手段、效果及演变,就成为我们研究突发新闻传播现象的内容。

第一节 突发事件概述

一、什么是突发事件

广义上,突发事件可被理解为突然发生的事情:第一层的含义是事件发生、发展的速度很快,出乎意料;第二层的含义是事件难以应对,必须采取非常规方法来处理。

狭义上,突发事件就是意外地突然发生的重大或敏感事件,简言之,就是天灾人祸。天灾即自然灾害;人祸如恐怖事件、社会冲突、丑闻,包括大量谣言等,专家也称其为“危机”。

下面来看一条新闻:

昆山爆炸事故已致65人死亡150多人受伤

新华网江苏昆山(2014年)8月2日电(记者刘巍巍) 2日上午7时37分许,江苏省昆山市开发区中荣金属制品有限公司汽车轮毂抛光车间在生产过程中发生爆炸。截至11时30分,事故造成65人死亡,150多人受伤。

江苏省委书记罗志军、省长李学勇立即作出批示,要求省市县迅速行动起来,千方百计救治伤员,抢救生命,并正在赶往现场。

这条新闻报道的就是一个突发事件。突发事件是指突然发生,造成或者可能造成重大人员伤亡、财产损失、生态环境破坏和严重社会危害,危及公共安全,需要立即处理的紧急事件。

根据2007年11月1日起施行的《中华人民共和国突发事件应对法》(以下简称《突发事件应对法》)的规定,突发事件,是指突然发生,造成或者可能造成严重社会危害,需要采取应急处置措施予以应对的自然灾害、事故灾难、公共卫生事件和社会安全事件。

二、突发事件分类

关于突发事件的概念,学界的认识差别不大,但对其外延的界定,区别则比较大。有的按性质将突发事件分为自然性突发事件和社会性突发事件;有的按事件影响将突发事件分为重大突发事件和一般突发事件;有的则按发生地域将突发事件分为国内的突发事件和国外的突发事件。

也有的将突发事件分为两类:

第一类突发事件的发生基本上是“一次性”的,即使还有可能再发生类似事件,也基本上是人们可预见或可控制的。例如:重大自然灾害、突发公共卫生事件中的流感、乙脑等;特大安全生产事故中的塌方、爆炸、化学品泄露等。

第二类突发事件,相对有较长的持续时间,事件的发展具有相当的不确定性,比较难以预见或控制,例如:突发公共卫生事件中的“非典”、禽流感;群体性事件中的非法集会、游行;影响国家安全的军事冲突、恐怖事件;气候等因素造成的自然灾害。[1]

根据《突发事件应对法》的规定,突发事件主要分为自然灾害、事故灾难、公共卫生、社会安全等四类事件。

(一)自然灾害

主要包括水旱灾害、气象灾害、地震灾害、地质灾害、海洋灾害、生物灾害和森林火灾等。下面一条新闻就是属于自然灾害的突发事件:

云南省鲁甸县6.5级地震已造成108万余人受灾398人死亡

人民网昆明(2014年)8月4日电(赵文瑞) 据国家民政部消息,来自云南省民政厅报告的,截至8月4日14时初步统计,云南省鲁甸县6.5级地震造成昭通市鲁甸县、巧家县、昭阳区和曲靖市会泽县108.84万人受灾,398人死亡,其中,鲁甸县319人、巧家县66人、昭阳区1人、会泽县12人;巧家县3人失踪;一共1801人受伤,22.97万人紧急转移安置,2.55万户7.98万间房屋倒塌,3.92万户12.4万间严重损坏,15.12万户46.61万间一般损坏。具体灾情正在进一步核查统计中。

(二)事故灾难

主要包括工厂商贸等企业的各类安全事故、交通运输事故、公共设施和设备事故、核与辐射事故、环境污染和生态破坏事件等。

本节前述的昆山爆炸事故就是属于事故灾难的突发事件。

（三）公共卫生事件

主要包括传染病疫情、群体性不明原因疾病、食品安全和职业危害、动物疫情，以及其他严重影响公众健康和生命安全的事件。如下条新闻：

世卫称埃博拉疫情已致887人死 中国严防疫情传入(节选)

世界卫生组织4日通报说，截至8月1日，几内亚、利比里亚、塞拉利昂和尼日利亚共计报告埃博拉病毒造成的累计病例数达1603例，其中887例死亡。中国官方已发布相关措施严防疫情传入。

世卫说，几内亚的死亡病例最多，有358名患者不治。该国的病例数有485例，显示死亡率较高。塞拉利昂目前是病例人数最多的国家，目前发现646例，其中273人死亡。

非洲人口第一大国尼日利亚的埃博拉疫情较受外界关注。尼日利亚卫生部长丘库4日表示，尼境内已确诊第二例埃博拉病毒感染者，患者为南部城市拉各斯的一名医生。

又一名感染埃博拉病毒的美国人计划于本月5日返回美国。此前已有一名感染埃博拉病毒的美国医生于2日返回美国接受隔离治疗。正在召开的美非峰会也严密排查埃博拉疫情。

中国质检总局4日下发《关于加强口岸埃博拉出血热疫情防控工作的通知》，要求各检验检疫局切实做好口岸卫生检疫工作，严防埃博拉出血热疫情传入中国……

（来源：中国新闻网，2014-08-05）

（四）社会安全事件

主要包括恐怖袭击事件、民族宗教事件、经济安全事件、涉外突发事件和群体性事件等。

新疆莎车暴恐案：击毙暴徒59人抓捕215人(节选)

据新华社电 (2014年8月)2日下午，新疆维吾尔自治区召开党委常委(扩大)会议，通报莎车县7月28日严重暴力恐怖袭击案件情况，对做好当前全疆稳定工作进行部署。中共中央政治局委员、自治区党委书记张春贤主持会议。

缴获“圣战”旗帜及大刀等工具

会议通报了莎车县7月28日严重暴力恐怖袭击案件情况。

经过公安机关全力侦查，7月28日发生在莎车县的严重暴力恐怖案件已基本查清。这是一起境内与境外恐怖组织相互勾连，有组织、有预谋、计划周密、性质恶劣的严重暴力恐怖袭击案件。案件造成无辜群众37人死亡(其中汉族35人、维吾尔族2人)，13人受伤，31辆车被打砸，其中6辆被烧。处置过程中，击毙暴徒59人，抓捕涉案人员215人，缴获“圣战”旗帜以及大刀、斧头等作案工具。

现查明，2013年以来，努尔买买提(真名努拉买提·萨吾提，莎车县艾力西湖镇人)与境外“东伊运”组织勾连，组织人员收听收看暴恐音视频，宣扬民族分裂和宗教极端思想，逐步形成了以其为头目的暴恐团伙。

三、突发事件特征

（一）突发性

突发事件的突发性是指对于突发事件是否发生，于什么时间、地点，以什么样的方式爆发，以及爆发的程度等情况，人们都始料未及，难以准确地把握。

（二）公共性

突发事件的公共性系指规模信息量大，它涉及下面几个因素：

一是涉及公共利益，即对公共财产或福利、公共安全、公共秩序产生影响(通常是消极的、负面的影响)；二是涉及公共资源和力量，体现在调动和整合全社会的人力、物力、信息等公共资源和力量上，这不仅意味着行政系统内部不同部门之间的协调和配合，同时意味着政府与社会组织及公民个人的合作与沟通，在高度信息化、复杂的现代社会里尤其如此；三是涉及公共权力介入，体现在公共权力介入的可能性和必要性上。

（三）危害性

即指突发事件的危害性和灾难性，突发事件造成的损害有直接损害和间接损害。一是生命财产环境损失，体现在人员的伤亡、组织的消失、财产的损失和环境的破坏上；二是个人及社会心理破坏，体现在突发事件对社会心理和个人心理所造成的破坏性冲击，进而渗透到社会生活的各个层面，甚至有损政府形象。

2011年7月23日晚上20点30分左右，北京南站开往福州站的D301次动车组列车运行至甬温线上海铁路局管内永嘉站至温州南站间双屿路段，与前行的杭州站开往福州南站的D3115次动车组列车发生追尾事故，后车四节车厢从高架桥上坠下。这次事故造成40人(包括3名外籍人士)死亡，约200人受伤。温家宝总理于2011年7月28日上午实地察看事故现场并召开中外记者会。当时就有记者对于中国高铁建设质量与管理水平提出质疑。[2]

（四）危机性

一是变化发展的不确定性。突发事件发生后，事态的变化、发展趋势以及事件影响的深度和广度不能事先描述和确定，是难以预测的，特别是在当今全球化和信息化时代，突发事件的连锁反应带来的一个直接后果就是突发事件复杂化，已经超出纯粹的经济、政治和文化范畴，变成一种含有多项内容的综合性社会危机。

二是处置的紧迫性。紧迫性是指突发事件所反映的问题极端重要，关系到社会、组织或个人的安危，需紧急采取特别措施及时有效地处理。随着突发事件的发展、演变，它所造成的损失可能会越来越大。因此，对突发事件的反应越快，反应决策越正确，突发事件所造成的损失就会越小。

三是影响的广泛性。突发事件发生后，人们除了关注伤亡人数外，还密切关注事故发生的原因、时间、地点等情况，以及从中得到的启示、总结出的经验教训等，从而避免重蹈覆辙。

也有学者将突发事件的特性归纳为：突发性、复杂性、破坏性、交叉性。

突发性，是突发事件最大的特点。突发事件往往发生得非常突然，人们通常毫无思想和心理准备。

复杂性，突发事件发生的原因通常很复杂。各个层面的原因互相交错。

破坏性，大多数突发事件带有破坏性。一般破坏性持续时间长且范围广。

交叉性，突发事件发生以后，往往会引发各种矛盾和危机交叉在一起，彼此影响。

第二节　突发事件与突发新闻

一、突发新闻与突发事件的区别

突发事件是指突然发生、非常反常的，公众通常没有思想准备并且引起高度关注的公共事件。它通常会产生较强的社会冲击力，能在很短暂的时间内很快成为社会舆论关注的热点和焦点。

突发新闻是指传者头脑对突发事件信息的反应，是传者对突发事件信息经过过滤、选择把关后的结果，这与传者的立场、新闻业务水平等有着较大的关系，对同一事件持不同立场的媒体，报道出来的新闻，可能会有很大的不同。

在突发事件信息转换成突发新闻报道的过程中，正是由于记者及媒体把关者乃至国家和地方各级党政机关的舆论掌控者的主观作用，使突发事件信息会在转换成突发新闻的过程中与事件本来面目相符，或出现不相符甚至变形走样的差异。

二、突发事件转换为突发新闻的特点

(一) 传者的主观性与事件客观性的冲突

1. 采访作风对突发新闻报道真实性的影响

以下是对同一突发事件两家媒体的不同报道：

江岸山海关路　一小车冲进水果商店

本报讯(记者王平)　昨日凌晨3时，一辆白色宝来小轿车与另一辆小轿车发生碰撞后，径直冲进一家名为凯凯的平价水果超市，幸未造成人员受伤。

事故发生在山海关路。昨日上午9时，记者在现场看到，这辆车号为鄂ACS978的白色宝来小轿车，还卡在水果店里。车右边的后视镜已被撞落，车左侧中间部位凹陷一大块。水果店的卷闸门被撞得向里翻起，店内存放的水果散落一地。

据店主彭凯介绍，凌晨3时许，他正在店里2楼睡觉，突然听到楼下一声巨响，他急忙下楼，一看，一辆小轿车已冲进他的店内。他说，宝来车是从沿江大道沿山海关路向中山大道方向行驶，车速较快，当开到长春街路口时，一辆黑色轿车从长春街里出来，撞上宝来车左侧，之后宝来车冲向水果店。“要是店里还有人，后果不堪

设想。”彭先生称，交警来后，准备将车拖走，但彭先生不同意。彭先生担心自己的损失得不到赔偿，他要与车主协商好后，才同意将车开走。

（来源：《长江日报》，2010-10-01）

再看另一家媒体的报道：

两轿车昨晨相撞，一车失控，一头扎进水果店

万幸！一家四口睡阁楼逃过一劫

本报讯（记者　商为智　戴维　实习生　王露）　昨日凌晨，两轿车在汉口山海关路与长春街路口相撞，一轿车失控后冲进一家水果店，所幸，店主一家4口睡在阁楼上逃过一劫。

昨日凌晨4时许，记者在现场看到，一辆车牌号为鄂A011XX的黑色轿车正在被救援车拖走，而在20米外一辆车牌号为鄂ACS97X的白色轿车车头已经冲进了一家水果店大门，店内水果散落一地。

据目击者陈先生介绍，昨日凌晨3时许，黑色轿车在由长春街往张自忠路方向行驶到山海关路路口处时，撞上一辆由山海关路往中山大道方向行驶的白色轿车，白色轿车突然失控，冲进了路边水果店。目击者称，驾驶白色轿车的是两名20岁左右的年轻人，两人身上有酒味。

事发后，江岸交警大队及时出警，白色轿车司机被带走接受酒精测试及调查。黑色轿车司机弃车逃离了现场。

水果店老板彭先生介绍，白色轿车冲到店里时速度应该很快，“我门前的两个石墩子竟被撞离开七八米远！”

幸运的是，彭先生一家4口当时都睡在阁楼上，被“轰”的一声惊醒后，才发现一辆轿车冲进了店里。“幸亏最近天气凉，才到阁楼去睡，否则后果不堪设想。”彭先生仍心有余悸。

看着店内的水果被轧得一塌糊涂，彭先生很是心疼，节前他进了不少进口水果，这下损失惨重。

（来源：《武汉晚报》，2010-10-01）

“不怕不识货，就怕货比货”。两条消息一对比，就可看出，《武汉晚报》的报道比《长江日报》的报道要好。为什么？这是因为，新闻事实可分为三个层次：第一层次是揭示事实本身，第二层次是揭示事实的背景，第三层次是揭示事实的社会文化观念上的意义。《长江日报》的报道仅停留在事实本身的观察，武汉晚报的报道则从第一层次深入到了第二、第三层次。既说明了事件发生的背景，起因是肇事者喝酒，又分析了事件对人物命运的影响，幸亏店主一家睡在阁楼才逃过一劫。

为什么会出现这样的差异？现将两篇报道内容比较一下：

从新闻源对比来看：《武汉晚报》记者找到了当事人、目击者和执法者；《长江日报》记者却没有采访到这些关键的信息提供者。

为什么会出现这种现象？就是因为记者到现场的时间不一样。《武汉晚报》记者是“凌晨4时许，记者在现场看到”，而《长江日报》记者则是“上午9时，记者在现场看到”，由于《长江日报》记者晚到5个小时，就没有抓住重要的新闻源：当事人、目击者、交警大队执法人员等，这样就漏掉了重要信息。

可见记者的采访作风影响到突发新闻传播的真实性，若采访不深入，就不能还原突发事件的原貌及重要细节。

2. 传者的利益对上传事件的影响

郭美美幕后推手曝光：攻击红会　已被抓刑拘

美国《纽约时报》网站(2014年)8月4日报道称，郭美美的名字已经与中国公众对官方慈善机构的不信任感紧密联系在一起，她昨晚在中央电视台的报道中出现，承认自己捏造与中国红十字会的关系纯粹是出于虚荣心。

23岁的郭美美7月因参与世界杯赌球被拘留，身着橙色囚衣的她在电视上认罪时显得顺从而悔恨。她谈到为了钱与男性发生性关系，捏造在澳门赌博时欠债2.6亿元人民币的报道，以及在北京经营一家非法赌博场所的事。

她还否认与红十字会有任何联系，并为破坏该慈善机构的名誉而悔恨不已。她说，因为自己的“虚荣心”，犯下了很大的错误。

报道称，这与郭美美一度在微博发布的部分炫耀照片差了十万八千里，在这些照片中，她站在豪车旁或坐在头等舱中摆姿势。

2011年，这些照片以及她在微博账户上声称自己是“中国红十字会商业总经理”的做法，引发了猜测郭美美如何维持其奢华生活方式的风潮，也点燃了人们对中国红十字会是否存在腐败的怀疑。

三年后，中国红十字会仍在努力恢复自己的名誉和重获公众的信任。在中国，慈善是一个比较新的概念，最近几年，那些愿意捐款的人表示对政府慈善机构缺乏透明度心生警惕，许多人选择向私营慈善机构捐款。

郭美美微博炫富，声称自己是“中国红十字会商业总经理”，一度使中国红十字会蒙羞，使红会受赠善款大幅下滑。看了此新闻得知，原来事件起源于郭美美本人的虚假宣传。可见，引发红十字会这场灾难的炫富假新闻全因传者郭美美的一己私利。

(二) 记者的职业道德与传播的真实性的冲突

1. 利益冲突对记者职业道德的考验

突发事件利害关系重大，牵涉到当事人的利益。为控制舆论，当事者甚至会收买记者。河北蔚县矿难瞒报事件就是一例。

2008年7月下旬，河北蔚县发生一起严重矿难，10名记者接受260万元“封口费”后将事件瞒报。10名记者已分别获刑。

7月14日，河北省张家口市蔚县李家洼煤矿新井发生特别重大炸药燃烧事故。事故发生后，矿主隐瞒不报、转移尸体、破坏现场、销毁证据、收买记者、高额赔偿遇难者家属;河北省蔚县和南留庄镇党政主要负责人和部分工作人员组织或参与瞒报。事故造成34人死亡、1人失踪,直接经济损失1924万元。

2009年11月下旬,国务院的批复认定,这是一起非法盗采国家资源、造成重大人员伤亡、恶意瞒报的责任事故。66名事故责任人受到责任追究,其中,蔚县县委书记李宏兴、县长祁建华、蔚县煤炭工业安全管理局局长平川、蔚县国土资源局局长张建国、蔚县公安局治安大队大队长刘亮、张家口市安全监管局局长高继存、蔚县李家洼煤矿开采有限公司法定代表人李成奎等48名事故责任人被移送司法机关依法追究刑事责任。[3]

这起矿难突发事件由于最初报道的记者没有坚守新闻工作者的职业道德而参与了瞒报,致使突发新闻没能及时传播出来。

2. 记者坚守新闻职业道德冲破阻挠

《人民日报》揭露广西南丹矿难留给人们的启示

2001年的广西"南丹矿难"是中国社会变迁中一个重大灾难事件,与之前许许多多的灾难事故不同,"南丹矿难"是建国以来首个由媒体独立揭露的矿难事故。

记者郑盛丰是《人民日报》广西分社社长,他是南丹矿难的揭露报道者之一。

2001年7月17日,广西南丹大厂矿区下拉甲坡矿出现透水事故,造成81名工人死于非命。事发后,南丹县的主要领导与矿老板竟恶意串通,长达半月之久瞒报矿难消息。一周后,广西新闻界开始前往调查,但当地的政府部门一律三缄其口,最早到达矿区暗访的记者甚至遭到武力追杀。

郑盛丰组织和带领记者站同伴,冒险调查,全力揭黑,所写内参经总社直送中央领导。当时的国务院总理朱镕基看到内参后明确批示,要坚决查个"水落石出"!

南丹矿难作为中国第一例首先由新闻记者揭露的重大灾难事故,相关报道获得了多项荣誉:获得2001年度中国新闻奖、人民网系列报道获人民日报社精品奖、南丹事故内参获中国报刊优秀内参特别奖;郑盛丰等记者对南丹矿难的揭露性报道还入选"2001年影响民生的十大新闻"和"2001年十大传播突破奖";《人民日报》编委会隆重通令嘉奖郑盛丰等4位参与南丹矿难报道的广西记者。改革开放以来,《人民日报》国内记者因为一个系列报道同时获得如此多项殊荣,郑盛丰及其所在广西站首开先例。[4]

以上两例说明记者是否坚守职业道德对于突发新闻传播的真实性影响甚大。

(三)群众的知情权与管理者的控制权的冲突

舆论管理机关的统一行动。

下面讲的是笔者在《武汉晚报》工作时亲历的一件事。

1998年2月14日,武汉长江大桥发生了一起爆炸案。此事对当地群众而言,肯定是一条引人关注的重要信息。是偶然爆炸?还是有人破坏?死人没有?大桥交通受阻没有……这种突发事件肯定会引起人们的强烈关注,特别是当地读者的关注。作为当地报纸的《武汉晚报》立即派记者前往采访并拍摄大量图片。然而,最后见报的只是一条简讯通稿。

显然,这条新闻对于地方政府是非常敏感的。事后也查明此次爆炸是一起人为的爆炸案。

过了很久,笔者在警察网上搜索到下面讯息:

1998 年 2 月 14 日在武汉长江大桥上发生的这起爆炸案,造成 16 人死亡、22 人受伤。爆炸者使用的是矿山爆破炸药。破坏者为邹昌力、曹军,为江西武宁人。皆因家庭贫困,生活惨淡,加上情感失意,乃至悲观厌世。曹军说:要"在最美丽的地方结束我最不美丽的人生"。[5]

由于时代特性、媒体定位特别是舆论主管部门等构成的社会环境制约着媒体对新闻报道的功能,由此直接关系着对有关新闻报道选题的弃留与选择的重点。事后了解到武汉媒体这样发简讯式的通稿,是因为有关领导怕产生影响本市投资环境的负面舆论。

三、突发事件转换成突发新闻的关键在于真实性

(一)影响突发新闻真实性的因素

1. 采访与传播环境的影响

突发事件现场,往往出现比较恶劣的环境,特别是自然灾害、事故灾难等灾难事件现场,交通破坏,通信中断,道路泥泞,人员难寻,这些客观困难都给记者的采访带来巨大障碍,影响突发新闻传播的及时性与真实性。

加之新媒体传播环境对突发新闻传播也具有重大影响。突发事件所表现出来的动态过程呈现出一种急剧变化状态,这一变动特点决定了传播者对它的认识和评价会产生一些争议并形成争议性较大的话题,易形成不同的社会舆论。特别是由于当今新媒体兴起,突发事件易最先为新媒体传播工具争相报道,其他多种类型的媒体也从自身的特点出发刊发刊播突发事件,尤其值得注意的是,公民记者的出现,使人人都可以成为新闻传播的主体,由于他们不像职业新闻人那样严格地审核新闻信息的真实性,经常出现以讹传讹,把鸡毛说成鸡的情况。这是当下的全媒体环境容易造成突发新闻传播失实的一个原因。

2. 当事诸方利益及观念的影响

前文所说的郭美美炫富殃及中国红十字会事件、南丹矿难、蔚县矿难中,无论是阻挠采访还是收买记者,都是当事者、当事单位及地方领导出于自身利益而封锁消息。

地方政府及舆论管理机关的观念、政策等也影响着突发新闻传播的真实性。前述长江大桥爆炸案及南丹矿难事件都是因为地方政府的干涉使事件没有完全披露或延迟披露。这在一定程度上也是由中国长期以来不重视突发新闻报道,一度奉行"缓报"或"不报"的政策,并借口统一口径、强调新闻纪律,限制媒体和记者的行为所致。

3. 记者的职业道德的影响

前文所述的例子中,《长江日报》和《武汉晚报》就同一车祸事件的报道效果不一样源于记者的采访作风;其实采访作风也反映了记者的职业道德。南丹事件中,记者坚持深入采访,勇于揭露事件真相,也是记者的职业道德使然。蔚县事故则从反面说明记者的职业道德的重要性,说明不坚守记者的职业操守,事件的真相就会变形、走样甚至被隐瞒。

(二) 提高记者的自身素质迫在眉睫

从突发事件到突发新闻的转换过程中,记者起到了很大作用,这就要求要提高记者的素质。首先,要严守职业道德,为坚持真相报道事实,做到"富贵不能淫,贫贱不能移,威武不能屈";同时也要有一种不畏艰难,在困难环境下顽强作战的精神和勇气,真实、准确地报道突发事件真相。这就要加强记者的政治修养、知识修养、思维修养,以达到良好的传播效果。

四、全面提升记者的突发新闻传播能力

(一) 突发新闻传播的过程

记者提高突发新闻传播能力到底需要什么样的素质修养,我们可以从突发事件特性及其传播特性和难点来概括一下,将传播过程分为三个过程。

1. 转换过程

突发事件转换为突发新闻,有一个由客观事实转换为主观描述并还原客观事实原貌的过程。简言之,是客观—主观—客观这样一种过程。

在这个过程中,传者在陈述事实时由于其利益关系、价值观、职业操守等的影响,会发生真实或失实的传播,甚至事件的当事者或权力掌控者,会收买传者或利用权力限制传者。因此,此过程中,传者的思辨能力、思想品质、心理素质相当重要。

在转换过程中特别强调思维能力,要求思维敏捷具有快速应变能力,能正确地把关定向、引导创新。在这里,笔者将思想品质也概括在思维的范畴中。故这里的思维能力可以表现为媒体人的快速反应能力、观念更新能力和道德坚守能力。

2. 发现过程

新闻发现要求新闻工作者必须要有新闻敏感,其实所谓"鹰眼""慧眼",不过是某些蛛丝马迹作用于新闻记者而产生的一系列新闻意识唤醒和兴趣激发。在寻找新闻的过程当中,触动敏感发生的外在原因往往是那些并不明显的"蛛丝马迹"。新闻发现的过程是要向人群去索取信息,这里首先有个人际沟通的问题。在复杂的人际关系及困难的采访环境中,记者搜集突发事件信息的难度倍增。这里有思维能力的问题,也有沟通技巧、价值判断的问题。故在发现过程中沟通方面的能力可以表述为:人际交往能力、信息采集能力、价值判断能力。

3. 传播过程

这是指传者将突发事件信息制作成各种媒体终端的新闻产品的过程。在此过程中,传播理念及写作技巧相当重要。特别是要改变传统理念,要将过去的新闻宣传转变

到现在的新闻叙事。正如学者陈力丹评价的那样:“我们的新闻写作,是从宣传写作转变过来的,现在仍带有一些宣传写作的痕迹,对于事实的叙述,经常不自觉地添加主观的价值判断。将过去习惯了的‘根据希望描述事实’,转变到‘根据事实描述事实’,涉及观念变革。因此,我们在新闻写作的研究上,应更多地借鉴新闻业发达国家的研究成果。”[6]

关于传播或写作理念,还要注意把握以下关系:实事求是与隐瞒真相之间的冲突,舆论导向与新闻价值之间的冲突,尊重生命与过度渲染之间的冲突,消费主义与人文关爱之间的冲突,扶危救难与新闻采访之间的冲突,客观报道与轰动效应之间的冲突。

为了达到快速传播的目的,传者必须熟练掌握各种新闻产品的写作及制作技巧,特别是在写作上应探求模式化的操作。比如,关于突发事件中自然灾害、生产事故、社会安全及公共卫生等四大类型突发事件新闻报道的叙事模式的掌握。

传播过程中的能力要求集中表现在写作能力上,传播技术革命给新闻传播带来一系列变化,包括新闻来源的多元化,新闻管理从“堵”到“放”,记者从发掘新闻到筛选新闻,写作的尺度把握等。新闻传播的互动性,快速性,给新闻产品制作带来要求。故可以将写作方面的能力表述为:语言表达能力、叙事模化能力、体裁掌握能力。

(二)突发新闻传播能力构成体系

清华大学新闻学院的李希光教授在课堂上告诉学生,一个好记者要具备以下要素:1.对新闻报道充满激情;2.对新闻理解充满理性;3.有社会责任感;4.有新闻道德;5.有强烈的好奇心;6.有怀疑精神;7.有批评态度;8.有敏锐的观察力;9.有高超的语言文字表达能力。[7]这些无疑是培养突发新闻传播能力所需要的。根据上面的阐述,笔者将突发新闻传播能力的构成体系描述为图1-1。

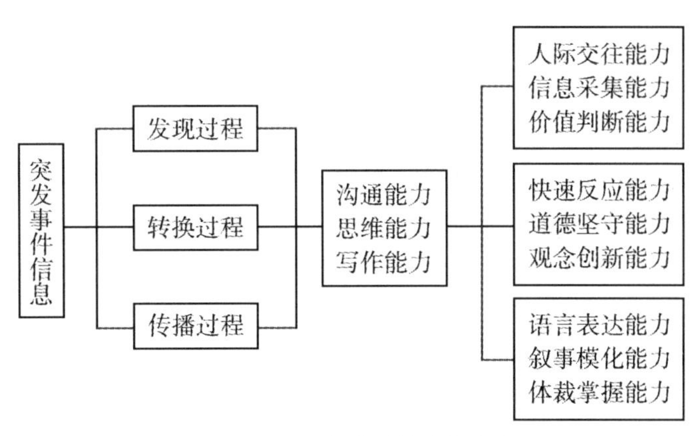

图1-1 突发新闻传播能力构成框架

第三节　突发新闻传播的媒介形态及相互影响

一、突发新闻传播的媒介环境

（一）媒介环境现状

1. 媒介环境分析

(1) 传统媒体面临传播技术变革的挑战

从全球范围来看，早在金融危机来临之前，传统媒体在网络等新媒体的"攻击"之下，已经显露出下滑迹象。20世纪90年代中期以后，美国报业面临前所未有的困境，发行量连续20年下滑。据统计，金融危机之后，美国有507家日报的发行量锐减，绝大多数报业公司只能勉强维持运营。与此同时，日本位居世界第二的报纸《朝日新闻》目前也正在经受创办130年以来的首次财政赤字。[8]

2011年度我国共出版报纸1937种，平均期印数20837.15万份，总印数439.11亿份，总印张1969.4亿印张。与前一年相比，种数下降0.31%，平均期印数下降1.5%，总印数下降0.86%。总的来说，发行量下降、读者流失、广告收入锐减等已经成为全球报业的普遍现象。[9]

(2) 新媒体的现状及优势

2011年年底世界网民的数量已超过20.8亿，中国占17%，居于首位。现如今，从互联网的发展，新媒体的产生以及媒介融合的趋势来看，互联网成为第二大媒体的趋势明显加快。

新媒体较之传统报纸的优势表现在：

其一，时效性优势。通常而言，报纸的出版周期一般为24小时，而网络媒体新闻则是即时更新。譬如，汶川大地震、日本海啸等许多重大新闻事件都是第一时间从网络媒体上曝出。

其二，内容优势。具体表现为信息量和信息互动两个方面。就信息量来说，一份纸质报纸限于本身的版面，其包含的信息量远远不能和海量的网络相比。就信息互动来说，传统报纸的互动方式多采用读者来信和热线电话等方式，互动频率较低。而新媒体则可以让用户在网上即时评论互动，互动频率较高，效果较好。

其三，搜索信息优势。新媒体依托谷歌、百度等搜索引擎，可以有针对性地给用户及时提供所有所需要的信息。这也是传统纸质报纸无法做到的。

其四，价格优势。相对于大多数收费报纸来说，大多数的网络新兴媒体都是免费的，这也是其吸引用户的一大优势。

(3) 报纸的发展困境

其一，纸媒读者流失。目前，人们每天的上网时间越来越多，而用于看报的时间逐年衰减。新一代接触了新媒体产品的较为年轻的受众，更习惯于通过数字化的形式接受新资讯。

其二，报业广告下滑。由于新媒体巨大的传播影响力迅速转化为市场优势，其强大的广告聚合力使得新媒体近年来的经营收入迅猛增长，报业的价值链被分割，利润被分流。

其三，新媒体开辟内容生产，对传统媒体的依附减弱。在网络媒体创世之初，网络媒体没有独立的内容采访权，不得不依靠传统媒体的内容资源来生存。新媒体依托传统媒体发展壮大之后，凭借自身的创新能力，又拥有好的渠道和不断开发新技术、在市场化模式下运作的交互式平台，能够独立发布信息与各类资讯。

其四，阅读空间浓缩，纸媒产品过剩。新媒体吸引了大批读者的眼球，最新的数据显示，将近一半的网民放弃报纸，即使仍然有阅读报纸习惯的网民，读报时间也大大缩短。

（二）传统媒体的转型

新兴媒体的兴起，促使传统媒体转型。此处以《南方都市报》转型策略为例进行介绍。[10]

1. 整合网络平台打破地域限制

(1) 创办奥一网探索报网互动

2005 年《南方都市报》受集团委托，开始介入创办珠三角城市门户网站——奥一网。奥一网是以深圳为中心的市场化区域网站，以建立网站为起点，传统媒体开始进行市场化、商业化运作。2008 年 2 月 29 日，《南方都市报》与奥一网网友精选 10 篇建言广东解放思想的网络“拍砖”文章，推出了《岭南十拍》特刊。当天即引起时任广东省委书记汪洋的高度关注，随后汪洋、黄华华还在广州约见了 26 位网友，进行深入的对话和问策。《岭南十拍》也成为报网互动的经典之作。

(2)打造南都网突破区域发行限制

2007 年，《南方都市报》组建数字传媒部，该报系的官方网站——南都网正式上线，并同时推出南都数字报完全版和精华版。南都网以 30 万网络注册用户为基础，现网络点击量日均达 600 万。完全版让全国的读者（网民）都可以看到当天完整的《南方都市报》，而精华版则是全国首份将新闻精品化的多媒体数字报。一方面，奥一网以报网互动为核心竞争力，寻找自己的盈利模式；另一方面，南都网以《南方都市报》的网络形态出现，解决该报跨区域发行的问题。

2. 探索全媒体路径促进媒介融合

2009 年，南都成立全媒体运营委员会，提出全媒体战略。一方面，在传统平面媒体《南方都市报》上增加发行覆盖与影响力渗透；另一方面，继续深化在网络、移动终端（南都网、手机报、手机网）等新媒体上的介入力度，甚至同广播、电视进行跨媒体合作，搭建起海量资讯、即时传播和互动性更强的全媒体传播平台。传媒大亨默多克曾说过：“报纸最终会衰弱，但报业不会，它将向数字化转型。”[11] 换句话说，新闻信息的介质会发生更替，但新闻报道的功能不会消亡。

3. 加强报纸影响力

报纸的全媒体化始终要牢牢立足其核心竞争力——内容。《南方都市报》从 2009 年 7 月 1 日起，每周三推出《深度周刊》，深刻解读事件，直达人物人心，层层拷问问题，扩展读者阅读空间，彰显媒体责任。7 月 6 日，《广州读本》改版，推出封面、头条、黄页、发现、早茶、政务、广州名片、周五“找乐”特辑和周六生活杂志等版面。整合整张报纸在广州这座城市的资源，使之集中呈现于《广州读本》之中，成为一份集悦读、实用、便捷于一身的城市公共读物。其中，早茶版邀请原广州电视台《新闻日日睇》的主持人陈扬，开辟《陈Sir 扬言》专栏，每日用犀利的语言点评“街坊们”关注的广州新闻。7 月 7 日开始的《广州名片》专栏，每周一至周五刊登一两版介绍广州地标性建筑或者本土艺术文化的文章，凸显报纸作为历史记录者的责任意识。

4. 网站社区化

2009 年 7 月，南都网改版，变身为 SNS 化的新闻媒体网站。南都鲜橙互动正式上线，成为南都推行全媒体战略的重要一环。用户在注册了“鲜橙空间”之后，就有了一个专门的个人主页，可以与其他在此注册的网友进行互动，也可以自行发布消息和创建新闻专题。目前南都网已推出 8 个特色交互组件，包括文章、图片、保鲜盒、专题、活动、投票、群组、好友等。南都网的改版，让“读者演变成用户，阅读南都演变为使用南都”。

5. “让报纸听得见”

《南方都市报》在全媒体的探索过程中，还进行了“让报纸听得见、让广播看得见”的报纸与广播融合的尝试。2009 年 6 月 25 日，《南方都市报》和广东人民电台合办“南都视点 · 直播广东”栏目。这是一档观点型新闻谈话节目，与其他新闻类的广播不同，它是《南方都市报》时评版、深度版等的声音版、精华版和互动版。

6. 《南方都市报》数字化转型效果

(1) 转型之前的突发事件报道

《南方都市报》在突发事件、社会新闻的报道方面一直坚持进行舆论监督，内容上也注重人文关怀。2003 年《孙志刚之死》这一突发事件报道采用深度报道的形式采写后，在新闻界引起巨大反响。同年“非典”事件，在众多媒体集体失语之时，《南方都市报》勇敢地揭露了事实的真相，《南方都市报》大胆报道和言论引起了众多读者的注意。

《南方都市报》在突发事件的报道上有一种倾向：追求独家。在新媒体和全球化的背景之下，《南方都市报》继续以原有的追求独家，以做内容的方式继续发展的道路似乎越来越艰难。该报进行数字化转型前，市场出现震荡，金融危机席卷全球，国内传媒业的发展陷入了低谷期。虽然并未像外国媒体那样出现大规模的裁员和倒闭现象，但国内媒体也困难重重。

为改变这一现状，《南方都市报》开始通过树立自己的品牌，以获得更大的利润度过难关。在这一时期，在互联网的浪潮下，该报选择了一条新的发展路径——数字化转型。

(2)数字化转型之后的报道

2008 年，“5 · 12”汶川地震爆发，就在地震发生后的几分钟，新华社就发布了汶川县发生地震的消息。32分钟后中央电视台新闻频道首发新闻，综合频道和新闻频道还实现了并机同播。52分钟后推出直播特别节目《关注汶川地震》。《南方都市报》研究院首席研究员南香红在《巨灾时代的媒体操作——《南方都市报》汶川地震报道全纪录》一文中回忆道：当时《南方都市报》记者在新华社报道后的十几分钟就赶到了机场，第一个到达聚源中学的摄影记者孙涛在13日凌晨两点拍下了第一张图片。

表面来看，《南方都市报》只是报道的时效性提高了。而往深层挖掘，《南方都市报》在对以上的突发事件的报道中采用了数字化的多媒体的报道方式，在南都网站上实时更新救灾的最新动态，播放视频，通过流媒体的方式对突发事件进行全面的报道。这也是《南方都市报》近些年来一直在追求的全媒体的报道方式。

（三）媒介环境的数字化发展趋势

1. 我国报业数字化发展趋势

这一趋势表现为，报纸充分利用数字技术，对报纸的采编发行等业务进行改造，以新闻采编、加工制作、出版、发布及经营管理等核心业务和管理的数字化，实现传播手段的现代化。现在的报纸早就实现了激光照排，编辑软件更加强大，全部采用桌面彩色出版系统，印刷采用的是胶版印刷，记者在采访上实现了无纸化，电脑便捷化。这些都大大提高了采、编、印、发的速度和精准度，为报业的规模化集约化发展提供了便利。

2006年，许多报人把此年称为"报网互动年"。报网互动的提出，促进了传统报业向数字报业的战略转型，重塑报纸出版的产业形态，这是报业充分发挥新闻和原创内容供应商的优势，占据新兴的内容产业制高点的关键所在。

也正是凭借自己的核心竞争力——内容，报业开始反击网络，而反击之道即：利用网络。

报网互动，是报纸和网络各自优势的嫁接，进而达到双赢的目的。

细数报网互动的模式，有利用网络MSN即时聊天软件、QQ群、BBS论坛的直接应用型；有集纳传统媒体文字、图片、声音、视频等多媒体融合的多媒体型；有报纸和网络举办社会活动合作型；有网民直接参与互动型；有报纸和网络资源整合型；有"报即是网、网即是报"的24小时紧密结合型等。

2.《南方都市报》数字化转型给国内传统媒体的启示

《南方都市报》作为国内报业中市场化程度较高的媒体，面对新媒体的猛烈冲击，没有惧怕和犹疑，选择了积极主动的"早下手为强"的策略，很早就介入了新媒体业务。该报在不到五年的时间里，构建起覆盖报纸、杂志、网站、广播、视频、手机报以及户外LED等形态的全媒体集群，为该报的数字化转型奠定了坚实的基础，也给报纸的数字化转型提供了有益的启示。

二、新媒体突发新闻传播特点

（一）即时性

在突发事件中，由于受诸多限制，传统媒体无法及时地传播信息。而"新鲜"就是新闻的生命，何况是在突发事件中，人们迫切地想了解最新、最全面的信息。新媒体则打破了这些限制，在重大突发事件中，通过手机报、微博、移动网页新闻等方式及时地将最新信息发布出去，并对事件进行跟踪报道。

在“武汉自来水突发事件”中，2012 年 2 月 29 日晚上，武汉就有居民反映自来水有异味。当晚手机上网便发现微博、qq 空间等有各种关于武汉自来水异味的信息，大概有 7000 条与自来水异味相关的微博。3 月 1 日到 2 日，关于自来水异味的手机新闻平均每篇的浏览量超过 1000，在手机版大楚网上的评论超过 900 条，腾讯微博加腾讯新闻大概 9 万多条，各类手机新闻网站日浏览量总和超过 40 万。移动互联网的 76.8%的使用者是 21 岁至 35 岁的青年人，因此多数照片和信息来自于学校，华中师范大学、武汉大学等高校的学生都表示自来水有明显异味并且颜色异常。而直到 3 月 1 日，各大报纸和电视台才有正式新闻报道此事。[12]

（二）交互性

在新媒体时代，公民的参与意识日益提高，越来越多的公民通过手机、平板电脑等载体成为突发新闻的第一报道人和发布者。互联网开辟了一种新型的传受关系。在突发事件中，在场公民或者是知情的公民都能在第一时间将现场的信息和图片发布出去，使大众由被动告知到主动传播。像在 2013 年 4 月 20 日发生的“雅安地震”中，很多新闻图片都是社会大众拍摄传播的，每个人都可以是记者。这样的传播方式有助于公民更好地参与到社会生活中来，同时也为公民提供了一个很好的话语平台，使公民的意见和想法也能很好地得到传达。过去的传播方式中，单向传播受众只能接受信息，而无法处理信息，而在新媒体时代，这种交互式的信息传播方式使得政府和官方媒体能及时地得到群众的反馈。

（三）简洁性

与传统的新闻报道方式不同，手机报、微博等新媒体在突发事件中传播的信息较为简短，甚至在一些专用于移动媒介的新闻网上直接浏览新闻标题就能获取所需的新闻信息。如果还想更深入了解，可以点击进去搜索相关新闻或者在网页上搜索相关新闻。例如关于 2013 年 5 月发生的“禽流感事件”，央视新闻在微博发布了“H7N9 导致鸭毛断货，今冬羽绒服要涨价?”的新闻，[13]从这个新闻的标题就能一眼看出新闻的主要内容，获得最主要的信息，并且关于禽流感的报道是一个连续性的过程，将事情的起源、发展和结果都清晰地展示到受众面前，使读者进入一个短篇幅、精语言、强实用的“浅阅读”时代。

（四）融合性

依托于互联网的新媒体不仅实现了对图片、声音、文字、视频等媒介的融合，而且使其使用有了更方便的实现方法，手机被称作“口袋互联网”。它打破了以往互联网对使用地点的限制，实现了随时随地上网看新闻，在过去的基础上实现了网络与通信的融合、手机与电脑的融合。人们可以直接使用互联网来收听广播、看报、看电视、看图片，而互联网使用方式之便捷，使得移动互联网成为人们获取新闻资讯的主要渠道。

“抢占舆论先机”是突发事件传播的第一要义，而传统媒体在传播过程中需要经过层层把关和筛选，这使传播速度受到很大限制。互联网的出现则对“传播速度”进行了新的诠释，互联网可以在短时间内使信息得到最大范围的传播。互联网的普及意味着新传播时代的到来，这既是传播史上的一大步，也是整个人类社会交际发展进化的一把钥匙。

三、媒介形态的变化对突发新闻报道的影响

美国传播学者罗杰·菲德勒说，传播媒介的形态变化，通常是由于可感知的需要、竞争和政治压力，以及社会和技术革新的复杂相互作用引起的。[14]

（一）新媒体对突发新闻的影响

1. 互联网改变了人际传播传统模式

近几年来，国内外的每一重大事件，几乎都在网络媒体引起强烈的反响和激烈的辩论，在各大网站的新闻跟帖中，网民们每天都会就当下的热点或重大问题展开激烈的讨论，且对问题的讨论比较深入，进而形成强大的舆论影响，达到任何部门、机构甚至公众人物都无法忽视的地步。

互联网技术的崛起创造性地改变了传统的人际传播模式，而以手机短信为代表的新的传播技术则更使人际传播出现了大众化的趋势。手机正在成为一种普遍应用的信息沟通和传播工具。

与手机短信类似，网络 BBS 论坛也有“人际大众传播”的特点，并与手机短信传播一起，在社会突发事件的混合传播中发挥着越来越重大的作用。目前，在高校师生、小众群体中，网络 BBS 论坛已经发挥出越来越大的作用。

2. 新闻传播中出现角色互换

新媒介的出现，使普通公民获得了从未有过的参与新闻传播的能力，他们借助手机、播客、BBS 等，发布新闻，表达观点。在互联网上，每个人都可以生产内容，每个人都可以是通讯员和记者，每个人都可以是编辑，每个人又都是受众，各种新的内容从无数个来源不断地生产出来，信息传播者与受众已经合为一体，就如同在社会生产中，每个劳动力既是生产者也是消费者。在世界范围内，“公民记者”在重大突发现场发布的新闻一次次产生了全球性的轰动效应，从东南亚海啸到英国伦敦地铁爆炸事件，第一时间发出的现场新闻报道都出自普通民众而非职业记者。

在新媒体环境下，虽然专业媒介组织在新闻传播中依然占据主导地位，但不能否认的是，新闻传播主体在由职业新闻工作者独家垄断转变为职业人员与社会公众共同分享，新闻信源也随之发生了结构性的变化，来自普通民众的新闻和言论在新闻传播中占据越来越大的比重。

3. 受众知情权意识普遍增强

由于公共危机涉及公众自身的生命、财产安全，公众会积极主动地通过各种途径获取有关公共危机的信息。在一般情况下，公众对于危机信息的获取主要还是通过媒体。当公共危机时期主渠道信息缺失，公众的信息需求在政府和媒体那里得不到满足的时

候，他们就会更加主动地通过人际传播、网络媒体、境外媒体等其他途径获取、选择、评价并互传有关信息。

因此，在知情权意识日益增强，受众对信息的需求比以往任何时候都更强烈的今天，媒介要做也必须做的，恐怕只能是及时发布信息，不断消除信息的不确定性，使受众的情绪“软着陆”。

（二）传统媒体与新媒体发展的相互影响

传统媒体具有广播、公开传播、机构传播、传播流程专业化等特征，这些特征往往就决定了他们在传播过程中将受众锁定在规模可观、数量巨大的人群身上，而信息在传播过程中也没有针对的对象，存在着传播受众不明确的问题。受众分割理论显然没有应用，故其传播效果不佳。

新媒体的兴起，使民众拥有“话语权”，“碎片化”成为受众市场的趋势，从而迫使传统媒体将原有传播受众最大化的传播方式转变为针对特定人群以追求良好效果的窄众传播；更重要的是新的技术创造了媒体的互动功能，使得传播由单向转变为双向互动。

传播模式的融合以及一体化趋势使得新媒体在信息传递中呈现出高速、高质、超量、多样的特征。新媒体对于突发事件的报道“快”字当头，网络媒体可以在最短的时间内设置新闻专题板块和讨论社区，“网民”可以通过网络第一时间得到关于事件的最新、最快的报道，也可以通过博客、微博等发表自己关于此事件的观点。

突发事件发生后，消息源通过手机的传播能轻易突破人为设置的防线，采用点对点再到面或者点对面的传播方式把信息辐射到广阔的空间，由此引起强烈的社会反响。

（三）新媒体语境下传统媒体报道突发事件的策略

在新媒体的冲击下，传统媒体采用下列方式改变突发新闻传播的陈规陋习。

1. 公开：保障公民的知情权

自 2008 年 5 月 1 日起正式实施的《中华人民共和国政府信息公开条例》在制度层面上保障了公民的知情权。在此之前，各种相关因素，尤其是地方保护主义，制约了传统媒体关于突发事件的报道，往往导致传统媒体在报道上处于“被动”状态。而突发性事件报道的及时公开、信息透明，理应成为新闻常态。只有这样，才能切实有效地促进突发性事件的妥善解决。

2011 年 3 月 11 日，日本气象厅表示，日本于当地时间 11 日 14 时 46 分发生里氏 9.0 级地震，震中位于宫城县以东太平洋海域，震源深度 20 公里，东京有强烈震感。央视、新华社、《人民日报》、《光明日报》等传统华语主流媒体在第一时间报道了关于日本地震海啸的新闻内容并及时更新，在突发事件报道中将事实真相完全公开在受众面前。

中国国家质检总局在 2011 年 3 月 25 日连续发布两份通告，称无锡和厦门分别发现日本籍入境旅客和曾停靠东京港的入境船舶核辐射放射性异常；3 月 26 日，在我国黑龙江省东北部空气中发现了极微量的人工放射性核素碘-131，初步确认系来自日本核电站事故放射性物质的释放；3 月 27 日，我国黑龙江省东北部空气中继续检测到极微量人工放射性核素碘-131，水平较前日没有明显变化等信息。新闻媒体能够及时将这些突发性事件信息以及政府的应对举措公之于众，增加了社会的透明度、减少了信息了不对称、有效引导了社会舆论，在某种程度上可以说是媒体帮助政府化解社会危机的有效途径。

2. 权威：力争事件的发言人

在突发事件面前，新媒体的"以快制胜"原则往往能够在瞬间满足受众对于事件知情权的渴望，但是长久看来并不一定能够得到受众的广泛认同。往往在突发性事件发生之后，传统媒体发布的新闻稿的信息量不足使得网络新媒体活跃起来，但人们仍然期待权威机构及时发布翔实可靠的信息。只要是传统媒体发布的信息，在社会上还是会有广泛的认可度，传统媒体记者发出的报道也成为各网络媒体争相转载的信息来源。

2011 年 3 月 15 日，部分省区的市民开始收到来源不明的短信息；3 月 17 日，网络媒体纷纷报道日本地震可能引发核辐射，海水受到污染，食盐价格受到影响。这些流动的"谣言"引发了国内出现"抢购食盐"现象。对此，新华社、《人民日报》、中央人民广播电台等传统媒体予以澄清，中央电视台的《新闻 1＋1》在 3 月 18 日制作了《危"盐"耸听为哪般?》，随后社会上的"抢盐风波"得到了平息；3 月 23 日《新闻 1＋1》又播出了《先抢后退，一"盐"难尽》。在这段时间里，中央传统媒体和地方传统媒体纷纷出来"辟谣"，粉碎了不实的报道带来的市场混乱。这一系列的事情说明以报纸、广播、电视为代表的传统媒体在突发事件报道上的优势依然存在，这种权威性也是新媒体所无法比拟的。

3. 深度：探究事件的真相

新闻的深度探究成功与否在于理念而不在于技巧，用事实说话的深度报道模式强调的并不是看新闻报道中大量罗列的新闻事实，而是看这些罗列的新闻事实之间的关系，正是这些关系体现出报道内容的深度。

从 2011 年 3 月 25 日以来，国民对于来自日本的核辐射纷纷表示担心，尤其是在东北地区出现的极微量的人工放射性核素碘-131 更加重了人们的担心。中央电视台在 3 月 29 日的《新闻 1＋1》中做了《透明的核安全网》一期节目，深刻剖析了国民在面对任何一个突发性事件时所应具有的心理需求。评论员结合了前段时间出现的"抢盐"现象分析为何公众在这次"核辐射"问题上没有出现社会恐慌。记者结合公众关注的相关问题采访了中国疾病预防控制中心辐射安全所所长苏旭，在采访中让权威人士说话，实现话语权的转移，进而展现文本的深度。评论员还分析了部分公众在揣摩专家在讲这些常识的时候真正的意图是什么，意图是为了平息公众的恐慌情绪还是把真相告诉公众以及如何建立这种信任等问题。3 月 30 日的《东方时空》把核辐射作为头条新闻进行重点报道，采用专家连线、采访相关人士、解决公众关注的主要问题等方式进行深度报道。

本章小结

突发事件，是指突然发生，造成或者可能造成严重社会危害，需要采取应急处置措施予以应对的自然灾害、事故灾难、公共卫生事件和社会安全事件等四类事件。突发事件具有突发性、公共性、危害性、危机性的特征。突发事件在转换为突发新闻过程中会出现下述冲突，即传者的主观性与事件客观性的冲突、记者的职业道德与传播的真实性的冲突、群众的知情权与管理者的控制权的冲突。真实性成为突发事件转换成突发新闻的关键。要全面提升新闻从业者在突发新闻的转换过程、发现过程、传播过程中的九种能力。在突发新闻传播的媒介环境中，传统媒体面临传播技术变革的挑战，也迫使传统媒体的数字化转型，探索全媒体路径促进媒介融合。突发新闻在新媒体环境中的传播具有即时性、交互性、简洁性、融合性的特点。媒介形态的变化对突发新闻报道的影响，是由于互联网改变了人际传播传统模式，新闻传播中出现角色互换、受众知情权意识普遍增强等现象。在新媒体语境下，传统媒体与新媒体发展相互影响，传统媒体在不断改进突发新闻的报道策略。

思考与练习

1. 突发事件与突发新闻的区别与联系。
2. 谈谈突发新闻传播要求记者具备哪些能力并如何在实践中锻炼提高这些能力。
3. 媒介形态变化对突发新闻传播产生什么影响？

参考文献

[1] 叶皓. 突发事件的舆论引导[M]. 南京：江苏人民出版社，2009：11.

[2] 新华社. 在甬温线事故现场温家宝回答中外记者提问[N]. 人民日报，2011-07-29(1).

[3] 中新社. 河北蔚县致34死矿难瞒报事故已有48人被究刑责[EB/OL]. 2010-01-09.

[4] 郑盛丰.《人民日报》揭露广西南丹矿难留给人们的启示. 新闻战线，2003(9).

[5] 警察网. 武汉长江大桥“98-2-14”特大爆炸案侦查始末[J/OL]. 现代警察，2005-02-18. http://www.police.com.cn/Article/xinwen/aldp/200502/733.html

[6] 陈力丹. 把新闻写作的研究上升到理论层面[A]. 孙发友. 新闻报道写作通论[M]. 北京：人民出版社，2005：3.

[7] 冯莉. 广播电视新闻学专业课程实践教学方法探析[J]. 东南传播，2011(11).

[8] 陈郁. 2010中国传媒蓝皮书：传统媒体产业比重持续下降[EB/OL]. 中国经济网——国家经济门户 http://district.ce.cn/zg/201004/22/t20100422_21310971.shtml

[9] 黎藜. 报纸的困境与出路[N]. 环球市场信息导报，2012-06-19.

[10] 彭文蕊. 数字化时代都市报如何转型——以《南方都市报》为例[J]. 中国报业，2010(3).

[11] 侯岩. 童媒品牌：《小学生学习报》品牌打造之路[M]. 北京：中国人民大学出版社，2009：243.

[12] 饶纯武，李光正. 怪味自来水困扰武昌部分居民[N]. 楚天金报，2012-03-01.

[13] 央视网：H7N9疫情致多地活禽交易市场关闭　今冬羽绒服或涨价[EB/OL]. 2013-05-04. http://news.cntv.cn/2013/05/04/ARTI1367661966449515.shtml

[14] 罗杰·菲德勒. 媒介形态变化[M]. 北京：华夏出版社，2000：19.

第二章　我国突发新闻报道历史回顾与分析

学习目标

1. 我国突发新闻报道的历史回顾。
2. 突发新闻报道“左”倾现象批判。
3. 灾难性突发新闻报道与人文关怀。

中国的突发新闻报道经历了三个阶段：1949—1978 年为“舆论一律，报喜不报忧”阶段；1978—2003 年为“建章立制，严守准确性”阶段；2003 年，发生在我国的“非典”危机成为加快信息公开立法的推进器，重大灾害性突发事件报道进入了“全面公开，注重时效性”的新阶段。[1]回顾我国突发新闻报道历经的这三个阶段，必然会批判新闻领域长期存在的“左”倾现象，不断实现观念的突破，并增强人文关怀。

第一节　我国突发新闻报道的历史回顾

一、1949—1978 年的突发新闻报道

（一）“舆论一律，报喜不报忧”阶段

1. “零传播”或者“不传播”

我国的突发新闻报道此时期处于严格管制时期，重要特征表现为“零传播”或者“不传播”。中华人民共和国成立初期，出于对社会稳定和政权建设的考虑，中共中央和中央人民政府对公共危机事件的传播进行严格限制和管理，强调媒体对灾难新闻报道应该持慎重的态度，不能渲染灾情，以免造成群众的悲观情绪，影响政府的国际形象，给帝国主义以可乘之机。

2. 不着重报道灾情成为灾难报道的铁律

1950 年 4 月 2 日，中央人民政府新闻总署给各地新闻机关的《关于救灾应即转入成绩与经验方面报道的指示》中明确地提出“各地对救灾工作的报道，现应即转入救灾成绩与经验方面，一般不要再着重报道灾情”。因为“这种报道可能造成悲观失望情绪；同时给予帝国主义反动派夸大我国灾情，进行挑拨造谣的借口”。[2]这个指示，在较长时期内被奉为灾难报道的“铁律”。

3. “丧事当做喜事办”

1957 年之后至 1978 年十一届三中全会前，我国国内政治环境的非正常化致使政府

对新闻及新闻媒体的控制走向极端化和片面性。在观念上不承认社会主义国家有“危机”,因此天灾人祸等危机事件便成了媒体报道的“禁区”——要么封锁消息,不予报道;要么只讲抢险救灾的英雄事迹,将“丧事当做喜事办”;而有关灾祸本身的情况,如损失、责任、处理等,一概回避。[3]

(二)突发新闻报道的四种基本模式

1. 不报

如1975年8月间发生在河南、安徽沿淮河一带的特大水灾。灾难发生后,新华社派了两名记者去采访,二人深为灾情之大之重所震惊,但得到的指示是“不做公开报道,不发消息”,“而且还要保密”。

2. 把悲歌唱成赞歌

如1976年7月28日我国唐山发生大地震,伤亡人数远远超过1906年的旧金山大地震、1923年的日本关东大地震。但是,在地震发生的第二天,《人民日报》采用新华社通稿对这一灾难进行报道,标题为:“河北省唐山、丰南一带发生强烈地震,灾区人民在毛主席革命路线指引下发扬人定胜天的革命精神抗震救灾”,对地震灾情的详细情况如受灾具体方位、伤亡人数、影响范围、财产损失等,仅用“震中地区遭到不同程度的损失”一句话轻轻带过。

报道的重点放在人与灾难做斗争上,强调在毛主席革命路线指引下的人定胜天精神。直到1979年11月23日《人民日报》刊登来自中国地震学会成立大会上的新闻,才透露唐山地震的具体灾情,“死亡24万多人”。下面是当年《人民日报》的报道。

河北省唐山、丰南一带发生强烈地震

灾区人民在毛主席革命路线指引下发扬人定胜天的革命精神抗震救灾

我国河北省冀东地区的唐山—丰南一带,7月28日3时42分发生了强烈地震。天津、北京市也有较强震感。据我国地震台网测定,这次地震为7.5级,震中在北纬39.4度,东经118.1度。震中地区遭到不同程度的损失。

伟大领袖毛主席和党中央、国务院对地震灾区人民群众十分关怀。地震发生后,中共河北省委,天津、北京市委和震区各级党组织,已经采取紧急措施,领导群众迅即投入防震抗灾斗争。中共河北省委领导同志已带领有关部分负责人,赶到灾区指挥防震救灾工作。中国人民解放军和有关省、市卫生系统,已组织大批医疗队赶赴现场。大量医药、食品、食物、建筑材料等救灾物资正源源运往灾区。国家地震局和河北省地震局已组织专业人员赶赴现场,监视灾情。灾区人民群众已在当地党组织领导下,迅速组织起来,团结一致,展开抗灾斗争。他们决心在毛主席的革命路线指导下,在反击右倾翻案风斗争取得伟大胜利的大好形势下,发扬人定胜天的大无畏革命精神,团结起来,奋发图强,夺取这场抗灾斗争的胜利。

(来源:《人民日报》,1976-07-29)

3. 选择正面角度进行报道

长期以来,我国新闻媒体对于突发事件报道常从正面寻找报道切入的角度,负面事件正面报。如《中国青年报》刊登的长篇通讯《为了六十一个阶级兄弟》,从抢救中毒的"阶级弟兄"这一角度切入,对一起突发事件做了详细报道,成为传诵一时的名篇。此事就是1960年发生在山西平陆的民工集体中毒事件。这其实是一次故意投毒的刑事案件,主犯经审讯后被立即处决。对此,当地的省、地、县报纸都未做报道。

4. 总结式的报道

即事件进行过程中不做报道,等整个事件结束后再作一个详略不等的总结式的报道。

上述这些突发新闻传播模式,虽然在一定程度上降低了突发事件对社会稳定的冲击,但是都以背离新闻的真实性原则、牺牲公众的知情权为代价。

二、1979—2003年的突发新闻报道

(一)"建章立制,严守准确性"阶段

十一届三中全会以后,一方面由于理念的转变,一方面由于传播技术的进步,我国媒体开始涉足突发事件报道的"禁区""雷区"。下面的报道是我国地方党报上首次发表的一条关于交通安全事故的消息,表明我国媒体打破了"报喜不报忧"的戒律,开始公开进行公共突发事件的报道。

一辆26路无轨电车翻车

本报讯 昨天清晨6点20分左右,一辆26路无轨电车驶经淮海中路近宛平路口时,发生了翻车事故,车上近60名乘客中有26人受伤,其中4人受伤较重,并造成车辆严重损坏。

事故发生之后,记者赶赴现场。据出事地点淮海中路1720号的同志告诉记者:6点20分左右,只听得"轰"的一声巨响,围墙受到26路电车猛烈撞击,灰沙乱飞,墙被撞开近10米大的缺口,电车立即侧身翻倒在地上;乘客们纷纷从车门和窗户爬出来,不少人因翻车撞伤,但大部分是轻伤。

据记者向有关方面了解,发生翻车事故的这辆26路电车,车号为0850604,驾驶员姓陈,是个青年,今年1月才考到司机执照。当时,他从八仙桥发车向徐家汇方向行驶,马路上行人稀少,他的车速过快,当行至近宛平路口时,突然发现右前方有两位女同志正沿马路行走,为避开行人,他立即将车往左驾让,又看到前方马路中心线上有一辆三轮拖车,他又将车往右驾让,然后再往左驾让。刚绕过车子,紧接着他又发现左前方还有一个过路的女同志,眼看要撞倒她。这时,这个年轻的驾驶员由于缺乏经验,连续避让之后有点惊慌,当他将车子猛向右驾让时,车子撞倒一棵行道树后,冲上了人行道,撞倒了围墙。由于车速过快,又连续作S形行驶,车头撞上围墙后,车身失去平衡,造成了翻车伤人。

事故发生后,市公安局、徐汇区公安分局、市公用事业局、市公交公司、电车三场

等部门的领导人员立即赶到现场，了解情况，维持交通秩序，并去医院和受伤者家中慰问受伤乘客。由于这次事故，淮海中路宛平路地段的交通封闭了近 3 个小时，26 路电车改由淮海路宝庆路驶往徐家汇。

这次事故虽然没有造成重大伤亡（包括 4 名伤势较重的乘客，包扎后也已出院），却是上海解放 30 年来罕见的。

据徐家汇交通队副队长聂启昌称，据初步分析，事故责任主要在驾驶员，待进一步调查后，将对这一严重事故作出严肃处理。（按：半个月后，记者又报道了此事故的最后处理结果）市公交公司和电车三场的有关领导表示，将对这一事故作深入检查，并吸取教训。

（来源：《解放日报》，1980-08-12）

（二）"渤二"事件报道成为我国媒体突破突发新闻封锁的标志性事件

从改革开放到"非典事件"之前，我国突发新闻传播在不断探索中有了明显的、突破性的进步，特别是 1980 年 7 月 22 日《人民日报》《工人日报》对"渤海二号"石油钻井船翻沉事件的报道成为我国媒体介入公共突发事件的标志性事件。这则新闻打破了"重大事故不能见报"的禁令，并直接导致时任石油部部长被解职、国务院副总理记大过、国务院做检讨、海洋石油勘探局负责人被判刑，开创了我国新时期舆论监督的先河。[4]

"渤海二号"钻井船翻沉事故说明了什么？

陈骥　牛凤和

"渤海二号"钻井船的翻沉，是一个令人痛心的事件。参加这次事故调查的同志和海洋石油勘探局的许多职工都认为，这次事故不是偶然的，是海洋石油勘探局长期以来坚持一些错误的指导思想和作法所导致的必然结果。

只讲需要　不讲可能

海洋石油勘探局在钻井勘探作业的安排上，相当严重地存在着只讲需要，不讲可能的思想。

渤海湾冬季寒流多，风浪大，钻井船容易位移，造成钻井打偏报废，而且，钻井船都是不抗冰的。但是，因为有关领导机关曾经向局里提出"是站着过冬还是干着过冬"的问题，要求钻井船冬季也要出海打井。局领导往往不顾实际情况，又没有什么有效的措施，冬天也把钻井船轰到海上。职工群众提出不同意见，局领导就说："要翻船也给我翻到海里去，不要翻在码头里。"

这样做的实际效果究竟怎样呢？据"渤二"钻井队职工反映，1978 年冬季，"渤二"主机有毛病，甲板有裂缝，应该检修，而局里非让它继续打井，并说："要干着过冬，不能泡着过冬，要过一个革命化的冬天。"结果在海上打了两口井全部打偏报废，白干了一冬。有的船由于冬季出海打井，不得不在春夏被迫回港检修。

"渤二"这一次之所以要在冬季紧急迁往新井位打井，也和这种指导思想有关。按照规定，钻井船迁移井位，一般应在 15 天前把任务正式下达到钻井船队，并且必须同时提供新井位的水深、地貌、泥厚等必不可少的资料，使钻井船可以比较充分地进行拖航准备和顺利地在新井位就位。但是这一次“渤二”迁移新井位的时间很急迫，11 月 20 日确定任务，21 日开拖航会议，24 日就要降船拖航，拖航准备只有三四天时间。而且当时连新井位的水深、地貌、泥厚等资料都还没有弄清楚。由于任务要求过急，拖航准备非常仓促，为了赶时间，在拖航前，应该排的压载水不排，应该卸的可变载荷不卸，应该捞的潜水泵不捞，使这条本来能抗 12 级以上大风的钻井船，却经不起八九级风(最大阵风十级)的袭击而翻沉。

冒险蛮干　不讲科学

海洋石油勘探局领导往下压生产任务时，常常是要求过急，不讲科学，强令下面接受领导的违章指挥。据“渤一”职工揭露：有一次在大风警报的情况下，局里强令他们冒险起浮拖航(按规定四级风以上就不得起浮)，群众没法子，只好照办。起浮后风浪越来越大，根本无法去新井位就位，只得冒着危险由拖轮拖着顶风走，在海上“大游行”了三天。像这样强迫命令瞎指挥的事例是很多的，但是领导从来不认为是个问题，相反却把蛮干没有出事当作经验来总结，出了事就说是“没经验”，“交学费”。领导根本不把“安全”二字放在心上。“渤二”引进已经六年了，该船的《稳性计算书》等外文资料一直没有翻译过来，事故发生后，为了调查案情，才由事故调查组请人译出。

结果就造成了一种怪现象：谁要是不问实际情况只按领导要求去做，即使明明是违章作业，也是“有干劲”“有锐气”；相反，谁要是讲科学，抵制违章指挥，谁就是“怕困难，不听指挥”，就要受批判，调动工作。该局船舶处一位副处长，提出拖航作业应该由拖轮负责指挥，因为钻井船的队长钻井是内行，对航海并不内行。这位副处长的意见至少可以讨论吧。但是不行！因为这冒犯了局里的规定，一位副局长强令按原规定拖航，这个副处长拒绝参加，就被批判三次，后来被调离了船舶处。到底是讲科学、抵制违章指挥的是对四化建设负责的好工人、好干部，还是只知服从、盲目蛮干的是好工人、好干部？这个重要的问题被弄颠倒了。

这种不讲科学的态度，还表现在不尊重来自生产第一线的干部、工人的建议和意见。这次“渤二”拖航前，队长刘学曾几次打电报来要求卸载、捞潜水泵和请求用三条拖轮拖航。但是这些正确的意见，却被搁置一旁。如果按刘学的意见办，这次事故就有可能避免，至少能大大减少死亡和损失。可惜，有的人就是不愿意承认生产第一线的干部工人比自己的认识更接近实际，他们的意见更值得重视和尊重！

只讲生产　不顾安全

职工们在事故调查的座谈中，揭露了该局领导只顾生产，不顾工人安全的大量事实。在海上采油平台上，采油区和生活区、油罐区之间，有不少地方没有走梯和走台，工人们要顶着大风，在一米粗的拉筋管道上来回走，没有扶手栏杆，下面就是大海。职工们从交通船爬上平台也总得捏把汗，船在水里晃动，搭上一块一尺宽、几米长的跳板，工人们就在跳板上走上走下。

海上的救生、防火等设备很少配齐过。“渤三”出海半年多以后才配上救生筏。工人们出海换班的交通船上也只有很少的救生设备。如海上井喷、起火时救生用的耐火救生球数量配备太少，有的有了球，却没有放下海的设备，还是不能起到救生作用。更为严重的是，这些海上救生设备即使有了，工人也不会使用，因为平时不组织学习、演习。

这个局海上作业的职工只占六分之一，以六分之五的人来保障六分之一的前线职工的生产安全和生活，应该是照顾得比较周到的，但是事实上对海上作业工人的照顾却很差。工人出海换班有的要自带行李，船上又无舱房，冬季在甲板上或过道里任凭刺骨寒风吹打。国产钻井船设备较差，工人们每天一身泥水，二十天才能洗一次澡。进口船上原来配有沙发，但引进后一到码头，沙发就被搬到岸上使用。特别是工人在海上得了重病，或出了工伤，更是难以及时回港就医。一次，“渤四”有个工人在船上摔伤，伤势严重，处于昏迷状态，钻井船要求局里紧急派直升飞机抢救，飞机来了，机上坐着钻井处处长孙治业和另一位海工处的处长。因为飞机只能坐三个人，队长和指导员说明情况，要求他们下机，先把工人护送到岸上抢救。海工处长下了飞机，孙处长无论如何不肯下机，钻井队干部说了很多好话，他还是无动于衷。最后，只好派一名工人跪在机舱里护送伤员，而孙处长却端坐舱中，不肯帮一下手。

海洋局领导不去真心实意地关心和爱护职工，却说什么“要奋斗就要有牺牲”。一味地要求工人“一不怕苦，二不怕死”。“渤二”翻船后，局领导还是用这一套来统一思想，局政治部的一位副主任，在对事故调查组汇报时，竟然说：“要奋斗就要有牺牲，战争年代要付出代价，搞四化也要付出代价，七十二人的死是值得的，他们是英雄，要交学费嘛！”

掩盖矛盾　逃避责任

海洋石油勘探局成立七年多来，发生过许多次大小事故，但是领导从不认真总结教训，常常用评英雄、追认烈士的办法，逃避领导责任，不了了之。群众批评说：“我们海洋局是事故出英雄，一次事故，一批英雄；事故越多，英雄越多。”

1977年冬，“渤一”断腿事故，其严重程度并不亚于这次“渤二”事故，只是由于工人英勇抢救，侥幸没有造成人员伤亡。可是事后领导不总结教训，钻井船被抢救回港后，给船上的人披红戴花，设宴摆酒，评了英雄，就算了事。这次“渤二”翻船后，局领导仍想用这种办法来逃脱责任。在事故发生后的第三天，就急急忙忙写出不如实反映情况的报告，定了“突遇大风，不可抗拒”，“指挥无误”，“抢救英勇”的调子，要在全局大讲“渤二”不怕牺牲的精神，开展所谓大总结、大评比、大宣传、大表彰的活动，绝口不提查清事故责任问题。而且以此在全局强行统一思想，连说“事故”二字都不允许，还宣称要“注意阶级斗争新动向”，“防止别有用心的人把水搅浑”。其实，局领导所谓的“突遇大风，不可抗拒”的说法是完全没有事实根据的。他们说突遇十级到十一级大风，但是据查，当天距“渤二”只有三海里距离航行的“大庆九号”油轮的气象记录是：“11月24日24点，西风九级；25日四点，东北风七级。”天津、山东等气象台的实况记录，也都只有八、九级风，最大阵风只有十级。“渤二”从新加坡拖运进来和送日本大修时，在拖航途中都遇到过十一级大风，但是因为照规程办事，钻井船安然无恙。

随后局领导又根据这个报告，向有关领导机关提出追认英雄烈士的要求。职工群众认为，“渤二”船队是有功绩的，72名职工也是英勇的，但是不能允许领导借此来掩盖自己的责任。职工群众非常担心地说：“如果这次仍然不了了之，我们总有一天要被他们‘指挥’到海里去。”

人们强烈地要求按照党纪国法严肃处理对事故负有重要责任的领导人员，同时要求肃清极左路线的流毒，确实保障职工在生产过程中的生命安全和身体健康，保证国家财产不被糟蹋，是理所当然的。我们不能总是交这些冤枉的学费！一定要从这次惨痛的事故中引出积极的结果来，把海洋石油事业办好，为四化建设作出应有的贡献。

（来源：《工人日报》，1980-07-22）

20世纪90年代后，随着民主与法制建设的进步，以及新闻改革的发展，媒体对各类公共危机事件报道的数量增多，质量也有所提高，正如媒体人孙玉胜所说的那样，“除了群体事件、外交事件仍需要慎重处置以外，对其他突发事件，近十年来新闻媒介开始有了不同程度的介入，经历了由不发消息到发消息，再到如何发消息，甚至如何早发消息的过程”。[5]

三、2003年以来我国突发新闻报道

（一）“全面公开，注重时效性”的新阶段

1. “非典”事件后突发新闻报道进入我国公众视野

2003年在我国公共危机传播发展史上有着特殊的意义。这一年的“非典”危机之后，长期被忽视或漠视的公众知情权引起重视，政府逐步意识到公共危机传播的重要性和必要性。“非典”事件是指严重急性呼吸系统综合症（英语：SARS）于2002年在中国广东顺德首发，并扩散至东南亚乃至全球，直至2003年中期疫情才被逐渐消灭的一次全球性传染病疫潮。在抗击“非典”过程中，当局的观念有了进步，开始承认“灾难”和“危机”在我国的存在，开始为媒体介入突发事件提供一定的空间：一方面逐步建立新闻发言人制度；另一方面，大力推进包括新闻应急管理机制在内的突发公共事件应急机制的建设。

2. 政府加速建设针对突发公共事件的应急机制

“非典”事件后，政府开始加速建设针对各种突发公共事件的应急机制。2003年5月，国务院颁布施行了《突发公共卫生事件应急条例》；8月，中共中央办公厅、国务院办公厅发出《关于进一步改进和加强国内突发事件新闻报道工作的通知》，明确规定要建立和完善信息报告、新闻发布和应急协调机制，实行责任追究制度，并第一次增加了发

挥新闻媒体的预警和服务功能、必要时采取非常措施、争取先入为主效果以及高度重视互联网报道等内容。政府有关管理部门逐步确立了及时公开信息、主动引导舆论、掌握舆论主动权的突发事件应急处置的思想，另外新闻宣传管理部门也开始重视媒体在公共危机中的预警和服务功能。

（二）“非典”事件对我国突发新闻报道的意义

媒体对“非典”的大量报道，虽然得到了受众的赞许，但报道中也出现了“失度”现象。在敏感问题的对外报道上，我国对外媒体主要考虑可能带来的社会效果或外交上的反应，很少考虑可能给传播者形象带来的影响。在“报”与“不报”的抉择间，新闻单位通常需要事先征求有关部门的意见或者向有关部门核实情况。有关部门在作决定时，有时会完全从报道所产生的所谓“负面影响”出发，或从本部门利益考虑，决定不报或不给答复。即使最后决定要报，这个过程也需要一段时间，这将导致新闻报道的片面性或滞后性。

而敏感问题又时常是大众关注的焦点。“非典”对外报道的教训证明：“讲清楚”比“盖起来”更重要！在当今信息爆炸和信息公路四通八达的时代，假装“若无其事”，“家丑不外扬”不但办不到，而且会严重损害媒体对外传播的可信性，甚至会损害官方媒体及政府和国家的形象。

从实际的效果来看，2003 年 4 月 20 日成为一道界限：在此之前，封锁消息，危机四伏，某些地区的政府陷入被动，在此之后，信息发布渠道畅通，社会公众充分了解疫情，心情坦荡，秩序井然。这无疑给人民群众特别是各级政府官员上了生动的一课，使大家形成了共识：通过发布充分的信息，体现对公众知情权的尊重，在此基础上才能成功地进行舆论引导和危机处理。

总的来说，“非典”使我国媒体建立起公开、及时报道疫情灾难新闻的传播机制。确立公开疫情的信息传播机制，这在中国新闻传播史上是一个重大转折。这个转折不仅对“非典”防治具有重要的意义，而且对我国的政治、经济、文化建设具有深远的影响。经历了“非典”事件的中国政府对公民的知情权更加重视，对重大的灾难性事件不回避、不掩盖，努力推动灾难新闻报道体制逐步朝着制度化、规范化的方向发展。

第二节　突发新闻报道“左”倾现象批判

就近几年的实践来看，我国突发新闻报道的进步和转变非常明显，但是突发新闻报道中存在的问题依然比较突出，特别是我国突发新闻报道中的“左”倾现象长期存在，一定要加以批判，肃清影响。

一、突发新闻报道中的“左”倾现象

在历史上，“左”倾表现为片面夸大主观能动性，不顾实际情况；主客观相分离，认识与实践相脱离。“左”倾思想表现为急于求成，主观夸大革命力量，轻视敌人力量和客观

困难，在革命和建设中盲目采取冒险行动；或者在革命组织内部混淆两类不同性质的矛盾，采取残酷斗争、无情打击的政策；或者在同盟军问题上实行关门主义，打倒一切。

（一）突发新闻报道中的“左”倾现象概述

在相当长的一段时期内，因在新闻界提倡“以正面报道为主”的方针，导致新闻媒体对所谓的“负面新闻”，即突发事件的报道往往采取瞒报缓报、报喜不报忧的模式，唯恐危害社会秩序，损害国家形象。

如前所述，1976 年 7 月 28 日河北省唐山市发生了 7.8 级大地震。在地震发生后的第二天，《人民日报》采用新华社的通稿对这次灾难进行了报道。这篇新闻仅有 400 字左右，作为新闻由头的导语只有数十字的概括陈述，而对受众最关心的比方说房屋倒塌多少、伤亡人数多少等受灾情况讳莫如深、只字不提，只有一句“震中地区遭到不同程度的损失”，人和灾难作斗争却是报道的重点，即把重点放在毛主席、党中央和各级领导怎么样关心和帮助灾区百姓，怎么样带领灾区人民抗震救灾方面。关于这次地震当中的死亡人数，一直到三年之后才披露出来。对突发事件中的这类新闻现象，用历史的眼光来看，我们可以将其归属为突发新闻报道中的“左”倾现象。

（二）突发新闻报道“左”倾现象的特点

1. 夸大主观力量

媒体通过强化宣传危机中的人、集体、组织及政府的“英雄行为”，夸大政府、组织、集体和个人的力量，轻视灾情。比方说雅安芦山地震报道：2013 年 4 月 20 日，芦山县 7.0 级地震发生以后，雅安市各个级别的党员领导干部坚持把人民的利益放在第一位，奋不顾身地投身于抗震救灾的工作当中，清仁乡大同村党支部书记袁超，不顾自己身患癌症，仍然 24 小时坚守在抗震救灾第一线。

诚然，这类英雄事迹是应该报道的，但是，对于突发事件的报道应该全面，特别是人们首先关注的灾情灾况，人员财物损失等实际情形，发生灾难的原因，以及从中能够得到的启示等等，没有得到充分报道。特别是突发事件报道的最初阶段，最应该详尽报道受灾实际情况等内容。而媒体往往大篇幅地片面宣传救灾中的英雄事迹，而不去反思危机暴露出来的各种问题。明明是灾难，却演变成歌功颂德，只说政府采取了哪些救治措施，救了多少人等，成了所谓的正面报道。

2. 报道煽情化

雅安地震发生以后，大量媒体赶往地震灾区，不管是电视直播，还是报纸都不惜版面地大规模持续地对地震进行报道。画面上是满目疮痍的断壁残垣，是被倒塌的墙壁掩埋的生命，夹杂着手术抢救生命的镜头，文字细腻得让人流泪，一张张失去家园和亲人伤痛的面孔，面对着镜头还在传递着坚强和乐观。一场灾难被媒体过度赋予了悲情和悲壮。仿佛这不是一场现实的灾难，而更像是虚拟的“秀场”。在突发新闻报道中媒体过多报道救灾过程中这样或那样的感动，而没有及时地传递出，比如有多少道路堵塞，地震引发了多少次生灾害，以及到底还有多少百姓缺少多少物资等信息。这样的报道方式过于煽情化，不仅不利于救灾，而且有损媒体的公信力。

二、突发新闻报道“左”倾现象发生的原因

（一）正面宣传为主的认知差异

长期以来，我国对正面宣传有两个明显的误区。

1. 把正面宣传等同于正面报道

正面宣传应该建立在客观全面的基础之上，以一种积极、健康、向上的舆论引导社会，而绝不是只报道正面的新闻而不报道负面的新闻。那种以为对于负面新闻也要从正面角度切入，不反映灾难，甚至以为灾难不是新闻，救灾才是新闻的理念，是对于正面宣传的误解。正是在这样一种错误认识的支配下形成了“报喜不报忧”的习惯，这对于中国的新闻报道至今仍具有重要影响。比如中国的自然灾害或者工业事故，长期以来媒体对于灾害造成的损失都是轻描淡写，报道的主要内容就是政府事后所做的大量协调工作，千方百计“让坏事变好事”。

2. 认为“正面宣传为主”是一种“量”上的规定

认为报纸的报道应该以正面的新闻为主。在这种思想指导下，一些地方主管新闻的宣传机关甚至对媒体所谓的负面新闻报道的数量和比例作出了明确的规定，导致媒体在突发事件报道中难以有所作为。

（二）媒体商业化带来新闻报道煽情化

新闻报道的煽情化是媒体逐渐走向商业化的产物。目前我国主流媒体迫于市场压力和经济压力，也不得不进行商业化运作，表现为把发行量和收视率摆在第一位，极力满足受众的需求，吸引受众的注意力。

对于受众而言，新奇、具有娱乐性的传播内容容易引起他们的兴趣，因此，煽情的标题和语言往往能调动起受众的情感，这样也就能吸引他们的注意力和眼球。这种新闻报道在表现形式上强调故事性、情节性，从最开始强调“硬新闻”写作中适当加入人情味因素、加强贴近性，逐渐演变成一味追求趣味性和吸引力，强化事件的戏剧性或煽情刺激。

三、突发新闻报道“左”倾现象发生的控制

在突发事件中，为避免突发新闻报道“左倾”现象发生，可以采取以下预防措施。

1. 遵循时效性的原则

政府和媒体在发布信息时，应遵守信息发布的时效性原则，尤其是突发新闻事件时效性的意义更为重大，假如突发新闻的详细情况没有第一时间公布，便会给谣言的滋生提供传播环境，对国家的形象和社会的安定将产生不可估摸的影响。在对信息的处理过程中，确保信息的真实性尤其重要。真实是新闻的生命，政府部门和媒体在发布新闻信息的过程中，首先要强调第一时间满足受众的知情权，充分报道事实真相。若来不及弄清事实，可以采用迂回战略，比如采用“此事件还需进一步了解”“这件事还要进一步调查”等说法，绝不能等待事实全部查清后作那种事后总结式的发布。

2. 新老媒体各自发挥作用

传统媒体在灾难新闻报道中的重要作用是显而易见的。电视仍是突发新闻事件报道的主流媒体。从技术上讲，事件现场画面可通过卫星信号进行实时传送，这样生动、形象的资讯是电视媒体报道突发新闻事件无可比拟的优势所在。从传播效果来讲，电视形象、真实的报道，能迅速消除社会上的流言，稳定民心和社会秩序。无论是2008年年初的抗击冰雪灾害、还是“3·14”拉萨暴力事件等突发事件，多是通过电视的新闻栏目告知事件的最新进展，新闻栏目不断更新的大量新鲜资讯使得突发新闻事件的最新进展情况能够及时地传递给受众。

随着网络技术的发展，网络媒体逐渐成为报道突发新闻事件的生力军。网络媒体综合多媒体各种手段，包括视音频、动画、图表等形式，既有常规的新闻报道方式如消息、通讯、评论等，又有和专家学者、政府机构工作人员进行交互式访谈的现场报道方式，吸收了众家媒体之长，为受众提供了全方位、立体化的报道。网络媒体的综合性强的特点使其报道更为广泛、深入、全面、透彻。在对突发新闻事件的报道中，网络媒体的诸多优势非常明显。在重大突发新闻事件发生时，鉴于网络的超链接功能，即时性强、信息量巨大的特性，网络媒体具有广泛而重要的影响力，因此在突发新闻报道中要发挥其先锋作用，以正确引导舆论，使突发事件得到妥善解决，稳定社会秩序。

此外，移动媒体尤其是手机在突发新闻报道中可谓异军突起。手机携带方便、拥有广泛的受众、能做到随时随地使用。手机能借用文字短信、彩信、手机电视等各种方式迅速地传播信息，安抚民众，便于受众之间相互交流。

面对突发事件的报道，在很多情况下，受客观因素的限制，媒体往往无法充分地掌握事实，再加上考虑到报道可能引起的社会反应时，通常会比较谨慎，这就要求新老媒体能够准确把握其中的度，发挥各自的优势，切实履行自己的社会职责。

3. 媒体与公众应对突发新闻事件负有社会责任

突发新闻报道中存在的“左”倾问题，常使突发事件的处理处于被动境地，对于媒体的长远发展和政府工作的顺利进行也非常不利。因此，加强和改进我国突发事件报道势在必行，这里也要强调突发新闻传播中不仅政府要及时公开突发事件信息，媒体与公众也对突发新闻事件负有社会责任。

就媒体而言，突发事件因其传播价值高，特别是在新的传播环境下，加强和改进突发事件的报道就显得非常重要。媒介竞争日益加剧使突发事件成为新闻报道的“稀缺资源”，突发事件的报道对于提升媒介的公信力和影响力起着至关重要的作用。同时，随着我国民主政治建设进程的加快，受众知情权意识逐渐增强，这就要求媒体及时公开相关信息，尤其是在发生突发事件时，媒体要在第一时间派人员赶到现场，以最快的速度全面地报道突发事件的信息。

做好突发事件报道，媒体的队伍建设很关键。新闻记者素养的高低直接关系到报道的质量，进而影响到媒介的竞争力。报道突发事件的记者一方面要具备普通记者的职业素养；另一方面还要熟悉和掌握国家政策与法规，要站在全局的高度来看待和报道突发事件，具备强烈的社会责任意识和敬业精神，要树立“以人为本”的理念，注重人文关怀。

就公众而言，在突发事件应对中，公民往往处于被救助、被保护的角色，这是问题的一个方面；另一方面公民还负有法律上的义务和责任，以及与此相应的权利限制。这是现代公民意识的体现。在危机或灾难面前，每一个公民，除了批评和监督政府、关注突发事件之外，还能够做什么？应该担负什么责任？现代社会不仅要讲个人权利，公民也要负有社会责任。

具体来说，突发事件应对中，社会组织和公民的法律义务和权利限制主要包括以下两个方面。一是在突发事件应对中，公民有下述义务：合理注意的义务、接受管理或管制的义务、容忍和不作为的义务、公务协助义务；二是在突发事件应对中，公民下述权利有限制：对公民人身自由、财产权、通信自由和通信秘密等等。当然，权利限制的设定和实施都需要与突发事件的分类、分级与分期相匹配，符合“比例原则”的法治要求。并非所有的权力都需要或可以受到限制，有些权力即使在紧急事态下也不得限制。

公众是维护社会秩序的推动者，在突发事件发生时要认真、负责地使用好自己手中的权利，承担起应有的社会责任。

第三节　灾难性报道与人文关怀

历数近些年的灾难事件，如“9・11”事件、SARS、印度洋海啸、“5・12”汶川大地震、矿难、地铁爆炸案等，通过新闻工作者们的镜头和报道，我们看到了灾民的恐惧和无助，新闻工作者的抑郁和压力。在如今这个以人为本的时代里，越来越多的人开始关注灾难报道中对于人的关怀和尊重。灾难报道中的人文主义关怀，其关怀的对象主要包括两类：一类是灾民，另一类是新闻工作者。

自2003年以来，随着SARS、禽流感等公共卫生事件的不断发生，人们开始呼吁知情权。在灾难新闻中，新闻工作者的反应越来越快，报道也越来越透明。然而，在2008年5月的汶川大地震中，滚动连续的新闻播报不仅使我们看到人人肩负社会责任，也毫无保留地反映出一些问题，例如在灾难报道中人文关怀的缺失。

一、人文关怀和灾难性报道

（一）人文关怀的含义

什么是人文关怀呢？阿伦布洛克在《西方人文主义传统》一书中指出，人文主义的范畴和内涵随着时代和地域而不断发展，但始终坚持“两个核心”不变：一是人文主义是以人和人的经验为关注对象；二是人文主义尊重人的尊严，因为无论弱者还是强者，每个人都是有尊严、有价值、有权利的。因此，在西方大众传媒大量的新闻实践中，尤其是灾难新闻中，对人文主义精神的解读都主要围绕这两层含义进行。[6]新闻的人文关怀，主要是指对人的生存状态的关注，对人的尊严与符合人性的各种需求的肯定。它主张以人为本，集中体现了对人的关心和尊重，不仅着眼于生命关怀，而且着眼于人性、精神、情感和道德的关怀，把有利于人的生存、人的发展当做考察一切事物的价值取向。

（二）人文关怀在灾难新闻报道中的体现

灾难发生时，人文关怀体现在对灾区和灾区生命及生存状态的关注。对灾民生命和生存状态的关注，是对“人”最基本的人文关怀。主要体现在两个方面：

1. 全面、客观、及时、准确的报道

新闻媒体第一时间做全面、客观、及时、准确的报道，让灾区以外的人民迅速了解灾区的情况，并引导舆论，使社会形成万众一心、共同抗灾的局面。

2. 充分考虑受灾群众的生命安全和心理感受

媒体在进行报道时要充分考虑受灾群众的生命安全和心理感受，不妨碍救灾工作的正常进行，更不可为迎合受众的猎奇心理，追求新闻的轰动效应，而在采访报道中提出不适宜的问题，给灾区人民造成心理上的二次伤害。

二、灾难新闻报道中缺失人文关怀现象

（一）灾难新闻中缺失人文关怀的问题

1. 当地政府的封锁导致信息不公开不透明

面对灾难事件，受众首先拥有知情权。“受众对新闻有知情权，知情权又称知晓权，获知权等。受众知情权是指受众享有通过新闻传媒了解其预知、应知而未知事实的法定权利。”[7]按理来说，灾难事件一般都是非常紧急的事件，常会引发停水、停电、与外界失去通信联系等一系列问题，媒体越早报道对灾民越是有利。但一些地方政府对突发灾难性事件往往采取“稳定压倒一切”“大事化小、小事化了”的策略，一些领导干部甚至从局部利益出发，能捂则捂，能瞒则瞒。

2. 片面追求轰动新闻忽视人文关怀

随着新闻界竞争机制的引入，各媒体为争取更多受众，越来越重视受众的需求，新闻事业实现了从以传者为中心向以受众为中心的转变，受众成了媒介的衣食父母。然而，因为竞争的直接目的就是争夺受众，有些媒体过分注重受众本位，为了获得第一手资料，在进行新闻采访中产生了只追求轰动新闻而无视采访者生命安全的行径，严重违背了新闻报道中应有的人文关怀。

3. 新闻图片在使用过程中的失范

一幅好的图片能抵过千言万语，能够将媒体想要传递给受众的现场情况形象生动地表达出来。所以，为了让受众产生第一瞬间的恐惧和怜悯，灾难报道中的图片大都采取直接呈现的策略。比如通过对苦难、窘境中人物绝望痛苦的表情特写，通过对血淋淋的伤痕的细节展示，通过对残垣断壁的大场面的俯视等手法，为观众呈现出触目惊心的残缺景象，让受众对灾难有直接清晰的了解，从而唤起其内心的悲悯和同情。

但是这种策略的使用不能过度。一些媒体在灾难性新闻图文中为了刺激受众，吸引眼球，常常有意识地渲染恐怖、血腥、不人道的场面。比如，广州某报 2012 年 3 月 12

日报道，番禺某小区发生家庭惨剧，一中年男子疑长期殴打儿子，并于11日将自己及儿子反锁家中，及至民警破门而入，发现房内有大量血迹，10岁的男童已经殒命，中年男子企图挥刀自尽，最后被擒。这则独家报道在当天的同城报纸中已经够抢眼，惨剧本身又实在令人叹息，版面的配图中有大面积鲜红的血迹。这种处理方式体现出编辑的冷血，有悖于社会和谐发展的理念。①

（二）灾难报道中人文关怀缺失实例及分析

1. “二次伤害”典型实例

“二次伤害”是在灾难事件发生后，由于采访方式方法、时机不当而对灾难亲历者再次产生的一系列严重后果或影响。

蒋敏，是一个受到“二次伤害”的典型事例。这个被誉为“中国最坚强女警察”的地震幸存者，在2008年5月12日的汶川大地震中失去了包括父母、女儿在内的10个亲人，但她却始终坚持在抗震一线救助他人。当记者见到正在忙着照顾灾区儿童的蒋敏时，却提出这样一个问题：“你在救助这些灾民的时候，看到这些老人和小孩，会不会想到自己的父母和女儿？”蒋敏被这个问题问得说不出话，一出帐篷就昏了过去。[8]蒋敏的事迹无疑非常值得媒体报道，很有新闻价值，但是记者这样的采访问语却造成了对蒋敏的“二次伤害”。

2. 现场采访时记者的失误

有这么一个实例，2008年5月17日，汶川大地震中被困124小时的女工卞刚芬获救。当卞刚芬被救援人员抬出来的一刹那，几十名记者蜂拥而上，将其团团围住拍照，医护人员不满地说：“照相机的强光会对眼睛产生强烈刺激，会伤了她。你们要抢新闻，可我们抢的是生命呀！”[9]

在灾难现场，因抢镜头、抢新闻而影响抢救的现象并不少见，有的记者拦住救援官兵做不适宜的现场采访，有的记者为了补拍镜头要求救援人员重复动作。在汶川地震报道中某权威电视台记者在直播时竟然进入手术室采访，消耗掉一件无菌手术衣不说，还强行采访已消毒完毕、即将进行手术的医生，将其手术衣污染，致使医生怒不可遏，对他喊道：“你把我搞脏了！”记者还没有立即退出，还继续问医生已躺在手术台上麻醉好的病人的伤情如何，耽误医生重新消毒的时间以及病人的手术时间……此事通过现场直播传出后，在网上遭到一片谴责。从新闻伦理道德的角度看，这是违背职业道德的行为。

3. 图片画面造成的视觉伤害

新闻照片和镜头不能以侵犯别人的隐私和赚取受众的眼泪作为内容。汶川地震发生后不久，在国内某媒体上，一张张在废墟中惨不忍睹的尸骸的照片被放在了显赫位置。有一张照片是一个青年被埋在瓦砾之下，整个画面仅仅暴露了这个青年的头颅：已经骨折的鼻骨、紧闭的双眼和干裂的嘴唇，画面没有展示出任何救援行为，而脸部却为了拍摄而刻意做了清洁。[10]这样的照片，不仅造成视觉伤害，而且也侵犯到了公民的隐私权。媒体报道的字里行间、画里画外体现人文关怀的一个重要标志，是对人和对生命的尊重。媒体决不能在报道中以他人的不幸作为“卖点”。

（三）造成人文关怀缺失的原因归纳

通过汶川地震的新闻报道，我们看到了一些人文关怀缺失的实例，在采访中造成人文关怀缺失的原因主要有以下五点：

其一，记者忽视对自身人文精神的培养；其二，记者的错误的新闻价值观念，采访时过分追求素材的新闻性和新闻传播效果，忽视对被采访者的人文关怀；其三，记者采访语言、行为的失当造成“二次伤害”；其四，记者在采访中的职业道德缺失；其五，记者的采访侵犯隐私权，忽视遇难者及其家属、幸存者的隐私权保护。

三、灾难新闻报道中如何体现人文关怀

（一）记者应加强自身人文修养

记者对于受灾者所表现出的同情和怜悯不应该是一种居高临下的感情，而是处于平等基础上的感情流露，在给予同情和关怀的同时必须给他们以必要的尊重，这样才能写出真正感人的新闻作品。一篇好的灾难性新闻作品，不能只是具备新闻要素，更应该包含人文关怀的精神，这样，灾难新闻的采访才能有“魂”，才能打动受众。在灾难新闻报道的采访中缺失了人文关怀，就难以体现正常的人性和人的正常心态，这样的采访得不到大家的认可，新闻报道的社会职能也就无从体现。记者只有具备了人文关怀精神，才可能获得受众发自内心的尊重、认可和信赖，传媒才可能获得持久的公信力。

（二）避免现场采访的“二次伤害”

“5·12”汶川大地震救援过程中，我们确实在镜头中看到过这样的场景：被埋了几十个上百个小时，一个个伤员已经很虚弱了，急需抢救，记者们还要追着左问右问。这种执著并不能体现专业精神，恰恰反映出专业素养的缺乏。作为记者，不能在采访时只选择新闻报道材料，而是应该做“伤口的创可贴”——创可贴式采访。记者面对别人的悲伤、脆弱和无助时应该给予最大限度的同情和帮助。不要去采访那些还处在惊恐状态下的人。记者可以安慰、拥抱他们，甚至为他们服务，当你先做了一个好的陪伴者时，他们往往会愿意主动讲一些事情。如果灾难现场记者的采访、拍摄影响了救援行动，记者理当停止采访或改变方式，否则就会对生命造成伤害。

（三）保护受害者隐私权

贝尔塞描述了三种不同的隐私：身体的隐私、精神或交流的隐私、私人信息隐私。[11]在灾难报道中，记者应当谨慎考虑如何避免肢残的身体（即便已经死去）过度暴露在公众视线中，以免让当事人的身体尊严受伤；如何让极度悲伤的情绪表情避开特写镜头，避免让当事人的精神尊严受伤；如何避免灾难中个人医疗记录和财务数据等个人信息的暴露；等等。

此外，还有一种伤害是在对受害者进行采访时所造成的侵权行为。例如，在采访中，得知受害者的学校、工作单位等个人信息，在未经过任何处理的情况下，直接将其公诸于众；某些遭遇灾难的当事人，受伤致残的部位比较敏感，场面过于血腥，受害者面对灾难表情惊恐面部扭曲，受害者家属悲痛欲绝等，这些场面受害群众不愿被记者拍摄到或

被播出。如果没有征得当事人同意,就传播这些画面,那么这些行为都应归为违背新闻职业道德的行为。而且足以说明个别媒体和记者,在灾难新闻报道中,不尊重灾民的感受和要求。为了满足受众的欲望,不惜代价吸引受众的眼球,所表现出来的是对受灾群众这一特殊群体的人文关怀的缺乏和漠视。

本章小结

我国的突发新闻报道经历了三个阶段:1949—1978年为"零传播"或者"不传播"阶段,突发新闻的报道基本有以下四种模式:不报、把悲歌唱成赞歌、选择正面报道角度进行报道、总结式的报道;1978—2003年为"建章立制,严守准确性"阶段,"渤二"事件报道成为我国媒体突破突发新闻封锁的标志性事件,"非典"事件后,政府加快建设针对突发公共事件的应急机制;2003年以来,发生在我国的"非典"危机成为加快信息公开立法的推进器,重大灾害性突发事件报道进入了"全面公开,注重时效性"的新阶段。我国突发新闻报道长期存在"左"倾现象,其特点表现为夸大主观力量、报道煽情化,原因在于对正面宣传为主的认知差异和媒体商业化带来新闻报道煽情化。在灾难性报道中要增强人文关怀的理念,记者应加强自身人文修养,做到全面、客观、及时、准确地报道,充分考虑受灾群众的生命安全和心理感受,充分尊重受众的知情权,也要防止新闻采访中的"二次伤害",并保护受害者隐私权。

思考与练习

1. "渤二"事件、"非典"事件在我国突发新闻传播史上有何意义?
2. 列举我国突发新闻传播史上"左"倾现象的事例并进行剖析。
3. 在网上搜索突发新闻报道,找出并分析体现和缺失人文关怀的正反两方面事例。

参考文献

[1] 吴廷俊,夏长勇.对我国公共危机传播的历史回顾与现状分析[J].今传媒,2010(8).
[2] 中央人民政府新闻总署给各地新闻机关关于救灾应即转入成绩与经验方面报道的指示,中国共产党新闻工作文件汇编(中)[M].北京:新华出版社,1980:62-63.
[3] 夏鼎铭."客观主义报道"辨析[J].《新闻大学》,1988(夏季号).
[4] 顾潜.中西方新闻传播:冲突、交融、共存[M].上海:复旦大学出版社,2003:125-127.
[5] 孙玉胜.十年——从改变电视的语态开始[M].北京:三联书店,2003.
[6] 转引自孙丽萍:人文关怀精神对大众传媒的影响和意义[J].新闻大学,2001(夏季号).
[7] [英]桑德斯著.洪伟等译.道德与新闻[M].上海:复旦大学出版社,2007.
[8] 张芹,刘茂华.突发事件报道案例教程[M].上海:上海交通大学出版社,2013:45.
[9] 张芹,刘茂华.突发事件报道案例教程[M].上海:上海交通大学出版社,2013:45.
[10] 张国栋.灾难报道中的人本价值[J].青年记者,2009(2).
[11] 转引自王卉.灾难报道中的新闻伦理——基于汶川大地震的案例分析[J].西南民族大学学报(人文社科版),2008(9).

第三章　全媒体时代突发新闻报道新特点

学习目标

1. 重视突发新闻报道与尊重受众知情权。
2. 媒体新技术革命改变突发新闻报道格局。
3. 公民记者出现推动突发新闻传播模式发展。

“全媒体”指媒介信息传播采用文字、声音、影像、动画、网页等多种媒体表现手段，利用广播、电视、音像、电影、出版、报纸、杂志、网站等不同媒介形态(业务融合)，通过融合的广电网络、电信网络以及互联网络进行传播(三网融合)，最终实现用户以电视、电脑、手机等多种终端均可完成信息的融合接收(三屏合一)，实现任何人、任何时间、任何地点、以任何终端获得任何想要的信息。“全媒体”它并不排斥传统媒体的单一表现形式，但体现的不是“跨媒体”时代的媒体间的简单连接，而是全方位融合；“全媒体”在传媒市场领域里的整体表现为大而全，而针对受众个体则表现为超细分服务。全媒体时代到来是因为不断出现新媒体，新媒体的诞生无一例外都是由技术革命带来的。技术首先改变的是传播方式(媒介平台)，然后引发的将是内容的革命！因而，全媒体时代的突发新闻传播，无论是从传播主体到传播对象，乃至传播管理都出现了新的变化，从而带来突发新闻报道的一些新特点。

第一节　重视突发新闻报道与尊重受众知情权

一、尊重受众知情权

(一) 知情权概说

1. 知情权

知情权是一个法学概念，又称知晓权、了解权、获知权等。受众知情权是指受众享有通过新闻传媒了解其欲知、应知而未知事实的法定权利。

2. 知情权的体现

在突发新闻中，知情权一般有两方面的体现：一是受众作为新闻接受的主体所具有的对突发事件有关情况了解的权利；二是突发事件遇难者亲属和灾难受害人对事件全部真实情况与细节了解的权利。如果说一般受众仅仅是从一个较远的心理距离和比较宏观的层面来看待一场突发事件的话，那么对于事件遇难者亲属、受害者以及事件当事人来说，他们则是以切身的感受和非常现实、具体的利益得失来面对这场突发事件。

3. 知情权应是对突发事件的全方位知晓

突发新闻的报道应包括对突发事件形成原因的分析、抗灾救灾情况、责任追究、经验教训总结等。一般来说，突发事件发生后，从新闻传播的角度来看，拥有三个可以报道的侧面，即突发事件本身、突发事件的受害者、突发事件引发的政府或社会行为。而这三个方面的情况，受众均具有知晓的权利，新闻媒体应满足大众这种知情权的需要。

（二）新闻记者要如实报道突发新闻

美国著名的报业大王约瑟夫·普利策说过："倘若一个国家是一条航行在大海上的船，新闻记者就是船头的瞭望者。他要在一望无际的海面上观察一切，审视海上的不测风云和浅滩暗礁，及时发出警告。"[1]因此，记者要善于观察社会，观察现实生活中发生的一切，一旦发现问题，发现异常情况尤其是突发事件，应当立即和毫无保留地如实报道。

（三）保障公民的知情权

1. 公开性成为媒体面临的首要任务

因为媒体具有强大的社会影响力，所以其在选择新闻报道时要十分慎重，否则会引起社会大的动荡和人心的不安。自2008年5月1日起正式实施的《中华人民共和国政府信息公开条例》在制度层面上保障了公民的知情权。

2. 突发性事件报道的及时公开理应成为新闻常态

过去，各种相关因素，尤其是地方保护主义，制约了传统媒体对突发事件的报道，往往导致传统媒体在报道中处于"被动"状态。突发性事件报道的及时公开、信息透明，理应成为新闻常态。只有这样，才能切实有效地促进突发性事件的妥善解决。

二、突发事件报道是突发新闻传播活动的重点

1. 突发性新闻一直是传播活动的重点

纵观中外新闻发展史，我们不难发现，突发性灾难新闻一直是传播活动的重点，在媒体占有不可或缺的一席之地。西方新闻界有这样一句名言："不是好消息就是好消息。"美国新闻学教授比尔·伯尼博士认为，"对新闻媒介来说，最有市场价值的是交通失事、水灾、火灾、地震、谋杀、战争、行业纠纷以及死亡和伤害"。[2]这句话用在灾难新闻的报道上恐怕是最恰当不过的。灾难性突发新闻往往因灾难性事件本身的原因而会产生程度不同的社会影响，特别是一些重大灾难，如美国"9·11"恐怖袭击事件以及我国汶川地震、"7·23"动车事故等都在社会上产生了重大影响。目前人们已形成这样一种共识，那就是，对待灾难和灾难新闻的态度，在一定意义上反映出一个社会的稳定程度，体现出一个政府对民主的宽容态度和对受众知情权的理解与尊重程度。

2. 突发新闻很容易激起受众的新闻欲望

一般说来，突发事件都具有灾难性。所谓灾难性突发事件报道就是通常意义上的灾难性突发新闻，它是指对给人类带来灾难的事件的报道。如地震、台风、水灾、沙尘暴、

火山爆发等；社会性灾难是指由人为因素或各种社会矛盾而导致的重大的、突发性事件，如恐怖活动、战争、海难、空难、矿难、交通事故、桥塌楼倒等重大刑事案件或重大责任事故等。以报道灾难性事件为主要特征的灾难性突发新闻，因灾难性事件意外出现具有突然性，因冲突剧烈具有震撼性，后果严重具有负面性，影响广泛、久远，具有社会性，而备受各方的关注。所以，无论是自然性灾难事件还是社会性灾难事件，都会给人们在心理上带来巨大的冲击和震撼，这种事件本身及其所带来的影响无疑都具有较高的新闻价值，很容易激起受众的新闻欲望。

三、尊重受众突发事件知情权是大众传媒的社会责任

1. 大众传媒承担满足公众突发事件知情权的社会责任

灾难性事件关系每一个个体的切身利益，民众急切地想了解事件的情况，相互之间相关信息的传播频率、速度、数量等就会急剧攀升，利用的传播工具种类也会大大增加，会想方设法通过更多的渠道获得更多的相关信息。由于大众传媒所具有的公信力、权威性，因而，民众对大众传播媒体的期望值相当高，大众传播媒介在灾难事件发生的时候，能更好地发挥自己特有的社会功能，承担所肩负的社会职责。

2. 牢固树立“以人为本”的新闻理念

从传播学角度来看，大众传媒以人为本理念有两层基本内涵：一是在传授双方的关系层面上，强调以受众为中心，把人民的利益作为新闻工作的出发点和落脚点；二是在传播效果层面上，将以人为本作为衡量大众传媒传播效果最根本的价值尺度，更好地发挥大众传媒的社会功能。这就要求新闻工作者把实现和维护好人民群众的根本利益作为首要目标，真正站在人民群众的立场，来检点自己的言行。坚持以人为本，就要摒弃以官为本、以媒体为本、以金钱为本，切实把人民群众的利益放在首位。要尊重人民群众的知情权，在当今时代，人民群众的知情权主要是通过大众传媒来实现的。人民群众通过大众传媒获得新闻信息和相关资讯等。以人为本包括保障人民群众的各项权利，知情权是这些权利中的重要一项。当人们能够越来越及时地获得大量的信息时，就越能够对正在或即将发生的一些重大事件做出有利的抉择。

3. 新闻媒体既没有必要也不可能对突发事件进行信息“封锁”

作为负责任的新闻媒体，一事当前，以“稳定压倒一切”为新闻报道的着眼点无疑是正确的。但是，在关键时刻保持缄默不等于就是维护稳定，相反容易引发不稳定。因为这样做往往只会加大政府的工作成本，加重群众思想的负担，加剧社会矛盾，对于社会安定不利。再说，在信息技术日益现代化的今天，要封锁消息只是“一厢情愿”，当人们无法从大众媒体上获取信息时，自然会转向人际传播、网络传播，甚至域外媒体。因此，无论从哪个方面来说，时下国内的新闻媒体既没有必要也不可能对突发事件进行信息“封锁”。

第二节　媒体新技术革命改变突发新闻报道格局

一、媒体新技术出现使突发新闻传播改变以往缓报瞒报格局

（一）如何迅速妥善处理突发性事件是各级政府面临的巨大挑战

当前我国政府特别是地方政府面临着如何迅速妥善处理突发性事件的巨大挑战，特别是在政府公信力降低和媒体环境日益复杂、严峻的舆情环境下要保持清醒认识，努力矫正与新形势不相适应的意识、能力、方法等方面的不足，特别是把握新兴媒体建设和管理的主导权。当今社会已进入网络社会权力"去中心化"的阶段，这也就表明在网络社会里，信息主导权被分散，政府不再是信息权力的唯一拥有者，没有谁可以成为固定的意见领袖。

毫不夸张地说，谁是信息的主体，谁就拥有了权力，谁就是意见的领袖，这就是网络世界的权利游戏规则。在群体事件突发时，有些地方政府回应能力不强，有时候为了所谓的地方政府形象，在危机时刻，采取极不明智的压制信息传播的手段。这种状况不仅不利于政府及时引导舆论，反而加剧负面舆论的传播，甚至导致小道消息广为流传，严重损害政府的形象，使政府陷在负面舆论的旋涡之中难以自拔。

（二）利用网络平台等新媒体提高突发事件的应对能力

1. 正确应对网络舆情

随着互联网的飞速发展，网络舆情应对策略对于政府管理的影响日渐显现，正确应对网络舆情成为政府公共管理的重要内容。网络舆情对政府管理来说是一把双刃剑，网络本身的局限性是显而易见的。由于网络群体的匿名性、不稳定性、多面性、年轻化等，在很大程度上影响网络舆情的全面性和客观性。

全球媒体发展已进入社会化媒体时代，舆论的传播格局与路径正发生深刻变化，以微博、微信为代表的互联网媒体正深刻改变传媒格局与传播路径。如何做好新形势下网络舆情的正确应对及利用，成为新时期组织工作的一个重要课题。诸如贴吧、微博、论坛等信息发布媒介的广泛普及，各种信息蜂拥而至，有苦诉冤者有之，恶意造谣者有之，仗义辟谣者也有之，令人目不暇接、真假难辨。一是正确看待舆情。网络舆情不是洪水猛兽，也不是过街老鼠，不能怕，不能躲，更不能有抵触心理，视舆情为敌情，恨不得除之而后快。网络舆情只是群众正常诉求的集中反映，我们要以开放的态度看待网络舆情。二是坚定自身立场。首先要坚持党性原则，在负面舆情来临时能够保持头脑清醒，坚守阵地。其次是要多层面、全方位了解各类准确信息，拓宽信息储备量，从源头上杜绝一些虚假错误信息趁虚而入。三是不要盲目跟风。人云亦云、随波逐流，运用自己敏锐的眼光看待舆情、明辨舆情。因此，应对网络舆情，必须要建立系统的监控体系，加强对网上影响组织工作作公信力问题的监测、研判和预警，为妥善处理好网络舆情做足准备工作。

2. 网络舆情成为社会舆情的重要组成部分

网络舆情是指在互联网上流行的对社会问题形成的网络舆论，是社会舆论的一种表现形式，是通过互联网传播的公众对现实生活中某些热点、焦点问题所持的有较强影响力、倾向性的言论和观点。

随着互联网在全球范围内的迅猛发展，网络媒体已被公认为是与报纸、广播、电视鼎足而立的“第四媒体”。网络是反映社会舆情的重要载体，网络舆情已经成为社会舆情的重要组成部分。

（三）网络等新媒体的主要特点

1. 时间自由和匿名性

网络媒体是全天候的信息传播与实时信息发布平台，它把时间的分配权下放给了民众，民众可以随时对信息进行发布或传播。

而且由于网络的匿名性和开放性，受众通过网络平台传播信息，简单、便捷而且身份隐蔽，网民能够快速、大胆地发表意见，在短时间内形成一股或大或小的舆论力量。因此网络舆情的形成往往非常迅速，让人来不及有所防范。一个热点事件加上情绪化的受众群往往能使网络舆论呈现势不可挡的状态。

2. 强大的号召力

更多情况下，网络媒体是作为一种信息交流的平台，在这个平台上可以便捷地相互交流，自由地发表个人观点和见解，用共同的关注点以及兴趣爱好等将众多的网民汇集到一起。对于突发事件，网民可以迅速做出反应，能够在最短的时间内最大范围地号召民众，如此一来就为强大舆论场的形成提供了条件。

3. 便捷的交互性

网络媒体的出现打破了话语权的垄断，把部分话语权转交给受众，形成了话语权的分散。就是说受众通过自由地发表自己的评论或者转发他人观点，可以及时、便利地表明自己的态度和立场。他们既是信息的接受者，又是信息的发布者，即网络媒体具有极其迅速的信息反馈机制，这也是网络媒体最突出的特点之一。

4. 不确定性和多变性

网络大众具有随机性和大众性，不受文化程度的制约，任何人都可以自由发表言论，这导致网络言论的质量良莠不齐。其中，大多数网民只是处于围观状态，关心公共生活却并没有鲜明的自主意识，缺乏自我甄别的能力，容易受到别人意见的影响，因此网络舆论具有不确定性。加之网络传播本身的匿名性和自主性，也降低了自身的准确性和客观性，致使对同一件事件出现不同的解读，使得网络舆论呈现多样性，并随着事件报道的进一步深入，舆论方向随之发生改变，导致了网络舆论的不稳定性与多变性，若被居心不良者利用，甚至会造成较大规模的网络谣言。

二、新媒体环境下突发事件再也捂不住了

（一）什邡事件概述

1. 一次矛盾冲突较大的突发性群体事件

什邡事件是2012年发生的一次矛盾冲突较大的突发性群体事件，在此次事件中，可以看到在市民化社会中民众的权利意识正愈发高扬，同时，“从线上走向线下”的召集也正由互联网形成。但是令人遗憾的是当地政府在事发之初缺乏合理引导和透明的解释，致使该事件最终造成了民众和政府之间的冲突，政府形象大打折扣。

虽然什邡市政府最后关头紧急叫停项目，顺从了民意，但是事件发生之时，地方官员简单粗暴的应对方式，让人担忧。当地党委政府对外披露或公布有关事件信息的用语中用到所谓“不明真相的群众”“蒙蔽”“迷惑、挑唆和煽动”等字眼，这再次激起了网民的口诛笔伐，使事态严重性进一步扩大。这警醒了政府应当以更加科学合理的方式应对此类网络舆情。

2. 事件过程

2012年6月29日，由四川什邡宏达集团投资104亿元的钼铜项目开工典礼在汶川地震极重灾区四川什邡举行。该项目是什邡市历史上首个百亿级投资项目。

2012年6月30日上午，十几名市民到什邡市委集中上访，在工作人员劝解释疑后离开。7月1日晚，近百名学生和百余名市民分别聚集在什邡市委门口和宏达广场两地上访示威，要求停建项目，聚集群众还在横幅标语上签名。7月2日上午，部分市民陆续在什邡市委、市政府门口聚集，示威反对钼铜项目建设，有部分市民不听劝阻强行冲破警戒进入市委机关，砸毁一楼大厅8扇橱窗玻璃、3个宣传栏、4个宣传展板。

7月2日中午，由市长徐光勇、常务副市长张道彬，当面向聚集群众就宏达钼铜项目相关建设问题作出明确答复：一是责成企业从即日起停止施工，如大多数群众不理解、不支持，项目就不开工；二是组织工作组，派出干部到各镇（街道、开发区）、企业、学校、农村、社区等，听取广大市民对钼铜建设项目的意见和建议，并以市政府公告形式，通过多种媒体向全市人民作出承诺。

下午，在市领导答复后，市政府聚集市民陆续离开，但在市委门口仍有市民不听劝阻，继续聚集拥堵。

7月3日晚11时，公安机关对在什邡宏达广场打砸、推翻警车的钟某、李某、刘某等三人予以刑事拘留；对强行冲击警戒线，向执勤民警投掷花盆、砖头、石块等杂物的洪某、周某、钟某等三人予以行政拘留；其余21人经批评教育，认清所犯错误后，于2012年7月3日晚11时全部释放。

在事件发生之后，社会各界纷纷表态。在事件发生的过程中，网络上各种言论层出不穷，多是声援什邡人民反抗到底。在网络舆论一边倒偏向弱势群体一方的时候，什邡政府也对网络舆论做出了一些回应，但这些回应没有起到预想效果，反而越描越黑。[3]

(二) 什邡事件舆情传播特点

1. 微博成为官方应对主阵地

微博是社交媒体的重要组成部分,同时也是网络舆论生成的重要阵地。微博因其具有的信息发布与传播速度快,发布及时,贴近群众,开放与交互性强等特点,成为政务人员和机构新闻宣传、沟通民意、官民互动、官民协作的新型行政方式。如什邡市人民政府新闻办公室官方微博@活力什邡微博的粉丝在某种程度上决定了其信息的传播层级及传播范围。

2. 舆论环境相对宽松

与以往在群体性事件中当局普遍对地方网站进行广泛审查相比,本次事件中不少当地网民通过手机、电脑对现场进行文字、图片直播。这些信息在微博、论坛、博客网站流传,且只有部分遭到删除。网友认为政府高层的政治导向有所转变,言论环境相当宽松。什邡事件一时登上了腾讯微博热点关键词的排行榜。

3. 意见领袖影响力凸显

意见领袖一般在微博中有较高的话语权,且有较强的话题传播力,意见领袖对某件事情的关注可以使地域话题放大为全国性话题。他们的发言和动员会左右事件的发展走向,在一定程度上主导着舆论场。但意见领袖鉴于自己的权威形象,不会轻易对某些事件发声,特别是他们认为较"小"的事件或者是"传言",一般意见领袖对"议题"设置和选择比较慎重。

作家韩寒相继发表两篇博文《什邡的释放》和《已来的主人翁》,声援什邡维权行动,后者在新浪微博被转发超过18万次,前者更是接近30万次。

记者李承鹏亲临现场进行报道,发表博文《一次路西法效应实验:什邡小调查》后,不久,他的微博账号遭到禁言。精英阶层本来就有大量忠实的粉丝,再加上精英之间线上线下的私人关系,精英动员的影响力不可小觑。值得一提的是,在民众利用微博平台参与公共事件过程中,草根智识的情感号召力见长,传播力增强;原创微博占据比例逐渐增加,独立意识明显增强。

4. 政府公信力下降,民众不满情绪易被点燃

什邡事件中有关部门无视民众对污染项目的质疑,进而用非理性方式对待市民游行,使得官民矛盾无可缓和。随着矛盾的积聚,人们对"政府"问题已经达到敏感饱和点,任何相关信息都能轻而易举攻破网民的心理防线,这些因素决定了网民对于政府的任何发声均采取排斥与谩骂的态度,政府公信力受到前所未有的损害。

三、突发新闻传播在新媒体语境下的新特点

(一) 突发新闻传播特点

通过对什邡事件等突发事件的分析,可以看到在新媒体环境下突发新闻传播呈现下述特点:

1. 传播手段灵活多样

突发事件发生后，受众对其性质、强度、发展趋势、利害关系等缺乏明确的界定，会想方设法多渠道获取尽可能多的信息。此时，人际间相关信息传播频率、速度、数量会急剧上升，信息在浮躁的态势中容易走样变形，各种小道消息流传加快。受众在这个时候往往以自己的经历、知识背景等来解读信息的多义性和不确定性，意见多元化的情形也开始形成。随着传播环境的改变，媒体对突发事件报道显得灵活多样。

2. 传播格局多元化

突发事件所反映出来的动态过程是客观事物的一种急剧变化状态，这一变动特点决定了传播者对它的认识和评价会产生一些争议并形成争议性较大的话题，易形成不同的社会舆论。这种情况下，相关事实的传播往往并不以事件主体的意志为转移，重大突发事件出现舆论多元化情形，这种情形经常会贯穿突发事件的整个过程，并且呈现“波形发展”的态势。正是因为局势的不确定性，突发事件也就成为各类媒体——传统媒体、新媒体、自媒体等各种传播工具争相报道的重点，多种类型的媒体也从自身的特点出发刊发刊播突发事件，尤其值得注意的是，突发事件信息传播中的互动性日趋活跃，这给突发事件报道提出了新的挑战，也促使新时代的媒体人不断革新报道方式。

3. 报道内容冲击性

从大量突发新闻传播案例来看，重大突发事件的信息传播，无不表现为极强的视觉震撼和心理冲击力，舆论反响声势浩大，令当事人措手不及。突发事件自身的变幻莫测决定了危机传播过程的多样性和难以控制性。

4. 报道形式立体化

各类媒体为了有效地表现突发事件的方方面面，让受众在较短的时间内认知突发事件真相，在当前的传播环境中，充分运用文字、图片、音频、视频等多种表达手段立体化表现突发事件，让受众对突发事件有感性和理性的认知，从而积累经验，为今后应对类似突发事件提供借鉴。[4]

（二）突发新闻传播难点

1. 把关定向的抉择困局

“突发事件报道，牵动大局，关乎社会稳定，甚至可能涉及国际关系，报道一旦传播出去，影响就难以挽回。因此，以什么姿态报道至关重要，但突发事件发生的短时间内，很难有明确的报道指示，全靠记者日积月累的报道经验，把握报道口径、分寸、导向等，需要迅速敏捷、细致深入、全面准确地观察、分析事件，在复杂多变的环境中，始终保持清醒头脑，传播真理，正确导向。”[5]不言而喻，媒体人因短时间内无法了解突发事件的诸多因素，太多的不确定性导致媒体人一时难以做出准确的判断，误判的可能性较大。

2. 快速反应的多重要求

突发事件发生后，为了在第一时间将信息报道出去，几乎所有的媒体都不惜一切代价提高快速反应能力，但快速反应是有条件的，而媒体人往往很难满足媒体及受众的要求，他们遭遇到各种现实的困难，比如在赶赴事件现场的途中遇到各种各样的“艰难险阻”，到达现场后又摸不清事件的来龙去脉，无法把握事件的全貌等。凡此种种，表明所谓的快速反应需要一系列的配套措施提供保障。因此，在当前新闻竞争日趋激烈的时代，建立切实有效的突发事件报道快速反应机制是新闻界面临的共同难题。

3．引导舆论的多种困惑

在重大突发事件面前，公众往往关注现场到底发生了什么？为什么会发生这一事件？处置结果怎么样？所有这些，都要求新闻人把目光投向现场，报道事实，探寻真相，传递真知，引导舆论。在当今愈来愈公开透明的传播环境中，面对正误并存的海量信息，新闻人只有在第一时间深入第一现场，才能释疑解惑，捍卫新闻媒体的良知与公信力。“要自觉地站到舆论引导第一线，确保新闻报道的及时高效，如果左顾右盼，躲躲闪闪，那么，一旦舆论风暴形成，再怎么做解释、说明、补救的工作都将收效甚微。”[6]媒体人要注意在宣传上积极稳妥，坚持报稳报准，不一味地拼抢速度，避免报道失偏。报什么，怎样报，什么时候报，报到什么程度，要充分考虑，做到既不“失语”，也不“乱语”，既不“缺位”，也不“错位”。

4．报道创新的突破性难题

新闻业内有些人认为，在重大突发事件报道中，新闻媒体的一言一行都会引起受众情绪的波动，报道难，创新更难，但是，职业新闻人决不能遇难止步。同其他行业一样，创新也是新闻报道的灵魂，不创新就没有影响力，不创新就没有竞争力。在同一主题的重大突发事件报道中，创新能力的高低决定着新闻影响力、引导力的强弱。能否吸引受众的眼球，关键在于更新观念、创新思维、出奇制胜。只有摒弃不适应时代要求的思想观念，努力创新报道方式，用好多种新闻元素，不断提升引导品质，才能使突发事件报道具有强有力的舆论引导作用。[7]

第三节　公民记者出现推动突发新闻传播模式发展

2013年6月17日，新华社发布了题为“新华社进入新闻报道‘我’时代　鼓励‘公民记者’报料”的文章称，新华社不再仅仅依赖“记者—受众”的单向传播模式，通过“我报道”鼓励“公民记者”从新闻现场报料，实时发送真实、客观、有价值的资讯。这样，任何人拿出手机，发送图片、视频或文字都可以成为中国国家通讯社的“公民记者”。

数字化浪潮随互联网的飞速发展逐步嵌入人们的生活，微博等异军突起让我们进入了公民记者时代。随着微博等社交媒体的广泛运用，人人手中都有了一个“通讯社”。很多事件发生后，职业记者还没到现场，现场情况就已经在微博、微信、论坛、博客上传播了。那些传播者均被冠以公民记者的称号。

一、自媒体时代下的公民记者

（一）公民记者诞生于网络时代

1．公民记者概念的产生

随着互联网技术和移动通信技术的突飞猛进，自媒体依托个人终端即时通信技术蓬勃发展。在自媒体时代,它的平民化、强交互性以及巨大的信息量的特点,使各种不同的声音来自四面八方,“主流媒体”的声音逐渐变弱,人们不再接受被一个“统一的声音”告知对或错,每一个人都在从独立获得的资讯中,对事物做出判断。

关于公民记者概念的产生,一般认为始于1990年的美国,伴随公民新闻概念的传播而诞生。1998年,美国人德拉吉的个人网站先于所有传统媒介曝光克林顿性丑闻事件,这使得德拉吉获得全球最早的公民记者称号。在中国,首个被称为公民记者的人是周曙光。他持续追踪中国“最牛钉子户”,比任何一家媒介都更具耐心。因为他的坚持,不少人看到了公民记者在中国发展的潜力,甚至有企业向其捐赠器材和钱,鼓励他继续关心公共事务。正是这些人的努力推动了公民记者的发展,也改变了人们对“记者”这一名词的传统概念。[8]

2. 公民记者在世界范围内引发了一场公民参与新闻报道的热潮

公民记者以一种非职业传播者的姿态,不仅重构了传统传播生态中的传受关系,扩大了话语权的掌控范畴,同时也预示着一个全民参与民主审议时代到来的可能。公民记者出现后传受关系由传统的“信息—记者—公民”变为“信息—公民—记者”。

在这样的重构后,公民记者冲击了传统的新闻媒介的采访报道方式,重新阐述了新闻事业中所蕴涵的深层次理念。随着社会的发展和科技的进步,以互联网为特征的信息技术革命给人类传播技术进步带来了前所未有的变化。传统的线性、单向经典传播模式被互联网所颠覆。电子邮件、MSN、QQ、博客、播客、微博、微信等新的交流沟通方式层出不穷,互联网正进一步成为公众舆论的主阵地。

3. 公民记者现象背后所体现的新闻理念

公民记者背后所体现的是“参与式新闻”理念。这是在社会环境、法制背景、舆论自由等综合因素共同作用下而出现的。这一现象的出现使新闻采访权属、新闻从业人员、舆论导向等多个方面都发生了变化。

(二)公民记者包含的人群种类

公民记者发表的公民新闻,是指所发表的牵涉到大众利益的那些信息,并不是指私人交流方面的内容。公民记者传播新闻现在成为互联网在中国社会里最重要的功能。

公民记者以其大众的出身,以及并不专业的身份,又被称为民间记者、草根记者。在这种情况下,人人都可以成为发布信息和接收信息的“记者”。其包含的人群种类便不再有身份的局限,开始向广泛化、大众化发展。同时,随着新媒体的不断发展与演变,“140字微博”成为继博客、播客、维客、威客、晒客、印客、闪客及各种社区论坛之后的又一便捷的传播平台,为公民记者传播新闻提供了稳固的渠道。公民记者也正是在因特网时代适应现代媒体特点的情况下异军突起的新型媒体形式。所以,其人群种类已不再受到职业限制,包含了最平凡但范围最广的普罗大众。

二、公民记者现象所体现的新闻理念的转变及其影响

（一）公民记者现象所体现的新闻理念是什么

1. 公民记者现象体现的新闻理念是参与式新闻理念

公民记者的出现不是偶然的，是时代与历史发展潮流所致。公民记者群体的活跃其实质是公民作为个体积极主动地参与到信息传播与报道中来，这是由传统的舆论话语权掌控到“参与式新闻”理念的转移。“参与式新闻”这一概念源起于美国，英文名为Participatory Journalism，“Participatory”的含义是“提供参与的机会、供人分享的”，参与式新闻即指普通公众可以借助现代数码和网络技术主动地加入到传播活动中，又被称为“公民新闻”“公民报道”。在丹·吉尔默的著作《We the Media》一书中，他把参与式新闻定义为：“一个或一群公民，搜集、报道、分析、散播新闻和信息的积极行动，目的在提供民主所需的独立的、可信的、准确的、广泛的、切合需求的信息。”[9]

2. 参与式新闻理念一定程度上改变了新闻产品的生产方式

长期以来，我国传统媒体以其固有的公信力、权威性、职业操守和专业技术等优势，活跃在各地新闻领域中。但随着新闻事业的发展，传统媒体出现了明显的不足，新闻机构所拥有的采编力量和可供调配的各种资源受到种种因素的限制。随着公民记者的出现，遍布各个行业和生活在社会角角落落的公民记者，不仅大大弥补了传统媒体采写人力不足的缺陷，而且还将媒体的采写“触角”延伸到更广、更深处。从这一角度来说，在这种“参与式新闻”理念的作用下一定程度上改变了新闻产品的生产方式，冲击着传统的新闻传播理念，并给新闻媒体带来了丰富的新闻资源，其在现代新闻传播中发挥的作用，是举足轻重、无可替代的。

新媒体与传统媒体相比，实现了前所未有的互动性，它的海量的存储信息、超级链接所带来的新闻背景的立体化呈现及其个性化的服务，使普通民众可以借助现代网络及数码技术主动地加入到传播活动中，从而导致“参与式新闻”这一新名词出现在传播领域，“博客记者”“公民记者”“市民记者”成为这一概念的外在表现，“每一个人都可以当记者”成为多元话语时代的传播理念。

应该说，公民记者的出现可以视同中国共产党提倡的“群众办报”机制在新技术条件下更大规模的再现。我们应该热情欢呼公民记者浪潮的到来，对此不要叶公好龙，更不要横加指责。“群众办报”这种机制以无产阶级党报理论为指导、以苏联的经验为模板，最终通过在新民主主义革命时期的新闻实践而定型，并在新中国成立后继续显现其结构型特征。“群众办报”一直是我国新闻学研究的一个重要领域。

3. 公民记者的价值判断是以接近性为第一要素

对于这些非职业新闻工作者的参与者来说，他们对于所发布的新闻信息的价值判断是以接近性为第一要素，即与他们在地理、心理、职业、年龄等方面较为接近；其次是对趣味性的追求，他们所发布的信息是他们感兴趣的，也是他们认为会引起其他人的兴趣和关注的；再次是对及时性的追求，即尽快地把自己掌握的新闻信息发布出去，但由于

他们不像报纸、电台、电视台那样有截稿时间等的限制，不发布也不会对自己有何不利，所以时效性并不是他们最为看重的；至于重要性、显著性，他们有自己的判断标准，而这个标准有时会和传统媒体大相径庭。

（二）参与式新闻理念产生的双面影响

1. 参与式新闻理念产生的积极影响

传统媒体有强大的群众基础，在做内容方面有深厚的经验和人才储备，也有积淀已久的内容可以重组输出，但传统新闻媒体在新闻来源上受到一定限制。对他们来说，新闻的主要来源来自机构的既有关系网络：各大新闻通讯社的新闻专线、相关机构联系人、不同地点的驻地记者、来自现有读者和观众的新闻线索等。可是，一个机构的关系网络总是有限的，许多潜在的新闻来源可能会被错过，同时由于受新闻节目、版面、人员等因素的限制，许多新闻参与者可能无法得到发言的机会。

传统的节目受到时间、版面等因素的制约，造成许多媒体并未实现效率最优化。网络媒体无疑具有更大的自由度，能够更加灵活地根据新闻的实时情况随时调整自己的安排，甚至还会邀请社交网络上的相关人士进行实时的视频报道。

对于新媒体时代的公民记者来说，通常情况下，个体的声音对群体的影响远不会达到传统媒体的深度，同时在群体的力量下，错误的信息往往能够比传统渠道更快地得到纠正，这就更接近于理想中的新闻中立。

所以，纵观传统媒体和新媒体，以一句话来总结，那就是参与“新闻”的人从传统的专业媒体人，扩展到了整个公民领域。现如今，新闻的初始引爆明显已经开始向社交网络转移，这是突发新闻报道者需要关注的现象。

2. 参与式新闻也会带来一些消极影响

参与式新闻的价值判断标准不统一，易造成混乱。对于参与者来说，他们对于所发布的新闻信息的价值判断是以接近性为第一要素，这个标准有时会与传统媒体大相径庭。另外，一般而言，他们对新闻真实性的把关也不会像正规媒体那样严格和苛刻，也不会耗费过多的时间和精力去做深入的调查研究。

参与式新闻参与人进入门槛低。由于普通民众新闻职业素养的缺乏，以及职业道德和职业准则的监管缺失，非职业新闻工作者参与新闻传播，难免使新闻信息良莠不齐、鱼龙混杂。对这些积极参与新闻传播的公民来说，如何在新闻传播活动中遵守法规、加强自律，更好地利用新技术媒介，提高对新闻信息的选择和辨别能力，增强新闻信息的采编制作能力，是他们面临的问题。

参与式新闻在法律与行业规范上的制度缺失，导致其会侵害公众合法权益。在匿名的网络环境中，公民记者的报道并不受到严格的监管，他们也无须为自己的报道承担太多的责任。因此，为了凸显与主流媒体报道的不同，追求新闻的轰动效应，他们往往会凭自我感觉、而非实事求是地进行报道，刻意夸大和渲染新闻事实中的某一方面，甚至会为了达到吸引眼球的效果而不惜捏造虚假的新闻，这就造成了“公民新闻”的失实。

没有职业道德规则的限制及行业、协会的管理，约束和规范这些个体传播者的传播行为就成为一件很难办到的事情。而没有约束的报道，在满足少数人好奇心与趣味心理的要求下，往往造成对他人隐私的侵犯，这样下去，不论是对传统媒体行业，还是公民记者，亦或者对公众，都是一种伤害。

三、参与式新闻理念推动了新的传播模式的发展

（一）公民记者与传统记者是互为补充、相互促进的关系

公民记者与传统记者并不是简单的替代关系，而是互为补充、相互促进的关系，甚至可以为传统媒体设置某些议程。

1. 传播者与受众的界限被打破

传播是具有双向性的，传播者不再仅仅只是传播者，受众也不再仅仅满足于接受，传播者与受众的界限被打破，或者说，有了更多的交流。在新闻事件真相传播到受众头脑中形成事实的图像的过程中，受众与普通公民、职业新闻工作者及所在媒体相互反馈。

2. 普通公民与受众实际上是重合的

现实中往往存在这样的情况，普通公民与受众实际上是重合的，他可能直接经历或参与相关事件，既是传者也是受者。

3. 公民新闻建立在双向传播基础上

普通公民并不是必须通过自媒体进行新闻传播。他同样可以借助传统的媒介如电视、报纸等进行新闻传播。现实中的向报纸报料、向电视台提供个人拍摄的 DV 片段等即属此类。建立在双向传播基础上的公民新闻促进了民间话语体系的崛起，颠覆了“舆论一律”的传播格局，是一种民主化的媒体形式。因为有了大众的参与和影响，主流媒体的报道将会变得更加客观，更加理性。新闻将不再是几家媒体的发言，而会成为大众的声音，公民新闻势必会带来新闻业的一场革命。

（二）参与式新闻的传播模式

1. 受众主动参与主流媒体的新闻传播

这类模式一方面表现为主流媒体或其记者通过建立自己的网站或博客网页发布新闻信息，而受众则通过电子邮件或直接发帖对某些新闻事实作评论或补充；另一方面表现为受众直接参与到主流媒体的报道中去，如有些报纸为策划某一新闻活动征集“市民记者”参与报道。下面是 2005 年 9 月 29 日《南京晨报》刊登的一则启事：

> 十运盛会即将来临，《南京晨报》现招募 200 名“十运市民记者”，您愿意抓住这个机会加入我们的报道队伍，用您手中的笔记录盛会一景吗？职责：负责报道与十运会有关的社会新闻；要求：身体健康、关注十运、新闻敏感性强，有一定的写作功底，吃苦耐劳并服从《晨报》统一调度……

2006 年《三峡商报》自 4 月 27 日起征集 10 名“市民记者”现场播报各地黄金周旅游新闻，大家对此表现出极大的兴趣，报名者众多，“市民记者”的报道也引起了读者的好奇和关注，他们想知道从普通人角度出发报道的新闻事实。《南京零距离》等一些电视民生

新闻栏目则鼓励和支持那些拥有 DV 机的民众自己拿起摄像机，拍摄下身边的新闻，提供给节目组，甚至聘请了一些素质较高的人士作为特约记者，以期能够“短平快”地把新闻现场零距离地呈现在屏幕上。

2. 依附于各大新闻信息网站或综合网站的公民新闻

这是在各大新闻信息网站或综合网站的博客板块或社区新闻、BBS、论坛上，网民上传自己的文字或视频、音频的原始资料，发表自己的评论，发布自己耳闻目睹的新闻事实。

3. 独立的参与式新闻网站

如韩国的“我的新闻”网站，它是一个主要由业余记者提供新闻的网络媒体，高举“每一个市民都是记者”的旗帜，在韩国掀起了市民个体参与新闻报道的浪潮。网站创办时，业余记者数是 727 人，现在已经有 38000 人以上，包括大学生、教师、白领、家庭主妇等，每天有 150—200 条市民记者写就的新闻发布在“我的新闻”上，平均每篇文章有 3500 条评论。

四、由公民记者到参与式新闻理念的发展趋势及其启示

（一）由公民记者到参与式新闻理念的发展趋势

1. 由公民记者到参与式新闻出现已成为一个不可阻挡的潮流

公民新闻的报道今后将势必引起传统媒体的认真对待，特别是当重大新闻事件发生时，公民记者与专业记者并肩作战、共同报道的情景将会频频出现，并成为今后新闻采访报道的新模式和新趋势。

2. 公民记者的发展促使传统新闻媒体进行重新定位

新闻报道过去的“为大众”报道发展到今天的“由大众”报道的阶段，这种嬗变对传统新闻媒体既是挑战也是机遇。只有把传统媒体的优势与公民新闻传播行为相结合，才能把握未来的大众传播发展趋势。公民记者是新闻传播领域的新生事物，所以，要认识到公民和公民新闻是不可能替代新闻记者和传统媒体的，传统媒体仍需肩负把关功能，其社会影响仍然是巨大的。

3. 公民新闻可以成为传统媒体发掘新闻的新工具

在哈尔滨松花江水污染造成的停水事件中，杭州的《都市快报》就连载了东北一市民的博客日志，作为对这一新闻事件的真实反映。那么由此带来的必然结果是来自普通民众的新闻和言论在新闻传播中占据越来越大的比重，与此同时，新闻传播效果会具有越来越大的不确定性，相应地新闻媒介组织对新闻传播的控制也会越来越难，这是一个值得研究和思考的新闻传播现象。

公民新闻给专业新闻记者提供了新的机会，使他们能够把以往无法做成的事现在做得非常出色，这对传统媒体新闻报道起到补充和升华的作用。

公民新闻和传统媒体两者的传播特质具有很强的互补性，主要体现在：公民新闻可以成为传统媒体发掘新闻的新工具，传统媒体可以借助新媒体获得信息源，扩展新闻发

布的新渠道。所以,公民新闻与传统新闻必须互相补充,使双方都得到良性发展,获得双赢。

（二）从公民记者到参与式新闻理念的启式

大量的事实证明:新技术产生的新媒介使普通公民获得了从未有过的参与新闻传播的能力,他们可以借助手机、博客、播客、BBS、微博、微信等新的传播平台,发布自己亲眼见到的、亲身感受到的、亲手拍摄下来的新闻,表达他们最直接、最真实的观点。而在全世界范围内,这一类来自公民记者的重大突发事件的报道已经产生了全球性的轰动效应。由公民记者的发展再到参与式新闻出现,已成为一个不可阻挡的潮流。

草根(Grassroots)媒体网的创始人丹·吉尔摩曾经说过这么一句话:“以往的历史由新闻记者撰写,但现在的历史由人民大众书写,这是非常重要的一种改变。随着时间的流逝,这些新一代媒体将颠覆传统媒体扮演的角色。”[10] 新一代媒体颠覆传统媒体扮演的角色这句话有危言耸听之嫌,传统媒体自有其不可替代的优势和力量。但可以预言:在未来的新闻事业中,传统媒体的专职记者和一群出色的业余报道者将会形成共生共存的关系,民众在他们的博客或播客中所提供的信息将会成为传统媒体生生不息的、巨大的新闻信息源。

1. 传统媒体应该坚守“意见领袖”的权威角色

即使可供选择的新媒体很多,一般民众还是宁可相信具有悠久品牌的传统媒体及其新闻网站。传统媒体需要在信息嘈杂的时代,对新闻事件作出理智的判断,第一时间发出正面的声音,对网上舆论进行敏锐鉴别和有效引导,给网民提供主流价值观,从而提升他们的判断力。

传统媒体要在新闻信息瞬间传播的今天不被时代抛弃,就要坚守自己的阵地,做主流新闻,从制造和转载新闻转向提供思想。同时,谋求全媒体转型。信息传播方式的改变,必然要求媒体用更符合互联网的表达方式与价值规律的手法去再造、整合内容资源。媒介融合是媒体发展的大趋势。许多传媒机构已感应到新媒体所带来的竞争,纷纷抢搭数码时代的快车去改变作业方式。媒介融合给予落后的传统媒体新的发展机会。

美国的三家有线电视网站即有线新闻网(CNN)、福克斯新闻(FOX News)、微软网一全国广播公司(MSNBC),在互联网领域形成了与传统收视领域不同的竞争格局。MSNBC在重视视频数量的基础上,重视先进技术的开发和应用,再加上有效借助社交网站的影响力,使在传统收视领域落后的它成为互联网领域的强者。美联社也正在寻求把传统的内容推送给读者的“电报”模式,改成读者可以随时随地取用的“数据库”模式。它正在努力采用正确的技术,特别是搜索和RSS,来规划一种转移策略,让美联社的内容在Web 2.0世界自由流动。

对于传统新闻媒介来讲,要转变思维模式,取长补短,认真吸收公民记者传播精神的内核,重新审视自身之使命和新闻价值观,改变精英观念,抛弃话语霸权,参与公共生活,为公民发声,还话语空间予公民,以便顺应新闻传播的变革,在变革中重新找回公信力及重树权威形象。

2. 要充分发挥新媒体与传统媒体联动效应

在传统媒体与新媒体的结合方式上，如果只是简单地把内容放在网络上进行传播，那只是第一阶段；传统媒体与新媒体互动、互相取材也只是第二阶段；第三阶段应该走向传统媒体与新媒体一体化，即必须从报道的整体思路上，把传统媒体与新媒体整合成一个概念。

目前传统媒体与新媒体的结合大多处于第二阶段。一方面是利用微博获取与发布新闻。已经有越来越多的传统媒体开始利用微博网站，获取信息源。微博鼻祖 Twitter 在全球已经有超过 5000 万的用户，其中超过一半的用户都是媒体。天空新闻台首次设立专职 Twitter 记者；美国有线电视网 NBC、ABC、CNN 等都设专门编辑随时监看 Twitter 最新资讯，了解事件动态，将此作为调度采访团队的依据之一。另一方面，传统媒体记者通过电脑或手机在微博上直接发布新闻图片、视频、消息等，从各个角度进行实时报道，与外界进行开放的对话交流。

虽然公民新闻的传播形式有很多，但据目前来看，通过个人博客、论坛社区等发布新闻占了很大一部分。就是因为如此，公民新闻的局限性就凸现出来：当个人发布的公民新闻因其浏览量的相对稀少而很难被发现并传播开，一些重大的新闻报道就有可能因此而被公众所漏掉。当然，博主若是一直保持发布其原创的公民新闻并已经为自己"积攒"到一定的名气或口碑，那么他发布的新闻被转载、被获知的机率就会大很多。所以，传统媒体记者也纷纷在微博里开设账号，把独特有价值的信息收集整理加工后在微博上发布，以最便捷有效的方式传递给读者，并与读者形成黏性互动关系。

3. 主流媒体要及时引导公民新闻形成正确的舆论影响

公民新闻通过不同渠道及网络群落传播，报道的消息内容存在着良莠不齐的现象，特别是其中非理性的成分比较大。主流媒体要给予正确的引导，对于那些理性的、有建设性的信息，主流媒体可以及时采用，将其变成主流报道，形成正确的舆论影响。对于那些非理性的信息，主流媒体可以采取适当的措施忽视这些言论，政府部门还可以通过适当的议程设置措施，积极引导舆论。对于造谣和涉及国家机密及重大消息的泄露，应该上升到法律层面来约束。但是，对网络群落化传播，还不必急于上升到法律层面。目前来讲，网络媒体的影响力相比主流媒体还是有限的，政府相关部门和主流媒体只要密切关注，发现问题及早解决，通过公关手段是可以对网络群落化信息传播进行规范和正确引导的。

4. 尽快学习和掌握新媒体信息传播的方式和渠道

加大对技术与营销的投入力度。尽管内容的原创性、独创性，一直是网络媒体的努力方向，但在网络这样的平台上，有多少独创内容的生产者能从这种独创中获益？由于数字化内容在复制与传播方面的零成本，以及原创源头判别的困难，内容的原创性对于其生产者的意义可能在瞬间被消解。"如果说原创是网站成长的动力，那么今天领先的公司就不该是 Google、百度、腾讯，而是时代华纳、《纽约时报》和迪斯尼了。"一位互联网观察家曾一语道破天机。[11]由传统媒体向新媒体转型，关键不在掌握了多少独特和高质量的内容,或者具备多么强大的内容生产能力,而在如何尽快学习和掌握新媒体信息传播的方式和渠道。

5. 互联网市场上以渠道为王

通过渠道制胜。在数字化时代,如果传统媒体还只是把自认为漂亮的域名挂在门楼上,然后就可以置之不理,那就大错特错了。在这个新闻主动消费的时代,一切都由用户开始。怎样才能率先接触到用户?怎样才能留住用户?网民们习惯了一开电脑,就是Windows的桌面,先把MSN、QQ等聊天工具打开;习惯了一上网,都用IE,总有那么几个网站是每天必看的,用IE的收藏夹、用百度谷歌等搜索引擎、用Hao123、265等导航网站打开它们。传统媒体数字化转型就是要从用户的数字化行为习惯出发,渠道先行,寻找每一个可能的用户接口,渗透每一个可能的用户生活圈。这就是互联网市场上的渠道为王。与传统媒体市场的渠道为王不同,它不是实体的物流网络,而是技术型的渠道先行。作为技术推动型的媒体,有时候一个技术人员带来的用户增长,比一个网络编辑要多10倍,比一个所谓的网络记者要多100倍。

6. 引导公民记者与参与式新闻走向更好更专业的发展轨道

在现代信息技术革命,新兴媒体竞相涌现的情况下,公民记者登上新闻舞台,吹响民意的号角,传统的线性、单向经典传播模式被互联网所颠覆。在互联网上,传播者与受众之间的界线将会因信息的即时性和交互性而逐渐模糊。电子邮件、MSN、QQ、博客、播客、微博、微信等新的交流沟通方式层出不穷,互联网正进一步成为公众舆论的主阵地。

总的来说,传媒技术的普及与创新是历史发展的必然。随着手机照相技术进步,数码相机的普及以及其他新媒体传播技术在日常生活中的应用,公民参与新闻制作将变得更为便利与快捷。另一方面,社会民主的发展进步,宽松的政治环境将使得公民具有更强烈的社会主体意识与责任意识,积极参与社会管理,及时传播自己采集的新闻。诚然,公民报道者群体并非无懈可击,他们所报道事实的真实性与准确性,报道动机的多元、手法的粗糙,都有可能使事实真相的呈现大打折扣,若以职业记者的标准对其进行苛责似乎又有些"鸡蛋里挑骨头"的意味。但不管怎样,公民报道者群体的兴起,着实给我们的新闻传播事业带来一股久违的清风、注入了活力。我们应透过现象看本质,对公民记者的发展趋势前景以及需要注意的问题提出更好的解决方案。

本章小结

受众知情权是指受众享有通过新闻传媒了解其欲知、应知而未知事实的法定权利。新闻记者要如实报道突发新闻,保障公民的知情权,及时公开报道突发事件应成为新闻常态。突发新闻很容易激起受众的新闻欲望,尊重受众突发事件知情权是大众传媒的社会责任,新闻媒体没有必要也不可能对突发事件进行信息"封锁"。媒体新技术革命引发突发新闻报道的变化,改变了以往缓报瞒报格局。如何迅速妥善处理突发事件是各级政府也是媒体面临的巨大挑战,传统媒体应利用网络平台等新媒体提高突发事件的应对能力。什邡事件说明新媒体环境下突发事件再也捂不住了。在新媒体语境下突发新闻传播出现了新的特点和难点。诞生于网络时代的公民记者的出现引发了突发新闻报道的变化，公民记者现象体现的参与式新闻理念，在一定程度上改变了新闻产品的生产方式，并推动了突发新闻传播模式的发展。公民记者与传统记者互为补充、相互促进，促使传统新闻媒体进行重新定位。公民新闻可以成为传统媒体发掘新闻的新工具，传统媒体应该坚守意见领袖的权威角色。要充分发挥新媒体与传统媒体联动效应，主流媒体要及时引导公民新闻形成正确的舆论影响，并要尽快学习和掌握新媒体信息传播的方式和渠道，引导公民记者与参与式新闻走向更好更专业的发展轨道。

思考与练习

1. 怎样理解尊重受众知情权是大众传媒的社会责任？
2. 通过什邡事件等典型案例分析，说说新媒体环境下突发事件为何捂不住了。
3. 公民记者的出现给突发新闻传播格局带来哪些改变？

参考文献

[1] 林丹琼. “新丁”新闻记者的“入门关”[J]. 视听，2012(8).

[2] 张威. 中西比较正面报道与负面报道[J]. 国际新闻界，1999(1).

[3] 四川什邡事件舆情分析[EB/OL]. 新华网. http://news.xinhuanet.com/yuqing/2013-10/23/c_125585811.htm

[4] 张芹，刘茂华. 突发事件报道案例教程[M]. 上海：上海交通大学出版社，2013：10-11.

[5] 刘汝旺. 搞好重大突发事件报道须具备的能力[J]. 军事记者，2011(9).

[6] 刘汝旺. 搞好重大突发事件报道须具备的能力[J]. 军事记者，2011(9).

[7] 张芹，刘茂华. 突发事件报道案例教程[M]. 上海：上海交通大学出版社，2013：13-14.

[8] 奚春山. 记录朱瑞峰们的作为[N]. 东方今报，2013-08-07.

[9] Dan Gillmor. We the Media「M」. O'Reilly Media，2005：p3.

[10] 转引自杨晓丽. 从“新闻消费者”到“新闻生产者”[J]. 青年记者，2008(7).

[11] 刘莉. 新闻正在告别被动消费时代[J]. 新闻实践，2010(9).

第四章　突发新闻的传播模式和机制改革

学习目标

1. 传统的突发新闻传播模式。
2. 新媒体环境下的突发新闻传播模式。
3. 媒介融合环境下的突发新闻传播模式。

长期以来国内突发新闻报道在实践上匮乏，在理论建设上滞后，对大众传媒报道突发新闻的认识和管理都存在着种种误区，没有形成一套应对突发事件报道的科学机制。由于制度性安排，对突发新闻报道限制较多、媒体采访困难、报道不及时、相关信息发布不充分。

随着社会经济快节奏、高速度的发展，人们对信息获取个人化、智能化、高效化的要求越来越高，移动通信技术与互联网技术的有机结合，可以随时随地随身、高效智能、快捷方便地为大众服务，为突发新闻的传播带来了极大的便利。突发事件发生后，信息往往以手机短信、电话、门户网站、网络论坛及口口相传的方式进行传播，传播渠道不再是单一的网络，而是多种网络的结合。

传统媒体的传播模式是"传者——内容、渠道——受众"的经典模式。在这个模式里，传者是居于控制者地位的，内容由传者生产，而受众是被动的，是基于统计学的、大量的、相对统一的、模糊的、难以辨认的群体。

新媒体的传播模式与传统媒体不同。在数字传播技术的推动下，新媒体迅猛发展，媒介融合已经从一种理论设想转变为现实。媒介融合背景下，传播模型需要考虑的因素更为复杂，因此，有必要对媒介融合背景下传播活动的影响因素进行梳理，创新传播模式，以更准确地解读当前的各类传播活动。

在传播技术不断更新的全媒体环境下，突发事件的报道不再是原来纸质媒体时代的传播方式，而是病毒式的扩散传播，事件传播的速度更快、范围更广。网民也不仅仅是信息的接受者，更多的是信息的传播者。旧媒体在忙着洗心革面，而新媒体忙着拨开绚丽的彩霞，就像广播的出现没有替代报纸、电视的出现也没有撼动广播的生存一样，没有人敢说新媒体一定会替代传统媒体。深入研究全媒体环境下突发新闻报道的传播模式，把新的载体和思维作为重要的工具，运用到我们的突发新闻报道中，相信会让我们走得更好更远。

第一节　传统的突发新闻传播模式

一、信息传播的概念和模式

拉斯韦尔“5W 模式”

最早的传播模式是由美国学者哈罗德·拉斯韦尔在其《传播在社会中的结构与功能》(1948)中提出的“5W 模式”。这个模式可以用下面公式表示。

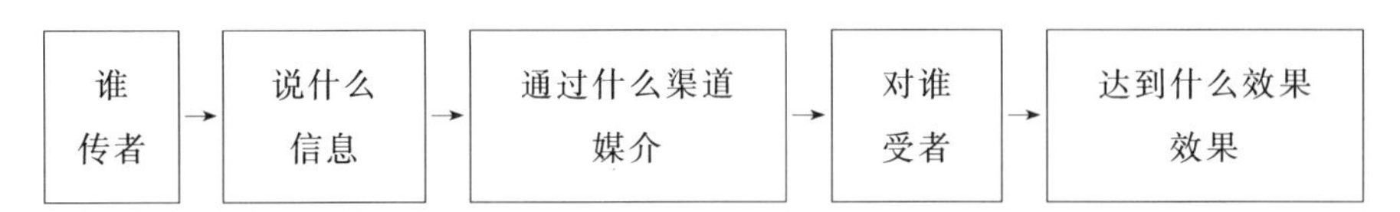

图 4-1　拉斯韦尔公式及其相应的传播过程基本要素

“5W 模式”表明:传播过程是一个目的性行为过程,具有企图影响受众的目的。因此传播过程是一种说服过程,其间的 5 个环节:传者—信息—媒介—受者—效果,正是传播活动得以发生的精髓。

1. 传播者——控制分析

传播者是传播活动的起点,也是传播活动的中心之一。大众传播中传播者可以是个人,即编辑、记者、导演、主持人、制作人等,他们是组织化了的职业传播者。他们制作、传播信息;传播者也可以是媒介组织,如报社、电台、电视台、出版社、电影公司等。

传播者在传播过程中负责搜集、整理、选择、处理、加工与传播信息。他们被称为“把关人”,他们的上述行为被称为“把关”。这一概念由传播学奠基人之一库尔特·卢因在他于 1947 年发表的《群体生活渠道》一书中首先提出。卢因认为:信息的传播网络中布满了把关人,这些把关人负责把关,过滤信息的进出流通。把关人的把关并非个体行为,而要受政治、法律、经济、社会、文化、信息、组织、受众、技术以及个人因素的影响。这种观点集中强调了传播者在社会大众传播早期的主导地位。

在传播者制作、传播信息的过程中,他们控制着传播内容,而他们又是社会大系统中的一个子系统,又受到所在社会的基本制度的控制,他们本身也是社会控制手段之一。因此,对传播者的研究又称控制分析。

2. 信息——内容分析

传播内容是传播活动的中心。它包括特定内容和传播方式两部分。传播内容是在传播过程中生产出来的。这种内容并不是普遍意义上的信息,而是指所有通过大众传播媒介传播给受众的信息。审视大众传播的内容,其共性有下面 4 点:

(1) 综合性

无论是最初的大众化传播还是专业化转变之后,从整个媒介的内容体系而言,综合性一直都是其核心特征,且日渐强势,因为分工越是专业化,就越需要各专业媒介的社会整合。

(2)公开性

大众传播的内容是面向整个社会的，因而它必然是公开的，不具有隐蔽性；不过，根据传播目的不同，有时可以通过特殊的传播方式与手段，对公开性进行调整，或强化或淡化。

(3) 开放性

大众传播的内容是连续不断地进入与输出的，因而它是变化的、开放的系统。需要随着社会的发展变化而适时变化调整。

(4) 大众性

大众传播内容以大众为自己的诉求对象。因而传播内容在诉求点、诉求方式、诉求时间与空间等方面要适应大众的接收。这在大众化传播时代较为明显，当大众传播向专业化、分众化方向转变时，大众概念的外延逐渐在缩小，此时的大众更多的是针对分众后的群体。

因此，要实现有效的信息传播，就要掌握传播内容的生产、流动与分析、研究，亦即相应的内容分析的环节。内容分析是为了调查与研究内容与传、受双方的关系，此中可以有不同的方法，但基本作用都是相同的，这对传播者把握传播内容及其社会意义有重要的价值。

3. 媒介——媒介分析

传播媒介是传播过程的基本组成部分，是传播行为得以实现的物质手段。媒介即中介或中介物，存在于事物的运动过程中。传播意义上的媒介是指传播信息符号的物质实体。传播学者威尔伯·施拉姆在其经典著作《传播学概论》中说道："媒介就是插入传播过程之中，用以扩大并延伸信息传送的工具……。"面向大众传播信息符号的物质实体，我们可以称之为大众传播媒介，包括报纸、杂志、广播、电视、电影、书籍等。以传播新闻信息符号为主的物质实体是新闻媒介，包括报纸、新闻性杂志、广播、电视等。

与此相对应的研究环节即媒介分析可以说一直以来都是传播研究领域的重点，并且具有极大的现实意义。对它的研究主要可以从微观和宏观两个角度进行：通过分析微观媒介个体的本体特征，以更好地驾驭和使用这种媒介；通过分析宏观的媒介整体生存环境，可以从中发现传播媒介如何满足社会政治、经济、文化等的需要，以实现其价值。

在传统的传播学研究领域中，对大众传播媒介的研究主要从以下角度展开。

(1) 媒介的传播手段

是指媒介是用什么来传播信息的，即用什么传播符号。这是区别媒介的根本，也是认识媒介特点的出发点。

(2)媒介的时效性

不同的传播媒介在其信息传播速度上有着各自鲜明的特点。

(3) 媒介的持久性

是指媒介保存信息以足够时间与受众接触的特性，与时效性成反比，同时也因媒介不同而各不相同。

(4) 受众参与媒介的程度

受众是带有目的和参与意识主动使用媒介的。受众对媒介的参与主要指受众接触和使用媒介的介入程度。受众参与程度不同,媒介也会有所不同。

从以上四个方面研究传播媒介可以比较全面地认识传播媒介的特点和规律。随着大众传播媒介的发展,尤其是进入网络时代之后,对传播媒介的研究角度也在不断调整,但对其基本特征的把握仍然是最关键的。

4. 接受者——受众分析

接受者又称受众,是主动的信息接收者、信息再加工的传播者和传播活动的反馈源,是传播活动产生的动因之一和中心环节之一,在传播活动中占有重要的地位。

在人际传播和组织传播中,传播者和受传者相对存在,一定条件下,二者的位置可以互换,且二者主要在面对面的环境下完成传播行为,可以及时反馈并调整传播内容和方式;而在大众传播过程中的受众即受传者或阅听者,是对社会总媒介信息接受者的总称。具体可以包括报刊书籍的读者、广播的听众、电影戏剧的观众。他们能够决定一个传播内容、一个传播媒介,甚至传播者本身的生存前景。从这个角度来说,新媒体的出现,改变的不仅是传播者与受传者的角色定位和相互关系,它也前所未有地使自我传播、人际传播、组织传播及大众传播这几种传播类型实现了完美的结合。

对受众问题的研究分析,主要围绕受众的特点、受众的行为动机、受众的价值及其社会意义这几个方面展开。其中,有关传授关系的研究颇为关键,围绕着这一问题,传播模式中各环节的相互关系也在不断调整。

5. 传播效果——效果分析

所谓传播效果的研究是指传播者发出的信息经媒介传至受众而引起受众思想观念、行为方式等的变化。效果研究主要集中在大众传播在改变受众固有立场、观点上有多大威力这一方面,但也涉及了大众传播对社会及文化所造成的影响。可以说效果研究一直都是传播研究领域中历史最长、争议最大、最有现实意义的环节。

1981 年,美国传播学家沃纳·塞佛林和小詹姆斯·坦卡德在综合前人研究的基础上对传播效果的研究轨迹作了概括性的总结,将其分为“枪弹论”“有限效力论”“适度效力论”“强效力论”四个阶段,并指出其呈螺旋状前进的趋势。这些都是理论性概括总结,是侧重于对传播学研究历史进程的把握。这种宏观的研究为传播媒介的微观效果研究提供了诸多启示性的观点:如两极传播与舆论领袖的理论;使用与满足理论;创新与扩散理论;沉默的螺旋理论等。这些理论都是在总结传播现象之后建立理论模型并经过验证的,最重要的是它们对传播实践具有重要的指导意义。

从具体的传播效果来看,大众传播媒介的发展使个人可以方便快捷地了解身外的世界,受众所希望获得的国内国际范围内的政治、经济、军事、外交、文化、社会生活等方面的情况大多由大众传媒处获得。大众传播媒介在传播知识的同时还将得到社会肯定的价值观传递给受众,进一步加快了受众的社会化进程。此外,大众传播媒介还对群体、社会和文化发生作用。总而言之，这种效果是长期和潜在的效果，受众、传媒和社会相互作用，彼此独立而又统一、相互制约和促进着对方的发展。

二、传统的突发新闻传播模式

（一）传统的突发新闻传播模式

按照传统模式，突发事件的报道是这样的：突发事件发生了，此事会通过多种形式报告给政府部门，政府部门决定此事是否报道，如何报道，拿出报道的通稿，由政府部门控制的各个媒体，报纸、广播、电视等统一发布，这样才传到公众耳目中来。

这个模式即：

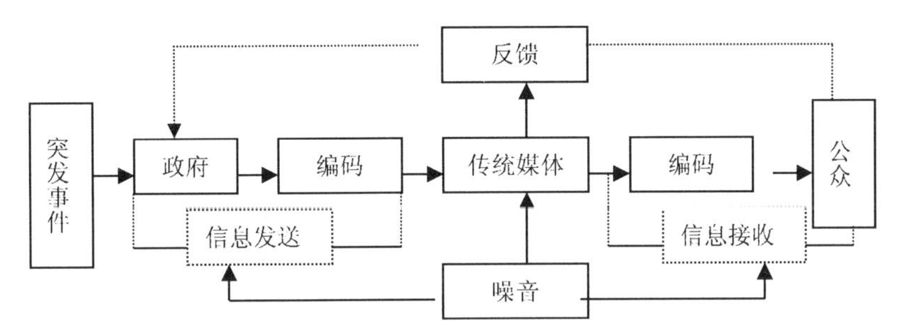

图 4-2　传统的突发新闻传播模型

这个模式就是在前述的信息传播模式中增加了政府管理一环。这个图示表明：突发事件发生后，此事首先会报告给政府部门，此事是否报道，如何报道由政府决定，政府形成对此危机的应对方式、策略等内容，即政府对危机事件进行编码。编码是信息从一种形式或格式转换为另一种形式的过程。这里是指政府将对突发事件的信息应对方式与策略下达给传统媒体。传统媒体根据政府的意图，将突发事件的信息转换成某种相应的信号，通过信道发送出去，受传者又将信号转换为信息，并对信息作出反应。传播学将这种传播者对信息的处理过程称为编码，受传者对信息处理称为译码。编码要求传播者根据传播对象的特点，按照一定的规则将信息内容编制成符号系统传播出去，以便于传播对象理解和接受。

在此模型中，反馈环节用虚线表示，是由于技术原因和传播方式的局限，信息反馈表现出累积性、间接性和滞后性，传者和受众之间很难达到真正意义上的互动，反馈渠道不畅，回应也不充分。此外，传播过程中还会产生“噪音”这一干扰因素，它的存在降低了危机信息传播的有效性和针对性，使得信息发送与接收之间产生较大差异。

（二）传统突发新闻传播模式实例

为了说明这个问题，下面来看一则实例。

> 2001 年发生的广西“南丹矿难”是中国社会变迁中一个重大灾难事件，与之前许许多多的灾难事故不同，“南丹矿难”是建国以来首个由媒体独立揭露的矿难事故。
>
> 2001 年 7 月 17 日，广西南丹县龙泉矿业总厂下属的拉甲坡矿发生特大透水事

故，在矿井下作业的81名矿工死亡。事故发生后，南丹县原县委书记万瑞忠与南丹县原县长唐毓盛、原县委副书记莫壮龙、原副县长韦学光密谋后，决定对此事隐瞒不报。万瑞忠还授意莫壮龙、韦学光告知龙泉矿业总厂自行处理好事故善后工作，防止事故消息泄露。在上级有关部门查问事故情况时，万瑞忠等人继续隐瞒事故真相，在社会上造成了恶劣影响。

人民日报《信息专报》第66期刊登了《关于广西南丹矿井重大死亡事故的再次紧急报告》一文。

《信息专报》是人民日报内参部主编，只通过保密传真，专传中央办公厅和国务院办公厅的机密级刊物。最新出版的《朱镕基讲话实录》第四卷首次披露了朱镕基同志在《人民日报》的《信息专报》第66期刊载的《关于广西南丹矿井重大死亡事故的再次紧急报告》上的批示（第224页）。

请邦国、罗干同志批示，并报锦涛、健行、岚清同志。看来可信。如此重大事故必须查个水落石出，严厉打击黑恶势力勾结官员，草菅人命。当前首先要排除一切阻力，查明遇难人员。请经贸委、公安部牵头组织力量坚决贯彻落实（此事外国媒体广泛报道，并附有照片）。

抄送曹伯纯、李兆焯同志。

此外，《朱镕基讲话实录》第四卷还披露了朱镕基同志在一次讲话中也提到了《人民日报》的《信息专报》对南丹矿难的报道（第286页）。朱镕基同志说："最近，广西南丹锡矿死了七八十人，要不是《人民日报》的《信息专报》报道，差不多上百人就要冤沉水底了。那个矿主买通了南丹县委书记、县长等领导干部，私自开这个矿，什么安全措施也没有，雇的工人都是湖南、贵州的穷苦农民，死了也没人管。大水一冲，七八十人就沉入水底了，但是县里隐瞒说没死一个人。《人民日报》的记者反映上来以后，我就批给广西壮族自治区的党委书记。我说，《人民日报》记者反映的是真实的，无论如何要把水抽干，活要见人，死要见尸，不能草菅人命。水一抽干，尸体都出来了。那个矿主是用钱买通县长、县委书记，蒙蔽自治区一级的领导。"

7月31日，人民网发表由《人民日报》记者郑盛丰组织采写的报道《广西南丹矿区事故扑朔迷离》。事后证明，这既是人民网也是全国所有网站中最早刊发的由新闻记者采写的第一篇有关揭露南丹矿难瞒报的报道。这起被瞒矿难，由于《人民日报》记者的揭露而大白于天下，相关人员被党中央、国务院严肃查处。

广西南丹矿区事故扑朔迷离

人民网南宁7月31日电　网上已经传播得沸沸扬扬的广西南丹县矿区发生事故造成约200人生死不明一事，因媒体记者无法进入事故地点采访，至今很难获得准确信息，社会对此的说法也差异很大。

记者通过"民间"渠道，包括向当地与这一事故无关的其他矿老板、在南丹县及管辖南丹县的河池地区工作过的有关人士及熟知当地情况的有关媒体同行了解这一情况，得到的回答都认定这次事故死亡人数可能不少于100人。但记者向南丹县、河池地区和广西壮族自治区有关方面询问时，均表示不知道此事，或者说不可能死亡那么多人，顶多是死亡三五人。

与此相关的另一个情况很令人费解。这一事故发生于7月17日凌晨，27日有媒体派出记者赶赴事故现场，其后广西首府南宁的数家媒体包括广西电视台也派出记者前往南丹县，但这些记者均无法进入事故地点，他们有的被跟踪，有的被阻拦于矿区以外。广西电视台的记者于昨日(30日)不得不返回南宁。

据熟知南丹矿区情况的人士说，南丹作为广西有色金属的富矿区，出于巨额利润的驱动，一些矿老板长期进行不规范的开采，使得事故时有发生。这些矿老板为了掩饰问题和回避责任，每当出了事故，就尽其所能暗中进行"私了"。因矿下作业非常危险，矿老板们雇用的矿工，大多从外地、外省分散招聘，且事先都签订"生死协议"，一旦发生死亡，只是赔付若干万元了事。南丹的矿老板对处理重大事故已积累了一整套经验，他们可以在事故发生后严密封锁消息，并在不长的时间就把事故悄无声息地"消解"掉。

由于南丹县的财政来源很大一部分是来自这些矿老板，甚至南丹县的很多公益事业也是来自这些矿老板的捐助，发生重大事故后，当地政府机关也不希望和不愿意把"丑闻"公开传扬出去，对新闻记者的采访，一般不会表现出支持和欢迎态度。

关于南丹这次重大事故，当地传得较多的一种说法是，矿区当时发生透水事故时，有5个民工组，每组40人，还有10名管理员、安全员在矿井下工作。事故原因是当时矿工在井下作业时，打通了原灌满水的废旧矿井(废旧矿井通常灌满水，以防地层下陷)，造成大量水迅速涌入。有消息说，事故发生后矿区组织10多台抽水机抽水，已打捞出来30多具尸体。

这个突发事件的传播过程是《人民日报》记者发现了南丹矿难事实后，首先通过其内部的《信息专报》直达中央领导，得到领导批示后，才广泛进行传播的。从这个实例中可以看到，即便是《人民日报》这么权威的中央级媒体，也是在经过中央领导指示后才将事件公开见报的。由此可见这种传播模式中"政府"把关的重要作用。

(三) 传统传播模式反映了实践上的匮乏和理论上的滞后

我国是个突发事件多发国家，据新华网(2005年11月27日)讯：我国每年因自然灾害、事故灾害和社会安全事件等突发公共事件造成的人员伤亡逾百万，经济损失高达6500亿元，占我国GDP的6%。[1]

但是，长期以来，我国媒体对于突发事件和群体事件的报道总是处于被抑制、被掩盖的状态。

其背后的深层次原因，一是对突发事件价值认识上的传统观念仍存有影响，认为突发事件是坏事，对其进行报道后果是消极的；二是受突发事件报道相沿成习的做法影响，如对突发事件报道要求处理完毕或查明原因后再予以报道，强调片面的正面报道，以致出现"一个突发事件一批英雄群像"的不正常现象；三是承担突发事件后果责任的有关政府部门和工作人员回避工作失误，以敏感或容易引起社会恐慌为由实行新闻封锁。一旦有重大突发事件发生，往往由新闻宣传主管部门进行微观化管理操作，重内容控制，轻方向调控；强调宣传纪律，忽视传播规律。这种管理模式导致大众传媒的主观能动性受到抑制，其社会功能未能得到正视和发挥，大众传媒功能结构失调，公共服务职能疲软。

三、传统突发新闻传播模式分析

（一）传统模式导致大众传媒的主观能动性受到抑制

从图4—2传统的突发新闻传播模型中可以看出，“政府”在突发新闻的传播过程中起着控制作用。中国共产党领导下的传媒报道方式，有延安《解放日报》和重庆《新华日报》两种同质异构的传统。新中国成立后的中国传媒，主要继承的是延安《解放日报》的工作传统。随后党在指导思想上发生持续20年“左”倾错误，使得本来应该转向以经济建设的社会环境没有形成。延安《解放日报》传统的核心观点是：党报的主要任务是指导工作而不是传播新闻。长期以来，从新闻报道方式的角度看，传媒仰仗的仍然是以往政治思想上的强势，从而成为反映党内思想斗争的窗口。

在片面理解“正面宣传为主”的方针指引下，我国媒体对于灾难性报道一直秉承着“丧事当作喜事办”的原则，这是特殊年代把新闻宣传当成工具带来的思维方式。其基本特征是：灾难不是新闻，救灾才是新闻，灾难和损失一笔带过，大书特书有关部门的关心关怀、及时有力的救援措施和救援成就。

在强调新闻纪律、舆论一律等政策指导下，传统媒体一遇到重大突发事件就得向上级部门请示汇报，在得到上级指令后才开展突发新闻报道活动，这样一来，大众传媒报道突发新闻的主观能动性受到抑制，未能尽到社会瞭望者的责任。

（二）民主与法制建设推动突发新闻报道数量增加，质量提高

20世纪90年代后，随着民主与法制建设的进步，以及新闻改革的发展，媒体对各类公共危机事件报道的数量增加，质量有所提高。2003年的“非典”危机后，“危机传播”概念开始进入我国公众的视野，并被政府和社会各方以及学界所重视。政府和各公共管理部门逐步确立了及时公开信息、主动引导舆论、掌握舆论主动权的突发事件应急处置的指导思想，另外新闻管理部门也开始重视媒体在公共危机中的预警和服务功能。

需要注意的是，媒体要发挥舆论监督的正面积极作用的必要前提之一是媒体自身的专业化，要真正传递出及时、真实而有价值的信息，同时实现对政府及社会机构救灾工作的监督。媒体扮演着“信使”的角色，应该是中立的观察、描述和报道者，媒体工作者不应脱离自己的本来角色而强行走到舞台中央。

在进行矿难、地震等大灾难的报道时，媒体首先应该关注的是灾难本身而不是救灾。救灾不应看做政府的恩赐，而是政府的义务，与之对应的是每年财政拨出的应对紧急自然灾害的预算。大灾难面前要呼唤团结，但团结不是“和稀泥”，不是说媒体就应该迁就政府或者某些组织，媒体要发挥批评监督作用。

不仅仅是上面提到的关注灾难本身，中国的媒体报道还有另外一个需要注意的地方，如地震首先是灾难，地震中出现的一些感人事迹，无论是来自灾民还是救助者，确实可以提振救灾士气，但这不应成为媒体报道的主要着力点。如果把灾情又演变为一场由英雄人物、光荣事迹和"感恩"累积起来的大合唱，以至于掩盖对救灾和灾后重建的关注，那就难免遭到"又把坏事变成好事"的嘲讽。

正因为媒体在救灾中发挥的作用越来越大，其不足之处才更多地被暴露出来。指出媒体的不足意在督促其进步，而不应成为打压媒体的借口。舆论管制的放松、信息的自由化，与媒体自身的更加专业化，是不可偏废的两面，而后者只能在前者提供的环境中才可以实现。

第二节　新媒体环境下的突发新闻传播模式

一、新媒体环境下的突发新闻传播模式

（一）新媒体的概念和发展

1. 在计算机信息处理技术基础上产生和发挥影响的媒体形态

国务院发展研究中心局长岳颂东提出："新媒体是采用当代最新科技手段，将信息传播给受众的载体，从而对受众产生预期效应的介质。"清华大学新闻与传播学院新媒体研究中心主任熊澄宇教授在中国网络媒体论坛上指出，"今天的新媒体主要是指在计算机信息处理技术基础上产生和发挥影响的媒体形态，包括在线的网络媒体和离线的其他数字媒体形式。"[2]

新媒体对社会的影响已经深入到社会的各个层面，用户数量也以惊人的速度飙升。根据第34次《中国互联网络发展状况统计报告》，截至2014年6月，中国网民规模已达6.32亿，其中手机网民规模达到5.27亿。微博、微信、移动客户端等新兴媒介渠道不断涌现，新媒体的内涵与外延不断丰富，新闻生产与新闻传播的方式发生巨大改变，媒体格局与舆论生态发生根本变化。这些数据足以说明，新媒体正在被大众普遍认可并日益影响着人们的生活，人们的信息传播方式和学习交流习惯已经发生了深刻的变化。

2. 新媒体成为人们了解与交流信息的重要工具

在现代社会，信息的传播途径发生了巨大的变化，各种新媒体逐渐成为人们了解信息、交流信息的重要工具。

如今，随着科学技术的迅速发展，人们获得信息的渠道也更加广泛，人们通过新媒体可以更加快捷地得到更加丰富的信息，利用新媒体可以对不同人群传播信息，也可以与之进行思想交流。在信息传播过程中，很容易使人们在舆论中形成共识，甚至形成一股莫名的力量，很可能成为群体性突发事件的导火索。

（二）新媒体让受众的主动性提高

1. 受众接收信息的主动性与偏好变得日益重要

在传统媒体一统天下的鼎盛时期，传播似乎是垄断性的，大众媒体对于公众有着无可比拟的影响力，受众只能是被动地就接受和相信媒体提供的信息。

但随着数字技术的快速发展和新媒体的不断涌现，信息和“噪音”越来越多，以一个人的接受能力，根本不可能全部接收和进行处理，同时，在技术上对信息进行筛选、复制和传递已经非常容易，因此，信息接收者按照什么样的标准，通过什么途径，如何选择和过滤信息，又如何屏蔽噪音，在最大程度上决定了信息传送者的传播意图能否实现。这意味着受众在接收信息时的主动性和消费偏好变得日益重要。

2. 受众开始分割为“小众”

在受众与媒体的情感互动方面，传播学研究中曾经有一个“沉默的螺旋”的发现，这一理论表明人们为了避免成为异类，陷入孤独，往往在大众媒体或舆论活跃分子发表了意见之后，不再表达自己与之不同的观点。而在数字加网络的新媒体时代，任何一个人通过互联网、手机等，就可以随时进行信息沟通，甚至成为传统媒体的重要信息来源，人际传播的性质得到凸显和强化，传统的、倾向于无差异的普遍的广大受众，开始分割为由气味相投的或者利害相关的一部分人形成的“小众”。如各种各样的网络游戏团体、户外旅游论坛、短信交友俱乐部等。在小众中，人们也许更容易找到声气相投的伙伴，以对抗大众传播所造成的“社会孤立”。受众在“小众”的范围内既是信息的接受者，也可能是信息的传播者和讨论者。

新媒体时代，突发事件发生后，信息往往以手机短信、电话、门户网站、网络论坛及口口相传的方式进行传播，传播渠道不再是单一的网络，而是多种网络的结合。以微博为例，微博的地位和重要性虽然无法与大众传媒和门户网站相比，但是因为微博有着一条“长尾”以及独到的舆论影响机制，可以凭借较低的门槛凝聚巨大的舆论影响力。

3. 新媒体传播模式

新媒体的传播模式与传统媒体的传者中心不同。新媒体传播模式下，传者逐渐隐去身份，成为一个平台。大量的组织、圈层形成一个个内容聚集地，在这个聚集地里，受众自己生产内容。受众在一个个圈子内交往，可以不通过传者，直接传播信息。在这种情况下，传者要赢得受众，必须要成为为受众生产内容的编辑者。

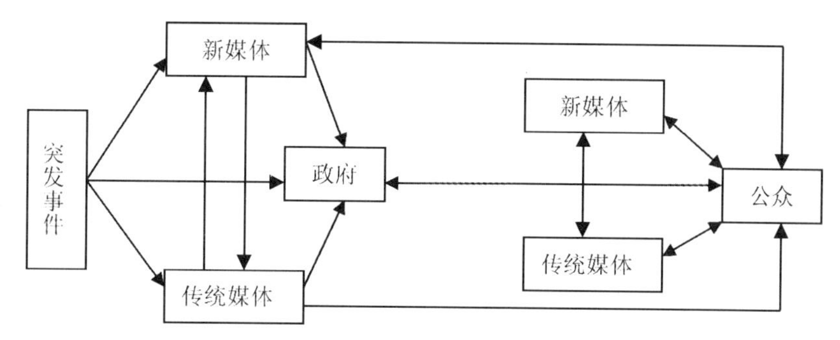

图 4-3 新媒体环境下的突发新闻传播模型

图 4-3 说明，突发事件发生后，事件的当事人、亲历者能够借助互联网或手机等新媒体迅速将危机信息传播出去。这个信息有三个流向，一是直接流向公众，二是流向传统媒体，三是流向政府部门及工作人员。

传统媒体能够获取由当事人、亲历者从新媒体发布的突发事件信息，也能够通过自身记者的采集、专门机构发布、公众个人报料和其他媒体报道这四个渠道获知突发事件信息，经过新闻采编人员的收集、选择、加工和制作后，形成可向媒体报道的突发新闻信息。这些信息可以传播到公众、政府及包括新媒体在内的其他媒体。

政府在获知突发事件信息后，要立即成立危机处理小组，组织现场救助，调查事件真相、事故原因，出台一系列危机处理措施，还要充分利用传统媒体和新媒体平台，在第一时间对外发布真实权威的信息。并利用大众传媒的议程设置功能，和自身的官方网站、微博、微信、手机等新媒体平台，主动地发布信息，并与网民互动，及时接收公众反馈信息，调整对策，以达到更好的传播效果。

上述新媒体、传统媒体和政府等多方发布的突发事件信息被公众获知后，公众会结合自己已经掌握的信息，通过互联网、手机等多种形式与媒体及政府互动，发表自己的意见和评论。

以上所述内容就构成新媒体时代的突发新闻传播模式。

二、新媒体在群体性突发事件处理过程中的影响

（一）突发新闻传播给新媒体带来考验

1. 高度重视突发事件的应急处置

社会学者研究指出，中国目前处于快速发展阶段，同时也处于人口、资源、环境、效率、公平等社会矛盾比较突出的时期，这一时期往往是经济容易失调、社会容易失序、心理容易失衡、社会伦理容易动摇的关键时期。中国正处于这样的历史阶段，同时还正在进行社会转型，努力实现社会资源的合理分享，这样就不可避免地发生不同利益集团和得益人群相互之间的矛盾和冲突。近几年，不仅一般性突发事件频繁发生，而且群体性事件也日益增加。正因为这样，人们对突发事件高度关注，有关主管部门也高度重视突发事件的应急处置，并且成立专门的机构了解、调查、研究和引导这一极其重要的工作。

2. 以新媒体为主的大众传媒扮演着不可或缺的角色

在突发事件的传播过程中，以新媒体为主的大众传媒扮演着不可或缺的角色。近年来我国媒体在突发事件报道方面有一定的突破和创新，大众传媒对突发事件的报道空间不断增大，突出表现在对空难、矿难等重大事故的报道明显增多，灾情信息的公开传播也相当迅速及时，如对汶川地震、玉树地震，河南、河北、陕西、山西、辽宁等地矿难，禽流感和奶粉事件等的报道。

但是，我国新媒体对突发事件报道方面仍存在缺位、失位现象，从而直接影响到危机信息的有效传播，造成流言蔓延、谣言四起，并使媒体信誉受损，这在近年发生的多起群体事件的传播中都有体现，例如“躲猫猫”“俯卧撑”“冲凉死”等，有些甚至严重影响到党和政府的权威和形象。[3]

3. 新媒体在突发新闻传播中显示了强大优势

在一些社会影响较大的突发事件的传播报道过程中，新媒体显示了它的强大优势：即时快速的传播速度，跨地域跨时空的广泛覆盖，随时随地的传者与受众的互动等，都让传统媒体相形见绌。例如在央视北配楼火灾事件中，传统媒体基本缺位，手机用户成为第一现场记录者。网络记录表明，最早反映火灾的，是网民“加盐的手磨咖啡”。他自称在事发时恰好路过现场，随即用带摄影功能的手机拍下现场照片。这些照片于当晚21时04分上传到天涯社区博客空间。之后12小时内，这批照片的访问量超过37万次，跟帖达1700多个。[4]这一事例，从突发资讯传播的速度、深度、广度上，展示了新媒体对于突发事件的传播优势。

（二）新媒体在突发新闻传播中应该承担的责任

1. 正确定位新媒体在突发事件过程中的角色、功能和作用

正确定位新媒体在突发事件应对过程中的角色、功能和作用，对建立和完善突发事件新闻报道机制具有重大的理论意义和实践价值。

据资料分析，突发事件在今后一段时间里仍将呈现增长的态势。在突发事件面前，新媒体将承担更重要的社会责任，如何以更为专业和有效的传播方式报道突发事件，正确引导舆论，将是新闻传播学界、业界需要共同面对的崭新课题。我们期待，新时期中国的政治、经济和文化环境相互作用所构成的全新媒介生态环境，将推动我国突发事件应对机制的演变，同时将进一步提升突发事件应急报道的水平。

2. 新媒体覆盖了传统媒体照顾不到的信息空位

新媒体传播突发新闻的速度和广度得到了前所未有的提升，使传播渗透到社会的方方面面，无论是信息的搜集还是传播，都已经深入到点对点的模式，完全将传统媒体的盲区覆盖。然而，与此同时，我们也要认识到，正是基于这样的特点，新媒体有其固有的弊端，如可能成为突发事件中情绪传染、谣言扩散的新路径等，因此，如何权衡利弊，完善法制规范，扬其长、避其短，是新媒体所必须面对和解决的。

三、新媒体突发新闻传播模式分析

（一）新媒体影响下的传播格局

1. 多样化的信息来源

传统传播模式下的信息来源有四个：记者搜集信息，政府部门提供信息，公众提供信息，其他媒体提供信息。

新媒体环境下信息来源众多，表现为：专门机构和个人发布—博客、播客、空间、DV短片、手机视频；公众提供—网上爆料、手机短信、DV视频报料；其他媒体提供—新闻网站、手机报；等等。

2. 去中心化的传播格局

新媒体技术发展为公众提供了一种去中心化的媒介消费形式，不再有泾渭分明的生产者、传播者和消费者，每个人都能够以不同的角色出现，政府、媒体和公众个体之间的差距逐渐缩小。

3. 交互性引领公众舆论

以报纸、广播和电视为代表的传统媒体，通过职业的传播者，利用机械媒介广泛迅速连续不断地发出讯息，目的是使人数众多、成分复杂的受众分享传播者要表达的含义，并试图以各种方式影响他们，批量化的信息生产没有办法考虑到受众的个体差异，单向度的大众传播进一步削弱了可能的反馈途径。在某种程度上讲，这种互动属于个人与组织机构之间的信息交换，而非受众个体之间的交流。

新媒体打破了传统媒体的信息垄断和控制舆论的格局，由于信息发送者和接收者之间很少有第三者介入，信息“传送—接收—反馈”十分迅速。从这个意义上说，新媒体使传播过程中的传受双方变得更加自由与平等，公众拥有了更多自主发表言论的机会。这样的互动式交流不仅能够充分反映来自社会各方的愿望、意见和呼声，而有利于社会舆论的引导与监督。

（二）新媒体在群体性突发事件过程中的影响

1. 群体性突发事件

群体性突发事件是指由社会群体性矛盾引发的，形成一定的规模，造成一定的社会影响，危害社会稳定，干扰正常的工作秩序、生产秩序、教学科研秩序和社会秩序的事件。群体性突发事件往往就是突发新闻的重要源泉。

2. 群体性突发事件的特点

一是事件发生具有突发性、迅速性。群体性突发事件的形成过程或长或短，但发生一般都非常突然，而且演变迅速；二是参与者情绪激动，行为过激。群体性突发事件一旦形成，参与者的情绪往往比较激动，甚至失去理智；三是参与者构成复杂，动机不一。群体性突发事件发生的初期，参与者比较单一，一般都是该事件的利害关系人，但是随着事件的发展、时间的延续和人员的增多，参与者会变得越来越复杂。

3. 新媒体对突发事件的影响

(1) 在群体性突发事件形成过程中的影响

在当今信息时代,新媒体对社会生活的影响日益加深,这种影响迅猛而剧烈,不以人的主观意志为转移。互联网、手机等的运用,使人们可以快速地了解到来自国内任何地方乃至世界的新闻,特别是一些敏感话题,不道德、不公平事件,以及各种奇谈怪论更是人们喜闻乐见的。一旦人们同时获得极具煽情或诱惑力的信息,很容易产生大范围群情激昂甚至骚动迹象,如果再受到一些人或一些组织的鼓动,很可能会以极快的速度促成群体集会、示威游行或者其他群体性活动。因此,新媒体在现代群体性突发事件形成过程中有着不可推卸的责任,新媒体直接或间接地推进了群体性突发事件的形成。

(2)在群体性突发事件演变过程中的影响

新媒体是把双刃剑,一方面,它能够迅速地传播突发群体事件信息,集聚人们关注与参与,唤起与强化舆论,并引发传统媒体的关注及正确报道,迫使某些利益主体或主管部门不能掩盖事件真相,促使政府及相关部门尽快解决处理矛盾与纠纷。

另一方面,一旦群体性突发事件已经形成,事态的发展演变之快完全出乎人们的预料,其中新媒体的偏激舆论对矛盾的激化、事态的发展起到了明显的推波助澜作用。新媒体的偏激舆论会演变成巨大的“谣言风暴”,这种谣言必然会给已经爆发的群体性突发事件火上浇油,甚至会让事件的本质变质,《吕氏春秋・慎行》中的《察传》曾如此描述:“夫得言不可以不察,数传而白为黑,黑为白。故狗似玃,玃似母猴,母猴似人,人之与狗则远矣。”[5]结果是让更多的心存各种动机的人卷进事件。新媒体的不合理运用将会使群体性突发事件急剧演变,使事态不断扩大,产生“滚雪球”效应,使其范围由小变大,使其事态由轻到重。

(3) 在群体性突发事件处理过程中的影响

在群体性突发事件的处理过程中,新媒体依然扮演着重要的角色。李普曼说:“传播就是把分散的人捆绑在一起的力量,无论好坏吉凶,传播具有造就或摧毁政治秩序的力量。”[6]可见传播大师早就指出了媒体具有的两面性,在群体性突发事件的处理中,媒体同样是一柄双刃剑,既可能帮助政府化解危机,也可能为群体性突发事件火上浇油,扩大其危害。新媒体这柄双刃剑更加锋利,通过新媒体对各种人群进行舆论引导时,如果新媒体的舆论引导失当,对事件发生的起因、经过没有一个合理的解释,不但难以解决问题,还可能使事态进一步扩大,后果不堪设想;如果新媒体的舆论引导恰当,积极主动及时地引导各类人群了解事情的真相,引导人们用客观的态度看问题,引导群体性突发事件参与者稳定情绪,将有助于群体性突发事件的处理。

4. 新媒体推动群体性突发事件形成和演变的原因

新媒体能够推进群体性突发事件的形成和演变发展,主要是由新媒体自身所具有的特点决定的。新媒体具有以下特点:第一,由于新媒体具有无中心、无边界的特点,信息的传播便具有了广泛性的特点。信息在互联网上传播,打破了地域和国家的界限,其传播的范围之广,与过去的“口口相传”已经不可同日而语;第二,由于一些新媒体具有虚拟性的特点，如互联网，信息在网上传播具有更大的随意性，网络空间是一个数字化的虚拟空间，网民可以以虚拟的身份在网上发表言论，身份更加隐藏，似乎可以为所欲为；第三，由于新媒体具有瞬时性的特点，各种信息（包括谣言）流传的速度达到了惊人的程度；第四，新媒体具有多样的传播手段，如网上论坛、聊天室、电子邮件、手机短信等，给制造信息者创造了更多的工具，也使查找信息源头变得更加困难，这也有利于各种煽情、蛊惑信息的传播。

（三）避免新媒体对群体性突发事件产生助长作用的建议

新形势下，新媒体技术的发展使得信息传播的渠道、方式和内容，相比传统媒体更加多元化、复杂化，管理的难度也增大了。为此，能否驾驭新媒体的运作和舆论导向？如何科学、正确地看待和处理网络舆论及其监督？都是对当代政府的重大挑战。以下是一些学者的建议：

1. 法律制约

美国民主之父杰斐逊说过："民意是我们政府的基础。所以我们先于一切的目标是维护这一权利。如果由我来决定，我们是要一个没有报纸的政府还是没有政府的报纸，我将毫不犹豫地选择后者。"[7]这段话成为美国新闻工作者奋斗的座右铭，美国一直以其新闻自由为骄傲。但即便是在西方国家，限制传媒的法律法规也是数不胜数，法律体系比较完备。作为后起的新媒体，其传播活动也被严格限制于相关法律法规框架中。所有针对报刊、电视的新闻限制法规，同样适用于新媒体。虽然网络世界是一个虚拟空间，但在网络上发生的行为是实在的，它没有脱离人类现实社会，也不可能脱离人类现实社会。新闻法律规范约束着所有新闻媒体，包括新媒体。所以，我们应该借鉴西方的经验，针对我国现实情况制定切实有效的法律法规，以避免一些人肆无忌惮地利用新媒体促成群体性突发事件的发生。

2. 严格控制其传播内容

在危机时期，各国政府会加强新闻检查，以确保新闻媒体发出的每一篇报道都符合政府的意图和要求。各国政府纷纷设立新闻检查机构，专职负责危机时期的新闻监控。在我国，宣传部成为舆论监控和新闻检查的领导机构。宣传部直接与各大媒体领导联系，规定报道的禁区，对违反要求发表信息的报道责任人追究责任。既然在危机时期，政府能够做到对媒体的严格控制，那么把这种努力放在平时对于媒体（特别是新媒体）内容的检查上，肯定有助于避免群体性突发事件的发生。

3. 加强舆论引导

媒体应加强自身的建设，建立良性的舆论引导机制。媒体应加强新闻敏感，对可能诱发群体性突发事件的导火索进行及时解除，通过信息预警功能，把组织和公众的警惕性调动起来。通过媒体进行全方位、准确的报道，及时传播社会公众所需信息，形成畅通的信息传播渠道和沟通渠道，构筑起公众与政府之间沟通的桥梁，既保证了公众的知情权，又能避免对政府不利的谣言的形成，形成正向舆论。

英国著名的危机管理专家里杰斯特说过："现代组织处在一个其活动的透明度日益

增大的时代里。若一个组织不能就其发生的危机与公众进行合适的沟通，不能告诉社会它面对灾难局面正在采取什么措施，不能很好地表现它对所发生事故的态度，这无疑将给组织的信誉带来致命的损害，并有可能导致组织的消亡。”[8]因此，政府应加强对新媒体的舆论引导，引导新媒体发挥其积极的作用，引导其向着有利于社会稳定的轨道发展。

新媒体这柄双刃剑与现代社会密切相联，如何趋利避害将是对政府和公众的巨大挑战，针对新媒体与群体性突发事件的关系，未雨绸缪才是上上之策。

第三节　媒介融合环境下的突发新闻传播模式

一、媒介融合背景下传播模式的变化

（一）新闻信源结构与传播主体发生变化

在传统大众媒介垄断新闻传播的时代，为新闻媒介提供信息的主要是政府机构、社会团体和企业组织，承担采集与发布新闻信息任务的主要是职业新闻工作者及作为“准新闻工作者”的新闻通讯员。普通民众虽置身事件之中，但只是被报道的对象。

媒介融合之后，普通公民获得了从未有过的参与新闻传播的能力，他们借助手机、博客、播客、BBS等，发布新闻表达观点。如前述的“公民新闻”就是这样一种现象，对与自己密切相关的事件，公民能直接参与其中，既能发布新闻，又能发表意见。传统媒体人力有限，关注到的点也有限，公民的参与为媒介提供了一种不同的视角，也扩大了事件的参与度和影响力。比如西藏“3・14”事件，灾难现场的情况就被群众用手机、相机拍下，再传给媒介使用。

（二）新闻呈现方式发生变化

1．单兵作战到多媒体联动

媒介融合之前，对重大事件的报道，媒体都是单兵作战，各管各的报道，很少有媒介之间的互动，无法形成合力。媒介融合以后，为了报道一个事件，综合利用各种媒体的优势，跨媒体合作已是常态。比如北京奥运会报道，央视就联合新浪进行了报道，央视利用其独家转播权，新浪又从央视获得了视频播放权，来扩大奥运会的关注度，满足受众需要。

2．过去时到进行时

网络、手机都是即时通讯工具，其优势在于瞬时性，能随时跟进事件，了解事件进程。媒介融合时代的到来，一是加强了对网络、手机等新媒体的使用，如网站的滚动新闻，手机的即时短信、另一方面，传统媒体也开始改变栏目形态，电台、电视台的直播节目大量出现，以求用最快的速度满足受众的信息需要，这是媒介融合时代出现的新现象。比如汶川大地震时，中央电视台就进行了24小时的连续直播；玉树地震时，中央人民广播电台通过大量的直播节目来通告灾情和救灾信息。

3．“自媒体”

受众通过自己拥有的传播工具和渠道，利用以博客为代表的网络新技术进行自主信息发布。受众对重大事件的关注已经不局限于媒体怎么报道，而是想看看自己身边的人用什么观点看待事件，甚至受众自己也想发表观点，新闻呈现的方式因此不仅仅以专业化的面目示人，也展现出个性化面孔，通过博客、微博、微信等充分地表达自己的观点。

（三）新闻报道方式发生变化

媒介融合时代，单一的信息形式已无法满足受众的要求，集文字、图片、音频、视频于一体的全信息，能全面满足受众的需要——听广播时，获得简短的讯息；看报纸时，了解事件的全貌；看电视时，看到生动的形象；看网页时，能看到高清晰的图片。全息信息，实质是全时段、全地点覆盖，受众在任何时候、任何地点，均能获得自己想获得的信息。

受众对重大事件的要求是“全面化立体化，透析式的了解”，为了实现这种立体化的报道，记者也逐步由单一性的文字记者或摄影记者转型为全能记者。

（四）新闻反馈方式发生变化

1．新闻反馈方式的改变

新闻反馈方式的改变是前几种变化的结果。传统大众媒介垄断新闻传播的时代是媒介占主导地位的时代，即使是对重大事件的报道，也极少有受众的参与。现在我国公民的参与意识、责任意识日益加强，对那些关系到全体公民利益的重大事件都深度参与其中。

2．受众参与的方式

媒介在报道中也日益重视受众的参与，主要通过以下方式进行：由受众决定报道选题；由受众直接提供新闻报道；由受众深度参与新闻调查；由受众发表评论影响舆论。

媒介融合时代，媒介形式多元化给媒介和受众都带来了新的机遇，媒介获得了改进报道形式的机会，受众获得了实在的话语权。在媒介融合之前，所谓的重大事件只能说是一种媒介自己制造的重大，即使与公众密切相关，受众也没有获得参与权和表达权，更无法改变事件的进程。重大事件之重大就在于与媒介联动、受众的广泛参与和舆论传播，这些都是在媒介融合之后才得以实现的。[9]

二、媒介融合背景下的传播模式

（一）媒介融合背景下的传播模式

在数字传播技术的推动下，新媒体迅猛发展，媒介融合已经从一种理论设想转变为现实。媒介融合背景下传播模型包含的因素更为复杂，因此，有必要对媒介融合背景下的传播模式进行梳理，以更准确地解读当前的各类传播活动（见图 4-4）。

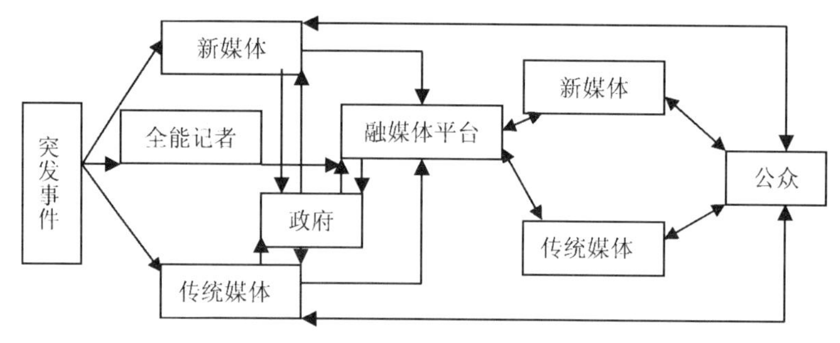

图 4-4　媒介融合背景下的突发新闻传播模型

与67页图4-3新媒体环境下突发新闻传播模型相比，图4-4媒介融合背景下突发新闻传播模型多了两个方框。一是全能记者，二是融媒体平台。这个图示说明，在媒介融合背景下突发新闻的传播并存着两种传播模式，一是继续保留了新媒体环境下突发新闻传播模式，二是出现了媒介融合的突发新闻传播模式。

媒介融合的突发新闻传播有两种形式：

一种形式是由不同媒介的记者将自己采集到的新闻信息资源统一放到一个公共的资源平台上。如图4-4所示，突发事件发生后，由新媒体包括公众从互联网、手机等自媒体发布的信息，以及传统媒体各种媒介记者采集的信息，全部汇集到融媒体平台。在这个平台上，新闻从业者可以找寻适合不同媒介发布的新闻素材，或者对原有的新闻作品进行加工再造，然后以不同媒介作品形式供新媒体、传统媒体的不同媒体终端选择其所适合的形式发布到公众。

另一种形式是投放到融媒体平台即公共资源平台的信息，是由融合媒体派出的全能记者提供的。即这种全能记者必须具备全部或者多种媒介的新闻产品的信息采集能力，能够采集不同的媒介新闻产品所需的素材，投放到融媒体平台，供融媒体编辑制作各种不同媒介终端所需要的新闻作品，然后传播到公众。这种全能记者的素质要求特别高，在现实环境中，尽管有这样的全能记者在难能可贵地勤奋工作，但是多数情况下，还是不同媒介记者协同作战的效率较高。

媒介融合背景下新闻传播模式可以以成都传媒集团为例。该集团于2006年11月26日由成都报业和成都广电两家传统传媒合并成立。成都传媒集团旗下汇聚了电视、广播、报纸、杂志以及网络、手机电视等新媒体。这些不同形式的媒介能够最大限度地实现新闻线索和新闻信息内容的共享。对于媒体而言，新闻信息资源就是其核心竞争力，能够在第一时间获取和发布适合的新闻资源是每个传媒集团努力的方向。成都集团旗下各个不同媒介通过对新闻线索的互通有无，整合共享同一集团不同媒介采集的新闻信息，对新闻信息进行利用或者对已发布的稿件进行再利用，使得集团节省了人力成本，同时扩大了新闻发布信息量。

自2007年起，成都传媒集团就实现了以《成都商报》以下简称《商报》为中心，整合成都电视台经济频道、财经类日报《每日经济新闻》、成都全搜索网站以及本土时尚生活类杂志《明日快一周》。集团下各个媒介共享新闻线索及资源，打开了“分—合—分”的局面,各种媒介将所获新闻线索汇流,然后再按不同媒介进行分发,不同媒介的媒体人按照所属媒介特点各有侧重进行报道。“《商报》将接到的新闻热线报料线索第一时间提供给成都电视台第二频道。该频道成立了新闻信息中心,与《商报》进行信源合作。《商报》将全国性的热点新闻提供给该频道《每日报道》《深夜快递》等栏目,对该频道新闻的品相、视野的开拓起到了拉动作用,其新闻的收视率提升明显。”[10]

2014 年 4 月 15 日,2014 年普利策新闻奖揭晓,《波士顿环球报》团队凭借一年前的波士顿马拉松爆炸案系列报道获得了“突发新闻报道奖”。评委会在授奖理由中评价该报对爆炸案及其后追捕嫌犯的报道“详尽”且“有人情味”,“采用摄影及一系列数字工具完整地记录了这场悲剧带来的所有影响”,是“地方媒体报道突发新闻的卓越案例”。[11]

2013 年 4 月 15 日是美国的“爱国者日”,当天的波士顿马拉松赛事吸引了大量媒体记者的报道。该报体育部的摄像记者史蒂夫·席尔瓦,恰巧记录了爆炸发生时的现场情景,同时记者遭遇灾难时的真实反应也被记录在视频中:“我们被袭击了,哦,我的上帝!”这段视频成为此次事件报道中最珍贵的影像记录,被迅速上传至《波士顿环球报》官网,在爆炸案发生后的一周内就被浏览了 600 多万次。

事件发生仅仅 4 分钟后,该报就发布了第一条推特信息;7 分钟后,在终点线的另一位记者大卫·亚伯撰写的快讯在网站发布;9 分钟后,该报博客发布了第一则相关报道;16 分钟后,一篇充满现场感的完整报道出现在该报网站上。爆炸发生后一小时以内,该报已派出了 24 名记者参与采访报道,其中包括 11 名在比赛终点线的记者。

爆炸案发生之后,除了最初的及时反应之外,该报印刷版和网站不断的连续报道为波士顿民众提供了一系列重要的信息。据该报称,在事件发生当日,该报的两家网站的访问量高达 750 万次,5 天内的综合浏览量超过 8000 多万次。

《波士顿环球报》关于马拉松爆炸案的报道中,不同的记者将各自采集的新闻素材传到共同的信息资源平台,通过融媒体编辑制作成不同形式的新闻作品发布在该报报纸及网站,获取了极好的传播效果。

(二) 媒介融合背景下突发新闻传播实例

这里以雅安地震突发事件为典型进行分析,看在媒介融合背景下突发事件信息传播的过程和传播的模式。

北京时间 2013 年 4 月 20 日 8 时 2 分,四川省雅安市芦山县(北纬 30.3,东经 103.0)发生 7.0 级地震。成都、重庆及陕西的宝鸡、汉中、安康等地均有较强震感。截至 2013 年 4 月 24 日 10 时,共发生余震 4045 次,其中 3 级以上余震 103 次,最大余震 5.7 级。受灾人口 152 万,受灾面积 12500 平方公里。

地震发生后,包括百度、新浪、搜狐、网易、腾讯、凤凰网、人民网、新华网、央视网等都第一时间报道了此次地震的信息,并制作了相关专题。新浪、网易、搜狐、腾讯、凤凰、央视网、百度贴吧等均提供了央视、四川卫视以及成都新闻综合频道的网络直播。下述网站开辟了专题:新华网地震专题、新浪网地震专题、腾讯网地震专题、凤凰网地震专题等。

地震发生后的瞬间,8 点 02 分 53 秒,成都高新减灾研究所发出了四川雅安芦山发生地震的第一条微博，在随后的将近一小时内，有1300余条微博发出了雅安发生较为剧烈地震的信息，其中既有身在灾区的居民，也有企业、名人对地震消息的转播。雅安地震发生后，微信、微博等成为灾区对外联络的重要“生命线”。《人民日报》、头条新闻等拥有海量粉丝的认证微博相继发布了相关消息。随后，不少微博名人、认证机构开始通过微博平台，进行地震相关知识的普及和指导。20日下午，新浪微博话题榜前五位全部被雅安地震占据。

同时，微信也成为地震信息快速传播的新渠道，不少公众账号都在第一时间发布了地震相关信息，而一些用户也通过微信向亲友发出信息。

在融合媒介时代的新媒体环境下，人们不再局限于被动地接受信息，而更多的是主动地去了解、关注信息的发展。百度指数的数据显示，在4月20日地震发生后网络用户持续关注地震的最新情况。

三、媒介融合背景下突发新闻传播模式分析

（一）媒介融合背景下突发新闻传播的变化

1. 传播内容的复杂化与传播格局多元化

在媒介融合背景下，突发事件发生初期，信息缺失不全，人们急需了解突发事件信息，各种自媒体会纷传信息，传递渠道多样、方法灵活、方式多样，表现为传播内容的复杂化与传播格局多元化的特征，舆论管理的难度大，呈现波形发展的态势。其显著的特点是突然爆发，迅速传播，难以控制。给人一种措手不及的感觉，影响力强、涉及面广和持续性长。常常会呈现热点聚合的效应，对受众的心理、行为习惯等都产生影响。此时，充分发挥新闻报道的作用，正确分析危机事件产生发展的基本过程，尽力减轻这些事件给社会带来的巨大冲击，努力降低突发事件传播的不确定性，维护社会的安定与进步，是新闻报道的责任。

2. 媒介融合引起突发事件报道的公开化与透明化

随着信息技术的不断革新，信息交流渠道被大大拓宽，传统的报道方式已经不适应信息社会，尊重民众的知情权、增加政府透明度已成为政府与主流媒体的理性选择。

在理念层面上，信息公开取代信息遮蔽。互联网的普及使得信息封锁越来越不可能，受众对于真实、真相的呼声越来越高，信息遮蔽被信息公开所取代。政府机关逐渐形成了信息开放、民主、法治的观念，正确应对各类突发事故，政府执政理念的转变加速了新闻改革的步伐，“堵不如疏”成为政府与主流媒体的共识，开放透明的新闻发布机制正在形成。

如汶川地震报道的信息公开达到了“最大化”和“最优化”，第一时间的快速报道，伤亡数据的及时刷新，主流媒体利用了更好的现场方便，把握了危机处理的“黄金24小时”，公开、透明、及时的正面报道降低了谣言产生的概率，在稳定社会情绪的同时成功发挥了“社会舆论减压阀”的角色，不仅增强了主流媒体的公信力，也在国家整合功能方面发挥了良好作用。

在操作层面上，以人为本取代教化说服。过去，主流媒体在传播劝服上有误区，主要以抽象空洞的教化说服为主，重在宏大叙事而非微型叙事，个体生命、个人价值被忽视，高高在上的主流媒体容易让受众产生斯图亚特·霍尔所说的“对抗读解”。而当下，主流媒体的报道在内容、理念有了较大改观，重点表现为“以人为本”取代“教化说服”。

在技术层面上，媒介融合取代单一传播。随着现代科技的不断进步，单一传播被多元的媒介融合所取代成为大势所趋，而信息采集融合和新闻表达融合成为主流媒体信息时代的有效传播模式。如汶川地震报道时的媒体种类涵盖了所有的传播媒体工具，从天上到地下，从卫星到 DV，一起上阵，活跃在网络上的各种民间力量起到了重要作用，并成功地开展了一场“WEB2.0 式”的救灾。假若是仅凭某一媒体的力量，无法达到如此强大的传播阵势。不论主流媒体还是民间力量，彼此有统筹有分工、有竞争更有合作，而媒介融合的合力也在深度和广度上得到更大拓展。

3. 媒体融合背景下我国媒体对突发事件报道存在的问题

媒体报道对公众情绪有着重要的影响，如果耸人听闻的字眼频繁出现于媒体报道之中，便会引发公众情绪的大动荡，各种媒体渲染炒作会引发舆论恐慌。媒体在突发事件报道中存在的问题主要包括以下几个方面：媒介融合引起突发事件报道大规模报道，极易引发社会恐慌；缺乏大局观念，突发事件报道比例失衡；降低了新闻质量，报道内容同质化严重，缺乏自己独家的观点和视角，导致媒体态度冷漠，缺乏人文关怀。媒体没有从多角度、多层次地展现事物过程，没有合理地引导受众的注意力，更好地为受众服务，体现多样性的报道缺失。媒介就必须以国家安全和社会稳定为首要考量，坚守社会责任、专业精神和职业道德，自愿遵守面临恐慌或恐怖事件时的报道原则，愿意以相互体认、相互理解的态度与危机处理者合作互动，以向公众提供全面、真实、安全、平衡的信息。以及相关政府组织则要注意组织信息呈现的公开性和透明性、灵活性和应变性、适度性和技巧性。

（二）在媒介融合背境下加强和改进突发新闻报道

1. 全面、及时、准确地报道突发事件

信息透明是谣言最大的克星。及时性是危机处理的第一位原则。在政府开展危机公关时，媒体必须在事件发生以后立即组织相关机构和人员介入事件，以最快的时间赶往事件现场并采取一系列的紧急措施，及时控制事件发展的态势。危机信息的公布应随着事件进程展开，不能在全部事实查清后再统一公布，否则只能造成政府危机公关的被动。

当然，重视时效性不等于盲目抢发，迅速报道必须在真实报道的前提下进行，如果只是道听途说就马上报道而没有进行核实，那么即使在较快的时间内报道了突发事件的新闻，不仅会使发布新闻的媒体失去公信力，还有可能误导视听，造成恶劣的社会影响。

2. 重视并学会使用新媒体

我国目前是世界上网民最多的国家。网络最大的特点是自由、平等，每个网民具有同等的话语权。在网上，主流媒体并没有天然的领导权，居高临下的说教方式往往会引起网民的反感，效果不佳。而一些在现实社会中名不见经传的平民百姓倒有可能成为左右网络舆论导向的“意见领袖”。因此，我们要注意发挥网络的“平民化”功能，搭建平等沟通的平台，运用网民可以接受的形式与方法进行有效的、因势利导的教育引导，使网络成为媒体与网民进行深度沟通的桥梁。要特别重视加强对网络语言的研究，主流网站的话语要接近网民，学会并善于运用网民的语言进行舆论引导，以掌握话语权，提高引导的有效性与实际影响力。这也是对宣传思想工作者提出的更高要求。

3. 实现媒体融合强化传播效果

在新媒体时代，由于媒介渠道的增多，一个媒体不再能包打天下。基于人们“碎片化”的媒介消费使用习惯，媒体需要打造多平台组合产品，将被媒介市场的“碎片化”所分散了的社会注意力资源重新聚拢。目前许多国家的传统媒体面对新媒体的冲击，改变了原来的运作方式，不但推出了相关的新闻网站，还将网络视频、博客、播客的内容纳入新闻信息来源系统中，强化了传播效果。

在突发事件报道中，新媒体与传统媒体实现融合，能形成有效的互动和联动。在二者的互动中，传统媒体以其强大的舆论影响力引导新媒体的报道基调，使之更趋理性和主流；新媒体则以其得天独厚的技术特性丰富传统媒体的议程设置内容，强化传播效果。《广州日报》社在考察了美国几家主流大报的网站后，于 2007 年 6 月在传统编辑部内成立滚动新闻部，其职能是建立传统媒体和新媒体之间沟通的桥梁，使新媒体可以利用传统媒体强大的采编力量，克服平面媒体时效性和互动性不足这一缺陷。借助 2007 年 6 月 15 日佛山九江大桥塌桥事件，《广州日报》滚动新闻正式开始运作。早上 5 点多，事故发生后，《广州日报》一方面派滚动新闻的记者与大洋网的编辑到前线采访拍摄视频，另一方面则通过与《广州日报》前线的记者进行联系，得到更多的即时新闻，不断地在网络上和手机上发布更新。《广州日报》将传统媒体的品牌栏目和品牌版面延伸到网络上，不仅扩大了网络的点击量，也把平面媒体变成了多媒体平台，吸引了更多年轻读者。

本章小结

突发新闻的传播模式分传统的突发新闻传播模式、新媒体环境下的突发新闻传播模式和媒介融合背境下的突发新闻传播模式。传统模式就是拉斯韦尔“5W 模式”加上政府控制的因素，新媒体指在计算机信息处理技术基础上产生和影响的媒体形态，新媒体环境下突发新闻传播出现多样化的信息来源、去中心化的传播格局，交互性引领公众舆论的特点，新媒体在群体性突发事件处理过程中发挥重要影响，新媒体成了人们了解信息、交流信息的重要工具。受众在接收信息时的主动性和消费偏好变得日益重要，受众开始分割为气味相投的或者利害相关的“小众”。媒介融合背景下传播模式的变化，在于新闻信源结构与传播主体发生变化，新闻呈现方式也发生变化，突发新闻传播出现由单兵作战到多媒体联动、过去时到进行时以及“自媒体”出现导致新闻反馈方式的改变和受众广泛参与的变化。媒介融合背景下突发新闻报道出现传播内容的复杂化与传播格局的多元化，媒介融合引起突发事件报道过度喧哗，突发新闻报道间接影响和控制事件的变化。在媒介融合背景下加强和改进突发新闻报道，要注意全面、及时、准确地报道突发事件，重视并学会使用新媒体，实现媒体融合，强化传播效果。

思考与练习

1. 比较分析唐山地震与汶川地震报道差异，谈谈媒介环境变化对突发新闻报道的影响。
2. 传统媒体在新媒体环境下如何进行数字化转型？
3. 传统媒体、新媒体与融合媒体在突发新闻传播模式上有何不同，为什么？

参考文献

[1] http://news. xinhuanet. com/weekend/2005-11/27/content_3840934. htm

[2] 胡波. 浅谈突发事件的新媒体传播[J]. 今传媒，2010(12).

[3] 胡波. 浅谈突发事件的新媒体传播[J]. 今传媒，2010(12).

[4] 苗苗，俞铮. 央视大火："草根媒体"冲击传统传媒[EB/OL]. (2009-02-11)[2002-04-15]新华网，http://news. xinhuanet. com/newscenter/2009-02/11/content_10800779. htm

[5] 王力. 吕氏春秋・慎行论・察传. 古代汉语[M]. 北京：中华书局，1981：402.

[6] 李普曼. 公众舆论[M]. 阎克文等译. 上海：上海人民出版社，2002：63.

[7] 梅利尔・D. 彼得森. 杰斐逊集[M]. 刘祚昌，邓红风译. 上海：三联书店，1993：1365.

[8] 迈克尔・里杰斯特. 危机公关[M]. 陈宁，陈向阳译. 上海：复旦大学出版社，1995：26.

[9] 孙佳乐，谢峥嵘. 媒介融合时代重大事件报道新突破[J]. 青年记者，2010(7).

[10] 吴昊天. 传媒产业新型发展之路——以成都传媒集团媒体融合发展模式为例[J]. 中华文化，2011(2).

[11] 参见普利策官网：http://www. pulitzer. org/citation/2014-Breaking-News-Reporting

第五章　突发新闻报道的快速反应机制

学习目标

1. 突发新闻传播必须建立快速反应机制。
2. 快速思维能力的培养。
3. 快速思维的运行机制。

目前，在信息化、全球化的背景下，我国正处于历史上前所未有的社会大转型时期，对社会问题预警、协调和处理的机制很不完善，灾害预防、社会保障、就业、公共卫生、教育等领域存在的问题都有一定程度的不可预见性，这些问题很有可能会发展成为突发事件。因此，我们应当高度重视重大突发事件新闻报道快速反应机制研究，探索重大突发事件新闻报道的工作规律，使我国的新闻报道工作能在危机发生时准确、快速地作出反应，正确引导社会舆论。

第一节　突发新闻传播必须建立快速反应机制

一、突发新闻报道中的快速反应机制

（一）快速反应机制的建立是由突发新闻传播规律所决定的

1. 突发新闻报道快速反应历来为新闻界所重视

为什么要研究突发新闻的快速反应机制？这是由突发新闻传播特性所决定的。突发事件的发生带有瞬间性和偶发性的特征，这是突发新闻最突出的特点。过去，新闻界业内人常说："新闻只有一天的生命。"这是就报纸有 24 小时的运行周期而言的。现在，媒体传播手段发生巨大变革，已经能够即时乃至实时传播新闻信息了，人们对于新闻的时效性要求更高了。因为新闻传播的是人们欲知而未知的信息，信息一旦被人们普遍知道，便失去了传播的必要。争取在第一时间最先抢发新闻，常常成为记者拼命追逐的目标。而突发新闻，则要求几乎与突发事件发生同步报道。在当今传播技术条件下，这已经成为不争的事实了。

2. 记者们不惜一切代价拼抢突发新闻

即使在传统媒体主宰新闻传播的时代，记者们也是不惜一切代价拼抢突发新闻。获得普利策新闻奖的美国合众国际社老牌记者梅里曼·史密斯的一次抢新闻的经历，时隔 50 余年，仍被人津津乐道。

1963 年 11 月 22 日中午，美国前总统肯尼迪在达拉斯城遇刺。枪一响，四名随行记者立刻展开了一场新闻争夺战。史密斯反应最快，第一个扑向放在驾驶员身边的电话，另三名记者马上扑过来，想把电话从他手中抢走，有个记者甚至用拳头打他的肩膀，史密斯干脆躺在座位下面的地板上，用身体护住电话，终于仅在枪响的十几秒钟后，向全世界发出第一条肯尼迪总统遇刺的一句话新闻："三颗子弹射向肯尼迪总统在达拉斯闹市区的汽车队。"[1]

接着，史密斯跟踪到医院，他又抢先向合众社达拉斯分社报告总统受重伤、总统死去两条消息。再接着，他又在飞机上采访了约翰逊接任总统、宣誓就职的场面。就在飞机从达拉斯飞向华盛顿的 45 分钟的航程中，史密斯用打字机打出了长约 4000 字的关于整个事件的报道《历史在我面前爆炸》。打出最后一个字时，距肯尼迪中弹仅 6 个小时。由于这篇报道迅速、准确并充满人情味，史密斯获得当年度普利策新闻奖。请看，为了争发一条新闻，记者们险些"肉搏"。他们对突发新闻传播的快速反应何等看重啊！

（二）突发新闻报道快速反应是新闻传播发展的必然结果

1. 新闻事实与新闻报道间隔时间要尽量"短"

快速反应指的是从新闻事实发生到新闻报道出现的间隔时间要尽量"短"，这是保证新闻时效性的首要因素。随着新技术革命浪潮的推动，媒体传播手段不断更新，给新闻的快速反应提供了技术基础。广播、电视等电子传媒的出现，已能将新闻事实的发生和新闻报道的出现之间的间隔时间最大限度地缩短至"零"。

1986 年 1 月 28 日，美国"挑战者"号航天飞机发射升空，1 分 12 秒后突然爆炸，这一突发性的新闻事件竟是在全世界数以亿计的电视观众眼皮底下发生的，他们都成了这起人类航天史上最大悲剧的直接目睹者。2001 年 9 月 11 日，恐怖主义分子劫持飞机袭击美国世贸大厦造成数千人丧生的惨剧发生后，凤凰卫视等电视台马上中断正常节目及时报道，并锁定画面，使电视观众在事发同时看到大厦倒塌、人们惊慌逃生的骇人场面。广播电视的现场直播已能使新闻报道与新闻事实的进程同步。

电子媒体的挑战，使新闻工作者的新闻时效观发生了一次巨大的飞跃，"今日新闻今日报"的观念被"现时新闻现时报"的观念所取代。特别是互联网及依附于它的新兴媒体的出现，更是将突发新闻传播的反应速度大大提速，已经达到随时随地同步反映突发事件的任何信息的地步。

2. 突发新闻报道快速反应是受众的迫切要求

突发新闻快速反应，归根结底源于人类社会发展的需要。新闻是反映社会新近变动情况的信息。人类需要信息，人的一言一行，一举一动中，须臾不可离开信息。开始，人类只是进行个人之间的信息传递，小群体之间的信息交流、传播，随着历史的进步，人类对信息的需要日益增强，报纸的出现及它的大量生产，正是适应资本主义商品经济对信息的大量需求而面世的。随着科学技术的进步，交通工具的改进，通信手段的发达，偌大的世界缩变为地球村，人们对信息的要求越来越高，不仅要快，而且要好。这个"好"，就是要在第一时间内能提供最新鲜、最准确、最生动的信息。受众的这一需求，引发了媒体之间的“受众眼球争夺战”。各家媒体都要求自己的记者在第一时间内赶到新闻发生地，实施“正在进行时”的采访，确保新闻的新鲜度，力争将原汁原味的新闻奉献给受众。为了达到这一目的，世界上每年都有不少新闻记者不惜献出自己的生命，特别是在战事多发地区。

综上所述，突发新闻要求快速传播是突发新闻传播特性及传播技术革命提出的客观要求。规律是客观事物内部的必然的本质的联系，它是不以人的意志为转移的，谁不遵守它，谁就要受到惩罚。快速传播突发新闻的要求，促使新闻工作者和新闻媒体必须研究新闻的快速反应机制。

二、快速反应机制研究的内容

（一）突发新闻报道快速反应的研究对象

突发新闻报道的发出与突发事件的发生两者间隔的时间尽量“短”，是突发新闻快速传播所要达到的目的，那么，为达到这个目的所采取的手段，便是突发新闻快速传播所要研究的对象。如前所述，我们将整个突发新闻的传播活动，分为转换过程、发现过程和传播过程。记者在这三个过程中的一切活动便成为突发新闻快速传播研究的内容。即研究突发新闻快速采写理论。

（二）突发新闻报道快速反应与传统采写理论的区别

突发新闻报道的快速传播，对个体的记者而言，表现为突发新闻的快速采写。那么，突发新闻的快速采写的研究内容与传统的新闻采访学、新闻写作学的研究内容有什么不同呢？本书认为有以下不同。

1. 两者揭示的规律不同

传统采写理论揭示的是新闻采写的一般规律，突发新闻的快速采写理论揭示的是特殊规律。如果说前者是“走大道”，那么，后者便是“抄捷径”。这种捷径往往是反传统的非常手段。如很多记者在突发事件现场封锁之后，会采用一切反常规的做法甚至不惜混进现场进行采访。

2. 两者偏重的领域不同

就新闻发现、新闻采访、新闻写作这三个阶段的研究内容而言，传统采写理论重在揭示它们自身的规律，偏于客观领域；快速采写理论则重在揭示记者在这三个阶段中的思维活动、交往活动、心理活动及其规律和技巧，偏于主观领域。因为快速采写的实质就是对记者的素质进行挑战，它要求记者必须快速思维、快速沟通、快速调动采访对象的情绪，在写作中要摈弃那种“文章不厌百回改”的低效率习惯，而是追求出手成章、一气呵成、不用更改的高效率境界。

快速采写理论所研究的领域，无疑开拓了新闻采写理论研究的视野并填补了空白，它举起了向人的潜能进军的旗帜。人类学、生理学、心理学……特别是当代脑科学，已掀开脑黑箱的一丝微缝，人脑的大千世界可以说具有无限的潜力：“脑的贮存量可以记录每秒 1000 个新信息单位（从出生到年老）而仍有富余。最近的实验提出，事实上我们可以记住发生于我们周围的每一件事。"[2]"一个人的大脑可贮存的知识量相当于美国国会图书馆藏书的50倍(该图书馆藏书一千万册,这就是说一个人的知识量相当于5亿册书的知识量),记忆能力可保持70～80年以上。"[3]

现代科学揭示的人的大脑潜能如此惊人,使我们理解了建安时期的文学家曹植何以能七步成诗:"煮豆燃豆萁,豆在釜中泣;本是同根生,相煎何太急。"唐朝的王勃何以能在宴会上便可一挥而就《滕王阁序》,留下千古名句:"落霞与孤鹜齐飞,秋水共长天一色。"美国的史密斯何以能在45分钟的航程中打出4000字的记录重大历史事件的新闻报道……这些事例充分说明古今中外,写作快手不乏其人,只要充分发挥人的潜能,记者个个能成"快枪手"。

3. 两者阐释采写现象运用的理论不同

迄今为止的新闻采写理论尚未涉及新闻快速采写的问题,故新闻快速采写理论大量引入社会学、心理学、思维学等交叉学科知识,去解决新闻快速采写实践中所遇到的难题,以弥补传统的新闻采写理论在这方面的空白。以采访为例,传统的采访学是从认识论的领域解释采访现象的,强调深入调查研究。而采访活动从一开始便是人际交往活动,记者首先面临的难题是采访对象愿不愿意接触你,接触后愿不愿意与你深谈的问题。传统的采访学在此并未给初学者授以良策,故常令他们在采访中"卡壳"。对于人际交往中的困难,社会心理学早就坦言:地位差别是人际交往的首要障碍。而我们的传统理论从未直面过这样的问题。再如,新闻采访要人开口,中国有很多古训却叫人闭嘴:什么"为人且说三分话,不可全抛一片心"、什么"是非只为多开口,烦恼皆因强伸头"、什么"口是祸福门,舌是利害本"等,其实,这些古训只不过表达了在人际沟通中人有安全感的心理需要。诸如此类问题及其如何解决,传统理论并未拿出答案。近年来,虽有一些新闻著作涉及新闻心理、采访心理等现象,但对于突发新闻的快速采写而言,还远远不够。因此,突发新闻快速采写理论为解决新闻实践中的现实难题,较多引入社会学、心理学、思维学等交叉学科知识,总结出一套办法并作了理性概括,能有效地指导采写实践,达到快速采写的目的。

从上述不同中,我们不难看出,突发新闻快速采写理论的研究内容已开拓出一片新领域并有着充满希望的发展前景。

三、如何研究快速反应机制

先讲一下本书所阐明的突发新闻传播能力的构成体系。本书分为三大篇,分别为转换篇、发现篇和传播篇,这三篇对应着新闻主体、新闻采访和新闻写作三个方面。严格地说,新闻主体的行为其实贯穿在整个新闻采写乃至编辑过程之中,因为在此过程中都存在着传播过程对于新闻主体的考验以及新闻主体对新闻价值形成新的认识和进行新的发掘,这些都应属于新闻主体的行为,因此不好将新闻主体行为与新闻采访和新闻写作截然分开。但是,我们也要看到这样一个事实,即新闻主体大量地经常地出现在采访的准备和采访的前期阶段中,常常表现为对新闻线索的判断、对深度报道的开掘,对新闻报道的组织与策划等，从这个特点着眼，我们将新闻主体的行为表述为一个过程，称之为转换过程。而这个过程的工作与思维活动有着紧密的联系，故将在此篇中大量阐述一些思维活动方面的内容。同样，思维活动也是贯穿在整个新闻采写过程之中的，所以此篇中所阐述的一些方法和技巧同样也适用于其他过程。

怎样研究突发新闻的快速采写？突发新闻的快速采写是一门科学，这门科学具有强烈的实践性特征。这是我们在进行这门学科研究时尤其要注意的一点。它告诫我们不要鄙薄实践经验，一切真知都源于实践并接受实践的检验。同时，也不要停留在实践经验上，要善于将实践经验上升为普遍性，即规律性的认识，概括为理论知识。

同时，我们要看到新闻学是社会科学中一门年轻的学科，而突发新闻的快速采写作为其应用学科的一个分支学科，应当具有时代感。同其他学科一样，对它的研究需要从现代科学理论中汲取有益的营养，丰富和充实自己的体系与内容，找到新的生长点，以促进新闻学与其他社会科学的共同进步和持续繁荣。

研究突发新闻的快速采写还需要科学的研究方法，主要是个案研究法和比较研究法。个案研究法是一种用来检验某一个受研究的客体(如一次采访得失、一次写作得失、一类报道的研究，一个人的采写特点等)所具有的许多方面的特征的方法。比较研究是将已有的某一种或某一类的新闻快速采写的经验或技巧等进行比较研究。通过比较可以知道某一种或某一类经验或技巧的长处和短处，在比较中归纳汇集各家的优点，将其上升概括为理性认识，并汲取新兴交叉学科的知识营养，深入地探析其规律，形成突发新闻快速采写的理论。

对于每位新闻工作者而言，学习突发新闻的快速采写，无外乎是自己要能实际地运用。这里还有一个突发新闻快速采写的训练问题。学习突发新闻的快速采写一定要把自己摆进去，这正如不下水永远学不会游泳一样，此事不亲历是学不来的。

第二节　快速思维能力的培养

一、快速思维能力的培养

(一) 突发新闻报道的追求需要变化思维

1. 突发新闻追求独家视角和深度报道

新闻是易碎品，只有一天的生命。新闻的意义就在于谁最先将它报道出来。传统媒体时代，若是报道迟了，哪怕只迟一天，对迟报的那一家报纸而言，这条新闻已失去报道的意义，因为，读者谁愿意去看炒剩饭的新闻呢？焦裕禄说，“吃别人嚼过的馍没味道”！在现今能够实现媒体新闻与事件实时同步的传播环境中，不是争抢独家新闻的问题，而是报道是否独辟蹊径，别开生面，更加吸引读者的问题。

在追求独家视角的同时，媒体也在追求深度报道。何谓深度报道？美国哥伦比亚新闻研究生院的教程中谈到新闻报道的层次时，曾提出了“三层报道”概念：第一层报道是事实性的、直截了当的报道；第二层报道是发掘表象背后实质的调查性的报道；第三层报道则是在事实性和调查性报道的基础上所作的解释性和分析性报道。所谓深度报道，正是在第二层和第三层报道基础上发展形成的，具有新闻性、解释性、调查性和分析性特点的报道。[4]突发新闻的报道应该是全方位、多侧面、立体化的深度报道，是新闻观念在新闻实践中的具体表现形式；它是能够诱发受众进行深入思考，能够启发受众从本质上把握当前新闻事件之于自身实在生活意义的报道。

2. 独家视角和深度报道的追求源于新闻竞争

将突发新闻报道写出独家特色，一直是各家新闻媒体所追求的目标。突发事件爆发后，众多新闻媒体都尽其所能地云集事件现场，受众可能会很快就从多家媒体上看到对同一新闻事件的相关报道。这时受众关注的焦点往往并不在于是哪家首发，而在于报道本身所具有的深刻性。如果记者能写出有独特视角的深度报道，使受众从中认识到事件本身的真实内涵，并且能由点及面地把新闻事件与社会生活的大背景联系起来，那么，这样的突发新闻的深度报道就具有了很强的指导意义。具体说来，就是要做到：以独特的视角开掘突发新闻事件的本身，写出别人没有写过的深刻报道；以最权威的观点体现独家特色，写出能引起受众广泛共鸣的深刻报道；以独特的切入点体现独家特色，写出形成自家鲜明风格的深刻报道。

独家特色和深度报道是突发新闻竞争给新闻报道工作带来的新的特点。新闻报道有双重来源：客观素材与主观加工。加工需要创新。创新是改变新闻素材形态并提升其价值，以比竞争对手更好地满足受众需要的行为。创新需要从依靠"天分"的"无法可依"中解脱出来，成为依靠"人工"的"有章可循"，成为每一个愿意付出辛劳和汗水的普通记者都可学而至、可习而能的稳健的、有条不紊的、目的性明确的、对可能获得的结果有高度可预见性的日常行为。做到这一点，突发新闻报道水平就会大幅地提高。

（二）变化思维为独家视角与深度报道建立厚实基础

突发新闻报道如何能够深入？靠的是点子。点子是什么？是主意和办法，是一种特殊的新闻发现能力。这种能力与记者的思维的变化性有密切的关系。我们常说，这人鬼点子多，脑瓜转得快。说的就是变化思维。

变化思维体现了人的思维灵活性的素质。它是指思维活动的智力灵活程度。其主要特征是，思维起点灵活，能多方面、多角度、多层次地思考同一个事物或同一个问题。思维过程灵活，善于组合分析，伸缩性大。在一般情况下，它表现了思维的扩散程度。变化思维所表现的灵活性，为丰富多样的点子的产生建立了厚实的基础。

二、变化思维的变化形式

变化思维的变化形式概括起来有以下三种：1. 从思维的接通媒介而言，体现着思维者不同的立场、角度和观点；2. 从思维方向而言，有顺向思维、逆向思维；3. 从思维方式而言，有抽象思维、形象思维。我们谈的变化思维就是要从思维的接通媒介、方向、方式上不断地变化。

(一) 思维的接通媒介的变化

2002年5月16日,武汉市长江二桥曾发生汽车撞断护栏的事件。对这件事,武汉的几家报纸次日均作了报道。《武汉晚报》报道了事件本身。《武汉晨报》则除了报道事件本身还报道了伤人没有,这是读者关心的内容。《楚天金报》不仅报道了前两报的内容,而且还作了进一步的服务性工作:公汽有哪些线路受影响。就几家报纸的不同报道视角,《武汉晚报》总编辑何建新在见报当日的新闻评析会上作了比较分析,认为本报的报道没有从服务读者的角度来处理新闻素材。作为读者会更满意《楚天金报》的报道,不仅知道了长江二桥被撞断护栏的事件,而且还知道该怎么坐车,不会耽误时间。为什么各家媒体有不同的报道?就是因为他们各自对新闻的认识不一样。为什么会有不同认识?这是因为他们看问题所处的立场观点不同。这种看问题的立场、观点的不同,从认识科学上解释,就是接通媒介的不同。转换接通媒介,就会有不同的认识。就像用不同滤色镜看同样的景物却有不同的效果一样。

(二) 思维方向的变化

1997年11月25日,四川省广元县发生了一件轰动全国的新闻。24岁的姑娘唐胜利为反抗眉山"天涯夜总"老板胡水元"接客"的要求,从二楼窗口跳下,腰椎骨折,脊髓严重损伤,腿被摔断,惨不忍睹。这个事件被《中国妇女》披露之后,在全国引起强烈反响。短短两年多时间,四川、江西、湖北、广东、广西、河南等6个省相继又有10起"唐胜利式"女性跳楼事件被媒体披露。跳楼者共15人,其中死亡2人,伤残11人。当时许多媒体都采用"宁愿玉碎,不为瓦全"等词语,对这些烈女大加褒扬。

《中国妇女报》王灵书对此却有不同看法:保全了自己身体,失去了贞操,就是"瓦"?跳下去(不问是安全还是伤亡)就是"玉"?这不是几千年来老祖宗们传下来的"饿死事小,失节事大"的变种吗?数千年来,中国的女性处在"三从""四德"的封建礼教的束缚之下,她们"在家从父,出嫁从夫,夫死从子",一辈子都要为男人守"节",因为她们是男人的附属品。难道我们今天仍然要女性为守"节"而付出伤残甚至是生命的代价吗?用"宁为玉碎,不为瓦全"的观念去褒扬这些"烈女",在强化了她们的贞操观念的同时,实际上在引导她们漠视自己的健康和生命。

于是,王灵书于1998年10月9日在《家庭周末》头版头条发表了《烈女跳楼现象思考——女性该用什么捍卫尊严?》一文,并专门组织了一场大讨论。最后刊发了全国妇联妇女研究所副研究员刘伯红的文章作总结,该文阐述了三个观点:1.尊严不仅仅是贞操;2.跳楼不是最好的斗争方式;3.关键要有一个良好的环境。《中国妇女报》的这场大讨论在全国引起强烈反响,上海《文汇报》曾专门发文《首都新闻界反思"烈女跳楼现象"》的文章,对此次大讨论进行评价。[5]

在这个报道实例中,我们可以发现思维的运动方向发生了变化。首先,全国6省关于"唐胜利式女性跳楼事件"的报道,是顺向思维,是朝着一个方向发展。而《中国妇女报》的报道却改变了思维方向,采用逆向思维,从相反的角度提出不同的问题。于是,出现了独家视角,这个突发新闻便有了新意,而且意义挖掘更深了一层,使新闻价值增值。

（三）思维方式的变化

前面说的顺向思维与逆向思维是思维方向的变化，抽象思维和形象思维不断地交替变化，是思维方式的变化。这种变化在新闻写作中经常遇到。

新闻是一种需要传递的有价值的信息。同样一条新闻，不同报道的传递所产生的效果却大相径庭。“大路货”的新闻，受众不屑一顾；有深度的新闻，有独家视角的新闻，受众爱不释手。因此，作为新闻工作者应把深度报道和有独家视角的突发新闻的采写，作为社会交给我们的义不容辞的职责来履行。而变化思维则是记者在采写突发新闻的深度报道和有独家视角的报道过程中的思维方式。在采写中，记者把新闻事实作为“物象”，通过多侧面、全方位、多角度、多层次、多线条的变化思维活动，直到选择出新颖、独到的新闻角度，挖出深刻的新闻主题。在具体运作中，变化思维可以依思维的接通媒介、方向和方式的三种变化方法进行多重变化。记者可以针对不同的新闻事实，运用变化思维的任何一种方式，写出不同凡响的突发新闻深度报道。具体说来，就是要做到：把较小的新闻事实写成折射重大主题的深度报道；把特殊的新闻事实写成具有普遍指导意义的深度报道；把雷同的新闻事实写成同中有异的深度报道；把浅层次的新闻事实写成主题深刻的深度报道。

三、变化思维的原则

（一）坚持从事实出发的原则

变化思维的原则是什么？就是要坚持从事实出发。

为什么要坚持这样的原则？这得从变化思维的特点谈起。变化思维的特点是变，变就容易走样，而新闻报道最忌走样。新闻报道必须忠实于事实。变化思维变的是思维运转的方向、方式和接通媒介，万变不离其宗的是忠于事实。变是为了加深对事实的理解，从不同角度、侧面、层次去认识新闻事实，只有深入地认识了新闻事实，才能在报道中将其最重要最精华的部分告诉读者。

（二）遵循从事实出发原则的对策

1. 处理好材料与事实的辩证关系

《新闻记者》2002年第1期评出的“2001年十大假新闻”，多是由于对新闻材料和事实之间的关系没有辩证的认识而造成的。《经济日报》原总编辑艾丰在《新闻采访方法论》中明确提出新闻“材料”不等同于“事实”。从新闻学的角度来看，事实是客观的、现实的、第一性的东西；材料则是事物和事实的各种形态、各种来源的表象、表现、反映和记载的总称。材料既包括事物的表象、表现这类第一性的材料，如物证材料；也包括事实的叙述、转述、记载等这类第二性材料，如各类文字材料。这些材料中，不仅第二性的材料常常不能准确地反映事实，就是那些第一性的表象材料中，有的也可能是假象。所以，了解“事实”离不开“材料”，但把“材料”与“事实”完全等同，显然也是不妥当的。

2. 坚持反映同一

所谓反映同一，就是人的理性映象同它所反映的客体必须是同一的，人的思想应该与对象整体是同一的。新闻失实就是没有坚持反映同一。比如一度大力宣传的汶川地震中的英雄教师就是一例。谭千秋,生前系四川省特级教师。2008 年 5 月 12 日在地震中遇难,在媒体最初的报道里,谭千秋被描述为在危难时刻张开双臂趴在课桌上保护学生,身下保护的四个学生都活了。而在两年后,《南方都市报》《中国青年报》等媒体揭露汶川地震中的"烈士老师"谭千秋的典型报道失实,很快不让再提了。这就是对于事物的认识没有坚持反映同一。

3. 尊重客观实际

《人民日报》原总编辑、清华大学新闻与传播学院院长范敬宜在给清华大学的学生讲课时谈了自己亲历的一件事。他自己有过一次教训。1956 年辽宁省举办一次文艺汇演,省委宣传部的领导说瓦房店纺织厂的歌咏队不错,让他去采访一下。当时时间来不及了,无法去现场采访,领导便让他去找歌咏队的队长。那位队长能说会道,说什么"我们车间里到处能听到歌声"。他就根据队长的介绍写了一篇稿子《车间处处闻歌声》。很快那个纺织厂的群众就来信举报,说这篇报道的作者根本在胡编:第一,作者没来厂里采访;第二,车间里根本不允许唱歌,那样做是违反劳动纪律的。那时范敬宜刚刚被评为一等先进工作者,失实报道被举报后,马上就被取消了资格。他表示一辈子也忘不了这个教训,后来写稿件,一点也不敢马虎。

因此材料不等于事实,对事实不能夸大和缩小或是添枝加叶,要深入一线采访。从上述三方面入手,在变化思维中就能坚守从事实出发的原则了。

第三节 快速思维的运行机制

一、思维接通媒介的转换

(一) 思维的接通媒介

人们对事物的认识必须依赖认识主体大脑中已有的知识作中介。这个已有的作中介的知识,便是本节所说的思维的接通媒介。

关于接通媒介,田运在《思维科学简论》中提出思维活动三项式理论。在这个三项式中,首项是出发知识,它是思维的前提,是现实生活中存在的某种现象,这种现象被人的感觉器官捕捉到而成为某种直接给定的东西,它也可能是储存在人们头脑中的某种知识。它的末项是结论知识,是由出发知识推导出来的新的知识。它的中项是接通媒介。这种接通媒介是使出发知识和结论知识紧密联系起来的桥梁。[6]这个三项式可用图 5—1 表示:

首项	中项	末项
出发知识	接通媒介	结论知识

图 5-1 思维活动三项式

以前文提到的《中国妇女报》王灵书发表的"烈女跳楼现象思考"——《女性该用什么捍卫尊严?》为例，在其他报纸纷纷赞扬烈女们"玉碎"精神时，作者为何能独树一帜？就是因为作者头脑中已经有了对于中国封建礼教进行批判的知识储备。

从这里我们可以看到：1. 认识主体对于新闻客体的认识是靠自身已有的知识作中介而识别的；2. 中介知识之所以有识别功能，是因为结论知识所据以得出结论的内涵，已包含在中介知识之内而且两者有同构性；3. 中介知识在认识中既能发挥必不可少的媒介接通作用，也是认识发展的限制，人对客体的认识不会超过他所具备的已有知识。在众多媒体记者对于烈女现象只是按惯例进行报道时，唯独王灵书一反常态。在这里，能否出新的关键就在于是否具备了与之接通的中介知识。

人对客体的认识受到中介知识的制约由此可以看得很清楚。这诚如鲁迅先生在谈到《红楼梦》时所说的："单是命意，就因读者的眼光而有种种：经学家看到《易》，道学家看到淫，才子看见缠绵，革命家看到排满，流言家看见宫闱秘事……"[7] 即便对同一新闻事实，由于各人的修养、经验积累不一样，会有不同的认识。《中国记者》1999 年第 8 期载卢汴生《编辑的眼睛》一文中，有这样一个例子：1997 年，卢汴生所在的报社有位记者给编辑送来一幅新闻图片，画面是城市的人行道上摆满了地摊，记者意在反映当地个体经济的繁荣。编辑认为，画面的真实性虽然没有疑问，但这些地摊属违章占道，应予批评才是。记者恍然大悟，按编辑的意见修改了文字说明。图片见报后起到了正确的舆论引导作用，引起了交警和工商部门的重视。

（二）认知主体的认知结构

如何改变认知主体的认知结构，以适应认知的需要？对于这个问题的解决，皮亚杰的双重建构理论阐述得很清楚。认知主体通过认知结构以同化和顺应两种方式与认识客体发生联系。所谓同化，是指对刺激输入的过滤或改变，即对输入信息进行再组织，以便最大限度地与个体已有认知结构相适合。而顺应则是与同化相反又相互补充的过程，是指内部图式的改变。这个同化和顺应的过程就是双重建构的过程。其具体情形是：1. 认知结构在同化客体即改造、吸纳客体并赋予其意义的同时发展着自身，当然这不是结构自身的根本改变；2. 为适应自身无法改造、吸纳的客体而改变自身，重建新的认知结构。如记者采访前的准备，就是在重建新的认知结构，借以具备同采访对象沟通的知识条件。在皮亚杰看来，"认知就是认知结构的永恒的构造过程"。

为什么要转换认知结构？一种情况是不转换不能认识所要采访的事物。当局者迷，旁观者清。我们经常遇到这样的情况，一个人在认识某个事物时，往往有陷入泥潭不能自拔的情形。这时要借助旁人点拨一下。但是，新闻采访者往往就需要自己点拨自己了，得靠采访者不断地改换思维的接通媒介。改革开放之初，范敬宜在《辽宁日报》当记者，一次与同伴去农村采访，分别睡在两家公社的值班室。第二天，范问有什么新闻，同伴说睡得好好的，没有人来打扰，哪来新闻？范敬宜认为"没有"就是意外，他抓住这事深入采访，写出消息：《两家子公社干部睡上安稳觉：夜无电话声，早无堵门人》，从一个崭新的角度反映了实行生产承包责任制以后农村的变化。范能抓住这件事，是因为在他的已有知识中已经有这样的认识：三中全会前，公社干部不能睡安稳觉。不能说范的同伴就没有这种感受。那么为什么范能抓住这条新闻，而他的同伴却不能呢？关键是同伴没有及时地转换自己的接通媒介。范敏感地意识到，能睡安稳觉便是意外，便是新闻。这种意外是用过去积累的知识同现在相对比的结果，于是他迅速地抓住了这条新闻。

另一种情况是接通媒介的转换可以提高认识主体的认识能力。美国著名经济战略专家约翰·奈斯比特在其未来学专著《大趋势》中说：

> 农业社会是依据过去进行预测；
> 工业社会是依据现在进行预测；
> 信息社会是依据未来进行预测。

这里，人的预测能力的提高，依赖于已有的接通媒介的转换。正是接通媒介的不断转换才能进行不同的预测。从这里又可以看到转换接通媒介，也含有调整认知结构的内容。

（三）接通媒介的转换

从上面的阐述中，我们不难看到，转换接通媒介对于新闻发现、新闻信息的采制有多么重要的意义。那么，如何进行接通媒介的转换呢？

第一，要充实接通媒介转换的基础。即扩充认识主体用作接通媒介的知识结构。它由理论维、知识维和实践维这三个要素所构成，称三维思维结构架。

理论维。就是新闻工作者要懂马列主义、毛泽东思想、邓小平理论的基本原理，能较熟练地运用辩证唯物主义和历史唯物主义的原理、观点和方法来认识客观世界，反映客观世界，来指导新闻工作的实践。

知识维。就是新闻工作者要致力于智力开发，优化知识结构，丰富知识广度，提高知识积累的价值效率，除能较熟练地掌握专业的知识外，还应有范围较广的综合知识储备，特别是对当代各种新兴的学科知识能有所了解和涉猎。

实践维。就是新闻工作者要通过参加新闻报道实践来丰富自己的经验，提高自己的透视力、观察力、联想力、判断力、适应力等。记者有一个非常优越的条件，即可以通过采访不断地向采访对象学习，有效地及时地补充自己的知识结构。

只有知识结构完善了，才有接通媒介不断转换的基础。

第二，要善用积累信息，主动转换，发掘有深度的新闻。

新闻界有句行话，叫“吃透两头”，即上头精神和下头情况。其实，这就是运用自己所掌握的前期信息。新闻名篇《桌上的表》就是这样写出来的。据作者介绍，当时值得写的东西太多了，他占有的材料足够写万把字的通讯。但当时正值中国人民解放军总部重新颁布“三大纪律八项注意”，不久，作者所在营党委也作出了“光荣地进城，干净地出城”的决定。正是吃透了这些精神，作者看准了一块怀表的故事，只用500多字就写完这篇新闻。[8]

第三，要善于应急转换，抓住突发新闻。突发新闻往往具有意外和偶然的特征，因此新闻工作者应该应急转换接通媒介，充分挖掘意外或偶然背后的内涵。黑格尔认为："偶然性一般讲来，即指一物存在之根据不在其自身而在他物。"[9]因为偶然的根据在他物，所以就必须通过偶然寻找其根据，挖掘意外深层的内涵。

第四，要善于换位思考。1991年底，《经济日报》报道鞍山市政府办公厅为了提高工作效率，实行"马上就办"制度。有读者表示怀疑，更有读者在报纸上批字："我不信，吹牛吧？"然后把批了字的报纸寄回报社。报社一位年轻编辑想到连自己最初都怀疑这篇报道的真实性，从报道刊发后的这些消极反馈中更证实那篇报道与目标效果有差距。他想出一个巧妙办法：请这位读者同记者一起去暗访。不暴露真实身份，而以办事者的身份去实地体验"马上就办"是虚是实。最后的报道从内容到形式都十分惹眼——《秘访"马上就办"》。

第五，要善于借用别人的大脑。新闻采访的对象是无限的，而记者的认识是有限的。记者可以借自己优越的工作条件，善于借用别人的大脑，迅速地认识自己所要报道的对象。

二、思维方向的转换

（一）转换思维方向

1. 顺逆两种思维方向的转换

变化思维的方法之一是转换思维方向。思维方向是思维运动朝着目标运行的方位。改变思维方向，就是改变思维运动的目标方位。从思维运动展现的轨迹来看，有顺向运行和逆向运行之分，分别表示为顺向思维和逆向思维。从思维的多向性而言，还有反向、侧向、纵向、横向等多种方向。这里只说顺、逆两种思维方向的转换。

按照事物发展的的逻辑顺序，即沿着事物的萌芽、产生、发展、结果这样顺向过程进行思维，就叫顺向思维。一般来讲，在突发新闻采访写作中，记者运用这种思维了解事物的发展过程，就能比较准确地推断事物的结局，有条理地安排新闻写作。逆事物发展的逻辑顺序，即沿着事物的结果、发展、产生、萌芽的逆向过程进行思维，就叫逆向思维。从实际工作来看，记者在采访过程中，往往最先遇到事件的结局，特别是突发事件更是如此。在新闻写作中运用最普遍的是"倒金字塔"式结构，它也是先果后因，先把最新的事实放在最前面，然后再回叙事件的来龙去脉和内在联系。在突发新闻采写过程中，记者采用逆向思维比起顺向思维来，常常目的性更明确，能够达到更好的效果。因为，记者首先掌握事件的结局，可以对事件结局进行横向比较，以判定其新闻价值，然后沿着事件的逆向轨迹追根溯源，找到事件产生的起点和发展的焦点。

2. 逆向思维具有敢于质疑的无畏精神

逆向思维还因其有一种敢于质疑的无畏精神，敢问无数个"为什么"，所以往往能突破思维定势的束缚，获得令人耳目一新的效果。如1999年，上海出现因啤酒瓶爆炸而身亡的第一个受害者，死者是一个6岁小女孩。各报都作为社会新闻报道，唯有《解放日报》深入追问，推出一个整版的专题报道：《啤酒瓶爆炸，"爆"出一串"?"》。为什么厂家不生产安全啤酒瓶？为什么消费者不选购符合质量标准的瓶装啤酒？为什么啤酒瓶会爆炸？如何预防爆炸？发生爆炸后该怎么办？记者就这一连串“?”作了深入调查。围绕小女孩之死和消费者权益的主题，将报道分为“旧事重提”“案例分析”“内情披露”“市民心态”“现场目击”“特别提醒”“知识解答”和“最新信息”等数个子题目层层解析。《解放日报》避实就虚，逆大家寻常的套路而动，挖掘出“事实的独家”；热点的题材并没有独家性，但抓住热点进一步追问“为什么”，在深度开掘上独树一帜，却能够做成“处理的独家”。

3. 思维方向转换的其他形式

从上面的分析中，我们不难看到，思维方向的转换对于开掘新闻素材，增加新闻价值十分重要。思维方向的转换有哪些形式呢？这里主要揭示的是顺向思维与逆向思维的转换，其顺逆标致是按照事物的逻辑顺序发展划分的，这里实际上表现为一种时间顺序，沿时间顺序发展的为顺向思维，逆时间顺序发展的为逆向思维。这只是基本的顺序。事实上，这种顺逆关系还可以表现为两种思维沿着相反的方向发展。于是，就会出现多种形式了。如由顺向思维到逆向思维，由正向思维到反向思维，由正面思维到侧面思维，由热点思考到冷点思考，由矛盾对立面的一面转移到另一面的思考，由纵向思考到横向思考，等等。

（二）思维方向转换强调的要点

1. 敢于质疑

人的创造力不是凭空出现的，它源于质疑。质疑在认识过程中，着力发现客观事物的差异性和已有知识的局限性。对惯见的现象和已有的被认为是权威的定论持分析的、怀疑的和批判的态度，具有否定性、试探性、不确定性等特征。当然，这种质疑不是无根据无目的，而是一种新的角度下的独立思考。它包括两个方面的内容：一方面是对现有结论认识的深化和超越；另一方面是对现有结论进行新的审视和突破，提出新的观点。中央人民广播电台曾对重庆市的“市长公开电话”进行报道，充分肯定了其积极作用。然后角度一转，无疑处有疑，追问为什么会出现“市长公开电话”？进而指出那是因为解决老百姓急难问题的正常渠道不畅通，以至于大事小事都要找市长。

2. 善抓反常问题

社会生活中偶尔也会出现一些“反常现象”，记者如果“倒过来”想一想，进行逆向思维，从相反方向或角度去进行考察，有时会有意外的收获。

发现新闻是新闻工作者的一种职业修养。法国杰出的雕刻家奥古斯特·罗丹有句名言：“所谓大师，就是这样的人：他们用自己的眼睛去看别人见过的东西，在别人司空见惯的东西上能发现出美来。”[10]新闻与艺术相通。一个成熟而有素养的记者也要逐步学会这样的本领：炼就一双敏锐的眼睛，能一下捕捉到具有新闻价值的事物，并从“小”中看出“大”来，从“形”中找出“神”来，从别人没有察觉之地开掘出新闻“富矿”。[11]反常问题常常以“不合逻辑”和违反常规的形式出现，而这些问题往往又为人们所熟视无睹，记者要敏于发现这些反常现象，将人们习惯了的“反常”视为正常的东西再颠倒过来。1998年5月30日《武汉晚报》发表的《马路“陷井”的故事》就是这样的事情。这是笔者和通讯员合写的稿件。马路的窨井盖子被盗的事已被视为司空见惯的事了。行人掉进无盖的窨井中的事也时有发生，为什么人们会将这种反常的事视为平常？这种事情到底造成了多大危害？本人觉得这种事情报道出来，可以给人以警示，便采写了这篇通讯。发表之后，反响强烈。

3. 寻找对立面的另一半

新闻业是竞争最激烈的行业之一，考虑到竞争，就用得上避实就虚。管理学家彼得·德鲁克的一段话，笔者认为是对避实就虚的极佳说明："从数学上讲，'杯子已经装满一半'和'杯子还有一半是空的'没有任何区别。但是这两句话的意思截然不同，产生的结果也完全不一样。如果总的认识从看到杯子'已经装满一半'转变为'还有一半是空的'，那么就存在着重大的创新机会。""杯子已经装满一半"是实，是竞争对手已做或将做的；"还有一半是空的……"是虚，是自己可能的努力方向。"逆向思维"是与竞争对手"对着干"；"有一半是空的……"包括了"对着干"，但更强调在广阔的空间中寻找竞争对手没涉足的空白。

笔者曾经写过一篇反映失足女子故事的报道：《一个失足女子的烦恼人生》。[12]这是笔者采访武汉市公安局"妇教所"时看到对方的材料而发现的新闻线索。当时原本是想从正面报道该所收容教育卖淫妇女的工作成绩的。但是，在采访收教学员中，笔者发现这些学员之所以走到这一步是有着深刻的社会原因的。于是，笔者的思维方向转换了，进行逆向思考：她们是如何走上卖淫的道路的呢？她们的经历中是否有值得我们深省的地方呢？这就使笔者产生了想写她们的自述的想法。按照这种想法，在采访中便注意从卖淫女的经历中，寻找社会的、家庭的和其自身的原因。正是运用这种逆向思维，拓宽了报道面，使读者能从其懊悔人生中得出众多的体味。

三、思维形式的转换

（一）抽象思维和形象思维

1. 抽象思维和形象思维是认识客观世界的基本形式

抽象思维是在感性认识的基础上形成的理性认识。它是一种运用概念、判断、推理等思维形式来反映客观事物的思维方式。形象思维是人类直接生动地把握认识和反映世界的一种思维方式，是人类把握客观对象的原始功能和基本类型。[13]

2. 抽象思维和形象思维的特征

抽象思维舍弃具体的个别的形象，区别同类事物或同一事物的本质与非本质属性，以加深对事物的认识；形象思维利用已有的直观形象去解决任务。抽象思维飞跃到抽象的概念；形象思维飞跃到具体生动的形象。抽象思维主要靠判断力；形象思维主要靠想象力。从对客体的认识来说，抽象思维是通过一般来反映客观事物的本质规律；形象思维则是通过个别来反映客观事物的本质规律。抽象思维用抽象的方法透视现象反映本质，让本质直接诉诸读者；形象思维化本质为个别形象，体现本质的倾向、观点"应当从场面和情节中自然而然地流露出来"。[14]抽象思维长于严密的科学论证，很少运用想象；

形象思维则离不开想象。抽象思维主要是以理服人;形象思维则主要是以情感人。

3. 抽象思维和形象思维贯穿于记者新闻工作之中

在新闻报道工作中,记者离不开抽象思维。记者要在众多的事物中发现、采撷、确定和传播新闻,就要在正确的思想指导下,对形形色色的事实,反复进行判断、推理和概括,以准确判定事物的本质属性,确切地把握新闻事实与其他事实的区别,并且对所报道的人和事的性质、价值和意义,作出应有的评价。而抽象思维正是借助概念、判断、推理来反映现实,用科学的抽象的方法来揭示事物的本质,表达认识现实的结果的。

在突发新闻报道工作中,记者同样也离不开形象思维。没有形象思维就会失去思维的前提。记者的思维必须在客观事物的色彩和视觉形象上产生。新闻是报道现实生活中的具体的人和事,记者首先就要深入生活,观察和体验生活中的现象,从生活中寻找有新闻价值的典型事实和捕捉形象。记者只能亲自去感受和消化作为自己写作基础的感性材料,而不能靠抽象思维去收集占有材料。没有形象思维就没有观察,观察是认识客观事物最重要的的办法。现代视觉生理学表明,一个正常的人从外界接受到的信息,有 90%以上是从视觉通道输入的。

(二) 抽象思维和形象思维的关系

1. 抽象思维和形象思维的关系是互为依存的

茅盾认为,在作家的构思过程中,逻辑思维(抽象思维)与形象思维并不是自觉地分段进行而是不自觉地交错进行的。生活素材的分析、综合、提炼,主题思想的确定,主要是逻辑思维在起作用,但伴随着的也有形象思维。至于塑造典型环境中的典型人物,人物性格的细节描写,社会生活和作品人物活动场所的具体描写,则主要是形象思维起作用,但也有逻辑思维。[15]

2. 形象思维与抽象思维要不停地转换

从上述分析中,我们可以看到突发新闻报道工作离不开抽象思维和形象思维。而且,根据新闻工作的特点,这两种思维方式要不断地进行转换,这样才能提高和增强新闻的发现能力和表述能力。为什么要转换思维方式呢?新闻信息资源的一个显著特点是,它属于一般现象,是记者直接看到的、听到的感性东西;对于这些资源的开发与利用,则需要用理性的眼光去审视和分析。这个由感性到理性的过程,往往就是由形象思维转入抽象思维的过程。

思维形式转换的现象不仅存在于新闻的发现过程中,也体现在新闻写作过程中。记者在构思新闻作品时,形象思维与抽象思维就在不停地转换着。如魏巍写《谁是最可爱的人》,对志愿军战士的英雄行为的描述,是运用形象思维;而作者“从平凡生活中摄取不平凡的东西”的过程,又是抽象思维的分析、综合过程。据魏巍在《我怎样写谁是最可爱的人》中介绍,他在写《谁是最可爱的人》之前,曾写了一篇《自豪吧,祖国》的通讯,里边用了二十多个生动的例子,因为事例太多,哪一个也没说清楚。后来写《谁是最可爱的人》,从中选择了五个事例,之后又删掉了两个,只精选了三个,让它们分别表现中国人民志愿军对待敌人、对待朝鲜人民和对待自己的不同态度,从而揭示了“谁是最可爱的人”

的本质特征。[16]上述“精选”过程就是对观察体验得来的材料反复进行分析、综合的过程，这是抽象思维的结果。

（三）思维方式的转换形式

综上所述，思维方式的转换对于新闻事实的认识和传播有着重要意义，也是新闻的变化思维的重要内容。思维方式的转换有哪些形式呢？从转换的顺序和特点来看，有这样几种形式：由形象思维转入抽象思维，由抽象思维转入形象思维，抽象思维与形象思维交替进行，抽象思维与形象思维穿插进行等。根据它们的作用，可以在下述方面有意促进其转换。

1. 在新闻发现方面

思维方式的转换可以增强新闻敏感。在突发事件采访中，记者一般会参加党务、政务和其他各种会议。有些活动和会议可能本身没有报道价值，但会上反映的大量的新情况、新问题，往往折射出政治生活和社会生活的某些变化。记者如果能及时转换思维方式，透过这些变化进行深入开掘和思考，从现象揭示本质，有时会发现其中蕴藏着重大的新闻价值。

2. 在新闻素材开掘方面

思维方式的转换可以加大对新闻资源的开发利用。记者的着眼点是事物的内在联系和事物的发展变化，尤其要注意的是，有时由一件新闻可以引发记者对其内在信息价值的思考。就像艺术创作中的灵感一样，由这一个新闻源触动了记者的信息储备，或者激发了记者对这类新闻的新的认识，从而派生出一个或几个关联新闻。2000 年底，湖北省仙桃市大福镇按房屋间数分摊负担、逼得农民扒房的事件发生后，《人民日报》记者杜若原用“现场目击”的方式作了报道（现场目击是形象思维在发挥作用）。由于现场新闻的特性，这篇报道仅仅触及了事件的表象。在采访中，有两条重要线索让他难以忘却：一是大福镇是市里一位主要领导的联系点，据该领导称从未听到过农民扒房的反映；二是一些扒房的农民早已进城务工了，但由于承包田无人接手出现撂荒，多种负担也就继续背在身上。

第一条线索让他突然想到曾经采访的几位县委书记的联系点，脑子里很快蹦出一个题目：县委书记如何办点？对这个题目他反复琢磨近一年，经过较为广泛、深入的采访，终于做成了系列报道。第二条线索让他想到了怎样为进城农民解除后顾之忧，而这一问题事关农村劳动力转移，他一直记在心里，如果哪个地方较好地解决了这个问题，那就是一条新闻。其实，这里关于两条线索的思维就是抽象思维，是理性认识。

2001 年 8 月底，当他了解到湖北应城市对进城农民的承包田转让等问题摸索出了一整套做法时，很快对此作了报道。这里关于搜集材料的思维又是形象思维。对这样的新闻资源的再次利用，多是深层的开掘。从“老新闻”到“新新闻”之间，反映的是事物间内在的逻辑和社会发展、变化的规律，需要记者具有较强的新闻敏感以及对信息资源的整合能力，这种事例整合能力其实就是形象思维和抽象思维的反复转换并进行系统思维。[17]

3. 在细节挖掘方面

思维方式的转换可以有利于挖掘细节。湖南《益阳日报》曹舜奇在一篇体会文章中说:我认为,从刚获得新闻线索开始,就必须开动大脑。别人提供的新闻线索有没有价值,有多大的价值,在采访中应从哪些方面入手,对这些问题,并不一定要形成纸质笔记的提纲,但脑海里还是要有个基本的谱(对新闻线索的判断是抽象思维在活动)。同时,在采访过程中,要随着采访的深入,及时整理自己的思路,分清主次,抓住要害,有的放矢地进行(对要害的采访又是形象思维在活动)。

1995 年,他在桃江县委宣传部任新闻专职干部。一天,县有线电视台的一位朋友打电话告知,县氮肥厂明日恢复生产要举行升国旗仪式。县氮肥厂是全县有名的国有特困企业,已停产两年多了。一个特困企业要借复产之机举行升旗仪式以凝聚人心鼓舞斗志,有特定的意义(这里是抽象思维)。于是第二天一早,他就赶到厂里,厂里已是人声鼎沸。凌晨 5 时,晨曦初露,伴随着嘹亮的国歌声,一面五星红旗徐徐升起。那场景确实令人感动,有的老工人激动得流下了热泪(目击的情况是形象思维在活动)。升旗仪式结束后,他在去找厂领导了解情况的途中,听一位工人说,这面旗帜是厂长尹亮才的母亲绣的。说者无心,听者有意(对此事的判断又是抽象思维),他立马调整思路,把重点放在这位母亲的这一特别举动上(作者的思路由抽象思维向形象思维转换了)。他立即找厂党总支书记了解情况,但对尹母为什么要绣这面旗、怎样绣这面旗的细节还是知之甚少。于是吃罢早饭,他和同伴驱车 10 公里来到尹母住处采访。原来尹母听说儿子管的厂子要恢复生产了,心里就一直琢磨如何给新上任的儿子助一臂之力。她左思右想,最后从电视里那激动人心的升旗仪式受到启发,决定绣一面国旗送给儿子,鼓励儿子要为国旗争光,要为国有企业争气。于是作者就用新闻故事的形式写了《尹母绣旗励子》(正是思维方式的不断转换促使作者深入地挖掘细节内容),先后在《湖南日报》《益阳日报》《湖南工人报》等 10 余家报刊发表。后来由《湖南工人报》推荐,获湖南省专业报好新闻一等奖和湖南省好新闻三等奖。[18]

4. 在增强传播效果方面

思维方式的转换可以有利于增强传播效果,具体说来有下述几种方法。

(1) 把抽象思维同形象思维有机结合起来

比如有一篇题为“家门、楼门大不同”的文章,通篇不到 300 字,却用了差不多一半的篇幅,叙述商家送货上门只送到院门、楼门,而不到家门的事实,对此有过类似经历的读者能不产生共鸣吗? 事实胜于雄辩,把事实概述清楚了,道理自然就出来了。一般说来,摆事实是在运用形象思维,讲道理是在运用抽象思维。当然,摆事实与讲道理不应当是两张皮,选择那种蕴涵着道理的语言概述事实,是最好不过的了。这就是把抽象思维和形象思维有机结合起来。上面提到的文章中这样写道:‘送货上门’的车上根本没有装卸工,所谓“送货上门,只是给送到楼门口,卸货、爬楼梯都得自己想办法。”读到这里,读者会从字里行间自然地体味到,如此“送货上门”,与服务不到家有什么区别? 于是,形象思维与逻辑思维就很自然地结合在一起。[19]

(2)思维方式的转换根据需要有所侧重

如在捕捉感觉化新闻时要多用形象思维观察。新闻感觉化:是指读者、听众或观众接受和感觉新闻报道刺激的能力,如听觉、视觉、嗅觉、触觉、味觉。这种刺激能够给读者带来愤怒、悲伤、压抑、快乐、愉悦,甚至疲劳、口渴、饥饿等感觉。感觉化的新闻留给读者的印象是持久的。记者在采访中,要想方设法从被采访者那里获取感性的画面。通过目击者的眼睛、耳朵和鼻子把读者带到记者从来没有目击过的场面。新闻不仅仅是干巴巴的事实和数字的报道。优秀的新闻记者应该是通过自己的文字、视点或被采访者的视点,把读者带到突发新闻事件的现场。

本章小结

突发新闻报道中的快速反应机制是由突发新闻传播规律所决定的,它是新闻传播发展的必然结果,也是受众的迫切要求。对于突发新闻报道快速反应的研究与传统的新闻采写理论的研究有不同,区别在于两者揭示的规律、偏重的领域、运用的理论有不同。突发新闻传播追求快速思维的能力,快速思维的变化性很强,变化思维的变化及运行机制源于思维的接通媒介、思维的方向、思维的方式的变化。接通媒介强调认知主体的认知结构不断填充,思维方向要善于并勇于转换为逆向思维,敢于质疑,善抓反常问题,寻找对立面的另一半。突发新闻报道工作离不开抽象思维和形象思维,这种思维形式的转换要贯穿于记者新闻工作之中。

思考与练习

1. 从近期媒体报道的突发新闻实例中分析快速反应机制包含的内容及其是如何实施的。
2. 两组同学分为正方与反方就网络热点话题或突发事件进行辩论,锻炼思维方向的转换。
3. 记者不断扩充知识结构对于提高新闻敏感有何意义,为什么?

参考文献

[1] 庾晋.肯尼迪遇刺与电话争夺战[N].新民晚报,2001-10-9.
[2] [英]彼德·罗赛尔.大脑的功能与潜能[M].北京:中国人民大学出版社,1988:144.
[3] 彭文晋.人才学概说[M].哈尔滨:黑龙江人民出版社,1982:49.
[4] 刘丽.报道的深度开掘[J].记者摇篮,2009(12).
[5] 王灵书.论新闻的立体开掘[J].新闻与写作,2002(10).
[6] 程世寿.思维与写作[M].北京:新华出版社,1990:5-6.
[7] 鲁迅/张烨.鲁迅全集一集外集拾遗补编《绛洞花主》小引[M].北京:中国致公出版社 2001:1348.
[8] 巩衍杞,杨东录.新闻成才经验谈——访新闻名篇《桌上的表》作者张明[J].传媒观察,1987(4).
[9] 转引自张立伟.新闻报道的七个创新机会[J].新闻记者,2002(3).
[10] 凌继尧等.博雅大学堂艺术设计概论[M].北京:北京大学出版社,2012:216.

[11] 应金泉.开掘工作性报道中的“金矿”[J].新闻战线,2002(4).

[12] 李军.一个失足女子的烦恼人生[N].武汉晚报,2002-03-23.

[13] 甘惜分.新闻学大辞典[M].郑州:河南人民出版社,1993:93.

[14] 恩格斯.恩格斯致敏·考茨基,《马克思恩格斯选集》第四卷[M].北京:人民出版社 1997:454.

[15] 茅盾.漫谈文艺创作[J].红旗,1978(5).

[16] 魏巍.我怎样写《谁是最可爱的人》[N].人民日报,1951-08-19.

[17] 杜若原.新闻资源的多重利用[J].新闻战线,2002(1).

[18] 曹舜奇.新闻是想出来的[J].新闻实践,2002(5).

[19] 耿业.晚报的新闻评论也应讲究贴近性[J].新闻战线,2002(6).

发现篇

第六章　突发新闻的信息发现与采集

学习目标

1. 突发新闻信息发现与新闻敏感。
2. 突发新闻信息搜集。
3. 突发新闻信息采集中的提问。

在新闻采访过程中，遇到重大新闻信息，但记者视而不见的情形可谓屡见不鲜。这种现象，在突发新闻采访现场更是常见。出现这种现象，往往是记者缺乏新闻敏感所致。新闻敏感从何而来？它与大脑思维有什么关系？在新闻信息发现中有哪些注意事项和要求乃至采用何种信息采集的手段，是本章要解决的问题。

第一节　突发新闻信息发现与新闻敏感

一、新闻发现与新闻敏感

（一）在没有新闻的地方发现新闻

1. 新闻发现与新闻敏感

为说清新闻发现与新闻敏感的联系，有必要看一篇新华社记者汶川地震中采写的文章。新华社记者朱玉、万一、刘红灿于 2008 年 5 月 24 日于四川安县发了一篇通讯《一个灾区农村中学校长的避险意识》，这篇通讯很生动，也很感人。

据中国人民大学新闻与社会发展研究中心教授陈力丹等人介绍，该稿采写于 2008 年 5 月 23 日，距离汶川地震 11 天，媒体报道的视角从初期的灾情、救援开始，投向心理援助、追问"豆腐渣"工程等。此时，新华社记者朱玉等人跟随心理专家来到离北川只有 20 公里的重灾区安县桑枣中学。这次地震中，这间学校 2000 多名师生无一伤亡。在与校长叶志平聊天时，叶校长随口说道，如果这些教学楼不及时加固的话，那么 2000 多名师生肯定全完了。说者无意，听者有心：周边地区的校舍大都坍塌，师生伤亡惨重，而此校 2000 多名师生无一伤亡。

记者敏锐地意识到这一反差就是新闻！职业敏感让记者继续深挖下去，于是产生了这篇生动的通讯。而在此前，各路记者也来过，因为桑枣中学位于前往北川的必经之路上，但没有伤亡的情形却让众多记者匆匆离去，以为这里不会产生新闻，没有加以关注。[1]

2. 反差出新闻

“5·12”地震后,“无一伤亡”和震后挺立的桑枣中学的教学楼变成了非常信息,因为它们与灾区各地巨大的伤亡数字、大量倒塌的校舍之间形成反差。桑枣中学的教学楼不倒,是什么原因?“无一伤亡”的事实是如何发生的?这篇通讯捕捉到了对比中产生的新闻价值要素,把一个普通中学校长平时加固教学楼、定期组织应急疏散演练的真实故事讲述出来,一定程度上回答了人们关于“灾难能否避免”的疑问。

(二)新闻敏感与反常法

1. 新闻具有反常特征

以前,人们往往不愿提及新闻的反常特征,这恐怕与西方一条新闻定义有关,即“狗咬人不是新闻,人咬狗才是新闻”。我国学者一度对这个新闻定义持批判态度,因为,它极度推崇离奇新闻。其实,反常与离奇是有区别的。首先,反常与离奇不能等同。前者概念的外延比后者大并包容后者。按现代汉语词典解释:反常即跟正常情况不同,如天气反常。恰恰是反常的天气可以成为新闻。近年来,地球气候变暖不是成为大家关注的新闻吗?其次,新闻是有选择的,我们可以在报道中剔除那些不适合报道的离奇内容。因此,大可不必为忌讳西方这条新闻定义而否认新闻具有反常特征的事实。

新闻的反常特征是由新闻的本质属性所规定的必然特征。新闻的本质是什么?是一种经过人脑加工的特殊形态的信息,是反映变动着的事物的信息。事物的变化无外乎质变和量变两种形式,相对于旧质和常量而言,作为新闻信息的新质和异量,都是对常规现象的一种超越,一种对平衡的打破,与平常情况的不同,即反常。所以新闻具有反常特征。反常特征越强的信息,其变异性和多样性显现得越鲜明、突出和强烈。这种体现事物最新状态和发展趋向的反常现象,正是新闻价值之所在。

2. 新闻的反常特征适应受众心理需要

新闻具有反常特征,不仅为新闻本质属性所规定,而且,为受众心理所制约。苏轼云:“文以反常成趣。”现在理解这句话,便是从受众兴趣角度来说的。反常现象常会引起受众猎奇的兴趣,趣味性本身便是新闻价值因素之一。而且,反常的事实,又是变异性和多样性强烈的信息,本身便有很高的新闻价值,读者当然愿意获悉。故从反常现象入手,便能抓住和表现受众乐于接受的新闻。

3. 反常法的操作程序化

(1) 建立识别系统

反常分明显的反常和非明显的反常两大类。事物的变化可能出现两种趋势,一为动态发展,一为静态发展。明显的反常便是处于动态发展中的事物,非明显的反常便是处于静态发展中的事物。

新闻敏感从某种意义上说,即一眼看出了事物的反常之处。比方说,天气情况,如果没有多大变化,就成不了新闻;如果一下子骤冷10摄氏度,就会成为新闻;倘若狂风大作,暴雨倾盆,山洪暴发,泥石流出现,就更是新闻了。可见,反常是新闻发现的路标。遗憾的是,在新闻发现中,真正出新闻的地方,往往不是人们一眼能够看出的反常,而是在看似平常却掩映着反常之处。

非明显的反常是指处于静态发展中的现象。明显的反常一望而知，容易抓住，难就难在要抓住表面平常而实为反常的事情，这就是非明显的反常，记者往往遗漏这样的重要新闻。《纽约时报》记者迪姆士·泰勒刚当记者时就闹过这样的笑话。他去采访某著名女演员在某地的首场演出，到剧场后发现演出被取消，便回家睡觉。半夜时分，编辑打电话叫醒他，气冲冲地说："那个女演员已经自杀，各报都发出头条新闻……"[2]泰勒遗漏的这条新闻便是处于静态发展中的事件，相对动态发展中的事件而言，它显得隐蔽一些，需要仔细观察和思索。这需要记者对所采访领域的情况相当熟悉，平时注意积累经验和知识，才能从细微的变化中看到反常。其实，著名女演员演出被取消本身便是属于有悖常情的反常事件，有经验的记者定会循着此事追踪下去，女演员自杀的新闻便会抓住。

这说明，即便是处于静态发展中的反常事件，也具备动态发展的反常事件的特征，二者是可以相互转化的，转化的条件便是要积累经验和知识。记者愈有经验，静态的便愈能看成动态的；反之，动态的反常事件也会看成静态的。

(2)对识别系统烂熟于心

首先，要十分熟悉熟悉识别系统中的明显的反常和非明显的反常两大类情形。明显的反常有下述几种：

一是有矛盾的。《天津日报》曾发过一篇自由市场卖毒鱼的报道，读者争相传闻，认为揭发及时。这个新闻线索便是该报商业记者通过一"矛盾"现象发现的，冬天本该滞销的蚊香竟然脱销了，追踪下去，原来有农民买蚊香是作为药饵去毒鱼，难怪有人吃了鱼中毒。他便把调查情况写了此稿，受到读者欢迎。

二是差别悬殊的。1998年的长江抗洪中，一位在抗洪中牺牲的军人的未婚妻义将12万的嫁妆款购衣捐赠灾民。这种个人捐赠和平时一般人的捐赠在数量上出现悬殊的差别，笔者便从这一反常现象中找到重要新闻，写成通讯《丹桂飘香牌洲湾》，后获中国晚报新闻奖一等奖。

三是变化异常的。如战争、灾害、犯罪、事故、突发事件等。

四是世上少有或有悖常情的。笔者采写的通讯《钢城圣女 青山传奇》，便是一桩世间鲜见有悖常情的事。一位妇女为了照护一位瘫痪的男邻居不惜与自己男人离婚。从这里深入开掘，采访了很多动人事情，此文发表后，很快被多家媒体采用。

非明显的反常是指处于静态发展中的现象。明显的反常一望而知，容易抓住，难就难在要抓住表面平常而实为反常的事情，这就是非明显的反常，记者往往遗漏这样的重要新闻。后文说到美联社记者从机场发现新闻线索就是一例。

这说明，即便是处于静态发展的反常事件，也具备动态发展的反常事件的特征，二者是可以相互转化的，这转化的条件便是要积累经验和知识。记者愈有经验，静态的便愈能看成动态的，前述市场卖毒鱼的报道，倘若是缺少经验的记者，是不会从蚊香的滞销与脱销敏感出这是反常事件，这里会出新闻的，这样，动态的反常事件也会看成静态的。

其次，要不断将常情常规常识灌进识别系统，仔细观察生活中的事，处处留心皆学问，使识别系统及补充知识都成为潜信息储存在脑内，就会形成习惯，一有反常之处，就会吸引记者寻找新闻目标。

二、新闻思维的跃动性

（一）新闻敏感是思维跃动性的一种表现

每个记者都希望自己能抓到好新闻，然而，当好新闻撞上鼻尖时，并非人人都能抓住。

应该承认，新闻作品具有机遇性的特征。何谓机遇？就是行为主体遇到了对他达到某种目的极其有利的客观条件。问题在于这种极其有利的客观条件均等地摆在众多记者面前，为何别人熟视无睹？这里有个新闻敏感问题。新闻敏感有个专注点的问题，记者苦苦盯着哪儿，就对哪儿特别敏感。其实，从这个专注点蹦出的敏感就是灵感或直觉。从这个意义上说，新闻敏感是思维跃动性的一种表现。

新闻思维是非常活跃的。这种活跃依赖于思维的跃动性亦称跨越性。它指的是思维的速度、广度、深度和灵敏度。它的最大特点表现在思维运动具有跳跃性和跨越性，往往省略了正常思维的某些阶段，直扑思维的终点。它常常表现为灵感或直觉。这恰恰是新闻敏感最需要的思维品质。[3]

（二）新闻敏感依赖于丰富的知识和经验

什么是新闻敏感？它是指发现和判断具有新闻价值的事实的能力。记者的新闻敏感不是从天上掉下来的，也不是记者头脑中固有的，而是来自记者平时刻苦的学习和反复的实践。这诚如民国初年的著名记者邵飘萍所言："然在最短促的时间中，一闻而辨其价值大小，固非有丰富的知识和经验不可。"[4]新闻敏感依赖于经验知识的特点与直觉思维十分相似。直觉表现有三种形式，即直觉判断、猜测和洞察力。直觉判断是指某些设想、观念、概念的形成并非经过严格的逻辑程序，而是以直觉推测获得。猜测是根据部分信息推测研究对象所具有的全部信息。如有经验的老医生常常很有把握地猜测病人的预后。洞察力是指迅速排除假象，抓住问题本质的能力，它是直觉的高级形式。直觉的这三种形式都是以经验为基础的。经验性、创造性和高速性便是直觉的特点。

新闻敏感不仅有经验性的特征，而且还表现为突然上升为理性认识的特征。这一点又与灵感思维十分相似。什么是灵感思维？它是指人的认识活动从感性认识阶段突升到理性认识阶段以灵感爆发为特征的一种思维方式。1980 年 7 月，我国著名科学家钱学森在《关于形象思维问题的一封信》中指出："灵感思维就是信息、机遇、联想、直觉依次矛盾运动达到高度统一，即联想的结果被直觉因素肯定时突然呈现的一种理智和情感异常活跃状态。"[5]灵感思维具有突发性、偶然性、创造性的特征，思维过程表现为思想专注、苦苦探求、终至顿悟三个阶段。产生条件有三个因素：外部刺激、内部储存、思维活动的中介。

三、跃动思维的原则

（一）大量储存信息是快速思维的基础

新闻敏感是灵感思维或直觉思维对具有新闻价值的事实迅速认定的一种表现，大量储存信息是灵感思维的基础，也是直觉思维的基础。大量储存信息更是跃动思维要坚持的原则。

新闻思维要快速跃动，快速发现新闻事实，就必须大量储存信息。实际上，由各种信息填充出的记者的知识结构是新闻发现的基础。这种信息的储存不仅填充记者的知识结构，而且改造记者的认识结构。

在新闻实践中，身在宝山不识宝，甚至好新闻撞上鼻尖却失之交臂，这样的事情屡见不鲜。外部的信息浩如烟海，对于信息的接纳和拒纳，关键在哪里？

先看一则新闻实践实例：1963年1月下旬至2月中旬，日本新潟出现特大风雪，当地称为“豪雪”。东京各报社和通讯社记者纷往新泻采访，大家都出席了县雪害对策会议，唯有共同社的记者留意了气象台台长报告中关于“豪雪成因”的一段话，当即找其详细采访，迅速发出《豪雪的原形是一个气流旋》的独家新闻，从而在这场新闻报道的竞争中获得第一名。这位记者的资本是懂得气象学，其他记者因缺少这方面的知识只好自愧不如。[6]

（二）接纳和拒纳信息与认知主体的认识结构有关

从上例可见，记者接纳和拒纳何种信息，与认知主体的认识结构有关。著名心理学家皮亚杰等认为主体的认识结构对认识起着重要作用。他们认为，人的认识活动按照一定的阶段顺序形式，发展成为对事物结构的认识，形成一种结构，使人在认识新事物时把新事物同化于已有的认识结构，或者改组扩大原有的认识结构，把新事物包括进去，人就是这样来认识、理解周围环境的。如果储存在认识结构中的知识有序排列并形成系统，便可称之为理论，理论便是人们由实践概括出来的自然知识和社会知识的有系统的结论。两个以上的信息碰击形成新信息，同储存于主体认识结构中的系统知识的碰击过程，便可称之为理论思维，“识见”便从这里爆发。正是有了这种理论思维的“识见”，记者才能独具慧眼，于平中见奇，静中观变，小中见大。正是通过认知结构的转换，“以致高级的东西可以借助于转换而从低级的东西中演化出来，同时高级的东西可通过整合低级的东西而使低级的东西更为丰富。”[7]

由此，我们可以看出，记者要在瞬间抓住稍纵即逝的信息，一辨而知其价值大小，非有扎实的理论功底不可，也就是要装填好自己的知识结构，并以此改组扩大原有的认识结构，从而炼就“慧眼”。

四、强化潜控制能力

（一）潜控制概说

1. 强化潜控制能力

要一眼立辨新闻线索及其价值，必须强化潜控制能力。

这里讲一件一位美国记者在中国的飞机跑道上“拣”到一条新闻线索的事。1978年来华作短期访问的美联社记者米尼克斯尔，从哈尔滨回到北京，飞机尚在跑道上滑行，他就向中方陪同人员章挺权打听：“美国有要人在北京，请帮我打听一下此人是谁？”陪同的章挺权奇怪：我俩一起坐飞机来，飞机上没有无线电广播，事先也没有任何人告诉我任何消息，我这个主人都不知道，你这个客人怎么会知道？于是，他问美国记者：“你怎么知道美国有要人在北京？”美国记者指着窗外一架停在跑道边的飞机说：“你看，那是一架白宫的飞机，没有要人来怎么会坐白宫的专机呢？”章挺权一看，果然有一架涂有美国国旗的波音707飞机。后来一打听，原来是美国总统的科学技术顾问来北京访问。于是，美国记者马上抓住了这条新闻。

2.“熟能生巧”

上面这位美联社记者在新闻发现中近乎本能的敏捷，是潜控制在发生作用。什么是潜控制？它是指潜意识控制的活动。这种活动原由显意识控制，经过反复实践和强化，便可“熟能生巧”地进入自由王国，转化为潜意识控制的活动。这是个极为普遍的现象。例如，刚学骑自行车的人，在空无人迹的广场，也要用全部的显意识去控制平衡和方向。经过练习，熟能生巧，便把控制平衡和方向的显意识控制交给潜意识控制，腾出显意识去观察路面情况。待这些也熟练后，便会腾出显意识与人边骑车边交谈。这说明，潜控制由显控制转化而来，潜控制能力可以通过训练而提高，从而，能在更高层次上解放显控制。如果我们将许多思维的事情交由潜控制来做，无疑将大大加快思维速度。

（二）快速思维就是潜控制代替显控制

1. 思维的快捷以直觉形式出现

对于一条新闻线索或信息，一个熟练的记者会马上判断值不值得采访或报道。这种思维的快捷是以直觉形式出现的。若问起为何值得采访或报道，他这时才会用新闻价值的诸因素或从新闻审美的角度说出一二三来。这种用来判断的尺度他早已烂熟于心，只不过成为藏在其脑中的潜信息。再如，熟练的编辑在阅读稿件时，会像吃饭磕到沙子一样马上发现病句，其原因也是如此。这些越过逻辑思维阶段的直觉或顿悟，便是潜控制在发生作用。因而，德国的费尔巴哈有句名言：“在才能还是一个思维对象，在天才则是一个感觉的对象。”[8]

2. 不断扩大潜控制替代显控制的领域

在快速思维中，我们必须强化潜控制能力，即不断扩大潜控制替代显控制的领域。显控制转化为潜控制必须具备两个条件：一是将成熟的某项显控制程序化，二是反复训练这种程序以至熟能生巧达到可以本能反应的地步。我们可以将新闻发现中的实践经验及时总结，建立程序，不断强化在新闻发现中的潜控制能力。在这里，反常法的经验是特别值得总结的，前面谈到的美联社记者便是通过白宫专机出现在北京机场这一反常现象而及时发现新闻。

第二节　突发新闻信息搜集

一、突发新闻信息搜集的障碍

（一）新闻采访的过程是人际沟通的过程

在新闻发现过程中即开始了新闻采访活动，新闻采访的过程是人际沟通的过程，沟通的目的就是为了搜集新闻信息。

1. 信息沟通是人际沟通的基本内容

人际沟通有三项功能：信息沟通、思想沟通和情感沟通。[9]实际上，思想和情感的表露也是信息的显示，所以，苏联著名心理学家安德列耶娃说沟通是“交往个体之间的信息交换”。

信息这个词，现在越来越频繁地出现在人们的日常生活当中。信息是什么？作为现代信息科学中的信息概念最早出现于20世纪40年代，科学家申农和维纳分别给信息下过定义。申农认为信息即“消除或减少接收一方认识上的不确定性”，维纳认为“信息是我们适应外部世界，并且使这种适应为外部世界感到的过程中同外部世界进行交换的内容的名称”。[10]

2. 信息是可以分享的资源

从本体论角度来看，信息是关于事物的运动状态以及对事物运动状态的陈述。信息来源于物质，但又不是物质本身。信息和物质、能量成为不可分割的三位一体。世界是物质的，物质是运动的，物质运动需要能量，信息就是物质的运动状态及其陈述。比如，人要吃饭，就需要米、水和做饭的器具，这些都是物质的；烧饭需要能量，就需要米、电等能源，而做饭的知识和经验就是信息。没有前两者，就要饿肚子，或者吃生米；没有后者，米饭也做不成。可见，物质、能量和信息是三位一体，密不可分。

然而，信息具有不同于物质、能量的特点。信息可以被人的大脑所接受、储存、加工，物质和能量则不能。因此信息是认识的中介，没有信息作用于主客体之间，人就不能认识外部世界。信息还可以扩散和分享，而并不导致原有信息的减少，这也与物质、能量不同。物质、能量的分享，都意味着本源的减少。因此，只有信息是一种可以分享的资源。正是通过信息的传输，使人对外部世界的认识，有可能成为人类的共同财富。

3. 新闻和信息的区别

新闻采访是为了传播新闻而搜集信息。新闻和信息是既有联系又有区别，新闻和信息都是源于客观世界并反映客观世界，它们的本源是相同的。但是它们又是有区别的：首先，两者的外延宽窄不一样，所有的新闻都是信息，所有的信息不一定都是新闻，新闻只是信息中的一部分，是一种特殊的信息；其次，两者传播前后的性质不一样，传播前，没有人介入的信息，是自然存在的状况，是客观的；传播后的新闻信息，经过人的加工处理，打上人的思想烙印，就成为主观的了。新闻和信息的区别还表现在作用范围和传播方式的不同上，前者主要面向公众服务，利用新闻媒介进行传播，后者主要面向个人服务，可利用各种传播媒介和传播方式。

4. 信息成为新闻需要通过把关

要传播新闻必须先采集信息。新闻是特殊的信息，要将信息转化为新闻，首先得经过新闻把关人的过滤，就传统媒体而言，这最初的把关人就是记者和通讯员。他们把关的标准有两条：一是新闻价值，二是新闻政策。前者解决值不值得报道的问题，后者解决能不能报道的问题。如前面提到烧火做饭的知识和经验是信息，但是，它不能成为新闻，新闻价值标准首先就把它拦住了，因为它没有新意，引不起受众的关注。

如果一把火酿成了火灾，例如 2000 年 3 月 29 日凌晨，河南焦作市天堂录像厅发生的特大火灾，74 人死亡，立刻成了特大新闻。次日，该消息随着新华社的电波传遍大江南北，各地新闻记者闻讯后纷纷从四面八方涌向焦作。新闻价值标准通过了，还有新闻政策标准把关，即不是所有的信息都能公开报道，它必须受到国家的法律法令、党和政府的方针政策纪律以及伦理道德等方面的制约，如火灾的惨状不得过分渲染，遇难者的隐私不得披露等。信息经过新闻把关人这样一过滤，就染上了明显的主观色彩了。

（二）主观性是新闻采访信息沟通中最明显的特征

1. 信息沟通中的主观性

主观性不仅表现在经记者过滤后的信息上，而且也表现在采访对象提供的信息上。记者搜集新闻信息的方法有以下几种：一是记者的现场见闻，二是当事人的介绍，三是第三者提供的材料。在这里，记者搜集新闻信息的障碍出现了，一般说来，有以下几种：一是信息与被报道的地方、单位、团体和个人有重大利害关系，而被实施新闻封锁；二是信息经过采访对象的过滤，可能会出现失真、失准；三是初次接触记者的采访对象，不知记者所要信息的要求，说不到点子上。在这里便需要记者的把关和引导。

2. 信息采集障碍的主观因素

(1) 信息封锁

实施新闻封锁的事情在采访中并非少见。尤其是重大突发事件出现后，地方主管部门借口新闻政策、新闻纪律等实施新闻封锁，往往当地媒体被箍得不能动弹，外地媒体想了解真情也是难上加难。前面所举的“3·29”河南焦作特大火灾便是一例。火灾消息传出后，包括中央级新闻媒体在内的各地近 30 家新闻单位的记者云集焦作。《生活日报》记者朱德泉在其采访记中写道：“面对突发性的灾难和随之而来的封锁消息，任何一家媒体要想在人生地疏的当地（河南媒体已奉命回避）搞到独家新闻简直比登天还难。”朱德泉想采访唯一一个被救伤员王峰，王在医院被严加看管。“我决定清晨 5:30 再去医院守候。我就不信警察不上厕所、不买早点吃，只要闪出 5 分钟时间，我就能搞到几句王峰的口述实录，最起码能拍到一张照片。”记者这样想。“我在病房外的连椅上足足候了半个小时，9 号病房的门开了，一个便装男子端着痰盂去了厕所。我跳起来，蹑手蹑脚推开门，猛然看见另一张床上还躺着位和衣而卧的警察，不容我调焦，他已一跃而起……”结果可想而知，照片没拍成。[11]

(2)信息失真

采访对象提供失真失准甚至虚假信息的现象也会出现。据《华商报》2001年7月11日报道,7月9日,省内某媒体登了一篇《老母猪吃掉一岁半男童》的新闻报道,《华商报》记者于当日进行采访核实,发现纯粹是一条假新闻。原报道称,富平县留古镇合家村南腰组刘兆合老汉的儿子儿媳常年在外打工,刘老汉和老伴在家照看一岁半的孙子。7月5日下午,刘老汉下地劳动,老伴则带着孙子到对门村民家打麻将,一不留神,小孙子离开奶奶自己回到家里,结果被家里后院一头因为发了情而挣脱绳索的老母猪“咬食”,只剩下一双小腿。刘老汉回来后看到血腥的场面,抡起木棒将母猪打死,因为觉得无法向儿子儿媳交代,气急败坏地找回正在打麻将的老伴,将老伴用木棒打死,然后老汉喝了老鼠药自尽。此消息最后还发表议论,说“除了刘老汉的老伴因为贪玩没有管好孩子以外,知识与修养对一个人情绪与命运的控制也在这里突现了出来”。文章见报当日,人们表示怀疑,记者于当日赶赴富平县留古镇派出所进行调查核实。三位值班民警很明确地回答“绝无此事”,事关三条人命,他们不可能不知道。文中“合家村南腰组”地名也有误,当地只有“大众村何家组”。记者又来到何家组,小组会计何方亮告诉记者,组里根本没有“刘兆合”老汉这个人。[12]

(3) 信息不具体

有时采访对象提供的信息达不到新闻报道的要求。主要有两种情形:一种是讲得不清楚,采访对象记忆困难,回忆不出来;另一种是讲得不行,或是缺少事实,或是缺少细节,或是抓不到关键问题等。

上述三种信息采集障碍是采访对象方面的主观性所带来的障碍,记者方面的主观性也会成为沟通障碍。如果记者思想不敏锐,就不能透过现象看本质,容易被假象所迷惑;如果记者作风不深入,浅尝辄止,就难以抓到第一手材料,难以抓到准确的事实;如果记者采访艺术不到家,就难以正确引导采访对象,从而难以捕捉能够达到报道要求的信息。

3. 攻克采访障碍在于记者的主观努力

必须清醒地看到,攻克障碍的主动权还是掌握在记者手上。记者是新闻把关人,虚假的信息靠记者把关,不予报道就是了。搞清事实真相、引导采访对象,也得靠记者的本事。因此,提高记者的自身素质和采访水平是快速搜集新闻信息的关键所在。

1998年,笔者在采写突发事件通讯《洋婿还家被逐记》时,[13]便遇到搜集新闻信息的困难。关于这条新闻的线索,笔者是在一家省台的广播中听到的,那是一篇法制宣传的文章,其中提到几名外国人因超期居留而被驱逐出境。这种事当时在武汉听来还是一桩新鲜事,我首先到省公安厅出入境管理处去了解情况。然而,他们只能谈个大概的情况,根本谈不出细节来。于是,我决定到事情发生地仙桃市去了解。到了该市公安局出入境管理部门,事情的原委弄得比较清楚了,被驱逐出境的几名巴基斯坦人的情形也搞清楚了,但此事中的关键人物刘老汉的女儿是如何认识这个巴基斯坦人并与之结婚,这个巴基斯坦人是如何来中国行骗又是如何暴露的,这些细节一概不知,而可以提供新闻事实的刘老汉的女儿及其丈夫又远在巴基斯坦。国内唯一能谈清楚的只有刘老汉，可让他谈自己女儿及女婿的“丑事”，他能谈吗？但是，笔者必须要他乐于接受采访，因为他是关键人物，是目前能谈清此事的唯一人物，找他谈，才能提高采访的效率和采访的质量。于是，笔者与仙桃市公安局的同志商量好并取得他们的支持，以公安部门了解此事的案情及背景情况的身份来接触刘老汉。刘老汉非常担心在国外的女儿，希望公安部门能通过外交途径将其女儿接回国。因而，对事情谈得比较清楚，记者事先准备好了采访问题，问得比较具体，采访对象也容易回答，采访十分成功。采访完后，笔者告诉他自己是记者，将会隐去他和其女儿的真名报道此事，这样也许会引起有关方面对此事的重视，对其女儿回国或许有帮助。问他对这样的报道有何意见，他考虑片刻，很快同意这样进行报道。

二、突发新闻信息搜集的原则

（一）将突发新闻信息的搜集看成一个系统

要快速搜集突发新闻信息必须遵循有序化的原则。按照系统论的观点，任何事物都作为系统而存在。系统由要素组成，要素按一定方式联系起来，形成该系统的结构。如果系统结构趋向有序，则信息量增大；如果系统的结构走向无序，则信息量减少，熵值增大。熵是系统论的一个术语，指事物无序程度的标志。

如果将突发新闻信息的搜集看成一个系统，它的要素有三个，即突发新闻信息的搜集、突发新闻信息的处理、突发新闻信息的储存。这三个要素缺一不可，它们互相联系互相作用。没有突发新闻信息的搜集，突发新闻信息的处理、突发新闻信息的储存便无从谈起；没有突发新闻信息的处理，就不能筛选有价值的突发新闻信息；没有突发新闻信息的储存，搜集和处理的突发新闻信息便会杂乱无章甚至流失，突发新闻写作就会遇到麻烦甚至成为无源之水。突发新闻信息搜集系统的有序化就是要让这些要素按科学方式联系起来并有效地运转。

（二）新闻信息搜集系统的有序化

突发新闻信息是什么？它是指突发新闻传播活动所反映出来的信息，即关于客观世界新近变动的描述。突发新闻信息包括事实信息、意见信息和情感信息。突发新闻信息搜集系统必须保证提供的信息具备突发新闻信息的要求，满足突发新闻传播的需要。简单说，突发新闻信息必须具备以下几个要求。

1. 真实性

真实是新闻的生命，真实性是新闻信息最基本也是重要的标准。它指的是新闻信息反映客观事实的准确度。突发新闻信息是客观事实在记者头脑中的反映，主体与客体必须一致，否则就是对客观事实的歪曲。不真实的突发新闻信息报道出来将严重损伤新闻媒介在受众中的形象。新闻媒介如经常传播歪曲事实的新闻信息，将导致自身的毁灭。所以所有新闻媒介无不强调突发新闻信息的真实性。甘惜分主编的《新闻学大辞典》将新闻真实性的要求分为三个层次：一是对每一事实的反映是准确可靠的，每一细节都经得起检验与推敲;二是从整体上反映了时代的真相;三是反映了事物的本质和时代的本质。

2. 新鲜性

突发新闻信息的新鲜性包括内容上的新颖和时间上的及时。突发新闻信息反映的是新近的社会变动,这种变动是受众欲知而未知的信息,且不是事物常态的描述,都能给人以新鲜感。新鲜性还表现为不可重复的特点,这一点将新闻信息与宣传信息区别开来。突发新闻信息在时间上还要求及时传播,否则新闻成为旧闻,就失去了传播价值。

3. 公开性

突发新闻信息是在新闻传播媒介传播的信息,它具有公开性的特点。它可以公开传播,没有什么密级可言;它必须公开传播,不在新闻媒介公开传播的信息不算新闻信息。

4. 层次性

新闻信息的层次不是单一的,而是多层次的。有人将它分为表层信息、中层信息和深层信息三个层次。表层信息是指通过信息符号直接表达出来的信息,中层信息是指新闻具体内容所发出的信息,深层信息是指新闻所包含的文化密码透示出来的信息。有这样一例新闻:1997 年 12 月中旬,连年亏损的广州冶金集团在顺德市召开了为期 3 天的 60 人参加的扭亏解困会议。佛山市电台在报道这个新闻事件时提供了如下信息:

> 记者问(录音):他们住的别墅一晚多少钱?
>
> 服务员 A:每人每晚 667 元。
>
> 记者问:住了多少天?
>
> 服务员:住了三天两晚。
>
> 记者问:他们吃了什么菜呢?
>
> 服务员 B:蛇煲老鸡、炒水鱼(甲鱼)裙、豉油皇乳鸽……
>
> 记者又报道:"据知情者透露,广州冶金集团近 4 年共亏损 2.7 亿元",这次会议"人均花费 2500 元,相当于这个企业一个职工半年的收入"。[14]

这篇新闻稿写得很冷静,只提供表层、中层信息,但受众完全能把握这些信息之外的信息,稿件透出了多层次的信息。突发新闻信息亦如此。

要满足新闻信息的这些要求,必须使新闻信息的搜集系统做到有序化。即要让该系统的三个要素按一定方式联系起来并有效地运转。检验的标准就是尽量减少熵值,反过来说,就是要尽量增大信息量。这三个要素的联系,可以是按操作流程的进展排列,即第一阶段新闻信息的搜集、第二阶段新闻信息的处理和第三阶段新闻信息的储存,也可以按照相互作用的需要打乱这个顺序,交替或者同时进行。

三、突发新闻信息采集注意事项

(一) 信息采集的阶段性

如经常发生由第三阶段储存的新闻信息引发第一阶段去搜集新闻信息的事。这里借用一下意大利著名女记者法拉奇的采访故事。她采访邓小平时，提出的第一个问题就是：天安门上的毛主席的像是否要永远挂下去？对这个问题的回答，或是或非只需要一个字，看似简单，其含义却极其深远，关系到正在进行的拨乱反正、改革开放中的中国共产党如何评价毛主席和毛泽东思想的重大政治原则问题。并且，要问答这个问题还不许被采访者模棱两可，含糊敷衍。这已巧妙地把被采访者“逼”到了非答不可的地步。[15]可见，法拉奇将这个看似简单却非常复杂的问题作为采访邓小平的“见面礼”，是经过精心准备的。这便是利用储存的新闻信息去引发新闻信息的搜集。

（二）信息采集中注意核实信息

采访中，往往不是等新闻信息搜集完了之后再去核实材料，而是在采访的同时立即核实材料，核实的过程又可以引发新的采访问题或线索。1981 年 11 月 24 日，笔者作为《武钢工人报》的记者采访当时风靡全国的曲艺明星、鞍山市曲艺团著名评书演员刘兰芳。她是应湖北省首届“百花书会”的邀请来武汉的，当中在武钢安排了两场演出。为了说明刘兰芳处处注意搜集说书资料，她的丈夫谈了这样一个细节，说他们去参观武汉的古迹归元寺时，看到一块碑上有唐代画家阎立本赞观音的诗句，刘兰芳立刻要他抄录下来。这件事是否确实？没有其他人能够证实。我便要求她丈夫把随身携带的这个笔记本给我看看，他马上掏出来，里面果然有阎立本赞观音的诗句：“海震潮音说普门，九莲花里显童贞；杨枝一滴真甘露，洒作山河大地春。”她丈夫的笔记本是很好的旁证材料，不仅核实了这个细节，准确地录下诗句，而且从中又发现新的提问：刘兰芳是如何处处注意搜集说书资料，从生活中发掘创作素材的呢？这新的提问便又可将采访引向深入。

在采访中及时核实材料，可以争取使采访一次成功，而且，有些采访对象可能只有一次见面的机会，错过机会想再找他就困难了，如果当时没有核实材料，写作时拿不准就不敢用了。同时，当时就核实材料，如果发现材料不实，马上就会剔除这个不实的材料，不必再挖这个材料的细节，这样便节约了时间。如果发现采访对象提供的材料有多次不实或不准确，便可及时得到提醒，这个采访对象所言的东西不可靠，可停止向他采访，或者弄清他有什么企图。由此可见，将新闻信息搜集系统中的三个要素有机联系起来，相互作用，便可大大提高采访效率，从而达到快速搜集新闻信息的目的。

（三）信息采集中注意观察

观察是眼睛采访，同样可以搜集很多新闻信息。尤其是非语言符号的沟通更是需要眼睛观察。观察什么？看现场环境，看人物行动，看人物神情，在这些“看”中，要抓特点，抓与众不同的地方。如 2014 年 9 月获得中国新闻奖通讯二等奖的作品《“宁可团场被淹，也要保住英阿瓦提乡！”》，此文刊登于 2013 年 7 月 4 日的《兵团日报》，文中的现场描写，就体现了记者的观察：

“6 月 17 日晚，天山山脉托木尔峰脚下，电闪雷鸣、暴雨倾盆。

西线防洪坝内水位骤涨。23 时左右，水位已经逼近坝顶；东线泄洪渠内，浊浪翻滚，涛声震天。

‘轰隆！轰隆！’突然，西线防洪坝被洪水撕开 4 个大口子，洪水倾泻而下，如猛兽般扑向一师四团和乌什县英阿瓦提乡……”

“6月27日，当记者赶到位于托木尔峰脚下的一师四团采访时，洪水已经悄然退去，但是，洪灾留下的印迹却随处可见：冲毁的马路、垮塌的房屋以及成片倒下的玉米和小麦。”

“采访当天中午，看到记者和团里工作人员在餐馆就餐，四团维吾尔族职工、自治区人大代表卡小花端来十几串烤肉。看到记者十分疑惑，她说：‘我自己掏钱买的，替维吾尔族村民感谢汉族兄弟姐妹！’顿时，记者心头一热。唯有深入群众之中，才会真切感受到当地各民族之间的友谊有多么深厚。”

第三节　突发新闻信息采集中的提问

提问，是记者搜集新闻信息的主要手段。要快速搜集新闻信息必须娴熟地掌握提问这门艺术。

一、“三么”模式

（一）“三么”提问模式

突发事件爆发后，记者往往仓促上阵。如何提问？怎样才能不遗漏问题？常常是令记者和通讯员头疼的问题。这里，笔者根据采访实践，提出一个简便的“三么”提问模式。“三么”便是写议论文要解决的三个问题：是什么，为什么，怎么办。其实，这“三么”具有方法论的意义。新闻报道中的所有文体无一不是解决这三个问题，只不过不同体裁的文章在选用材料和表述上有各自的特点和风格罢了。

采访是为写作服务的，采访是写作的前提和条件，写作是采访的目的和归宿。既然写作只需解决这三个问题，那么采访当然也只需解决这三个问题，因此从发问内容上可以将提问概括为这三个问题。所有发问的问题，概括起来看，没有跑出这三个问题的。“是什么，为什么，怎么办”，这“三么”可成为采访提问的一种模式。

（二）“三么”模式作用

这“三么”能满足新闻文体的需要吗？下面作一分析：新闻采访搜集新闻信息，首先，要弄清新闻事实。人们已将新闻事实的要素概括为五要素即五个“W”：人物（何人、是什么人——WHO）、时间（何时、是什么时间——WHEN）、地点（何地、是什么地点——WHERE）、事件经过（何事、是什么事情——WHAT）和事件的原因（何故、是什么原因——WHY），可见，这五个“W”在“是什么”中都可以解决，它问的都是一个概念的内涵和外延。“是什么”，正是需要弄清概念的内涵和外延。其次，要了解新闻事实的背景。一是纵向联系，了解此事的起因和演变；二是横向联系，了解此事和彼事或同类事物之间的联系和区别，它问的是事物的相互联系。“为什么”，正是需要弄清事物的起因和联系。第三，要了解新闻事实的发展过程。开始怎样，后来怎样，中间发生了哪些矛盾和斗争，有什么做法和经验等，它问的是事物内部的矛盾运动过程中的状态。怎么办，正是需要弄清事物内部矛盾运动的状态。由此可见,采访中的所有问题,都逃不出“三么”模式。

消息和通讯是新闻报道中最常用的体裁。也许有人会说,这“三么”模式在消息材料的搜集上好理解,在通讯材料搜集上则未必行得通。实际上,我们只要认真思索一下,通讯其实也是解决这三个问题,它不过是在用情节和细节来回答罢了。

这“三么”模式的建立,在新闻采访中具有很强的实践意义。由于它将包罗万象的复杂的采访提问简化为三个,使我们便于操作,随时可以进入采访状态,用这“三么”去生发具体问题,能够保证搜集的材料不漏项,满足写作的需要,从而大大提高采访效率。在实际操作中,“三么”模式只是存在于记者脑中的总纲,还需要具体的提问策略和技巧将其演化成具体的问题。

二、提问策略

在采访中,采访对象有三个方面的困难需要记者引导。一是记者提的问题过于笼统或抽象,使采访对象感到茫然,似老虎吞天,无从下口。二是采访对象不知道记者所要材料的标准,不知该怎么谈。三是采访对象对自己所言的事情不知如何深入,往往需要记者提问的帮助。针对这三个问题,我们提出下面三个解决问题的策略。

(一)化大为小

1983年11月,中国新闻代表团访问日本,在东京大田区石台中学采访时,有位记者向参加座谈会的5名中学生提问:“你们对中国有什么了解?”学生们面面相觑,不知道该怎么回答。这时,代表团团长、著名记者安岗立刻把话头接过去问:

“你们知道中国有一条长江吗?”5名同学一起举手。

“你们知道中国有一个孔子吗?”又是全部举手。

“你们知道鲁迅吗?”

“听说过这个名字。”

“你们知道毛泽东吗?”

“知道。”

“胡耀邦呢?”

“听说过。”[16]

“你们对中国有什么了解”,这是一个“是什么”的问题,但这样直接去问,别人难以回答,要像安岗那样,将大问题化成小问题,将抽象的问题化成具体的问题,别人就好回答了。

(二)善打比方

初次接触记者的采访对象往往不明了记者所要材料的具体要求,记者可以打比方告之。笔者在挖细节时常常举通讯《人民的好医生李月华》中的一个细节:李月华住在农村的一个院落里,夜里,求医的人一来到她家敲门,她就背着药箱出来了。求医的人甚为惊奇,人还未至,李医生怎么就知道了?原来,她家养了一条小黄狗,求医者一挨近院落,狗就叫了,李月华就知道有人来找她,赶快起床……这个细节把李月华那种全心全意为村民服务的精神形象生动地表现出来。这个比方一打，采访对象就会明了什么叫细节了，他再谈起来便能满足记者的要求了。这是一个“怎么办”的问题，介绍人们是怎样工作的情景。

（三）联想设问

即记者将自身置于采访对象言及的情境之中，根据自己的生活体验想象采访对象可能漏掉的情节或问题。笔者曾写过通讯《丹桂飘香簰洲湾》，讲的是1998年长江抗洪斗争中抗洪英雄解放军排长杨德胜牺牲后，其拿了结婚证尚未举行婚礼的妻子桂丹将12万元嫁妆钱买了衣物捐赠给灾区人民的事迹。此文采访时，笔者就想了解桂丹在得知丈夫在抗洪一线牺牲的消息后，如何思念丈夫的情景，桂丹一直不知道该怎么说。笔者便设身处地地联想开来，问她：“你丈夫给你写过信没有？”“写过。”“你夜里看过这些信没有？”“看过……”于是，桂丹描述了自己看信想念丈夫的情景。笔者征得她的同意让她挑了几封信让笔者复印，于是，文中后来有了一段桂丹在夜深人静之时思夫的描写，很能刻画桂丹当时的心情，也为她后来的义举作了铺垫。记者的这段设问就是按常情设想出来的。这是一个“为什么”的问题，它是用细节描写来回答主人公义举的原因。设身处地，要采用联想的思维方式。在采访中，这是经常使用的思维方式，它能帮记者引发许多提问。

三、提问技巧

提问技巧实际上说的是提问角度的问题，常用的有以下几种：

（一）侧问

正面不好问，从侧面迂回，转到正题。这是初次和采访对象见面或涉及较为隐秘问题时常用的办法。从1998年10月18日起，《武汉晚报》连载了笔者采写的新闻连续剧《百年洪波劫　一曲青春颂》（以下简称“百文”），该文写的是一位抗洪牺牲的解放军战士徐献伟生前与一位女学生岳晓玉的恋情故事。这件事主要是向这位女学生了解恋情，然而，要她初次见面就谈这么敏感的话题，女学生是不好意思开口的。笔者特地邀请了凤凰光学仪器股份有限公司湘鄂办事处主任戚峰一同前往，因为徐献伟生前在购买“凤凰”相机时曾受赠一份寿险保单。戚峰在部队提出理赔的当天便先垫付了保费并同出售相机的亚贸广场经销商一起向烈士家庭捐款。笔者一行从武汉赶到黄州，在黄冈财贸学校会议室里采访岳晓玉，按校规学生不允许谈恋爱。因此，我们便侧面迂回提问。首先，笔者讲了凤凰相机的故事和戚峰所在公司的义举。并事先让该公司给晓玉准备了一部相机在此次采访见面时相赠，气氛马上融洽了。作此铺垫之后，笔者还是从侧面问及他俩相识的过程，并没有正面触及他们谈恋爱的事，但是全部问题交谈出来后就是那回事。

（二）正问

即开门见山正面提出问题。这种提问方式因直扑主题，效率高，是采访中使用频率高的提问方式。一些记者招待会上，记者常常采用这种提问方式。“百文”在采访中，自从侧问冲破采访对象初见面时的羞涩后，很多问题便采用正问的方式。如笔者直接问：你们第一次见面是在哪里？是怎么交谈的？她便一一道来，这样问话不用绕圈子，直来直去，谈话进展很快。

（三）反问

从相反方面提出问题，促使对方思考，迫使对方回答。“百文”在采访中，有这样一个细节：初次见面时，岳晓玉给徐献伟留了地址。笔者反问：“你为什么会给一个初次相识的青年军人留地址呢？是不是对他有好感？”这一问，她道出当初同学们也这样问过她，现在细一想，确实对他有好感。要不然，就不会发生后来那么多事了。这一反问，把采访引向深入。

（四）追问

顺着对方谈话线索追下去，打破砂锅问到底。如“百文”采访中，岳晓玉谈到给徐献伟留了地址，笔者马上追问：“他给你写过信没有？”“写了。”“谁收到的？”“我妈。”“你妈有什么反映？”“她把信先拆了。”“你肯定担心？”“当然，我狠说了妈一顿……”这样追问下去，就追出一段情节了。

（五）察问

将观察到的现象与提问相结合。如“百文”采访中，笔者在校团委书记办公室看到学生守则，其中有一条是：在校学生不准谈恋爱。笔者马上就问团委书记彭彬：你们就这一条校规为难过岳晓玉没有？彭说，他们当时知道此事时也很为难，按校规是不允许谈恋爱，但岳晓玉接触的是一个受人景仰的抗洪英雄啊，怎么办？好在他们都没承认是在谈恋爱。这一段察问很有意思，留在文中起到设置悬念的作用。他在部队采访时，看到过部队为烈士们设置的纪念堂，在采访岳晓玉时联想到此景马上问她去过那里没有，她说去过。他问她看到徐献伟的遗像说了什么没有，这样，就把她当时拿着一束玫瑰花祭灵，痛哭：“献伟，我来晚了”的情形问了出来。

（六）激问

就是用激将法，逼得别人不得不说，或者不得不有所表示。此法不可轻易使用，要估计此法能够奏效时方可使用。如在“百文”采访中，他想从岳晓玉那里看到徐献伟写给她的信，小岳当时有些犹豫。他便激了她一下：“小徐为了抗洪连自己的生命都献出来了，这样的英雄每一个熟悉他的人，都应该毫无保留地为他的宣传作出自己的贡献，你难道不应该为宣传他做点什么吗？”这样一激，奏效了，小岳同意将信拿出来复印。

四、提问过程

采访之前，对提问过程事先要有准备。下述几个方面值得注意：

（一）事先制定采访提纲

对于一个重要的采访活动，事先制定好采访提纲是非常必要的。许多有名的记者采访之前都有精心的准备。斯诺在采访毛泽东时便把自己要提的问题列在一张纸上。斯诺的前妻韦尔斯说：“斯诺先给采访对象一个问题的单子，让他有所准备。如果提出了一些措手不及的问题，使对方不好回答，那是很蠢的。”法拉奇在采访那些风云人物之前，也是花大量时间做准备的。她说：“我去采访这 14 个人物时，不是以解剖者或一个客观的记者去进行剖析。我是怀着极其强烈的感情，在向他们提出无数问题之前，先向自己提出所有这些问题；也是怀着这种感情去了解这些掌权的或反对政权的人物是以什么方式决定我们的命运的。”[17]

（二）选择好突破口

突破口有两层含义：

一是对采访的第一个问题的设计。如本章第二节中说到法拉奇采访邓小平时，提出的第一个问题就是：天安门上的毛主席的像是否永远挂下去？将这个看似简单却非常复杂的问题作为采访邓小平的“见面礼”，一下子就让人觉得她的提问足见功力老道，便会重视记者的全部采访。而且这个问题直扑主题，很快便能进入采访的核心话题，是选择了一个很好的突破口。

二是指记者接触新闻事实的切入口，即对进入关键新闻事实的第一次发问。新闻事实好比埋在地下的矿床，切入口选得好，就能很快挖到矿床，否则就要谈半天废话。在“百文”采访中，突破口选的是岳晓玉和徐献伟第一次是如何见面的。这个问题的提出，安排在凤凰公司给她赠相机之后，刚好她的情绪正调动起来，如此一问，正好撞开小岳的感情闸门，话语顿时滔滔而出。

（三）全力捕捉主体材料

主体材料指的是最重要的事实。记者采访过程中一旦发现重要的新闻，便要尽全力开掘，既要了解事实的表象，又要了解事实的实质；既要有典型事例，又要有说服力的数据；对通讯材料而言，既要有曲折的情节，又要有感人的细节；等等。特别是要把事情采访完整，而且尽可能听取不同意见，做到兼听则明。

（四）排除疑问不留遗憾

在采访提问行将结束之前，要将采访笔记本迅速扫视一遍，看看所标记的不清楚的地方是不是都搞清楚了，有没有留下没弄清的问题，如有，要迅速弄清楚，否则，可能与采访对象只有这一次见面机会，不弄清楚便再也没有机会了，会留下无法弥补的遗憾。

本章小结

新闻发现与新闻敏感关系密切。在常人认为没有新闻的地方发现新闻，无疑是新闻敏感使然。新闻具有反常特征，反常往往是发现新闻的路标。新闻的反常特征适应受众的心理需要，要将反常法的操作程序化，就要建立识别系统并对其烂熟于心。新闻敏感需有丰富的知识和经验，它是思维跃动性的一种表现。跃动思维的原则，一要大量储存信息，二要装填好自己的知识结构。思维的快捷是以直觉形式出现的，快速思维就是潜控制代替显控制，不断扩大潜控制替代显控制的领域。突发新闻采访的过程是人际沟通的过程，信息沟通是人际沟通的基本内容，主观性是新闻采访信息沟通中最明显的特征。要将新闻信息的搜集看成一个系统，它的有序化强调信息的真实性、新鲜性、公开性和层次性。信息的采集有阶段性,在采访中要注意核实信息。突发新闻信息的搜集有“三么”模式,讲究提问策略,善于化大为小和打比方及联想设问。提问讲究技巧,注意侧问、正问、反问、追问、察问、激问的使用,应事先制定采访提纲,选择好突破口,全力捕捉主体材料,做到排除疑问不留遗憾。

思考与练习

1. 用学骑自行车的例子说明潜控制能力的培养是“熟能生巧”的过程,锻炼与提高新闻采写的潜控制能力靠强化训练与日常养成。如强化熟悉消息体裁格式,抓住眼前碰到的事例就应用消息格式默想或口述新闻,日久就会成为消息写作快手。
2. 分析媒体近期的新闻报道,将自己置身于媒体记者的采访环境中,如果是我,能够发现这条新闻吗?会怎么写作?
3. 以班和小组为单位,用最近新闻事件或者身边新闻事件组织新闻发布会,锻炼提问技巧,注意将大问题化成小问题提问。

参考文献

[1] 陈力丹,张晶晶.“反差”出新闻叙事显力量[J].新闻实践,2010(2).
[2] 雷惠萍.试论记者新闻敏感性的培养[J].江汉大学学报,1997(1).
[3] 黄华新,汤军.雾区的寻觅谬误学精华[M].上海:上海文化出版社,1990:174.
[4] 邵飘萍.实际应用新闻学[M].//新闻文存,北京:中国新闻出版社,1987:390.
[5] 钱学森.关于形象思维问题的一封信[J].中国社会科学,1980(6).
[6] 叶德本,解守阵.中外新闻界趣闻[M].北京:中国新闻出版社,1989:196.
[7] [瑞士]皮亚杰.发生认识论原理[M].北京:商务印书馆,1997:105.
[8] 费尔巴哈.未来与哲学原理[M].北京:商务印书馆,1989:62.
[9] [苏]洛莫夫.行为社会调节的心理学问题[M].莫斯科:1976:85.
[10] 转引自李元授.新闻信息概论[M].武汉:武汉大学出版社,1995:18-19.
[11] 朱德泉.寻找烈火中的“冰点”[J].新闻记者,2000(6).
[12] 华明,安平,芦风,荣忠.“家庭连环悲剧猪吃娃”是假新闻[N].华商报,2001-07-11.
[13] 李军.洋婿还家被逐记[N].武汉晚报,1998-5-11.
[14] 转引自:李向明.信息含量与信息价值——广播新闻(消息评析)[J].中国广播电视学刊,1998(6).
[15] 意大利女记者法拉奇采访邓小平——独一无二的采访[N].生活报,2004-8-17.
[16] 林玉善.谈新闻采访提问[J].新闻爱好者,1989(10).
[17] 蓝鸿文,展亮,赵绩.中外记者经验谈[M].北京:中国人民大学出版社,1983:492,538.

第七章　突发新闻的信息处理

学习目标

1. 突发新闻信息失实分析。
2. 突发新闻信息的核实。
3. 突发新闻信息的处理。

全媒体时代突发新闻传播过程中的信息处理显得尤为重要，这是因为突发新闻传播特性和现实的传播环境等条件带来新闻信息处理的复杂性与困难性所致。

新媒体环境下信息核实面临着挑战。众源信息虽然极大地拓展了新闻媒体的信息来源，但却严重降低了信息来源的可靠性。互联网的出现固然便利了记者的新闻采访，但没有降低新闻采访的规范标准，某种程度上反而提高了要求。记者必须在保证速度的同时，力求信息的准确、平衡和客观。这些，都为突发新闻信息处理增添了新的内容。

第一节　突发新闻信息失实分析

一、突发新闻传播特征带来的影响

突发事件由于具有突发性、瞬间性、偶然性等特征，使突发新闻传播者在瞬间采集信息时往往来不及核实，而又要求迅速传播，从而造成信息的失真走样。前文提到的对汶川地震中的英雄教师谭千秋的报道就是如此。这类的例子还不少。

（一）突发新闻报道中的英雄事迹入年度十大假新闻

《新闻记者》公布的2012年度十大假新闻中有这样一条：2012年11月8日《楚天都市报》等关于“最美钟点工”救人的事迹报道。此事说的是当年10月28日上午，上海两位家政服务人员李芬和何益红出门买完菜后乘同一辆电瓶车回家，不料在路口被一辆轿车撞倒，何益红重伤、李芬轻伤。东方网11月7日刊发了题为“湖北钟点工遭车祸昏迷　上海东家全力帮助”的报道说，何益红一苏醒过来，第一反应是惦记着自己的10多位东家，因为东家的钥匙还在她手上，她怕影响了东家的正常生活。11月8日，《楚天都市报》刊登《失控轿车驰来，她一把推开邻居》也对此事进行报道，并增加了一个感人细节：“生命攸关之际，何益红一把推开李芬，她自己却没躲过去。”之后，全国众多媒体跟进报道，一时间，何益红被誉为“最美钟点工”“救人英雄”，其家乡湖北省罗店县还授予她“道德模范”“三八红旗手”的荣誉称号。[1]

（二）被救者不承认救人者的英雄行为

当年11月20日，《青年报》刊发报道《最美钟点工“舍身救人”疑点重重 “被救者”李芬：“何益红并没有推开我来救我”》，报道指出，李芬不承认何益红推开她。她情绪激动地表示：“我曾经和其他来采访的记者当面示范过，‘你们老说推推推，我就奇怪了，两个人一前一后坐在电瓶车上，靠得这么近，后面的人怎么推前面的人呢？又能把前面的人推到哪里去呢？如果真有这么一推，那也应该是被轿车撞击以后惯性导致的吧。”李芬的邻居还透露，“11月9日以后，湖北记者又来找李芬，希望她再次承认何益红曾经推开过自己。李芬还指责记者，说他们为了让公众给何益红多捐点钱瞎炒作，乱写文章”。《青年报》采访《楚天都市报》记者时，撰写报道的记者也表示：“我现在也怀疑到底有没有‘推’这回事。”

二、全媒体时代虚假新闻产生的原因

当新闻业进入互联网时代以后，虚假新闻也开始带有强烈的网络时代特征，它的发生原因、传播轨迹乃至揭发、证伪机制都具有鲜明的互联网特色。作为一种新的传播平台，互联网既为虚假新闻的制造与传播提供了许多便利，却也为虚假新闻的揭发和纠错增加了可能。互联网对传统新闻业的冲击和改造之势不可逆转，这也意味着未来的虚假新闻将会更加深刻地与互联网纠缠在一起。

互联网已成为虚假新闻滋生、扩散的重要场所；传统媒体不加查证地引用网络信息，也是虚假新闻生成、扩散的重要原因。互联网也显著地发挥了独特的信息澄清功能。

尽管虚假新闻的表现形态不同，但一个无可回避的现实是，造成虚假新闻的原因绝非无解的难题，而往往是因为一些新闻业务的基础工作没有做到位，比如媒体在采访方面的失范。现代新闻业发展的一个重要标志就是采访行为的出现，它使得新闻记者真正成为一门职业，也是新闻不断迈向专业化的一个重要标志。经过上百年的新闻实践，新闻业已经形成了一套行之有效的新闻常规或惯例。

互联网的出现固然便利了记者的新闻采访，但绝没有降低对新闻采访的规范标准，某种程度上反而提高了要求。记者必须在保证速度的同时，力求信息的准确、平衡和客观。相关案例则表明，一些新闻媒体和记者有意或无意地忽略了这些最基本的要求。要么懒得采访或索性不做采访，直接将网络信息搬上报纸版面；即使做采访，也往往缺乏探求质疑和核实精神，浮于事实的表面。他们极大地依赖互联网用户提供的内容进行新闻的生产，却忘记了严谨规范的新闻采访才是区分专业与业余的核心技能。

前述的虚假新闻案例和相关分析反映出，新闻生产中的专业控制与公众参与之间的矛盾已经成为一个现实的问题，虚假新闻可以称之为一种极端的表现。从积极的意义来说，互联网使得生产和发布新闻的门槛大大降低，当业余人士可以参与到新闻生产过程中时，公民得以创造真正多元和自主的新闻，社会对专门新闻机构的需求将大大减少。

三、现代传播条件带来的影响

（一）众源信息降低了信息来源的可靠性

新媒体环境下信息核实面临着挑战。众源信息虽然极大地拓展了新闻媒体的信息来源，但却严重降低了信息来源的可靠性。“众源信息”是英语里的一个新词，即Crowdsource，它在Urban Dictionary上的解释是：众人，包括官方机构的发言人和普通人，就某一事件、人物、现象、事物等提供的各种信息，通过基于互联网的手机短信、微博、博客、论坛、维客、播客等渠道广泛传播的无论真假的信息。

以灾难事件为例，日本大地震发生后，无论是当地政府、居民，还是世界各地的人们，都以不同的方式给互联网上传关于灾难的各种信息。新闻媒体关于日本灾情的即时信息也在很大程度上依赖微博、播客和博客，比如奥巴马通过Twiter发布救援支持，消息随后被美国主流媒体报道；英国《卫报》开通地震微博报讯平台，让地震亲历者表述现场情况，再将这些讯息经过筛选后用于报纸的报道。

另一方面，众源信息因其质量良莠不齐，也让信息来源的可靠性大打折扣。仍以日本地震中的微博信息为例，日本地震发生时，微博在新闻报道中也起到了助推谣言传播的作用，很多信息被不加核实地采用，于是一些人被死亡，一些数据被增长，一些事件被严重，一些地区被辐射。辐射恐慌的风潮随着微博信息传播和大众媒体的炒作，从日本岛蔓延至欧美大陆。因此，众源信息拓展新闻来源的同时，也挑战着传统的新闻信息核实机制。核实消息来源身份、消息来源交叉核实、匿名消息来源谨慎使用等传统的规定常常被抛在一旁。

（二）媒体实时呈现事实降低了新闻要素的准确性

媒体实时呈现事实极大提升了新闻的时效性，却降低了新闻要素的准确性。如今，无论是传统媒体还是新兴媒体，在新闻报道上抢时效成为共识，但同时也让信息核实的时间大幅“缩水”。这主要表现在两方面：一是信息核实不到位。新闻媒体就某一事件发生时的信息核实不到位，导致新闻事实不准确甚至报道失实；二是动态呈现核实不到位。事实动态呈现过程中信息核实不到位，导致事件报道过程中某一次报道或某一些报道的事实不准确或失实。

（三）冗余的信息和数据增加了媒体选择与核实的难度

如何在数据的海洋中筛查有效信息是对当今媒体面临的一大挑战。理论上说，首先是选出可能进行核实的信息，然后核实之。但操作起来很难，对那些实力雄厚的媒体来说，可能还有一些人或团队专门从事信息筛选与核实，如德国的《明镜周刊》、美国的《纽约客》、英国的《卫报》。然而，2010年年初在德国召开的关于欧美国家媒体如何进行信息核实的专业研讨会上，绝大多数媒体表示如今没有专门的团队和足够的时间来进行信息核实工作。像《明镜周刊》这样有专业团队进行信息核实和稿件实时纠错是非常奢侈的。

四、记者个人采访作风的影响

(一) 采访作风影响作品失实

1. 信息核实不严导致张冠李戴

2008年4月5日,广州东风广场一女子从30楼坠下,死时全身半裸仅身着内衣裤,并且满身鲜血。死者曾与三名韩国男子待在一起。警方介绍,这名坠亡女子名叫谭静,生前曾是一名演员。对于坠楼女子的描述,《南方都市报》记者写道:"该女子曾为超女成都50强";"记者调查中发现,谭静2006年曾参加'超级女声',并进入成都赛区50强"。不过,事后发现,此谭静非彼谭静。《南方都市报》于2008年4月18日A02版显著位置刊登了道歉声明,向超女谭静以及相关人员深表歉意。尽管如此,当事人依旧不满意,将媒体告上法庭,要求在报纸的显著位置公开赔礼道歉,并请求支付精神损害赔偿金20万元。[2]

2. 新闻失实的原因

据了解,写上面这篇报道的记者是根据一些网友的帖子,便以为发现了坠楼者谭静的身份。只因同姓名同性别,年龄相当,都在演艺圈露过脸,超女谭静在这次突发事件中就被误伤。其实,就名字而言中国的"张伟"多达30万之众,而"谭静"这么寻常的名字在全国也委实不少。对于这一事关新闻主角身份认定的关键细节,记者未能在落笔之前认真核实一番,终酿不可挽回的麻烦。

而今,利用网络进行人肉搜索,印证一个人的身份,已成为网友的一大乐子。利用网上信息,也成为记者采访与写作常用的辅助手段之一。但网上信息纷纭复杂真假莫辨,常需要线下核实,方能作为有效信息在新闻稿件中使用。如果能找跑娱乐的同事求证一番,或者能找四川的同行打听一下,记者就不会犯下如此低级的错误。由于这一细节构成新闻的一个亮点,编辑也顺理成章地将这一身份细节,放进了新闻的副标题中,愈加使细节放大传播。

(二) 准确报道关键性细节

不少突发事件涉及责任认定与责任追究问题,其中的细节攸关个人或单位的前景,也就愈发容易引起当事一方乃至多方的不满,一旦出现失实,会引起纷争乃至官司。准确报道关键性细节,就成为规避风险、化解危机的不二法门。

第二节 突发新闻信息的核实

一、采用现代手段核实

针对新媒体环境下信息核实的困难,西方媒体也在努力探索应对路径。目前,有一些方法在实践中被证明有一定效果。

（一）借助网络平台核实信息来源

当前，西方国家的媒体经常借助新兴网络平台的力量进行信息核实。这种网络平台一方面接受众源信息，另一方面又对信息的可靠性进行评级并展示出来。其中最有代表性的当属 us hah idi 网站，该网站是由几位非洲程序员共同研发的，人们可以通过网站实时上传危机事件的动态，所有的动态消息都可以在该网上以一种非常直观的方式呈现出来。通过这一平台，普通民众可以通过手机短信、电子邮件以及网络这几种方式，报道发生在危机地区的最新动态。很多时候，媒体尚未到达危机现场，可是危机也许已经在不断加剧了，在这种情况下，这样的平台就显得非常有用。在 2007 年肯尼亚大选后发生的街头事件以及 2008 年刚果暴力冲突这两次突发事件中，当地民众通过手机短信所报道的即时动态成为外界了解事态进展的一个很好的窗口。世界上很多主流媒体都已成功地运用跟踪突发事件。一方面是因为其信息及时且量大，又由于众人参与的力量，信息的发布能具体到事件微小的细节；另一方面还在于它拥有有效的信息来源可靠性评定机制。开发的 swiftRiver 软件，可以在危机事件发生之时对微博、博客、论坛等多方信息进行汇总，并通过运算的方式计算出信息相对的可靠性。其评判的指标包括：微博的知名度、被转播率、博客的转载量、以往转载信息的真实性等。计算结果以不同颜色的气球符号标注在地图上。媒体可以通过鉴别气球的颜色来筛选和过滤信息，选择可靠度较高的信源进一步核实，这样可以大大节省媒体筛选信息的时间。阿拉伯半岛电视台曾用该网站跟踪 2008 年年底的加沙战争；BBC 外派媒体曾使用该网站记录英国康沃尔郡发生的洪水危害；《芝加哥论坛报》曾用它记录一次暴风雪事件；CNN 曾利用它跟踪报道海地地震。[3]

（二）在动态中核实事实并实时纠错

媒体随事件的发展实时呈现新闻，这就不可避免地会在报道的过程中对信息的核实出现疏漏。对报道有误的事实进行及时核实并纠错，是避免报道进一步失实的有效做法，而且这种做法特别适用于那些没有强大信息核实团队的小型媒体。《市民记者报》是美国康乃狄克州利奇菲尔德县的一份发行量很小的小报，该报进行数字化改革以来就在其网站上开设了专门的信息核实箱。它位于该报网站每篇报道的结尾处，任何读者发现报道中的错漏和失实之处都可以即时质疑，并欢迎提出纠错意见。在信息核实箱的上端写着：若发现报道中的错误或不实之处，敬请告知，谢谢。

读者在提交质疑后，要留下自己的联系方式，以便编辑与读者联系，及时反馈，而且该报负责人还表示，每一位读者提出的质疑都会反馈到编辑和主编那里，并获得及时的回复，而且报纸会在最快的时间里及时纠错。

像《市民记者报》这样区域性的小报，没有实力去建构一个庞大的信息核实团队，但借助读者的眼睛可最大限度地减少报道失实。该报负责人说，也许在外界看来，设置信息核实箱就是让读者来挑刺的，它只能更多地暴露报纸在新闻业务上的弱点；但在我们看来，它显示了我们追求准确报道的诚意，如今的信息核实并不是靠报纸一己之力可以完成的，我们必须依靠外界的力量。

（三）鉴别网络信源的可靠性

西方媒体常用的网络信源主要包括微博和网站两类。无数案例证明，网络信源尽管快速、丰富、涉及面广，有时甚至能起到揭秘或制造轰动的效果，但其可靠性远不如传统的信息来源。网络信源以匿名的形式发布信息，又常常被大量转播、转载，这往往给媒体造成巨大的压力：信还是不信，采用还是放弃？常使媒体人困惑不已。目前，西方主流媒体还是需要依赖这些信源报道新闻，但同时也谨慎考察并鉴别它们的信誉度。

1. 微博对于当今西方媒体来说具有双重功能

微博的功能首先是延伸平台。即利用微博进行报道，这些微博通常是媒体采编人员自己设立并发布信息。

其次是重要信息来源。即利用微博寻找新闻线索。

第二个功能的应用就涉及信息核实。以 Twiter 为例，它已经成为西方媒体重要的信息来源，但可靠性参差不齐。福克斯电视台和 CNN 都成功地利用 Twiter 提供的现场信息报道了“卡特琳娜台风”。《纽约时报》在使用 Twiter 信息的时候通常会就某一个事件的信息进行广泛搜集，从中鉴别 Twiter 用户的级别、身份以及其信息的转载量。同时，《纽约时报》还要借助 Us hah idi 的微博分析功能，参考微博信息在 Us hah idi 上的可靠性评级，对可靠性高的信息才考虑采用。《华尔街日报》对于微博信息的采用也日益谨慎，通常不相信仅有一条微博的信息，即使它很轰动，但是，如果把就某一事件的微博信息综合起来看，编辑也许能判断其中具有较强的可靠性和较高利用价值的信息；此外，综合微博信息还可以一定程度上分析出事件大致真实的轮廓，并确定媒体可能要采用的方面。

2. 网站信息同样是新闻媒体的重要信息来源

网站信息同样需要鉴别。美国石溪大学新闻学院院长米勒（Miler）总结了几条当前美国媒体常用的鉴别网站信息来源的方式，具体如下。

（1）域名鉴别

采编人员在采用网站信息时，首先需要查看域名注册情况，看其注册信息是公开的还是隐藏的。也许，很多域名拥有者因为私人的原因隐藏部分信息，但更多的时候，域名信息的隐藏说明网站的拥有者并不愿意让人们了解他们是做什么的，他们在做着什么。这样，网站发布的信息可靠度就值得怀疑。

（2）查看网站注册信息的时间

突发事件后，围绕事件注册的网站就会如雨后春笋般涌现出来。很多是打着事件之名，以提供耸人听闻的虚假信息来赚取点击率和广告的，如果网站是事件发生后才注册的，那么其提供信息的真实性就更加值得拷问。

（3）利用网络档案

在网站时光倒流机上查找网站信息，看它曾经做过什么，以及一直以来的发展变化，看它目前隐藏的信息是否在以前公开过。网站时光倒流机成立于 1996 年，定期收录并永久保存全球网站上可以抓取的信息。对于不同的网站，收录的网页数量和收集周期并不相同,一些大型网站可能每天都会被备份一次,每次可能收录数十个以上的网页,而一些小型网站可能每年收录几次,每次只有几个网页。对网站不同时期的历史资料进行研究,可以了解该网站长期以来的信誉度和其提供信息的可靠性。

(4) 查看网站有无"关于我们"页面和页脚信息

"关于我们"页面或页脚版权信息都可以透露网站的责任人和联系方,掌握这些也有利于媒体核实网站提供信息的可靠性。

综上所述,新媒体环境下的信息核实已经不是单靠媒体一己之力可以完成的,最大限度的核实信息,需要媒体自身一以贯之的谨慎、外界平台的利用和受众的力量共同作用来完成。如今,也有一些媒体认为,在信息的海洋中,媒体选择的信息只要能起到吸引眼球的作用,它的可靠与否、真实与否已经不那么重要了;更有观点认为,新媒体早就终结了新闻的准确与真实性。然而,长期研究媒体信息核实及怎样防范虚假报道的美国学者认为:网站一时的流量上升并不能树立媒体长期的信誉,相反,用虚假报道换来一时的发行量、点击率、收视率之赢,只能导致媒体长期的信誉之输。

二、坚持权威新闻源核实

(一) 微博线索新闻实例

男乘客扬言"炸飞机"被拘5天

导致100多名乘客下机重新安检

武汉晚报(2012年2月1日)讯(记者查锴)　前晚,深圳飞往武汉的深航ZH9117航班延误,一名乘客在登机时扬言要"炸飞机",被机场警方处以治安拘留5天。已经登机的100多名乘客后被请下飞机,返回航站楼重新安检。

前晚11时46分,网友"在武汉吃喝玩乐的82锅"发微博称:"深航ZH9117深圳到武汉的航班,有人扬言要炸飞机,结果导致本来就延误1个多小时的航班又重新请所有旅客下机安检……"5分钟后,网友"瞿俊Misa"发微博补充:"还要脱鞋过安检……"

昨日下午,记者与曝料网友取得联系。这名武汉的李先生介绍,这趟航班原本应在当晚9点30分起飞。航班延误后,部分乘客情绪激动。当晚快11点时,乘客们才开始登机。在飞机舷梯下,航班工作人员检查乘客的登机牌。当轮到一名40岁左右的男乘客时,他拒绝拿出登机牌,操着武汉话说:"你们耽误我的时间,我就要耽误你们的时间,我还要炸飞机……"不少乘客纷纷斥责,该男子这才拿出登机牌上了飞机。

登机后,飞机迟迟没有起飞。等候时,该男乘客又多次大声说话。约40分钟后,空乘将该男子请到机舱前部,并拉上了帘子。不久,机上广播通知:"由于一名乘客语言过激,其他所有乘客要重新安检……"

这次安检明显较为严格,女乘客穿的长靴子都要脱下检查,一直"折腾"到昨日凌晨1点,飞机终于从宝安机场起飞。

深圳航空公司党群工作部主管岳先生表示，机场要求所有登机乘客重新安检是出于安全考虑。深圳市公安局机场分局向本报记者透露，这名男乘客扰乱公共秩序，根据《治安管理处罚法》，对其处以治安拘留5天。民警提醒，威胁乘机安全的玩笑千万开不得。

（二）寻找权威信息源核实

笔者是在《武晚报人》上看到其采写经历。记者先在博客上发现新闻线索，后来反复等候微博作者出现，最后终于搜寻到作者及其他现场人员证实此事的信息，直到最后询问到机场值班警务人员并通过其领导确认威胁者的处罚结果后，才敢于发表此条消息。

三、传统方法核实

（一）严格把住新闻的真实关、准确关

1. 每一个新闻工作者都应严格把住新闻的真实关、准确关

真实是新闻的生命，新闻不仅要真实，还要准确，即不仅从整体上看，报道的新闻事实与客观事实相符，而且在每一具体局部和每一细节上都是与客观事实相符的。要做到这一点，就必须把好信息核实关。从新闻实践的现实情况来看，报道出错的事情屡有发生。这是因为新闻工作的特点就是容易产生错误。记者要在很短的时间内，常常在陌生的行业、人物、环境里作深入报道，这就难免出错。加上新闻报道与报道对象或采访对象有利害关系，他们出于某种利益的需要，提供了虚假的或是不实的新闻信息，而又未被记者所觉察等，都容易造成不实新闻。随着人们的法律意识的增强，不实新闻或者不准确新闻引起的法律纠纷越来越多。每一个新闻工作者都应严格把住新闻的真实关、准确关。

2. 记者不要有借审稿推脱责任幻想

稿件送审，是核实材料的一种方法，但不能希图以此种办法来转移稿件发表之后的法律责任。特别是批评性稿件要求"三见面"的办法值得商榷，这种办法要求批评稿件与批评对象见面，与批评对象的单位见面，与批评对象单位的主管部门见面。在实践中，这种"三见面"的方式，固然能对事情的真实性和准确性把关，也让被批评对象有了申辩的机会，但总体来说，媒体这样做，是企图将报道之后的法律责任推给别人，减少发表之后的麻烦。其实，这样的稿件是很难发出来的，被批评对象、单位或其主管部门会通过种种渠道来说情阻挠稿件的发表。真正能发出来的稿件往往没有经过"三见面"或者只经过部分的"见面"，这就要求记者不要有把责任推给别人的幻想，要切实掌握证据。

（二）核实材料的常用方法

1. 坚持去新闻现场，从新闻源头把关

俗话说："百闻不如一见。"如果有条件，记者应争取去现场，耳闻目睹新闻事实的发生过程，直接获取第一手材料。这不仅能从新闻源头把住真实关，而且还可以给新闻报道增添现场感，所以应大力提倡去现场采集新闻。当然第一手材料也有局限性，一是被报道方有意做假；二是记者认识有局限性，有时像"盲人摸象"一样，把局部当成整体，犯

以偏概全的毛病。这更提醒记者要注意透过现象看本质和辩证地全面地看事物。

2. 用其他材料核实，不要自己求证自己

俗话说："兼听则明，偏听则暗。"材料的核实不能光听一方之言，自己证实自己，还要听另一方的意见，或者用其他的物证、人证来进行证实，这样就比较准确了。注意，特别是对记者非亲身现场经历的第二手以上的材料尤应加以核实。

(1) 偏听偏信造成的报道失实

"2006 年 10 月 31 日下午 3 时许，广东省惠州市区园岭东路成丰花园门口发生一起案件，5 名外省乘客因 5 毛钱乘车费与的哥发生口角。盛怒之下，的哥拔刀连捅其中一乘客 4 刀，该乘客当时倒在血泊之中。经过抢救，目前，该乘客已脱离生命危险，的哥被当地警方刑事拘留。"

《南方都市报》报道此事的一组稿件有近 3000 字，就是围绕导语的定调而展开的。编辑据此制作标题："5 毛钱引发口角　的哥连捅乘客 4 刀。"该报道发表后，引起了轩然大波。报道只采访了被捅乘客一方，且未从警方处了解案情，但见报稿却下了结论，认定责任主要在的士司机一方。这导致第二天的士司机家属以及司机所在公司派人来到记者站，提出抗议，形势一度相当紧张。

在司机的家属与同事登门抗议之后，记者进一步了解发现，事件起因并非如被捅乘客一方所说那么简单。他们并非因 5 毛钱生口角，而是因 4.5 元。当时 3 名乘客打的，车费是 24.5 元。3 名乘客到达目的地后只给 20 元，司机不答应，其中一乘客下车即开口骂人，在争吵中动手打了司机。同时，出租车前挡风玻璃被打碎，右前方倒车镜也被砸毁，计时器也被破坏。司机向其中一名男子动刀"是为了防卫，并非故意伤人"。

也就是说，实际上责任主要应在乘客一方，肇事原因源于乘客的无理取闹、依仗人多势众而耍横。的哥持刀主要是自我防卫(是否防卫过当这是另一层面的问题)。《南方都市报》记者首日稿件所下的责任认定与事实出入很大。[4]

(2) 报道失实的启示?

针对前文所述的报道失实案例，这里探讨一下若干种可避免出问题的处理方式。

其一，最理想的状态是全面采访。将当事人各方说法互相印证，或者通过采访警方了解案情梗概。但在的哥被刑拘的情况下，接触到这一采访对象的可能性不大，警方在没能调查清楚时，往往也极少向媒体透露案情。所以，这一选择虽是最佳选择，却难以及时做到。

其二，以新闻正确重于迅速为原则，采访不到位就不发稿。既然无法采访到的哥，也没能从警方获得信息，无法获得事发真正原因，当晚就不予发稿，而等待进一步采访方能发稿。这种处理方式相当保守，不大符合当下新闻追求时效性的原则。

其三，当晚发稿，但在写作与编排上，只交代可以确证的信息，强调指出目前的事件原因系乘客单方陈述，存疑待定，更不要对案件作责任认定。这是处理稿件的正确方法。对于单方说法，要保持警惕态度，尤其是标题制作，要尽力陈述事实，而避免做责任判断，毕竟媒体不是司法机关。

报道失实可以说是新闻行业的毒瘤。在各类新闻品种中,突发新闻报道由于采访条件和时间限制,失实的发生几率更高一些。可以想见,一家屡屡作出失实报道的严肃媒体,极易被读者抛弃,最终被市场淘汰。

(3) 善待媒体

有学者指出,对公共事件的报道,媒体应该遵循尽量准确的原则,但在特定、较复杂的环境中,如果媒体不是在主观故意的情况下报道中出现一些偏差,那么掌握公权力的政府对媒体加以深究,是不合适的。不过,在当下恰恰是“深究”的情况居多。谈到失实报道、虚假新闻,凤凰卫视知名主持人杨锦麟先生说:“出现一个写假新闻的记者,我想也不是什么惊天动地的事情,关键是假新闻出来之后会不会有人借题发挥,把很多能够写真新闻的人同时打下去。如果是这样,是我们从业人员的悲剧。”[5]

3. 设置让采访对象讲真话的环境

社会心理学揭示,第三人在场的情形,可能对人际沟通造成一定的压力或者激励,影响信息沟通的内容。为了保证采访对象不受他人影响,有时需要单独向采访对象搜集情况。

1993年,《武钢近7万人不再吃“钢铁饭”》的消息报道后,在国内外激起强烈反响,一时间,来武钢采访的记者聚集如云。笔者当时曾负责武钢新闻接待工作,美联社记者伍芳洁女士在武钢采访的情形给笔者留下深刻印象。她担心武钢组织的座谈会给与会者施加了影响,在向参加座谈的工人们了解部分情况后,她借口要给这些采访对象拍照,将他们分别叫下楼,来到武钢厂前的广场上,避开武钢的官方人士,向他们了解真实的想法,问他们从武钢主体分离出来是否出于自愿,上面有没有施加什么影响。她这种做法是可取的。记者与采访对象沟通时,当预测到采访事件可能会使采访对象顾虑他人在场的情况时,一定要单独与采访对象交谈,而且对于获取的材料要反复用其他方法进行印证,才能保证材料的可靠性。因为,单独与采访对象交谈所搜集的材料,采访对象可以否认,记者若无其他旁证材料,如果真的有误,惹出麻烦时,便有苦难言。

4. 运用逻辑规律判断,及时发现不实之处

(1) 同一律要求概念、判断的自身同一

运用这一规律可发现“偷换概念”“混淆概念”的地方。例如在采访中,采访对象把计划说成现实,把预计的数字说成完成的数字,把历史当做现实,把过去的成绩作为现在的成绩,把不同时空段的事说成一个时空段等。

(2) 矛盾律要求判断之间前后一贯,不自相矛盾

用这一规律可剔除采访对象的说法中“前后矛盾”“前言不搭后语”的地方。如下面这句话里就有矛盾:“这段时间我们累得喘不过气来,但一眨眼也就过去了。”既然“累得喘不过气”,怎么能轻松得“一眨眼也就过去了”呢?

(3) 排中律要求两个相互矛盾的思想之间排除中间的可能性

用这一规律可以发现“模棱两可”的逻辑错误。当问题归结为两个矛盾的判断时,不能含含糊糊、吞吞吐吐,两者之中只能有一个是真的。例如某通讯社发过《徐州市十一名

民兵奋不顾身抢救遇险列车光荣立功》的新闻，其中有这样一段描写："从蚌埠开往徐州的436次列车，正风驰电掣地开来……就在他们吃力地把汽车推出轨道的一瞬间，火车携着气浪擦身而过。汽车驾驶员和旅客列车幸免于难。车上的上千名乘客纷纷从车窗探出身来，向英雄的民兵招手致谢。"[6]民兵推出汽车的"一瞬间"，"风驰电掣"而来的列车乘客怎么知道发生这件事？火车行驶中不允许旅客探身窗外，上千名乘客又怎能在"一瞬间"探出身来？这里有矛盾，只能一真一假，不允许都承认，这当中必然有失实的地方。显然，乘客探身招手是作者想象出来的。记者采访遇到这类事时可以用排中律提出质疑。

(4) 充足理由律要求论证过程中理由与论断之间具有逻辑联系

用这一规律可以发现"虚假理由"和"推不出"的逻辑错误。例如《新闻战线》1987年第1期《奇文与猎奇》一文中，在介绍一家科技报登出的新闻时称，土耳其一医生在给一个5岁的姑娘动手术时，从她的腹中取出三条蛇，并称其女腹中的蛇是由于喝了没有经过煮沸的含有蛇卵的水所致。稍加分析就会发现，蛇卵形似小鸟蛋，喝水岂能看不出？即使生吞蛇蛋，人的肠胃又哪能孵化出小蛇？这就犯了"推不出"的逻辑错误。

5. 采访中坚持"确认制"，杜绝"低级错误"

新闻报道实践中，错了人名、地名、数字等"低级错误"的事时有发生，有时甚至会引发官司。其实，对这类错误只要采访时稍加注意就可防止，这就是要坚持"确认制"。这是从企业的质量管理中借用的一个办法，操作起来十分简单。在采访中凡是涉及人名、地名、时间、数据、专业名词等重要词语和概念时，听采访对象说过之后，记者当即要复述一遍，或写出来让对方确认。坚持"确认制"要成为记者工作中的一种习惯，这样，"低级错误"就可以杜绝了。

第三节　突发新闻信息的处理

一、突发新闻信息的处理

突发新闻信息的处理是采访当中的一项重要工作。它指的是对搜集来的突发新闻信息材料进行选择、整理和核实，即选材、理材和核材。按一般的采写程序，选材和理材是在写作阶段进行的，核材则可放在第二次采访时进行，为了达到快速采写的目的，我们将这三项工作全部移到采访阶段完成。

(一)"三材"模式

"三材"指选材、理材和核材。建立"三材"模式是将它们看成突发新闻信息处理这个子系统中的三个要素，将它们按一定方式联系起来并有效地运转。选材是对突发新闻信息材料的适用性进行判断，它把住了材料的入口；理材是对突发新闻信息材料的适用性进一步加工，它对适用之材进行扩张或者压缩，以满足入文的标准；核材是对突发新闻信息材料的真实性、准确性进行甄别，以杜绝虚假、不实的材料。

这三项工作各有各的作用,缺一不可,又相互联系,共同运转。一般情况下,它们的排列关系是按照工作流程顺序展开的,即遵循选材、理材、核材这样的顺序。这是因为只有经过选材,才知材料是否适用,才会进一步去整理材料,经过理材之后,才知是可入文的材料,再去核实,这样就可在后两道程序上不会白白浪费精力和时间。

但是这种情况不是绝对的,快速采写必须最大限度地节约时间,因此就要遵循不可重复的原则。记者在采访中是从一个个采访对象那里获取材料的,不能在后来的理材和核材阶段,才发现有进行这两项工作的必要,从而再去找这些采访对象作二度甚至三度采访,那就更浪费时间了。因此,记者往往同时进行这三项工作。同理,记者要在进行突发新闻信息搜集的同时,进行突发新闻信息处理,这同样是为了节约时间。

(二)处理原则

在进行突发新闻信息处理时应遵循下述几个原则:适用性原则、择新择优原则和准确性原则。需要说明的是,纳入适用性原则中的新闻价值标准的几项因素实际上已经包含了后面原则的内容,但为了说明"三材"各个不同的工作阶段的工作重点所在,仍分别加以强调。

1. 适用性原则

这是在选材时要遵循的原则。前面说过,信息和新闻是有区别的,信息要转化为新闻要通过新闻记者的把关。新闻信息的处理便是把住这个关口。首先,它要接受适用性原则的检验。在这里,检验的标准有两个,即新闻价值标准和新闻政策标准。"新闻价值指的是新闻在社会上的传播价值,同时也是新闻工作者取舍和衡量新闻的标准。"从传播价值来看,它有一个客观的标准。这个标准就是客观的社会效果,就是群众对新闻的选择和社会实践对新闻的检验。新闻价值的因素主要有以下五项:真实性、新鲜性、重要性(含显著性)、接近性和趣味性。新闻价值是新闻选择的客观标准和业务标准,新闻政策是新闻选择的主观标准和政治标准。作为广义的政治标准,应包括新闻政策和新闻法规两个方面的内容,主要指:新闻宣传必须坚持党性原则、正确的舆论导向、正面宣传为主的方针以及遵守党和国家的各项宣传纪律和政策法规等。

2. 择新择优原则

这是在理材时要遵循的原则。在对突发新闻信息材料进行扩张或压缩时,对反映同一事实的不同材料,一定要选取最新的和最优的信息材料。最新的指时效性最强即时间最近的和最有新意的,最优的指信息来自最可靠的地点或最权威的发布者。

3. 准确性原则

这是在核材时要遵循的原则。记者要通过各种手段查清所获取的材料与客观事实是否相符,不仅事实在整体上是真实的,而且在每个细节上都是准确的。

(三)如何选材

选材要遵循适用性原则,先用新闻价值标准和新闻政策标准进行检验,在解决新闻信息的材料值不值得报道和能不能报道的问题后,还要看这些材料是否适合入文。这里有两把尺子:一把尺子是主题,要看所选的材料是否符合表达主题的需要;一把尺子是体裁，要看所选的材料是否符合体裁的要求。

1. 新闻价值和新闻政策

下面以《一个灾区农村中学校长的避险意识》(下面简称“意文”)一文为例，在众多记者觉得这所学校 2000 多名师生无一伤亡而无事可写纷纷离开此校时，新华社记者朱玉却发现了此校的新闻价值。为什么？四周学校都伤亡惨重，唯独此校没有伤亡，这种反差就有新闻价值。于是，记者进行了深入采访。发现此校之所以能够避免伤亡，正是因为校长有强烈的避险意识，这正是党和国家要提倡的精神，这就符合了新闻政策。有新闻价值又符合新闻政策，这两条标准都通过了，这件事值得报道也能够报道。

2. 主题尺子

主题有两种情况：一种是事先有了主题。如魏巍采写的著名通迅《谁是最可爱的人》，赴朝作战以前，此文的主题便产生于作者脑中，战场实地采访是依此主题搜集和选择材料。[7]另一种是在采访中萌生主题。采访进行到一定时候，有了基本材料后就应积极思索主题并确定体裁，这样可以尽早明确采访方向，提高采访效率。如“意文”就是如此。

3. 体裁尺子

体裁也有两种情况：一种是事先确定了体裁，如魏巍采写的《谁是最可爱的人》，是事先确定了主题，而要反映这个主题，肯定只能是用通讯体裁了。另一种便是在采访中明确体裁。“意文”正是在采访中确定采用通讯的体裁，只有运用这种体裁才能反映叶校长的避险意识和精神风貌。

(四) 如何理材

理材要遵循择新择优原则。纳入理材范围的材料都是准备入文的材料，理材是对材料进行优化处理。在这里同样要使用主题和体裁这两把尺子。所整理的材料必须充分表现主题思想和展现体裁风格。整理材料可以采用扩充和压缩两种方法。

1. 扩充

是将能表现主题和展现体裁风格的典型的或有代表性的材料扩展开来，如使事件丰富完整，细节细腻动人，情节曲折跌宕；又如使材料有点有面，点面结合，既有统计数据又有代表事例。并且，这些经过扩充的材料都是在同一事件的不同材料中精挑细选的，是最有代表性的材料。如新华社记者朱玉在采访叶校长时，便围绕表现他的避险意识的主题，从不同角度开掘材料。作者精挑了两个核心事例，一个是加固教学楼，一个是进行逃生训练，并围绕此两中心事件不断扩展情节。

2. 压缩

文章要有详有略，详略得当才好看。该详的地方要扩充，该略的地方则要进行压缩。一般说来，对于需要报道的面上的材料，要压缩到只留主干的地步，对于信息量不大或与主题联系不紧密或不能展现体裁风格的材料则要坚决舍弃。如“意文”说这所学校教学质量很高，很多家长都将孩子往这所学校送。但是文中并没有展开叶校长抓教学质量的细节，只是一句话带过。这里就是进行了压缩。

二、突发新闻信息的储存

突发新闻信息的储存指的是对采集的突发新闻信息的记录和对为新闻报道而作的资料进行储备的工作。突发新闻信息的储存是新闻报道工作中必不可少的一项重要工作程序,应进行科学管理,使之有效地为突发新闻报道工作服务。

将突发新闻信息的储存工作可分为三个阶段:突发新闻信息的输入、突发新闻信息的编码、突发新闻信息的输出。突发新闻信息的输入是对采集的突发新闻信息的记录和对突发新闻报道资料的储备,分外储和内储两种形式。外储表现为有形的形式,它包括记录突发新闻信息及资料的采访本、音视频资料、光盘、U盘、图片、卡片、剪报、图书等,有条件的还可以将信息输入电脑;内储表现为无形的形式,是记者以大脑记忆的方式对突发新闻信息及资料的储存。突发新闻信息的编码是对突发新闻信息及资料的分类管理,这项工作应随突发新闻信息的输入一同进行,并随时根据需要及时或定期进行整理。突发新闻信息的输出是对突发新闻信息及资料的用途进行安排,一方面它是新闻采访和写作之间的中介环节,为新闻写作直接提供材料;另一方面它又常常以潜信息的形式启迪着新闻发现、新闻采访和新闻写作,同时也引导着突发新闻信息的输入和编码工作。

中外新闻界都十分重视新闻信息及资料的储存工作,并将其视为提高记者素质的一项基本功。一位西方记者提出:“一名好记者也是一名称职的资料员。”西方一些新闻学家强调,记者必须有自己的“资料库”,给新闻人物和有关团体、单位建立“档案”。美国写内幕新闻的名记者约翰·根宝一生积累了6万张卡片资料,离开报社后,他先后写了《亚洲内幕》《非洲内幕》等7本书。[9]中国新华社著名记者郭超人为采写发表4000多字的通讯《驯水记》,搜集了30多万字的资料,以至于后来他可以根据这些资料写成20万字的专著《六亿神州驯水记》。[10]

新闻信息及资料的储存工作是新闻采写及媒体工作的直接需要。第一,储存的信息及资料,可以作为潜信息储存于记者的脑中,能激发记者的灵感,对新闻发现、新闻采写有直接的启迪作用。第二,它适应突发新闻快速采写的需要,可以直接为突发新闻报道及时地提供深厚的背景材料。第三,现代媒体已普遍实行数字化操作,为网络新闻制作专题或是利用网络资料,更是现代新闻采写的重要工作。如美国“9·11”恐怖事件发生后,许多媒体迅速利用网络资料作出大块报道,及时满足了受众的新闻需求。第四,采访工作为记者利用采访对象大脑储存资料提供了便利条件,应充分让其发挥作用,这也是提高记者自身素质和报道效率的途径。

下面分别介绍新闻信息储存三个阶段的工作如何进行。

(一)突发新闻信息的输入

这里主要从技术角度来介绍,有两方面内容,一是方法,二是载体。

1. 突发新闻信息输入的方法

(1) 采访记录

这是新闻信息输入常用的主要的方法。做采访记录时要注意它对采访对象的心理影响。一是有鼓励作用。采访对象见记者认真做笔记，觉得自己所谈内容受到重视会越谈越起劲。记者若觉得他谈得对路，便可记勤点，若觉得不对路，便少记或不记，便能自然地引导他转移话题。二是起阻碍作用。对一些敏感话题，采访对象见记者往本子上记或是录音可能会感到紧张，此时可以不记不录，采用事后补记的方法，让采访对象放心大胆地谈。

（2）随时随地搜集

在信息社会，到处都可以采集信息，记者应做个有心人，凡是觉得有用的信息和资料要注意随时随地搜集。《人民日报》前总编辑邓拓是一位资料搜集迷。他把每天剪报比喻成一个农民到野地里提着筐子拾粪，从不空手回家。他走到哪里，资料搜集的工作就做到哪里。1958年，他到四川自贡市作调查，亲自到矿井找工程师、工人座谈，掌握了采盐井的大量第一手资料。回家后，又委托当地同志帮他搜集自贡盐业公司清朝乾隆以来的账簿、契约、碑文。这些资料后来对他研究中国资本主义萌芽的分期问题起了很大作用。

现在信息时代就方便多了，用手机即可拍照、摄像、录音，乃至使用电子记事本可随时随地记录大量可用的资料。

2. 新闻信息输入的载体

（1）外储形式

外储形式是有形的形式，前面已对其载体形式作过介绍，这里主要介绍一下如何做笔记。采访笔记本是记者的辅助记忆工具，也是记者积累新闻信息资料的重要形式。做笔记可以按如下程序进行：

一是开始必记的几个固定项目：

时间、地点、人物，这是开始必记的几个项目，如果是做人物专访等通讯类的笔记，还可做得更细致一些。这开始要记的几个项目可在交谈前的观察时记下，也可在交谈的间隙记在笔记本预留的空白处。

二是标疑：

可用红笔把疑惑之处或需要进一步了解的地方随时标出来，也可把脑中临时冒出的问题集中记在一个地方，便于提问。

三是扫描：

采访结束以前迅速扫描一下所记内容，看留在笔记本里用红笔作记号的地方，疑点、问号，有没有遗漏下不清楚的问题，可趁告别采访对象之前的时机抓紧问一下。

四是联络方式：

不要忘了记下采访对象的联系方式，特别是能够记下电话则更好，以防写作时临时又冒出什么问题需要问一问。

（2）其他的外储形式

一是照相：

文字记者也应拍照，一则可作配图用，二则在现场采访时仅靠眼睛观察忙不过来，用相机或手机拍几张照片，写作时，相片对描写现场和人物极有帮助。

二是录音：

录音时，要观察一下采访对象的反映，若是采访对象明显提出反对，不愿意录音时不要勉强。即使录音，也要做笔记，因为，听录音没有看采访笔记快捷和方便，有笔记可以提高写作的速度。

三是资料：

包括在采访现场搜集的剪报、图书或其他文字材料。要尽快地扫描一下，若从中可以发现新闻线索，当即便可向采访对象提问，这样可节省时间。

（二）突发新闻信息的编码

突发新闻信息的编码就是对搜集的突发新闻信息及资料进行分门别类的整理，这个工作从搜集时就开始了。有的可以直接在采访本上做记号，有的待采访完后重新整理，或做成卡片，或分专题做成“档案”。有的是直接分门别类储存于记者脑中。对于马上就要用于写作的突发新闻信息和资料要尽快地转入内储形式。对于本次写作多余的信息和资料可分类储存起来。注意，在每则资料前可标一个小标题，以便于检索。资料库可包含以下内容：

1. 访前资料库

每个记者采访之前都会为本次采访准备一些资料，对这种准备不应只用一次就甩在一旁，而是要将它们储存起来，建立自己的访前资料库，资料库可包含以下内容”：

一是有关理论、政策方面的信息资料：

党和国家在各个时期的方针（特别是记者所跑领域、专业的）、政策及理论，记者要注意平时积累这方面的信息和资料并加以搜集。

二是各种信息资料：

在信息社会，各种信息如潮涌来，记者若不注意平时积累这方面的信息和资料，就会落伍。

2. 背景知识

任何一个新闻事实的发生、发展，总是与一定的因素相联系，总会有一定的社会背景。用来说明新闻事实发生、发展的具体原因、条件、历史、环境、价值及其意义的材料，称之为新闻背景。它包括所要采访的新闻事实的历史性知识、环境性知识、说明性知识和对比性知识。这些知识可从日常阅读的书籍、报刊、文献资料中获取，可从图书馆、资料室中的各种工具书中获取，还可从采访对象提供的书面材料、照片、图画、录音录像资料中获取。

3. 群众语言

群众语言能使新闻报道增色。记者要善于搜集群众语言，特别是生动活泼的口头语言，如有特点的提法、说法、顺口溜、新民谣等语言素材。对这些搜集来的语言素材要注意提炼加工。

4. 专题资料

专题资料是分类中的一个重要内容。记者要经常整理自己的资料，并按专题进行分类。这种专题可以按单位、个人和报道的专题进行分类，还可将分类的要目摘记在卡片上，便于检索。

三、突发新闻信息的输出

突发新闻信息的输出是对突发新闻信息及资料的用途进行安排。对于外储形式的信息和资料要快速检索翻阅，将有用的部分尽快转入内储形式。突发新闻信息的输出便是对已储存的信息及资料在脑中进行回顾和思索，这种回顾与思索，可以先只是快速检索一下每则资料前的小标题，待需要深入了解时再将它们展开，采用此法可以快速检索。实际上大量未展开的信息是以潜信息的形式渗入思索，并用它们来启迪新闻发现、新闻采访和新闻写作，对于新闻写作来说，此时已进入打腹稿的阶段。下面，介绍一下新闻信息输出的常见用途：

（一）用于新闻发现

调动新闻信息储存预测重大新闻，这在新闻史上有不少成功的范例。1964 年 10 月 15 日，赫鲁晓夫“辞”去了苏共中央总书记、部长会议主席职务。事件发生当天格林威治时间 18 时 55 分，法新社驻莫斯科记者就发布了消息，断定赫鲁晓夫已经下台，而苏联宣传机构这个时候对赫鲁晓夫下台一事仍秘而不宣，塔斯社直到次日格林威治时间 20 时 30 分才播发消息证实了这件事。法新社为什么能够早于塔斯社 25 小时 35 分钟宣布这个轰动世界的新闻呢？原因之一是法新社的记者对苏联的政治生活、上层人物的倾轧和赫鲁晓夫本人都作了大量的研究，所以，在 1964 年 10 月 15 日莫斯科出现某些“异常现象”时（赫鲁晓夫没出席为古巴总统多尔蒂科斯访苏举行的记者招待会、当天《真理报》上赫鲁晓夫的名字不见了，苏联政府机关报《消息报》当天没有出报等），他们便想到赫鲁晓夫出了事情。这就是记者运用内储资料产生的灵感。

（二）用于新闻采访

几乎可以这样说，每次突发新闻采访活动都必须调动突发新闻信息及资料的储存。建立访前资料库就是为采访服务的。如建立个人的档案，便是为了熟悉这个人，随时掌握他的动态；同时搜集这个人的爱好、习惯等情况，便是为了能够更好地接近这个人，以便随时进行采访。这一点在前面的章节中都作过大量阐述。特别是新闻采访是以提问作为获取材料的主要手段，而提问本身就需要记者平时做大量准备。法国《世界报》创始人贝尔·伯夫·梅里这样说：“提问的方式不要呆板，要有技巧，要看对象，他是什么人物？是政界的，军界的，还是文化界的？对不同的人物，要提出不同的问题。提问题也是思想和艺术的结合，要得到高质量的回答，必须提出高质量的问题。”[11] 而提出高质量的问题则要求记者作高质量的资料准备工作。1980 年 8 月 21 日和 23 日，中国共产党中央委员会副主席邓小平同志两次接受了意大利女记者法拉奇的采访，现摘录采访中的部分问题，看看记者提问的水平：

> 天安门上保留下来的毛主席像，是否要永远保留下去？
>
> 对西方人来说，我们有很多问题不能理解。在中国人民讲起“四人帮”时，把很多错误归咎于“四人帮”，说的是“四人帮”，但他们伸出的却是五个手指。
>
> 你说在后一段时期毛主席身体不好，但刘少奇被捕入狱以及死在狱中时，毛主席身体并不坏。比如其他错误：大跃进难道不是错误？照搬苏联的模式难道不是错误？对过去这段错误要追溯到何时？
>
> 据说，毛主席经常抱怨你不大听他的话，不喜欢你，这是否是真的？
>
> 中国有这么一个人，他在任何时候都没有被碰到过，这就是周恩来总理。为什么周总理一直在台上、一直在掌权？虽然有的时候他也处在很困难的地位，他为什么不能纠正当时那些错误？[12]

从法拉奇的这些提问中，我们可以看出，记者利用了很多事先储存的信息和资料。

（三）用于新闻写作

调动储存信息和资料用于新闻写作是经常发生的事。我国著名剧作家曹禺谈过这样一件事：他在美国访问时遇到许多新闻记者，有个《纽约时报》的记者一次采访他只是很有目的地提了几个问题，过后便在报纸上发表了三篇文章。文章里谈了许多曹禺意想不到的事，而且事实没有出入，材料准确无误。不难看出，该记者在采访之前看了不少书籍和资料。曹禺还说徐迟采访周培源只谈了两个小时，便完成长篇报告文学作品，也是在采访之前，作了深入细致的资料查看和调查研究工作。曹禺认为：“一个好的记者，应当具备这样的基本功。”[13]还有不少记者利用储存的新闻信息和资料著书立说。

本章小结

突发新闻信息处理的重要任务就是努力克服突发新闻信息的失实。在全媒体时代，互联网已成为虚假新闻滋生、扩散的重要场所；传统媒体不加查证地引用网络信息，也是虚假新闻生成、扩散的重要原因。互联网也显著地发挥了独特的信息澄清功能。产生失实信息也因现代传播条件带来的众源信息，降低了信息来源的可靠性，媒体实时呈现事实降低了新闻要素的准确性。虚假新闻的产生是因为信息核实不到位，信息的动态呈现、冗余的信息和数据增加了媒体选择与核实的难度，记者个人采访作风也是重要原因。突发新闻信息处理要坚持适用性、择新择优和准确性的原则，信息处理有“三材”模式，第一，突发新闻信息的核实即核材，要借助网络平台核实信息来源，在动态中核实事实并实时纠错，并寻找权威新闻源核实；传统方法仍不可少，运用逻辑规律和生活规律判断，及时发现信息的不实之处，坚持去新闻现场，从新闻源头把关；用其他材料核实，不要自己求证自己；排除给采访对象的压力，设置让其讲真话的环境；采访中坚持“确认制”，杜绝“低级错误”。第二，选材要看其新闻价值和新闻政策，运用主题、体裁两把尺子；第三，理材采用扩充和压缩的办法。突发新闻信息的要的储存做好输入、编码和信息输出工作。

思考与练习

1. 从《新闻记者》杂志公布的历年十大假新闻中挑选数例分析：怎样分辨假新闻？
2. 从微博新闻中挑出有价值的新闻，试试自己如何去核实这条新闻，说出核实的办法与途径。
3. 尝试一次采访实践，采访学校领导、学院领导、教授、学校食堂师傅、学校保安、学校网络中心工作人员、校医院医生或护士、学校商店经理等，请他们描述一下工作中高兴或烦恼的事情，详细记录在采访本上，回头好好整理采访笔记，并可与同学对照，看看如何挑选有用信息。

参考文献

[1] 白红义等.《新闻记者》2012 年虚假新闻研究报告[J]. 新闻记者，2013(1).
[2] 韦中华. 突发新闻报道如何避免信息失实[J]. 青年记者，2010(9).
[3] 余婷. 西方媒体如何应对新媒体环境下的信息核实[J]. 新闻实践，2011(21).
[4] 韦中华. 突发新闻报道如何避免信息失实[J]. 青年记者，2010(9).
[5] 韦中华. 突发新闻报道如何避免信息失实[J]. 青年记者，2010(9).
[6] 葛修远. 模糊的精确与精确的模糊[J]. 社会科学论坛，2012(6).
[7] 成美. 童兵. 新闻理论教程[M]. 北京：中国人民大学出版社，1993：56.
[8] 魏巍. 我怎样写《谁是最可爱的人》[N]. 人民日报，1951-8-19.
[9] 刘善兴. 新闻采访 36 式[M]. 北京：解放军出版社，2001：318.
[10] 艾丰. 新闻采访方法论[M]. 北京：人民日报出版社，1982：36.
[11] 林玉善. 谈新闻采访提问[J]. 新闻爱好者，1989(10).
[12] 邓小平. 答意大利记者奥琳埃娜·法拉奇问//邓小平文选[J]. 北京：人民出版社，1983：344-353.
[13] 丁彬萱. 曹禺谈记者要有基本功[J]. 新闻战线，1982(10).

第八章　突发新闻采访的特点与技巧

学习目标

1. 突发新闻采访的困难与准备。
2. 突发新闻采访与记者的职业精神。
3. 突发新闻采访的特殊技巧。

突发新闻采访的现场环境和人际关系往往是十分复杂和困难的。记者面对的是那些不可预料的,属于不可抗力下毫无预兆和征兆下发生的,不能为人所控制的恶性事件。在突发事件的采访中记者往往会遇到来自自然界和人为方面的阻力,这些困难凸显出突发新闻采访的特点,并要求记者具备独特的采访技巧。

第一节　突发新闻采访的困难与准备

一、突发新闻采访自然条件的困难

自然灾害发生时会给人们的生命财产造成极大的损害,同时对交通、运输、通信也会造成很大的影响。

2011年3月15日,《现代快报》报道了该报记者赴日本采访地震新闻遭遇交通困难。报道称:抵达东京后,离重灾区还有300公里的路程。原本在日本租一辆车很容易,但福岛核电站3号机组爆炸的消息传出后,司机们纷纷退缩,多位司机都不愿去仙台。包车不行,能不能飞到附近的机场再辗转去仙台呢?机票已经买不到了。此时,记者想到向日本红十字会求助,而曾经参与过汶川地震救援的日本红十字会工作人员位板和隆先生表示,日本红十字会的救援车已经到达灾区,没有办法提供帮助。官方求助失败后,记者又将希望转到另一位日本朋友镰田浩子小姐身上。镰田浩子小姐帮忙联系了她认识的一位姓胡的台湾籍朋友。半小时后拿到紧急通行证,记者立刻来到东京警视厅麻布警察署办理道路通行证。受理办证的警员告诉记者,地震发生后,直到昨天才有人来办理道路通行证,而截至下午5点,一共办理了20张通行证,除了日本当地的一些救援机构外,还有来自美国、澳大利亚的电视台,而快报记者也成为第一位到该警署办通行证的中国记者。然而,记者在前往仙台的高速公路上突然接到消息,仙台市民被紧急告知要穿白衣、戴口罩、少出门,以避免受到核辐射影响。本应今天上午十点左右到达仙台的快报记者,昨天深夜,也不得不放弃前往仙台的计划,遗憾地往东京回撤。[1]

在突发新闻采访过程中，类似这样的因自然环境阻碍不能到达采访目标地的情况举不胜举。这里就看记者怎样临时变通，巧施妙计。可谓八仙过海，各显神通了。

二、突发新闻采访人为条件的困难

（一）当事单位或当事人的阻挠

突发事件往往因其有极大的危害性和危机性，一旦公布真实情况可能会对当事单位或者利害相关人产生极大的负面影响，他们往往会采取多种手法阻止突发新闻的传播。

在采访各类突发新闻特别是社会安全方面的事件，例如煤矿坍塌等事件时，记者往往会受到当地政府或是煤矿负责人的层层阻挠，他们尽可能阻止记者将真实情况展现在大众面前，以免影响到自己的政绩或利益。

2012 年 13 日 13 时 26 分，武汉东湖景园在建住宅发生载人电梯从 34 层坠落事故。据政府部门的最新消息，共有 19 人遇难，基本是施工人员。武汉工地电梯坠落事故施工方对采访记者大打出手。据人民网武汉 9 月 13 日 18 时电，13 日下午 1 时许，武汉长江二七大桥与欢乐大道交界处一工地上，一载人电梯从 34 层突然坠落，19 人不幸遇难。目前，诸多媒体记者已赶赴现场，但遭到施工方的阻拦，湖北经济电视台直播记者在微博中称："记者拍摄时，被几名穿制服的保安看到，要求我们删除所有镜头，在出示记者证后仍对我们的记者动手。"

（二）当地政府及新闻管理部门不允许报道

由于当地新闻宣传管理部门或地方权力机构旧的思想观念的影响，一些突发新闻不允许报道或者借口影响社会安定团结不允许报道。下面略举几例：

2003 年"非典"事件，一开始不允许被报道，所以各大报社都没有动静，后来因为外国媒体披露出来后引起轩然大波。这次"非典"事件的报道也引发了中国对突发新闻报道的一次重大改革。

美的冰箱广州工业园附近发生一起车祸，《南方日报》《南方都市报》等媒体的记者赶到现场，进行正常采访。不料，数名男子突然上前阻拦，强令摄影记者删除照片，并捡起石头砸采访车，记者险遭攻击。随后，记者报警，白云区公安民警赶到后，维持了正常的采访秩序。

浙江湖州市吴兴区八里店镇因移沿山村养殖户杨水江的鱼塘大面积死鱼，杨求助浙江电视台经视频道，该频道记者便前往采访。而八里店镇党委副书记施国锋试图阻挠记者拍摄，双方发生争执，多名镇政府工作人员要求摄像停止拍摄，并上前抢夺摄像机，争执地点从大厅移至门外操场，政府工作人员拉扯记者，抢夺摄像机，摄像记者紧抱器材被推入水塘。[2]

（三）涉黑势力控制不能公开进行采访

一些恶性事件往往因受涉黑势力幕后控制，涉及当事人的重大利害关系，当事人特别警惕记者的介入，记者为获取信息往往采用隐性采访的方法。

据南方报业网2011年9月5日网载(记者孙旭阳),昨晚,河南电视台都市频道报道了一条智障奴工的交易黑链。该频道记者经暗访,在驻马店和郑州等地发现多处黑窑厂,以暴力强迫智障者无偿劳动。

这些黑窑厂,智障者少则5人,多则十几人,挤在恶臭扑鼻的小简易房内,每天吃不饱,休息不够,却要干重体力活,动辄挨打。有的智障者身体还有残疾,肩部和腰部严重变形。在登封市的一家黑窑厂内,智障者被强迫在39摄氏度的高温下出工。

调查中记者发现,在黑窑厂被奴役日久,除了身体垮掉外,智障者的智力和精神障碍也越来越严重。

一名行内人士告诉电视台,智障奴工有买来的,有骗来的,还有抢来的,遇到不服者,就"打怕、打服"他们。

包工头、驻马店平舆县人祁占城称,遇到智障者骗不走时,就骑摩托车尾随,在没人的地方,"几个人拧住就走",此过程至少需要3个人一起动手。

到手后,用得顺手的奴工就自己留下,不顺手的就卖给其他工头。使用奴工的包工头彼此之间都有联系。据调查,每名智障奴工的价格在300元至500元之间。

一行内人士称,如果雇用正常人,一年要支付一两万元的工资,而使用智障奴工,则分文工资都不用付。

电视台记者暗访被打

据河南电视台都市频道报道,从8月14日起,该频道一男记者假扮智障人,在驻马店火车站附近闲逛,并不时向人乞讨,捡拾地上的烟头,还曾抢食地摊上食客吃剩下的半碗凉皮,终于迷惑住在附近物色猎物的奴工经纪人。

8月17日下午,该记者被两名男子拉进出租车内,拉到其之前暗访过的驻马店市西平县一家名为"恒泰公司"的窑厂内。傍晚,他被以500元的价格,卖给了包工头万成群。

之后,该记者被强迫劳动3个多小时,其间因哀求喝水,被抽了一耳光,并用三角带抽打背部。在该药厂内,一名智障者被监工人员专打下阴部。

最后,在窑厂流水线暂停后,记者终于被获准去伙房喝水,他借机逃出窑厂,三四个小时后,与接应的同事会合。

偷拍镜头显示,在看到又有一名新奴工送来后,包工头万成群吸着烟,哈哈大笑。

三、突发新闻采访前的准备

(一) 采访前的间接准备

突发新闻采访的环境非常复杂,必须认真做好采访前的准备。突发新闻报道采访前的准备分为间接准备和直接准备。间接准备的主要内容是知识的储备与更新。知识准备包括泛知识准备与专业知识准备。从书本中学习、从实践中学习是知识准备的主要方法。

（二）采访前的直接准备

直接准备是指具体的准备。包括对背景材料及相关资料的准备、做好物质和技术的准备及对采访任务的心理准备。记者接到采访任务后，要根据确立的报道主题搜集素材，以进一步明确报道思想及相关政策，使整个采访过程围绕键点有序地展开。

1. 对背景材料及相关资料的准备

记者应当尽快熟悉采访对象的相关背景，预设提问，拟订采访计划。需要注意的是，在采访前，记者一般都要列出采访提纲，以保证采访有序进行。然而，这并不意味着在采访中就可以按图索骥。在采访过程中，记者要注意观察采访对象的言谈举止及周围环境，发现并及时提出一些新的问题，以弥补原设采访题目的不足，从而丰富采访内容。闻名世界的意大利女记者奥琳埃娜·法拉奇在每次采访前，总是用几个星期的时间做准备，阅读与采访对象有关的材料和书刊，还要做笔记，写研究心得。从著名记者的经验来看，采访成功与否和资料准备是否充分有着十分密切的关系。

2. 做好物质和技术的准备

在采访突发事件的过程中，技术准备齐全、完备，前后方的协调衔接畅通、有效等，是保证采访顺利进行的重要因素。做好录音、录像、话筒、电池等技术准备，与相关人员做好协调，既能够帮助记者完成报道的任务，也能够保障记者的人身安全。由于记者准备工作做得不充分而导致的失误在新闻采访实践中并不鲜见。

以《湖北日报》传媒集团记者蔡华东和张晓峰在2007年俄罗斯年“湖北日”报道中的一次失误为例。2007年9月3日下午，俄罗斯中国年“湖北日”主体活动在莫斯科举行。作为省政府新闻代表团的随行记者，他们在现场采访了这次活动。然而，没有想到的是，在传输稿件的时候却卡了壳。最终，前方省委宣传部领导和后方编辑部值班领导只能做出无奈的选择，选用了新闻社不到400字的电稿。[3]从这个例子可以看出，只有做足事前功夫，才能做到处变不惊。

3. 对采访任务的心理准备

为使突发事件的采访能够顺利地进行，记者必须做好充分的思想准备，要有“一不怕苦，二不怕死”的精神，要具备不畏艰险的顽强毅力。主要表现为：记者要调节好自己的心态，顶住突发事件对自己的压力。要预想到突发事件具有极大的危险性和不可预知性，采访的过程不会一帆风顺，外界的阻碍很可能会对自己的生命安全造成一定的威胁。在汶川地震的采访中，新华社以及其他媒介的记者们一直坚守在汶川、北川等重灾区，他们在宝成线坍塌的109隧道和抢险队伍一起掘进，在破碎的山岭中和救援队员一同跋涉。从面对惊魂未定的都江堰市民，再到一个个生死离别的揪心场面，新闻记者们陷入了沉重的悲怆之中，心理上承受着巨大的压力……因此，记者们要调整好自己的心态，做好新闻报道。

综上所述，突发新闻报道采访前的准备对于做好突发新闻报道来说非常重要，记者要精心准备，做好突发新闻报道。

第二节　突发新闻采访与记者的职业精神

突发事件的恶劣采访环境和复杂的人际关系，对记者的职业精神是个严峻的考验。这种考验不仅意味着记者必须有顽强的意志力；同时也要有富贵不能淫，贫贱不能移，威武不能屈的中国传统道德精神；更要有“铁肩担道义，辣手著文章”的记者风采。这些应成为新闻记者职业精神的闪光点。

一、记者要有顽强的意志力

在突发新闻的采访之中，记者的意志力发挥着重要的作用。面对突发事件的严峻环境，记者的采访工作会遇到平时难以想象的困难。记者需在短暂的时间内充分调动行为主体的思维敏感性及身体耐受力，而调动行为主体的这种积极性就是意志力的作用。同时记者还要忍受食物短缺和水资源短缺等恶劣条件，能忍则忍，坚持到底。在面对无从下手的新闻时，意志力具有鼓动记者继续摸索，完成采访的作用。

（一）顽强的意志力来源于充满了责任和大爱的集体

2008年5月12日汶川大地震发生后，湖北卫视先后派20位记者奔赴灾区进行新闻报道。王俊是当时赶赴现场的记者之一，《媒体时代》2010年第11期发表她的文章《泪水·深爱·奉献——2008湖北卫视汶川地震报道组的追忆》：

> 即使是时隔两年之后的今天，回忆起自己在2008年汶川地震的抗震救灾战场的种种经历，印象最深刻的，除了种种惊心动魄的场面，就是我的眼里常含泪水。这泪水是因为以中国人民解放军为主力的救援部队与全国人民共同谱写了一曲壮丽而深情的《生死不离》之歌，是因为广袤土地上受苦受难的人民在废墟和血泪中坚强站立的不灭勇气，是因为身在湖北卫视这样一个充满了责任和大爱的集体中涌现的自豪，是因为与并肩战斗的同事、战友之间相伴相依的深厚情谊……得知“5·12”汶川地震的确切信息后，湖北卫视就作出了紧急部署，我的同事们通过各种渠道联系相关单位，时刻准备第一时间赶往四川灾区。

（二）顽强的意志力来源于新闻竞争的意识

下面的记述，摘自王俊的文章：

> 5月13日上午，湖北卫视第一批赴灾区记者肖昌盛、王晓鸿，已经赶到了受灾最严重地区之一的都江堰，开始了采访报道，成为除了央视和四川台之外，最早抵达灾区的地方卫视媒体记者，他们三天三夜没有合眼，记录下了黄金72小时生命大营救中无数感人肺腑的现场，共发回相关救援报道10余条。肖昌盛和王晓鸿拍摄的《72小时：生命的奇迹》给无数人带来了生的希望和活下去的勇气！
>
> 5月19日我和同事秦声来到了重灾区之一的什邡，面对满目疮痍的大地，我们

在悲痛中思索，此刻距地震发生已经过去了几天，我们要拍些什么？我们来到了驻鄂空降兵某部设在什邡的军指挥所。当晚8点半得知第二天也就是20号，部队有一个行动，连续30多架直升机将前往清平乡展开集中救援。部队只允许三名记者随军报道。中央电视台记者和解放军报记者已经确定，剩下一个名额，国内多家媒体都在争取。从晚上9点开始一直到次日凌晨2点多钟，我都在与部队方面沟通。当时我的心里只想着，见证驻鄂子弟兵的英勇，我决不能放过，我要这条片子打上我们“湖北卫视”的印记！接下来是5个多小时的艰难沟通和争取，我说空降兵是驻鄂部队，湖北老乡们尤其关注空降兵的救援动向；我说中央台记者既然要借用我们的设备，能否“顺便”借用我这个人；在得到时任湖北卫视新闻中心主任向培凤的支持后，我承诺这条消息将作为头条在当天的湖北新闻节目中播出，保证可以上央视新闻联播；我甚至说我是湖北卫视最好的出镜记者，我能用自己的眼睛和发现去见证这场注定被载入史册的救援；我还撸起袖子展示我胳膊上打网球锻炼出来的“腱子肉”，介绍频道办公室已经给我买了巨额人身保险，保证自己不需要特殊照顾不需要事故赔偿；在吃了一个又一个闭门羹，遭遇一次又一次拒绝后，我仍然执著地在指挥中心帐篷角落里“留守”着寸步不离……最后，首长们都被我打动了，凌晨两点多，首长终于同意我配合中央台摄像记者作为出镜记者登机！湖北卫视也由此成为全国唯一参与报道这次大型救援行动的地方电视媒体！就这样，在接下来的一段时间里，我和搭档秦声跟随空降兵部队上天入地，发回了大量独家消息和新闻特写。

我们记录了空降兵某部“十五勇士”安然返程的过程，驳斥了所谓十五勇士死伤过半的流言；我们既注意全景展示子弟兵一次次危险的绝地救援和难度极大的高空空投等英雄壮举，又关注着灾民逃出险境的感人细节、动人故事。

当天得知，有直升机失踪，记者被禁止上军用直升机，而我们就成了禁令发布前的最后两名登机记者。两篇报道《两名被困20天绵竹矿工成功获救》《故土难离，清平乡最后两位村民泪别家园》在央视抗震救灾特别报道和《湖北新闻联播》播出，《东方时空》记录空降兵某部救援行动的30分钟专题中，关于此次营救的画面全部是我和秦声，还有栏目部的梁讯共同拍摄的。

（三）顽强的意志力来源于舍小家成大义

每当我从没有电和手机信号的地方采访回来，笔记本上总留下很多战士家里的电话。年轻的战士们接到命令后，匆匆赶赴灾区，家中父母就此失去了他们的音讯。他们纷纷拜托我帮他们打电话回家报平安。当我第一次打通这样的电话时，那位妈妈听到儿子的名字竟然立刻嚎啕大哭。我忙说我是记者，采访过他儿子，老人可以留意我们湖北卫视的新闻，说不定能看到儿子；小伙子很棒，还帮老乡搬家呢……肖波、陈伟杰、田田、杨玺、储奇、蒲亿国、胡有亮、黎伟琪、刘立冬、程凯、龙云矫……这些可爱可敬的战士们在面对大义和小家的抉择时，毅然选择了前者，而他们的亲人天天守候在电视机前，坐在电话旁，苦苦等待着儿子的讯息，我唯一能为他们做的是每天跟这些老人聊聊天，说说部队上的事，说说他们儿子的事。听到孩子的消息，这些父母亲们，有的哭，有的笑，有的不停地说谢谢，有的不断地问我很多问题，久久不愿意挂电话，我只有含着眼泪，把我在不同驻地、不同部队的所有经历都汇编到一起，跟他们讲《儿子的故事》。我相信对他们来说，我所说的并不是谎言，因为我"汇编的故事"正是每个战士都必须经历和面对的，而他们都表现得同样勇敢无私！

而护送北川灾民撤离的祝红杰也遭遇到了和我同样恐怖的情景。当祝红杰眼看一块磨盘大的巨石向一位老人和一个孩子的头上砸去，而这老少两人完全被眼前的可怕情景吓呆了，一动不动时，"快跑！"祝红杰猛扑上去，一把推开老人，用自己的身体护住了孩子。老人和孩子得救了，祝红杰却再也站不起来了，他的左腿膝盖、小腿粉碎性骨折，永远不能再像正常人一样走路了。我一路追踪采访到他所住的医院成都军区总医院，头一天刚动过手术的他，看到我，脸上绽开一个虚弱的笑容，问："小女孩还好吧？"眼泪冲出了我的眼眶，我回答说后来一直没有小女孩的消息。他说："没有消息就是好消息，说明她脱险了，希望她珍惜生命，好好生活。"

二、记者要有大无畏的奉献精神

（一）记者是一个具有牺牲精神的职业

下面请看关于记者在战场献身的一些报道：

中新网（2014 年）8 月 21 日电　据新加坡《联合早报》21 日报道，伊拉克极端组织"伊斯兰国"19 日发布美国一名战地记者遭斩首的视频，要求美国停止空袭伊拉克，否则将杀害另一名被绑架的美国记者，此事件震惊全球。

又据美国媒体（2014 年）9 月 2 日报道，"伊斯兰国"（ISIS）极端组织当天在互联网发布的一段录像显示，该组织扣押的美国记者史蒂文·索特洛夫已被处死。这名操英国口音的武装人员向美国政府挑衅，称"奥巴马，我因你对 ISIS 的傲慢外交政策而回来了，当美国导弹袭击我们的同时，我们的刀将继续划过你们的喉咙"。

人民网北京（2012 年）9 月 7 日电（记者翟慧慧）　据媒体报道，目前新闻记者位居世界十大危险行业的第三名，仅次于矿工和警察。知名传媒学者、北京外国语大学国际新闻与传播系展江教授做客人民网传媒沙龙节目，就记者权益保护、舆论监督话题与网友进行了在线交流。他说据记者保护组织统计，记者因工作殉职、意外死亡、严重人身伤害、被绑架、被骚扰等情况时有发生。每年大概有 100 名左右的记者因公殉职。展江在节目中将世界不同地区的记者职业危险性做了分类。一类是发生战争、战乱的地方。比如在伊拉克、阿富汗，记者是高危职业。第二类在一些转型国家。这些国家原来的秩序被打乱了，要建立新的秩序。体制的交接，导致了新的问题。比如一个突出的问题就是有组织的犯罪，黑社会比较猖獗，这样的国家记者的状况不是很好。比如刚刚发生人质事件的菲律宾。比如临近美国的墨西哥作为贩毒的通道，贩毒组织经常杀害媒体从业者。

人民网(2014年)1月1日讯　据法新社报道,国际记者联合会年终表示,2013年全球约有108名记者与新闻从业人员殉职,并指出女记者受到的暴力威胁程度日增,且亚太地区最不安全。

(二) 困难的采访环境使记者完成采访之途险象环生

我们接着看王俊的文章记述。

2008年5月19号早上7点,湖北卫视汶川地震报道组记者王晓鸿随同161医院医疗小分队一行10人,徒步急行军向北川县禹里乡进发!徒步150公里,翻越了5座高山,连续33个小时的跋涉,王晓鸿在经过茶坪镇的一处山体垮塌路面时,脚下打滑眼看就要摔下悬崖!所幸的是,他背后足有1米多高的沉重背包挂住了岩石,晓鸿这才幸免于难!最后他终于和医疗小分队一起,及时安全地把急救药品送到了深山群众手中!

我们舍生忘死、不眠不休,做了大量时效性强、感人肺腑的好片子,可是在刚开始传送回汉的时候遇上了大麻烦。我和搭档秦声曾找遍了什邡所有可能有网线的地方,最后发现全市唯一可以达到传送网速要求的光纤在一栋危房里,房间里全是摔得支离破碎的电脑和空调,墙体上有大大的裂缝,余震袭来,随时可能有倒塌的可能。我们从这里传回湖北的第一条消息《空中大营救清平乡千余被困群众成功转移》,使湖北卫视抢先于中央电视台和全国媒体,首播了空降兵空中救援千余群众的消息。而背后,则是我和秦声在危房中为传回一条3分钟的片子,连续5个小时寸步不离的坚守。连续3天,危房里那根维系与外界联系的光纤就成了我们唯一能传出片子的途径。空降兵某部官兵知道以后深受感动,他们想方设法牵了一条宽带到我们的帐篷,这才解决了我们的传送安全问题。

(三) 战争环境采访直接面临死亡威胁

1. 战地记者

战地记者(War correspondents)指在战争中报道新闻的记者,又称"随军记者",是新闻工作者中的一种职业分工。战地记者同样也包括文字记者、画家、摄影摄像记者。他们根据亲身经历和见闻所采写的战地现场新闻或目击新闻就是战地报道。

2. 战地记者要掌握的基本技能

战地记者要掌握下述基本技能:掌握当地语言,沟通能力,交流能力,在复杂多变的情况下迅速处理信息的能力;战地相关的能力:懂得如何自我保护,紧急情况下如何求生,等等。媒体有责任为记者配备专业的装备以及购买保险。

3. 战地记者的知识储备

了解该地区政治、经济、文化、历史、宗教等背景知识。因为战争的本质不是枪炮。

军事常识的储备:这是战场环境的需要。虽然国际法规规定战地记者的权利和人身安全应该受到战场双方的尊重和保护,但由于有许多不可控制的人为的因素,战地记者的危险性并没有降低。因此,要掌握一定的军事常识,这些军事常识的重要性丝毫不低于新闻采访报道的重要性，这也是战地记者生命安全的必要保障。战地记者需要储备下列知识：

了解交战双方的军队特点、军事实力和军队部署情况，具备现代作战思想和理论、军事装备知识、军事历史地理知识，特别是交战双军的军史知识和战场地理情况。

4. 战地记者要有效地保护自己

(1) 利用各种手段保护自己

战场是最危险的地区，身处战场的任何人都时时刻刻面临着死亡和受伤的威胁，士兵如此，战地记者也如此。要有效地保护自己，如选择较为安全的掩体，学会如何躲避袭击，用合适的装备保护自己。在掉队和独立采访过程中要解决饥饿、干渴问题，面对疾病、恶劣天气或环境以及外力的侵袭时，要保持体力。

(2) 学会利用规则和法规展开工作，保护自己

要学习国际军事法和战争法。国际军事法是调整国际社会的集体安全保障及有关军事利益等特殊关系的国家条约和国际习惯的总称。

战争法是指主体国家联合协商制定的调整交战各方之间、交战方与中立国之间关系的原则、规则和规章制度的总称。

做一个守法的战地记者。对于报道战争的记者的身份，《日内瓦第3公约》和第1附加议定书是这样规定的：进行战争采访的新闻记者分为“一般新闻记者”和“战地记者”。敌对双方的“一般新闻记者”属于平民，应按照保护平民的规定，给予尊重和保护，但“一般新闻记者”不能从事“敌对行动”；“战地记者”则是经过其国家武装部队准许伴随部队参与行进的，虽不一定直接参加战斗行动，但若被对方俘获，也将成为战俘。

5. 报道战地记者的新闻

荆楚网消息(记者张扬、通讯员王潇潇、房姗姗)　头戴钢盔，身穿防弹衣，身后枪炮声不断，匍匐在地坚持报道……5月14日，央视新闻联播中播出了记者张萌在曼谷街头亲历枪战的画面，让不少人留下深刻印象。张萌这位年仅28岁的女记者是个从小在武汉长大的姑娘，2003年毕业于华中科技大学新闻学院。而央视另一位驻泰女记者张娟也是武汉姑娘，两人今年3月受央视国际部派遣同去泰国曼谷驻站。

张萌于1999年进入华中理工大学广播电视新闻学专业学习。其毕业论文指导老师古忠民告诉记者，张萌大三在中央电视台实习期间，获取了许多关于伊拉克战争的一手资料，实习回来后毕业论文围绕伊拉克战争新闻报道展开写作，从五个方面比较央视报道和凤凰卫视新闻报道的差异。因为是SARS期间，她回校后还在隔离室中待了足足15天，但在这15天中毕业论文就基本成型了。这篇论文还被评为当年优秀本科生毕业论文。

2003年，张萌毕业后进入中央电视台新闻中心采访部工作，曾经参与新疆罗布泊科考、2005年重新测量珠峰高度、“神舟六号”载人飞船、汶川大地震等重大新闻的现场报道。2005年，年仅23岁的张萌曾在海拔6500米的营地昼夜报道了7天，

被人喻为“中国最高的女记者”。“嫦娥一号”卫星上天时，央视还给张萌设了专门的连线专题叫“张萌追嫦娥”。

据悉，张娟是华中理工大学新闻学院04届毕业生，2006年研究生毕业去央视社教中心工作。我国驻泰国使馆新闻处主任姚文表示，两个女记者每天在枪林弹雨中穿梭，为保证两人安全，已为她们购置了“全副武装”——钢盔和防弹衣。

（来源：荆楚网，2010-05-17）

三、记者要有“铁肩担道义，辣手著文章”的勇气

（一）真实性和责任感是记者不能放弃的原则

“铁肩担道义，辣手著文章”，是我国民主革命时期著名的新闻工作者和新闻教育开拓者邵飘萍终生恪守的信条。正是这种对新闻事业的执著追求和献身精神，使他在政治上紧随时代步伐，在业务上精益求精。邵飘萍以报纸和通讯社为武器，宣传真理，不畏强权，抨击邪恶，敢于坚持真理与正义，为我国新闻事业的发展作出了突出贡献。1926年，“三一八”惨案后，他支持反帝反军阀斗争，遭到奉系军阀的忌恨。1926年4月26日凌晨，邵飘萍被军阀张作霖父子杀害于天桥。然而，“铁肩担道义，辣手著文章”的新闻风格被我国记者一代一代传承下来。

1935年，在中华民族最危险的时刻，年轻的范长江历时10个月，万里走单骑，发表了轰动全国的《中国的西北角》；著名摄影家沙飞，用相机镜头记录下中国人民浴血抗战的悲壮场景。在社会主义建设时期，穆青奔波在兰考大地，被兰考人民称赞为长着“八路军的腿，老百姓的嘴”，被誉为“活着的焦裕禄”；央视焦点访谈记者曲长缨不顾威胁、利诱，揭露黑心矿主瞒报的矿难；这些年来，在一次次国际争端引起的局部战争中，总有一批批“不要命”“不怕死”的记者扛着“长枪短炮”，在第一时间将战地新闻传向世界各地。闾丘露薇就是其中一位，她是凤凰卫视著名记者，2001年“9·11”事件后，她作为战地记者，深入阿富汗前线做现场报道；2003年伊拉克战争爆发，美军轰炸巴格达时，她是在巴格达市区进行现场报道的唯一的华人女记者。

这些记者用自己的笔记录着历史，也用自己的信念和智慧推动着历史。新华社新闻研究所研究员唐润华在《有些原则是不能放弃的》的一文中说，不能放弃的原则之一是真实性；另一个不能放弃的原则是责任感。[4]

（二）坚守良知、敢说真话、不畏艰难、追寻真相

2014年10月20日，第十三届长江韬奋奖揭晓，法制日报社浙江记者站站长陈东升获此殊荣。

陈东升坚守良知，敢说真话。近年来，他率先披露了浙江省建设厅副厅长杨秀珠出逃案、温州市委常委杨湘洪腐败案……推动了领导干部出国审批、防止冤假错案等制度的建立和完善。

他不畏艰难，独立思考，依法追寻解读新闻真相。2010年12月25日，浙江乐清市寨桥村村主任钱云会在村口被工程车轧死，此事以讹传讹，被谣传为“谋杀”，迅速演变扩

大为全国性热点舆论事件。陈东升闻讯后驱车四百余公里赶至现场，遍访肇事司机、目击证人、办案民警、遇难者家属等相关人员，发表了《“乐清村主任之死”案调查》《再调查》等报道，以大量客观事实告诉人们，这确实只是一起普通的交通肇事案。全国几百家媒体转载此文后，舆情渐趋平稳，人民日报、新华社后来也相继发表报道，提醒要防止网络水军制造事端影响社会稳定。这篇通讯获得第二十一届中国新闻奖二等奖。

在浙江纠正两起重大错案过程中，陈东升的《等这一天我等了18年》《请记住这些有良知的法律人》《浙江公安厅长首次系统反思“杭州错案”》等系列报道材料扎实、角度独特，既不献媚权力，也不盲从公众，而是站在公共利益立场，凭借良知和法学专业知识，尽力还原事实，解读真相，发掘传递了部分法律人在制止和纠正这两起重大错案中散发的人性光辉和良知正义正能量。浙江省政法系统有关领导评价，稿件“大气磅礴，读后令人荡气回肠”。

每遇涉法重大新闻事件发生，陈东升从不躲闪回避，而是深入现场、独立思考、追寻真相、不盲不从，运用法治思维和专业知识，逐一回应解读人们关心的热点疑点难点问题，他的《揭秘温州动车事故赔偿标准出台内幕》《浙江零佣金网络司法拍卖挑战拍卖业潜规则》《奥运冠军孙杨无证驾驶被杭州警方拘留7天》等稿件一经发表，即成为有影响力的报道，有效地引导了舆论走向。

在陈东升看来，记者应当正气凛然，不畏权势，敢于开展舆论监督。他的《红顶商人击倒台州黄岩党政四要员》《温州科技馆展品合格率仅7.1%》《余杭农保区内建公园耗费20亿无人埋单》《浙江省委书记痛斥温岭贪小利吃大亏》等报道社会反响巨大，一些贪官污吏还因此锒铛入狱，受到了党纪国法惩处。

陈东升说，“与其说记者是安身立命的职业，我更愿意把它当做是奉献追求的事业，当做是舍我其谁的毕生使命。”[5]

第三节　突发新闻采访的特殊技巧

新闻媒体对于突发事件的采访总是争取第一时间赶到现场。记者在突发事件采访中，由于自然环境及人际关系的复杂性，以及种种利益关系的纠葛，经常会遇到一些难以想象的困难。这往往需要记者临时运用一些特殊的手段解决这些难题。

一、第一时间赶赴现场

（一）进入采访现场前必须要做的事情

1. 协调好多元合作的关系

在进行采访之前一般需要采用多元合作的方式。如电视台的记者采访前要联合主编、文字记者及摄像师同时进行工作，节省时间的同时又提高采访效率。携带好常备DV带（最好DV带不离身），同时联系固定的伙伴摄像师和司机。最后，在赶去采访现场的途中与信息提供者进行深入沟通。在突发新闻采访中事前沟通具有重大作用。在接听热线时获得的有用信息越多，那么在采访时就越主动。[6]

例如：在一场责任事故的现场采访中，现场鱼龙混杂，记者很难一眼确认事故的责任人。因此，在热线接听的时候，就要进行初步有效的沟通工作。接听者需要记录下现场当事人的相关资料，如外貌特点、衣着样式等比较详细的情况，以便在记者赶到现场的时候能够在群众中迅速认出当事人，获取第一手资料，注意这些细节可以提高采访效率。

2. 争取先于警察赶到现场

2000年6月22日下午15时左右，武汉航空公司一架从恩施至武汉的运七客机，在下降过程中，坠毁于武汉市汉阳区永丰乡，机组人员和乘客共44人全部遇难。武航空难客机坠地时将汉江南岸一泵船撞毁，当时在船上作业的7人全部遇难。这样，加上机上的44名死者，此次空难中共有51人死亡。

事发不久，《今日快报》摄影记者金思柳正在汉阳采访，他熟悉的一位交通警察向他告知了这一信息。他立即在第一时间赶到现场，拍摄了大量有价值的照片。不久，警察来到事件现场，拉起了警戒线，后来的记者就被拦在外面了。

（二）进入现场采访时的注意事项

采访时要尽量靠近现场。新闻要抓住事实，公布真相，因此掌握的事实越充分，报道的新闻价值就越大。突发新闻报道的最高追求就是新闻报道与报道的事实发生几乎同步进行。这就要求记者现场采访过程中要注意全面收集信息。

当现场出现多个当事人时，记者如何取舍采访对象是资料获取的关键。如果记者先采访的是群众，那么他就会得到一知半解的新闻；若是警察，可能得到大部分新闻；要是采访到受要挟的人质，那么得到的新闻将是一手资料并且包括全部的过程。

很多当事人在第一次描述事件的时候都比较激动，乐于倾诉，而经过再三陈述之后，当事人就会显得比较消极、抵触，甚至出现排斥行为，不利于采访工作的进行。因此，在短时间内认准当事人是极其重要的。然而，不是所有的信息提供者都愿意给出很详尽的信息，对于那些有意隐瞒者，记者需要通过更多，多渠道获得更多有效信息。对于简单新闻报道，记者可按事前准备的出镜词出境。但若是遇到紧急情况，就不必按照原先的构思，可按情况据实报道。遇到需警员、消防和救护人员介入的新闻，要及时报警，降低伤亡。

二、突发新闻采访现场攻略

《南方都市报》记者杨昱有一篇关于突发事件采访的心得文章，他所提出的“四个现场”基本概括了所有类型突发事件所形成的新闻现场，而“金字塔”概念不仅能够形象地说明采访对象与采访主题的关系，还能让借鉴者模仿采访活动。下面是这篇文章的摘录：

（一）现场

某记者说，他最大的采访技巧就是，没有技巧。说得太好了，我深以为然。

可是，这无招胜有招的表述有背景：他是著名媒体的著名记者，面对的采访对象通常是知名人士，做的是长篇而且“正面”的报道。作为非著名媒体的非著名记者，以工匠姿态面对庸常的短平快突发新闻，我们必须努力去总结一些采访技巧，才能适应这个并不轻松的竞争环境。以下雕虫小技，乃个人在《南方都市报》跑广州突发新闻中的一些小感悟。抛砖引玉，敬请指正。

1. 四个现场

突发新闻，在我们的实际操作中，主要就是指车祸、火灾、水灾、抢劫、偷盗、跳楼、工地事故等几类事件性新闻。

通常，我们接到报料后，要根据报料对事件大小作出基本判断。随后给报料人打电话，同时赶赴现场。而此时，这个城市的你的同行，也在前往事件现场的路上。

一条突发新闻，通常有四个现场。以火灾新闻为例：烈火升腾是第一现场；火起之后人员疏散以及自发救火是第二现场；消防、救护车赶到并实施救援，乃第三现场；伤员在医院，火灾清理完毕，是第四现场。

作为记者，你必须以最快的时间抵达现场。争取赶到四个现场里面更靠前的现场。比如，两夫妻在大街上打架，或者便衣在街头抓住了两名小偷，如果摄影当时正好拍到了这个场景，那会是很鲜活的现场新闻。如果别人打架结束，小偷已经被带上车了，那么你采写的这条新闻，第二天或许就不用见报了。

这里，我能找到最经典的例子，是《南方都市报》记者徐文阁在 2007 年拍的一组照片：深圳城管“火烧违建”，照片中的少年用瓢浇水灭火。记者赶到了靠前的新闻现场，在几乎最好的时机拍到了最重要的照片，新闻事件的主题顿时深邃而震撼。如果没有前面两张少年浇水的照片，那么整个新闻就失去了绝大部分意义。

2. 金字塔

赶到现场后，记者要干什么？

首先是观察，基本确定事件大小、性质。接下来，寻找采访对象。记者要找的采访对象是什么人？我们要找的人，正好呈金字塔结构，最重要的人，或许只有一个；次重要的多一些；再次重要的，更多一些。在抵达现场，甚至没到现场时，我们就要弄清楚，事件中最重要的是谁，次重要的是谁，然后，想办法尽量采访到金字塔上端的人士。

以火灾新闻为例。假定，有人在某大楼 5 楼的咖啡店纵火，造成至少 8 人死亡数十人受伤，现场烈火升腾。记者抵达现场，看到了火在烧，消防在喷水，救护车停在路边等待伤者，上千围观者在惊叹。如果缺少经验，记者很容易在现场头脑空白，不清楚自己当前最紧要的事情是干什么。我们来梳理一下这个事件中，记者要面对的采访对象：在这个金字塔最底层的，是大街上的围观目击者，人数最为庞大；上一层的，是事发时在大楼上班的，最好是 4 楼或者 6 楼的上班族；再上一层的，是当时在 5 楼喝咖啡的顾客或者咖啡厅员工；再上层的，是消防、医院、政府职能工作人员，死者家属等；再上层的，是咖啡厅的重要员工或在现场的咖啡厅老板；最上层的，是纵火者。

记者到现场前，心中要有这个清晰的图谱，到现场后，直奔有效采访对象而去，尽量避免在无效的底层采访对象身上耗费时间。

这也好比在平静的湖水中投下一颗石子，激起层层涟漪，越靠近石子，就越是我们必须寻找的对象。如果你在现场，头脑中有清晰的采访图谱，你就能胸有成竹，不会慌张。

任何一个事件新闻，都有个金字塔似的采访图谱，我们要做的，就是尽快找到更靠近塔尖的对象。

典型事例：2007 年，广东药学院一学生跳楼砸死师妹。《南方日报》率先独家采访到病床上的跳楼者邓国旺，群雄逐鹿，同行倍感压力。

3. 气场

头脑中带着采访图谱，我们来到现场。

事故现场，都有一个特定的氛围。比如火灾中，人群的惊慌失措、烈火的形状、甚至那烧焦的气味等。而在一个遇难者生前的房间里，或许除了哭泣，就是静默。

我把这些特定氛围，称为“气场”。

一个有经验的记者，首先要做的是，融入气场，而忌讳的是不加思考地破坏气场。比如，一个出租屋里面发生了谋杀案，警方封锁现场，楼下一群街坊围观，嘀咕着议论，不亦乐乎。在广州，如果你挎一个采访包，操着普通话，就这样生硬地把头凑过去问：那个人是怎么死的？你看到当时的情形究竟怎么样？通常，议论的街坊就摇头：我不知道，我什么也不知道。再也不搭理你了。其实，他们什么都知道，但就是不告诉你。

凭什么要告诉你？

或许，聊天的街坊相互并不认识，但是，在之前的沟通中，他们彼此获得收益，并取得了身份认同。记者慌乱出现，破坏了气场。而这个记者，他不是信息提供者，而是索取者。他带给街坊的，不是好事，可能是坏事。所以，街坊本能地拒绝配合记者。

那么，成熟的记者应该怎么办？

首先，向报料人详细了解情况，安静地进入现场，旁听街坊议论，转悠两三个议论圈，然后自然地，以聊天者、信息提供者的身份，进入角色：“哎呀，那个被害的姑娘刚满 19 岁，可惜啊！”围观者就会投来索取信息的目光，你们相互印证，真正知情者则会显得有些得意地，向你讲述他独家的内幕。

而在一个遇难者房间，面对哭泣与静默，开口就提采访，是对逝者不敬，对生者无礼。此时，你面色沉重，一言不发，片刻，就会有人主动上前询问。你则可变被动为主动。

当然，假如逝者因为冤屈而离开，记者的出现可能让事件出现重大转机，那么记者就直接上前交代身份。那样，记者本身能改变气场，形成新的气场。

改变气场有时是采访的关键。比如事故现场有五个民工，他们既想向记者说出真相，又担心被单位处罚，几个人七嘴八舌讨论，结果通常是不接受采访，一个记者面对五个民工，气场则为五人掌控。如果能单独约一个民工，记者有意识发问，主导气场，则能比较容易让他交代详情。经典的结果，可能是他事后会后悔，当初为何被那个记者突然说蒙了？记者通常还遭遇的一个困难是，采访对象之前答应接受采访，而回家和家人商量后，又改变了主意，对此，当趁热打铁，在主导气场时，一举拿下。

记者被打的消息，时有传出。这证明我们的采访环境是多么恶劣。

环境一定时，在新闻现场，我们只有审时度势。比如，事故发生，警方封锁现场，10多名治安员在现场巡逻，此时，治安员的上司、地方政府负责人等，正在赶来现场的路上。再加上众人围观，少见类似场面的治安员往往容易头脑充血，觉得刺激紧张。此时你若去冒犯他们，强行穿越警戒线，或者不听"劝告"继续拍照，很可能就会与他们发生正面冲突。

我的个人感受是，第一，通常，动手打人的是治安员或保安，原因在于，他们打人成本低，即便丢了工作，也影响不大，警察不会轻易打人，他们怕丢公职，所以，宁可"冒犯"警察，也别"冒犯"治安员、保安；第二，你很难看到一个治安员打两个记者，即便那个治安员能打赢五个记者，通常就是几个治安员打一个或者几个记者，原因在于，人多之后，他们相互壮胆，形成气场。

(二) 突破

既要团结现场知情者，又不能得罪治安员等执行者。同时，我们还必须尽量突破，超越同行。所以，在突发现场的突破，难有具体的条例可以理清，最关键的只有四个字：随机应变。

1. 老乡

在广州的新闻现场，大多有非广东人的身影。那些事件当事人，往往来自四川、重庆、湖南、湖北、河南、贵州、广西等地。只要我能确定要采访的当事人不说粤语，我就用重庆话对他说："老乡，你好。"并用重庆口音说一些所有人大概能听懂，又不完全懂的话。

2007年国庆期间，广州西湾路某正被拆的水泥厂倒塌，三人死亡，一人受伤。当晚采访现场后，各路记者一起直奔医院。但是，守护伤者的保安，看到记者蜂拥而来，连忙赶人。我则旁若无人地对着伤者，用重庆话大声说："老乡，我终于找到你了，你现在安全就好！"伤者愣着不说话，保安把我看了几眼，拉开活动布帘，把其他记者赶走，让我单独和伤者相处。后来知道伤者是湖南人，而听到我说他也半懂不懂的方言时，他眼含泪水。

我的理解是，说方言能增加被采访对象(主要指民工阶层)的身份认同感，同时，让现场阻碍采访的人,真觉得你就是那人的老乡。

2. 远离同行

重要事件现场,总会聚集多家媒体记者。大家一起提问,通常能形成气场,采访到一家媒体记者采访不了的重要人士。因为有的人,突然面对很多记者会慌神,本来不接受采访的,会临时被动接受采访。但是,我的感受是,大多数时候,要远离同行,因为目标太大,采访更容易受阻,而且,得到的料也是各家都有的,价值不大。

四川地震,温家宝总理要去华西医院。在总理抵达前一个小时,大量记者聚集在医院急诊门口。之前,医院就有封锁线,将一般市民隔离在线外。警方建议20多名记者,都待在封锁线内的急诊大门左边。记者们很配合,大家站在一起,等候总理。结果,在总理到达前5分钟,警方临时改变主意,将一群记者全部赶到封锁线外。本人则习惯性地没有和同行站在一起,当时在急诊大厅,坐在患者中间看电视,幸运地以伤者家属身份,躲过了清查。随后,本人站在温总理和回良玉副总理身后,一同踏入一共只有6人的电梯,进入重症病房看望伤员。

3. 目中无人

记者混进某个特定现场时,千万不要左顾右盼,而是要不动声色,泰然自若,甚至鼻孔朝天,目中无人。如果你和警察以及其他执行人员对目光,一定会被揪出来。

接着上面举例。温总理到达华西医院急诊门口,市民山呼总理,现场气氛极其热烈。领导身边有6名安保人员,其中两名贴身,而旁边则是大量警察。在领导等人走进急诊门口的刹那,我站到了回良玉副总理以及华西医院院长身后。然后,我两眼看着前方,没有任何表情,顺利地进入了一共只有6人的电梯。

不要以为这有多困难。事实上,我估计安保以及警察,就以为我要么是政府工作人员,要么是华西医院的工作人员,所以没有加以阻拦。

2006年番禺南村工厂大火。工厂旁边有厂违规储藏的大批天那水,火起之后,隐患严重。我安静地站在安检负责人身后,安检把厂负责人找来。双方为避开记者,进了一间会议室。我则大大方方地跟他们一起,坐在会议室开会。显然,安检以为我是厂方的,厂方以为我是安检的。

4. 随机突破

现场采访过程,其实就是个寻人的过程,如何寻找到核心采访对象,事关成败。

例一,2007年,广州增城新塘,一织布厂厂房顶坍塌,当时十多人在厂里工作,幸好高耸的织布机顶住房顶,使得大部分人得以逃生。全城媒体记者,都采访了当场的伤者、目击者,并在事故现场徘徊。但是,都没能采访到工厂老板。显然,工厂老板是金字塔顶尖上的采访对象,他既在现场,又知道房屋结构,并可能知道事故原因。怎么联系他?我当时想,珠三角的工厂,通常会在工厂周围打广告招员工,于是,我围着厂房周围寻找,果然找到了这个厂的招工广告,通过上面的电话,独家采访到被警方带走配合调查的工厂老板。

例二，2007年年末，广州珠江，沙船撞轮渡，8人死亡。各家记者奔赴现场，都无法靠近肇事沙船。而《南方都市报》现场记者了解到沙船编号，在办公室里，记者在网上通过编号查到公司名称，打114查到公司电话，从公司值班员口中套出船主电话。由于船主正在赶回事发现场途中，又从船主口中套出船长电话。船长介绍了事发过程和船上人员情况。第二天见报，只有《南方都市报》独家采访到核心采访对象。

例三，大学生跳楼砸死师妹。跳楼大学生住进了广州海珠区某医院，当时，学校和警方都加派人手到医院，避免媒体记者采访。包括《南方都市报》在内的记者，化装成护士接近跳楼大学生，但还是被警方识破，没能完成采访。而《南方日报》记者，则找到治疗跳楼大学生的医生，写了个采访提纲，委托医生完成采访。或许在平时，这样的采访不够严谨，值得商榷，但在这个特殊时候，的确很重要。

以上三例表明，我们除了通过正常途径获取采访对象的联系方式外，还要有意识寻找特殊手段，比如网络、114查询、在现场有目的地寻找线索，以及委托特定人士采访。[7]

三、现场采访五字诀

总结一下记者在采访突发新闻时的应对策略，归为“五字诀”，即快、准、灵、新、细。

（一）快

1. “快”的含义

“快”包括三个方面，即得到线索要快、赶到现场要快、到达现场后播报要快。如果得到线索比较慢，好新闻可能就成了鸡肋，新闻记者应该学会在平时的工作和生活中逐渐积累，建立比较系统的线索网络。

2. 采用的方式

记者要达到快，可以采用下列方式：与相关部门合作，比如公安、消防、路政、水利、卫生、安监、工商等；开辟新闻热线，对提供有价值的新闻线索的群众给予一定的奖励；与其他媒体或记者合作；发展职业线人。

3. 保持备战状态

在采访突发事件的时候往往会有很多细节让你无法及时赶到现场，所以作为记者要时刻做好准备，保持备战状态。要随身携带好采访和播报的设备，最重要的是要保证设备有电，能够正常使用。记者在赶去新闻现场的途中，应当选择适当的交通工具，有时候搭乘顺路的摩托车或者骑自行车可能更快。

4. 第一时间

第一时间报道新闻代表了媒体的效率意识和传播意识。记者要保持头脑清醒，思路敏捷，充分利用手机软件编写新闻，在第一时间发出，抢占先机。对于重大的突发事件报道更要“快”，就算实际调查没有任何进展，最新最快的后续报道也要及时更新，因为对于受众来说，“没有进展”也是他们想要获得的信息。

（二）准

1.“准”的含义

“准”是指认清事实，找准采访对象。上升到新闻理论的高度就是必须兼备时效性和真实性。不能因为“快”而忽略了“准”，“准”是新闻真实性的根本要求。

2. 找准采访对象

各种各样的纠纷是常见的突发事件，产生纠纷的时候，向来是公说公有理，婆说婆有理。在纷乱的时候，记者最需要冷静，采对人，找出有效信息。除了采访当事人之外，还要采访一些局外人，听听他们的看法。

（三）灵

1.“灵”的含义

“灵”是“灵活”的意思。突发事件往往稍纵即逝，如果不及时抓住关键的人进行有效的采访，即使赶到事发现场也是徒劳。有条件的话，事先约好采访，简单列出一个采访提纲。“灵活”最主要体现在两个方面：一是在采访时如何找到突破口，及时找到关键人物；二是要灵活处理关系，善于沟通，从相关人员口中获得想要的信息。

2. 采用一些小技巧

在采访时视情况可以采用一些小技巧，如果被访者跟记者是老乡，就先用方言跟他聊，会让人觉得亲切，有助于敞开心扉；如果采访不是直播，可以选择不先直奔主题，和采访对象话家常，采取旁敲侧击的战术；采访受伤人员时，不要一开口就问伤者对事件的看法之类的话，首先要对不幸者表示关心，这也是作为一个人最基本的道德素养；对于路面上的突发事件，路边的小摊小店的主人往往是目击者，从他们店里先买点东西会对后面的提问采访做个很好的铺垫；对于那些在纠纷事件中不肯开口的一方，只要把对方谴责的话如数转达，这样的激将法会让他们开口。

（四）新

1.“新”的含义

“新”的含义有两层：一是报道的角度要新。报道的角度可以是多样的，到底从哪个角度入手来报道，这需要记者通过现场观察来最后决定。二是报道的方式要新。

2. 操作方法

常出事故的地方可以做成提醒式报道；非正面的问题可以做幽默式的报道。

（五）细

1.“细”的含义

“细”的意思是指报道时应注意细节。通过抓住具有说服力、震撼力的现场画面，把事实真相告诉受众。

2. 操作方法

记者在事发现场应该仔细观察，有时候会有意想不到的收获。一个细节可能就是一个很好的新闻点。

突发事件的采访是对记者各方面素养的考验，包括身体素质、专业精神、应变能力、交际能力等。对新闻专业的学生来说，要多在实践中积累经验，锻炼自己各方面的能力，提高各方面素养，这样才能有所进步。

本章小结

突发新闻报道采访遭遇到自然条件和人为条件的困难，要求采访单位和个人做好报道采访前的间接准备和直接准备，进行突发事件报道策划，建构突发事件报道快速反应机制。记者的直接准备是对背景材料及相关资料、物质和技术以及心理的准备。突发新闻采访挑战记者的职业精神，要求记者有顽强的意志力、大无畏的奉献精神和“铁肩担道义，辣手著文章”的勇气。突发新闻采访有其特殊技巧，要求第一时间赶赴现场，采用《南方都市报》记者总结的四个现场、金字塔、气场等攻略，适当利用老乡、远离同行、目中无人、随机突破和趋利避害等策略。现场采访“五字诀”要求做到：快、准、灵、新、细。

思考与练习

1. 写下你想当记者的5—10个理由。你当记者的目标是什么？你打算如何实现你的目标？你需要什么，你今天能做到什么？
2. 采访你的家人、朋友、同学或你熟悉的人，问问他们对当今中国记者的印象或他们心中理想的记者应该做什么。
3. 分组讨论：你认为记者应该具备什么样的知识素养、道德素养和技能知识？如何达到理想记者的素质要求？

参考文献

[1] 安莹.记者赴日本采访地震新闻遭遇交通困难[N].现代快报，2011-03-15.
[2] 怡然.事故现场，又见记者采访受阻[EB/OL].东方评论－东方网，http://pinglun.eastday.com/p/20120914/u1a6860744.html
[3] 蔡华东，张晓峰.重视采访的全方位准备——从一次技术性失误中得到的教训[J].新闻前哨，2007(11).
[4] 唐润华，有些原则是不能放弃的[EB/OL].新浪网，http://tech.sina.com.cn/me/2004-02-09/1013289492.shtml
[5] 第十三届长江韬奋奖获奖者：法制日报社陈东升[EB/OL].人民网，http://media.people.com.cn/big5/n/2014/1020/c389974－25866860.html
[6] 沈洁，蔡圣洁，葛海斌.突发新闻现场采访技巧[J].中国传媒科技，2012(10).
[7] 杨昱.突发新闻采访攻略[J].南方传媒研究，2009(14).

第九章　突发新闻采访对象快速接触策略

学习目标

1. 突发新闻采访对象的复杂性。
2. 突发新闻采访社会学思考。
3. 突发新闻采访的角色转换。

突发新闻采访要求记者深入生活、深入社会，以广泛的社会交往去了解人、熟悉人，了解社会、研究社会。记者的采访不是收集资料的单方面活动，而是双方彼此观察、彼此交流思想感情、挖掘内心世界的心理交流活动。在采访过程中，记者与被采访者双方的心理活动又是相互感应的。美国学者约翰·布雷迪指出，采访是一种取得信任并获得消息的质朴而自觉的科学。取得信任是获得事实的前提，采访对象有真诚合作的心理才能打开心扉。[1]作为主动访问者，记者既要把握好自己的心理，又要探索采访对象的心理。记者必须掌握人际交往中心理沟通的学问，去接近采访对象，取得对方的信任与合作。

第一节　突发新闻采访对象的复杂性

一、突发新闻采访活动是社会活动

马克斯·韦伯说："社会学就是一门对社会行动进行解释性理解，并对其过程及后果进行因果说明的科学。"[2]新闻采访是一种社会行动，确切地说，在现代社会文化交流与信息传输中，担负新闻报道工作的是新闻工作者。他们为搜集新闻素材而进行的调查研究活动的主导地位越来越受到强化。从社会学的角度来看，作为一种特定的调查研究，对其变化的深入程度与敏感度也提出了较高的要求。新闻采访需解释、说明各种社会行动及其后果，凡此种种，都要求新闻采访更加深入社会，提高科学性。将信息摄入与传输置于文化交流与社会研究的大格局之下，吸收社会学的科学方法，成为突发新闻采访记者应该掌握的科学方法。

笔者在报社工作时，常听到一些新闻院系来实习的大学生叫苦，采访太难了，采访对象都不愿见你，怎么办？他们常抱怨学校学的那一套在实践中用不上。这也难怪，目前的采访学仍是从认识论出发来解释采访现象的，强调深入的调查研究，这并未错。但是，采访从一开始便是人际交往活动，它受人际交往的规律制约，你不按这个规律办事肯定会碰壁。

从社会心理学的观点来考察，新闻采访是一种人际交往活动。交往的结构划分为沟通方面、相互作用方面和知觉方面。沟通是指“交往个体之间的信息交换”。[3]从这个意义上讲，以采集新闻信息为目的的新闻采访活动，实际上是一种人际沟通活动。

二、地位差别是人际沟通的首要障碍

社会心理学早已揭示：地位差别是人际沟通的首要障碍。[4]现有的采访理论并未揭示这一点，然而新闻实践证明，恰恰由于此点，导致许多采访活动的失败。现在，我们明确地提出，采访对象与记者的地位差别是导致采访失败的重要因素，但仍然有个思想解放的过程。因为，在人们的观念中，我国是一个社会主义国家，中华人民共和国的公民在政治上是平等的。任何工作并无高低贵贱之分，何来地位差别？教科书上也说，上至国家元首，下至平民百姓，记者因为职务的需要，都可能接触。官再大，职位再高，对记者来说，也是采访对象；官再小，甚至是普通老百姓，对记者来说，同样是采访对象。记者与被采访者之间，是平等关系，没有尊卑之分，也没有上下级之别。然而，也许对记者整体而言，可以接触任何采访对象，但对具体的记者而言，情况则大有区别。

比如，一份省报或市报，在当地应该是很有影响的，但是，若要省报、市报的记者去采访党和国家的领导人，即便是领导人来到该地，这种采访也是很困难的，没经特别允许很难办到。倘若是新华社或《人民日报》的记者或者是在国内外很有影响的记者采访他们，此事便容易得多。这说明，采访对象与记者的地位差别限制了记者的采访活动。事实上，不同级别不同影响的新闻媒体的记者及记者个人名望的不同，对采访不同级别不同影响的人物，在现实生活中有着泾渭分明的界定。

即便是很有修养的专家名人，也不愿意接受低水平的记者采访。一位外国记者曾出过这样的洋相：在电影《飘》重新播映之际，影星费雯丽抵达纽约机场后走进记者室。这位记者第一话就问：“请问你在电影《飘》中扮演什么角色？”这位电影《飘》的女主角轻蔑地回答：“我无法同你这样无知的人交谈。”这个低水平记者的拙劣提问还被作为新闻在《纽约时报》上登出来，被新闻界传为笑话。[5]

三、沟通障碍的原因分析

（一）由于缺乏对交往情境的统一理解

苏联著名社会心理学家安德列耶娃在分析沟通障碍产生的原因时说：“这些障碍是社会性的或心理性的……这些障碍之所以产生，是由于缺乏对交往情境的统一理解，这不仅是由沟通过程的参加者所用的语言不同造成的，而且也是由伙伴间存在的更大的差别造成的。这种差别可以是社会差别、政治差别、宗教差别和职业差别，它们不仅产生了对沟通过程中所使用的概念的不同的解释，而且也产生了不同的处世态度、世界观即对世界的认识。”她认为，产生这些障碍的客观社会原因，“是由于沟通伙伴属于各种不同的社会集团，而这些障碍的出现特别明显地突出了沟通是处于更加广泛的社会关系系统之内的”。[6]

（二）由于地位的差别

这里所说的社会、政治、宗教、职业等差别，都形成了地位差别，因为沟通伙伴属于各种不同的社会集团。在我国许多社会心理学的教材中，都把地位差别列为沟通的首要障碍。因此，只有在地位对等和接近的条件下，沟通才能畅通。还要看到，记者和采访对象的沟通还会形成一种特定的社会关系，并由之建立微妙多变的心理关系，这种关系对沟通双方的心理会产生影响甚至会形成心理障碍。

一般说来，初出茅庐的新闻界新手采访高级领导人、著名专家学者，心里会有些紧张；普通的工人、农民、士兵和其他群众初见记者也会有些拘谨。其实，这些微妙的心理，均源于采访者和被采访者身份、年龄、职务、阅历、文化水平等多方面的差异，说到底，是传统文化中的地位差别观念在社会心理上的反映。这种情况甚至会出现在有影响力的记者身上。1998 年 3 月 19 日上午，九届全国人大一次会议闭幕，会后举行记者招待会，与会中外记者有 600 多名。凤凰卫视的女记者吴小莉一直举手都落空，后被朱镕基总理点名提问。此事使其激动不已，她后来写成《我受宠若惊》一文，载于当年 4 月 17 日的《经济日报》上。本来，在总理举行的记者招待会上，记者和总理的沟通应该是很正常的事情，何至于被总理点名就感到“受宠若惊”了呢？她又何至于因此事在国人面前大大风光起来呢？这说明传统文化中的等级观念在中国还很有市场。

（三）由于“尊卑有序”的传统文化影响

中国的传统文化是以儒家文化为主体的。其价值观产生于严格的“君臣有别，尊卑有序”金字塔式的等级结构之中，这种价值观在交往沟通方面表现为等级沟通观念。孔子曰：“悠悠万事，克己复礼。”“礼”规定的等级标准，是规范人们交往行为的尺度。在封建社会，按礼的规定，非四品以上的官员，不能入朝觐见皇帝。士大夫家里，“往来有鸿儒，出入无白丁”。

尽管现代社会的人际沟通不能与封建社会同日而语，随着现代技术的运用和交通工具的发达，人们的交往正在打破等级层次，但传统价值观仍在顽强地表现自己，它已溶化在民族的“血液”里。这也是意识形态的相对独立性使然。在现实社会中，越是社会高层，等级观念越明显。就连国家官员出巡，出入会场，官衔低的都不敢僭越官衔高的官员。

第二节　突发新闻采访社会学思考

一、沟通角色对等的原则

（一）沟通角色

新闻采访活动是人际沟通的过程，沟通双方称为沟通角色。角色，原指戏剧舞台上所扮演的剧中人物及其行为模式。社会学中的角色是指在社会生活中，处于一定社会位置具有一定社会规范的活动个体及行为模式。

苏联著名社会心理学家安德列耶娃在其著作《社会心理学》中首先使用“沟通角色”这一概念。她说:“在沟通过程中,只有当‘沟通角色’(表示‘说者’和‘听者’的相对术语)发生变化时,即当接受者变为沟通者并用自己的话语表示他是如何理解所接受的信息意义时,沟通者才能清楚听者对话语意义理解的准确程度。作为‘谈话’的特殊形式的对话或对话言语,是沟通角色的连续不断的更替,而在这种更替过程中,显示言语表述的意义,也就是发生所谓‘信息的丰富和发展’的现象。”[7]

(二) 沟通角色的限定

根据上述分析,现对“沟通角色”这一概念作出如下限定:

一是沟通角色是指听者和说者的相对术语,表示采访者和被采访者;二是听者和说者的沟通角色在连续不断地更替,说明作为新闻采访的人际沟通是双向的、积极的、主动的,便排除了仅依赖视觉和听觉器官写目击新闻和旁听新闻的情况,因为这种情况下实际上记者并没有与采访对象直接沟通;三是采访人际沟通是“信息的丰富和发展”的过程。这就排除了例如重要新闻人物刚出大门,新闻记者就蜂拥而上、伸出话筒抢问几句的浅层次沟通。

(三) 采访活动可以打破沟通角色须对等的障碍

前文说到新闻采访人际沟通中存在着地位差别的障碍,这种障碍盖源于人际沟通中有着沟通角色须对等的要求。但在实践中,有时采访活动可以打破沟通角色须对等的障碍。如 1980 年,女作家韩素音访华时,《人民日报》记者陈有为去采访她。韩素音在华的日程安排很紧,要会见许多人。按照事先的约定,谈话只进行一个小时。采访时,约定结束的时间到了,但是韩素音主动提出再同他谈两三个小时。因为,陈有为对国际问题进行过广泛的研究,韩素音觉得这位记者是一个合格的对话者,不仅能理解她的谈话,而且从记者的提问和谈话中,自己也有收获。[8]

二、社会行为是一种商品交换

(一) 人们期望报酬与代价和投资成比例

如何解释出现在新闻实践中的沟通角色要求对等的现象呢?我们可援用社会学的一些观点进行阐述。社会交换论者乔治·C.霍曼斯提出:“社会行为是一种商品交换,这不仅是物质商品的交换,而且是诸如赞许或声望符号之类的非物质商品的交换。”[9]

霍曼斯还说,要是一个人在社会互动中给予别人的多,他就要设法从别人那里多取一些作为报酬。所以,人们总是试图保持“账目”的收支平衡。在与别人打交道时,从一种关系中得到的东西可能是报酬,而给予的可能是代价。难怪人们常常要最大限度地扩大利润,这种利润可以使用从报酬中减去代价的方法来计算。为此,在试图增加利润的过程中,个人总是千方百计地不让社会互动中的任何别人比自己获取更大的报酬。霍曼斯论证,存在着一种制约社会交换的普遍规范,人们期望他们得到的报酬与他们的代价和投资成比例。[10]

（二）新闻采访人际沟通也是一种交换行为

按照社会交换论的解释，作为社会行为的新闻采访人际沟通也是一种交换行为，并且还要像商品交换那样遵循等价交换的原则，以“保持‘账目’的收支平衡”。这是可以理解的，采访对象拥有新闻信息资源，新闻信息资源的多寡是与他们的地位相关的。新闻记者拥有新闻传播能力，新闻传播能力的大小与记者个人实力及其身后传媒的新闻覆盖力相关（新闻覆盖力有赖于传媒的经济实力及政治地位，一个简单的识别标准就是看媒体的发行量、收视（听）率及其行政级别）。他们在提供新闻信息资源和提供新闻传播服务的交换中，必然要考虑双方的对等。不因为“损害了我们的利益，我们就感到愤慨”，也不因为“得到的一份报酬多于我们认为得到的东西，我们就会内疚和局促不安”（霍曼斯语）。双方会在竞相追求利润最大化的权衡中导致沟通角色的对等。

马克思说：“生产本身又是以个人之间的交往为前提的。这种交往的形式又是由生产决定的。”[11]在他看来，任何社会都是人们以劳动产品的形式交换其活动与能力。新闻采访是因社会分工不同而产生的一种职业性交往行为，这种交往也是由其背后的生产所决定的。不同级别和实力的媒体有不同的传播覆盖范围及新闻影响力，就一般情况而言，《人民日报》比一份省报的新闻影响力要大，前者挑选稿件要考虑全国的关注度，后者则主要立足本省的关注度，前者选稿及其记者选择采访对象往往严于后者。可见，正是由于新闻产品的生产确定了不同传媒的记者在采访活动中的不同地位。

从采访对象来看，新闻信息资源在不同阶层的采访对象中是不等量分布的，特别是新闻价值高的新闻“富矿”，存在着向高阶层的采访对象集中的趋向。而每一采访对象的时间和精力总是有限的，他还得考虑其所服务的集团、单位和个人的利益。于是，特别是在重大新闻事件发生时，采访对象对蜂拥而至的记者便会有选择了。采访对象的这种地位也是由生产决定的。正是生产从背后操纵了新闻采访人际沟通活动，不同阶层的采访对象会选择不同阶层的新闻记者。

所以新闻采访人际沟通是由生产决定的。新闻传媒必须追求最具新闻价值的新闻来扩大自己的发行量和收视（听）率，以增加广告收入；采访对象必须追求最具传播能力的传媒极大地扩大自己和本单位的知名度，以增加收益。双方的利益驱动碰撞的结果必然带来沟通角色的对等。

（三）所属阶层的交往频率会大大高于其他阶层

依据韦伯的“地位群体”理论，所属阶层的交往频率会大大高于其他阶层。这是因为，一切社会关系、人际关系都是在交往中体现的。影响人际关系形成和发展的因素很多，要有人与人之间的互动、共同的目标、一定的需求、一定的空间位置、交往的频率、态度的相似性等。而同属一个阶层的人，这些因素便容易达到高度的和谐与默契。于是形成了“物以类聚，人以群分”的局面。现实生活中常见的例子是，同类人或同阶层人之间说话最无禁忌、最坦诚，能够达到敞开心扉的境界。正所谓“酒逢知己千杯少，话不投机半句多”。此语形象而深刻地道出人际沟通的阶层性。

三、沟通双方角色对等不是绝对的

新闻采访人际沟通的实践证明,沟通双方角色对等是相对的,不是绝对的。正是这种沟通角色的差异,形成了沟通的欲望与动力。

常言道:“人往上走,水往下流”,人际沟通也有一种“攀高”趋向。各个阶层的沟通角色在社会互动中总想打入上一阶层。这种现象在新闻采访人际沟通中也不例外。这是由于受新闻传播规律的影响,这个规律要求,最迅速最广泛地传播最有价值的新闻。而高价值的新闻信息资源呈现向采访对象高阶层集中的趋向,这便驱使新闻记者“攀高”;采访对象也希望在最权威的媒体最大范围内传播自己的新闻信息,这便驱使采访对象“攀高”。因此,沟通双方在新闻传播规律的作用下,都力图追求“利润”最大化,便出现了在角色差异的情况下,相互“攀高”的现象。这里的“攀高”,还应指处在采访图谱中“金字塔”尖位置的人物,他们也许地位身份并不高,但是由于处于突发事件的旋涡中心,因而成为塔尖人物而居高了。

这里,必须提醒记者,采访沟通过程中贯穿角色对等原则既然成为一种规律性的倾向,它必然在采访活动中顽强地表现自己,因此,记者要想“攀高”必须得动脑筋,应在遵循这个原则的前提下去“攀高”,否则,只会失败。

第三节　突发新闻采访的角色转换

一、突发新闻采访的记者角色转换

(一)角色转换练习

这里,笔者运用课堂教学的一个实例来阐述突发新闻采访中记者角色转换的演变方法。

1. 实例

2010年3月28日14时30分左右,中煤集团一建公司63处碟子沟项目部施工的华晋公司王家岭矿(在山西省临汾市乡宁县境内,为中煤集团与山西焦煤集团合作组建的华晋煤业公司所属)北翼盘区101回风顺槽发生透水事故,初步判断为小窑老空水。事故造成153人被困。经全力抢险,115人获救,事故造成38人遇难。

据《潇湘晨报》4月1日报道,在救援过程中山西方面对救援现场的控制越来越严格。除连换了3次通行证外,在通往王家岭煤矿的路上,还设有3道关卡防家属防记者。

在河津市,一位的士司机告诉记者,的士公司的老总6日就特意交待,不要载记者去王家岭煤矿。沿路上,交警对往王家岭煤矿方向的车辆一一进行检查,在通往矿上的唯一路口,设置了重兵把守,家属和一般记者(除中央媒体外)一律不准进去。在矿区,设置了警戒线,严格控制无通行证人员靠近。此外,为家属安排的宾馆也非常偏僻,记者问了多名的士司机，对方均表示不知道具体地址。

2. 思考

面对这种情况如何进行采访呢？笔者曾运用这则报道的现实事例，引导学生思考。

同时看新华社记者发表的特写：《爱心，在王家岭矿汇聚》，从中看哪些人能够进入现场？该文透露：

一对普通的农民夫妇驱车 500 公里，向正在参加矿难救援的数千名工人捐赠了 1 万元。

王家岭煤矿附近的猪肉销售个体户孙亚莉送来了 10 头猪。

一名钉鞋匠从数百公里以外来到这里，为救援人员修补起了破损的鞋子。

一名姓郑的大爷步行了 10 多公里，送来了 100 元钱。

几位"80 后"志愿者也在为抢险救援贡献一己之力。他们中有放下自己生意的店老板，也有即将毕业的大学生，一直留在救援现场忙东忙西。

另有消息报道：

家属能够在医院与获救工人见面，王家岭煤矿透水事故中已有 25 人遇难，部分获救工人与家属在医院见面。4 月 9 日，在太原山西医科大学附属第二医院，王家岭矿难获救工人——湖北籍的魏合荣，与女儿和岳母见面。

王家岭煤矿事故新闻发言人刘德政在 9 日晚间举行的新闻发布会上说，获救的 115 名工人正在河津和太原的 5 所医院接受"一人一组一方案"的个性化针对性治疗，3 名身体状况出现波动的工友经过治疗，体征已经平稳。善后工作也已全面展开。

> 长江日报山西太原讯（特派记者胡孙华　蒋太旭）　昨日，山西医科大学附属第一医院共接收了 20 名"3·28"透水事故获救工人中的重症病人，每位病人配备了一个由 5 位医务人员组成的医护救治小组：医生、护士各 1 名，山西医大志愿者 2 名，还专门配备了 1 名心理治疗师。院方暂不允许外界任何人与病人接触，包括不接受媒体记者采访。心理治疗师成为病人最亲近的人，病人有什么心里话都可直接对心理治疗师倾述。罗锦秀主任告诉记者，这些矿难人员在深井下被困了近 180 个小时，获得新生后，显得非常激动……现在他们的倾述欲非常强。
>
> 有两名湖北籍矿工获救：陈宗勇是湖北襄樊谷城县庙滩镇人，弟兄三人，一位姐姐，他行四，是家里的老幺。父母以务农为生。去年 5 月，他随姐夫魏合荣从湖北来到山西王家岭煤矿打工，没想到遭遇了这次矿难，成为 115 名获救矿工中的一员。

3. 提问

如果在座同学到了一家新闻单位，被派到此地采访，比如《长江日报》就去了 2 名特派记者。

请问：如何见到采访对象并进行采访？

4. 启发

这时学生们进入思考。笔者讲了自己任《今日快报》副总编时亲历的一件事。

2000年6月22日武汉发生一场空难，一架343航班，由湖北恩施飞至武汉.在飞到武汉王家墩机场附近时，遇雷雨区，塔台指示盘旋等待，飞机在盘旋过程中可能因遭遇雷击或风切变，失控坠地。机上所有人员包括地面7人，共51人遇难。

《今日快报》摄影记者金思柳赶在现场封锁之前，第一时间进入现场拍下照片。报社其他记者也通过各种办法进入现场或接近采访对象。当天有雨，有记者见市长来了，未带伞，便给市长撑伞随之进入现场；也有记者帮清场人员抬尸进入现场；因给遇难者家属统一安排的旅馆保卫森严，有记者拿着鲜花、慰问品冒充亲朋好友进入旅馆采访家属；还有跑保险方面的记者，利用自己熟悉保险业务的特长，主动提出协助遇难者家属办理保险理赔的事项，大受遇难者家属欢迎，向记者详细讲解自己的情况，记者从而也获得生动的细节材料。

经此启发，同学们提出了许多妙法。下面就是归纳后的回答。

5. 回答

(1) 从环境因素方面看

一旦事发，在第一时间抢到现场；(抢占环境)

矿井现场不能采访，利用医院相对宽松的环境接触采访对象。(环境转换)

(2) 从社会关系因素来看：

一是找湖北老乡采访；(寻找地缘关系)(托关系)

二是找医生、护士采访，间接收集材料，并酝酿由其引荐的机会；(托关系)

三是找当地媒体同行引荐；(托关系)

四是找已谈过的采访对象介绍其他人采访，滚雪球似地建立新的关系；(托关系)

五是利用同学、老乡、熟人等各种关系通达到需要采访的人；(托关系)

六是从一开始接受任务起，就要动员一切关系网，如中央媒体的关系及当地的关系；(托关系)

七是随中央媒体、当地媒体一起采访当地的权威人士，如新闻发言人。随时像雷达一样捕捉一切信息，比如在行程中发现同行，如果是电视台的会有装备，一下子就看得出来，如果遇到个中央媒体或者当地媒体的同行，会带来很多方便。他们一般会帮忙，因为今日他帮你，哪天在武汉发生什么事，你可以帮他；(托关系)

八是利用《长江日报》记者可随湖北矿工亲属去医院探望获救者的机会。(托关系)

(3) 从扮演新角色方面来看：

一是通过给逃生病员送花或者营养品伪装成亲属朋友等方式进行接触；(扮演新角色)

二是冒充志愿者、献爱心者到现场；(扮演新角色)

(二) 角色转换归纳

从上面的叙述中我们可以得出什么结论呢？

在记者采访的人际沟通中最大的障碍是什么？不难发现，是记者与采访对象以及新闻信息资源控制方的地位差别。为什么中央媒体允许进入，其他地方媒体就被严格控制进入呢？就是媒体本身的地位不同带来记者身份的不平等。

记者长期与形形色色各种人物打交道，有地位高的，有地位低的。有什么办法使记者能逾越地位差别的障碍呢？实际上，上面练习中讨论的办法就是行得通的法子。将其归纳一下，无外乎这么几种：

一是利用各种社会关系；

二是时间和空间的环境变化；

三是扮演新角色。

正是运用这三种办法可以导演出记者接触各类人物的大戏来。

要说清楚其中的道理，必须运用社会学及社会心理学的知识对其进行解释下文分别详细分析 3 种角色转换。

二、利用社会关系转换角色

记者要克服地位差别带来的人际沟通障碍，快速接触采访对象，可在遵循沟通角色对等原则的基础上，充分利用自己在采访过程中和其他社会活动中建立的众多的社会联系，在直接或间接的联系中，寻找最能接近采访对象的联系以转换自己的角色，以期能与采访对象快速沟通。

（一）每个人都是一个角色丛

人的社会角色是指个人在社会活动和社会关系位置上的行为模式。社会地位是指个人在社会活动和社会关系中的位置实体。社会角色和社会地位是一个问题的两个方面。

每个人都是一个角色丛。在实际社会生活的舞台上，每个人都要扮演许多角色，这样每个人都是一个角色的综合体、复合体——角色丛或角色组。比如，一个人在家庭中扮演父亲角色、丈夫角色，或许还扮演兄弟姐妹中的一个角色；在大家庭和亲戚中，可能扮演女婿、叔(伯)侄、外甥、姨侄、姐夫、叔(伯)父、姑(舅)父等中的一个或几个角色；在居住的邻里中有邻居的角色；在工作单位有与他人相处的同事角色；在影剧院有听众、观众角色……总之，每个人通过自己的特殊生活便形成一个特殊的角色丛。一般说来，一个人独立生活的范围、交往的能力、生活的内容，往往与其担任的角色有关，与其所担负的角色数目、角色丛的复杂程度成正比。而记者因其社会关系和社会交往的复杂性、广泛性、持久性和多变性，其角色丛的数目比常人为多且更复杂，这便为记者采用角色变化的策略提供了有利条件。

正是因为每个人都是一个角色丛，便可以发生角色变化或角色转移。角色变化可以分为以下几种：利用社会关系转换角色(对象变化)；利用时空变化转换角色(环境变化)；扮演新角色转换角色(位置变化)。

（二）利用社会关系转换角色的策略

1. 社会关系

社会关系是人们在共同活动的过程中，所结成的以生产关系(主要是劳动关系)为基础的一切相互关系的总称。社会关系是从人类一产生就有的，伴随人们的社会行为而发生的，联合个人组成生活共同体，并存在于人们生活各方面的相互联系和关系的总和。一个人在个人生命出现时，社会关系就产生了。从降生时起，就有血缘关系和家庭关系、父子（女）关系、母子（女）关系；在居住地周围结成邻里关系；在学校结成师生关系、同学关系；在工作单位结成同事关系、师徒关系、上下级关系；此外，人与人之间，还有经济关系、政治关系、法律关系等。

2. 法拉奇“走后门”采访邓小平

前文说到意大利著名女记者奥琳娜·法拉奇采访过邓小平。2014 年 9 月，中央电视台播出《历史转折中的邓小平》，剧中透露，法拉奇采访邓小平，是经过意大利总统推荐的。[12]

继英国和中国友好往来后，意大利当局也决定调整对中国的态度。但是意大利国内意见不一致，毕竟他们对中国并不很了解。为了更好地和中国发展外交关系，意大利方决定先派记者到中国了解情况，判断中国形式。

在北戴河，主管外交工作的胡乔木告知邓小平，意大利著名记者法拉奇请求采访他。

法拉奇在来中国之前就已经和意大利领导人进行了谈话，此行她不仅要收集中国的一些情况，还要弄清楚中国到底值不值得意大利和它交往。

法拉奇在意大利一向言语犀利，讽刺当局揭露事实，从不婉转。中央领导人大多很担心这一点，怕法拉奇出言不逊给中国在国际上造成不好的影响。之前的国际斗争形势下，由于西方国家对中国采取封锁态度，再加上双方文化、政策差距较大，导致西方国家不太了解中国。中国如果想要在世界舞台上活跃起来，必须先要改变自己的形象。基于此种考虑，邓小平提出不同的意见，他觉得法拉奇访华是一个不可多得的机会。法拉奇在国际上有一定影响力，如果能够得到她的支持和好的评论，中国在国际上给大家的印象会发生好的变化。最后邓小平决定，主动接受挑战。通过这个机会，让世界了解中国，让中国走向世界。

在邓小平接受法拉奇采访的过程中，法拉奇言辞犀利，甚至提出来中国现在的多方面的转变，尤其是给“文革”中的冤假错案平反，是不是颠覆了毛泽东的时代。她更加尖锐地提出，现在中国在经济上的一些措施，如设立经济特区，实行包产到户，都与过去强调的社会主义相矛盾，而与资本主义有很多共同之处，是不是存在着中国“非毛化”的问题。

这一系列尖锐的问题让会场的气氛一度尴尬，大家都很紧张，不知道怎么应答。但是邓小平不避问题，实事求是，坚定维护毛泽东的历史地位和功绩。他反驳法拉奇说，中国一直坚持以马克思列宁主义、毛泽东思想为党的指导思想，这是不会改变的。此外，中国并没有改变社会主义的性质，只是借鉴了西方可取的地方来拉动国内经济的发展。

邓小平征服了在场的每一个人，会场上响起了热烈的掌声。采访结束后，法拉奇高度赞扬邓小平，说邓小平是她采访过最睿智的一位领导人。中国现在的状态很好，它正以一种开放积极的姿态面向世界，走向世界。这是值得肯定的，更值得意大利和它建交。

法拉奇的采访成功正是运用了恰当的社会关系——意大利总统的推荐。

（三）记者要广交朋友

记者应该利用自己活动范围广的条件，广交朋友，不断发展关系。

朋友要交得多。一个记者的能量大小关键看交了多少朋友，朋友多，关系多，新闻来源就多，因此记者要练出“见面熟”的本事。20 世纪 50 年代，周总理对《北京日报》的一位记者说：“当记者的，要有遇事不惊，临危不乱的本领，今后要多到基层走走，多多接近各行各业的群众，广交朋友……”[13]走出国门，更需朋友。1978 年 12 月中美建交，作为建交后首批驻美记者之一的《人民日报》资深记者张彦，在总结采访经验时说：“出门靠朋友，似乎普天之下皆如此。我们到外地采访，除了某些经过官方系统安排以外，大量是靠朋友张罗。”他靠朋友的帮助，完成了一本书——《一个驻美记者的见闻》，作家马识途在推荐这本书时认为，作者利用了别的记者所不具备的有利条件，“那就是他在美国早已有一些老朋友，这些老朋友是他在 40 年前的昆明结识的，真可以说是推心置腹。他们又热心地给张彦介绍了许多新朋友。在各地旅行访问时，张彦可以随便住在这些美国朋友家里，和他们促膝谈心直至深夜。也就是说，他有机会深入到美国普通人的生活底层，通过他们的心灵窗户来了解美国之所以为美国，美国人之所以为美国人，用事实说话，少作抽象的剖析。我以为这就是张彦写的这本书的特点。”[14]

（四）记者交朋友可以朋友托朋友

以朋友的朋友的身份去接触采访对象，便可化陌生为亲切。著名记者邵飘萍深谙此术，他于民国初年出版的《实际应用新闻学》一书中专辟“介绍函”一节，讲述利用社会关系接触采访对象的方法。他认为“托人介绍”“至为必要”，并提出应注意四点：一是介绍人必择与彼有相当之个人的交谊者；二是须承认为个人朋友，不纯以新闻记者目之者；三是以真挚态度介绍记者之学问资望；四是惟因渴慕，欲闻大教长谈以外，绝无所干。[15]

以朋友的朋友的身份去联系采访对象，靠这种间接的关系去搭桥，有时会收到意想不到的效果。1994 年 7 月，中共中央政治局委员、国务委员、国家体改委主任李铁映来武钢视察并召开武汉市部分企业家座谈会。笔者作为《武钢工人报》记者去采访他是相当难的，一个偶然的机会使笔者改变了境遇。笔者发现武钢情报研究所前所长刘振英博士在会场前厅等候李铁映。一问，原来他和李铁映是留学时的同学，一起生活了两年多。笔者与刘博士很熟，于是笔者作为李铁映同学的朋友一起参加会见，采访就很容易进行了。李铁映和他的副手洪虎在企业家座谈会上均有一段讲话。这两段讲话笔者记得准不准确，他们同不同意发表，曾使笔者大伤脑筋。这一下，见面一谈，都解决了。

三、利用时空变化转换角色

（一）人的社会角色是在一定的环境中产生的

利用时间、空间的变化来转换新闻采访人际沟通的角色，是快速接触采访对象的又一策略。

人的社会角色总是在一定的环境中产生的，环境是由时间和空间构成的，时间和空间的变化会带来环境的变化，环境的变化会带来人的社会角色的变化。总统、首相是在他工作的环境里出现的身份，回到家里，可能是父母或是会客的朋友，在其他环境中又会扮演不同的角色。

突发事件因为社会影响大，受到新闻媒体的广泛关注。但是在突发新闻采访中，因为一些部门或个人思想观念的落后，记者在采访中，常常会遇到一些意想不到的麻烦，如何破解麻烦，获取第一手的资讯，成为摆在媒体面前的一个课题。

安徽商报记者王志强的几次采访经历值得借鉴：[16]

2006年1月5日13时40分，淮南望峰岗矿井项目部主井，在井下960米处施工时，井筒发生煤与瓦斯突出事故，井筒内12名作业人员被困。事件发生后，省内媒体纷纷赶往现场，但是在该矿大门口，十几名保卫人员将大门紧紧封锁，不允许一名记者进入，即使在门口拍摄也不允许。

见大门无法进入，本人便悄悄往西行走，寻找进入现场的机会，采集第一线的拯救信息。走到西门后，发现这里也是守备森严，本人沿着围墙继续前行，走了几百米后，发现该矿的后门无人把守，而距离后门几十米处，就是事发主井，救援人员正在来来往往地做准备工作。他很快就闪进院内，跟踪、拍摄画面，采访下井的营救人员，以及准备下井的救护大队人员，在注意自身隐蔽的情况下，连续几天掌握了第一线的救援情况，让公众了解到，政府以及社会并没有放弃12位井下的兄弟。

在突发事件采访中，如果不能从正门进入事件现场，可以通过其他通道接近事件现场，不必把时间浪费在与保安人员争吵上。

同年的5月13日凌晨4时50分，安庆市大龙山铁矿发生塌方事故，泥石流和水流涌堵井下，8名正在作业的矿工被困井下，生死不明。记者前往采访时，同样遭遇粗暴对待，根本无法接近现场。他围着该矿走了一圈，也没有找到合适的机会，正当心灰意冷之际，却发现该矿周围被三条高速公路及匝道包围，而高速公路地势较高，站在公路上，矿区的救援情况一览无余。于是，他手拿长焦相机当望远镜，对事发矿井及周围的情况紧密关注，并对紧急的救援场面进行拍摄。发稿前，再与现场指挥救援的领导核实自己所看到的内容。很快，一篇篇感人至深的救援报道，发回了后方。

在此类事件采访中，各种意外都可能发生，因势制宜，综合利用天时、地利和采访设备进行采访，才能够在复杂的环境中掌握必要的信息。

在突发事件报道中，最常见的就是记者与保安、警察的冲突，一方担负着公众的知情权，一方担负着现场的守护职责，如何平衡两者的关系，进而完整报道事件的真相，非常考验记者的功底和本领。为了追求事件真相，全国各地被打的记者很多，但是这并没有挡住记者追逐真相的步伐和决心。

（二）如何选择新闻采访环境

1. 要从对等的角度来考虑

记者选择与采访对象交谈的环境，即时间和地点，要因人而异，其目的是要创造沟通角色对等的条件。一般说来,对于在位的职务高的领导人,如果在工作环境中不便于采访的话,则要选择相对闲暇的时间和生活中的地点,在这种环境里他的角色转换了,可以用平常人的身份与你交谈,采访便容易展开。

2. 要从贴近的角度来考虑

贴近,自然是贴近采访对象。采访者选择时间和地点一定要从贴近采访对象的环境来考虑,越能贴近采访对象越能获得独家材料。特别是在出现重大新闻事件,采访对象已成为“众矢之的”之时,资历浅的记者或通讯员要拨开云集的名记大腕,非得有贴身术不行。

1981 年,台湾飞行员黄植诚驾机归来,是个重大新闻事件,一时间,几十家新闻单位的记者蜂拥而来。当时,福州空军部队的新闻干事被“挤到了一边”,“费了九牛二虎之力才捞到向黄植诚采访十几分钟的时间”。后来,他利用自己在本部队辖区内采访,处于地利的优势,争取主要领导的支持,得到了黄植诚的“陪同权”,陪同黄植诚参观游览,出席各种会议,并为他当向导和“翻译”(台湾用繁体字,黄不大识简化字),随时随地和他交谈,从而改变了被动局面,获得了大量第一手报道素材,为后来写出有一定影响力的稿件奠定了基础。[17]

福州空军的新闻干事虽然专司新闻工作,却因不是媒体记者被“挤到了一边”,他利用地利的优势使用贴身术获得“陪同权”,他的采访便可以“随时随地”进行了,这种贴近采访对象的环境使他获得大量的独家材料。

3. 要从方便的角度来考虑

方便,自然也是方便采访对象。采访者选择时间和地点一定要从方便采访对象的环境来考虑,要摈弃那种把记者当作“无冕之王”的莫明其妙的优越感,从某种意义来说,采访对象给记者提供了报道素材,是记者得以生存的“衣食父母”,记者对采访对象当然得“毕恭毕敬”,当然得处处考虑到他们的方便。而且,只有他们感到方便了,无拘无束了,才能放心大胆地轻松愉快地毫无保留地与记者交谈。有时,还得考虑一些特殊采访对象的需要,因为记者是社会活动家,与社会的方方面面有着密切的联系,社会上的某些工作,有时需要记者施以援手。其实,这种施以援手的过程可以写成更能牵动人心的报道。而需要支援的人往往出于特殊原因,对接受采访的时间和地点有特殊要求,记者应尽可能地去满足这些要求。

浙江《都市快报》的年轻女记者程洁于 2000 年 11 月 17 日收到一封匿名信。拆开一看,寄信者竟是一个持枪抢劫者,他说他在外潜逃两年,想自首,可自己的罪行很重,他想知道究竟会被判几年。来信者要求记者务必在 11 月 20 日在报上回复。

经请示有关方面后,该报于次日登出《持枪抢劫者给本报女记者的最后通牒》一文。11 月 27 日上午 10 点,抢劫者给程洁打来电话,整整谈了 33 分钟。原来他只想谈 5 分钟,但是记者的真诚感动了他,谈话延长了。第二天,该报又登出了记者的文章《持枪抢劫者神秘来电》。

时隔一个多月,2001年1月5日傍晚,程洁等到他的第二次来电,他毫无保留地告诉了记者自己的姓名是"黄继伟",作案地点是"江苏省连云港市灌云县石门村",现在何处及传呼号码,并相约次日清晨杭州见。记者按时到达约定地点——体育场路四海豆浆店门口,可他迟迟未出现。10分钟后记者手机响了,他改地点为杭州中医院。记者依约前往见面,他俩后来在环城西路上谈了整整一个半小时。分手前,他们又相约在报社吃晚饭并会谈,最后,终于在报社向匆匆赶来的派出所民警自首。

1月10日,黄继伟被灌云县公安局刑警押解回乡,记者依诺跟上了囚车。车上的7个半小时,他向记者坦露了心声,讲述了逃亡两年多来的经历,谈到了自己的家、自己在山西的恋人。据当地警方介绍,黄继伟参与的抢劫案属特大案件,劫匪手段凶残,影响恶劣。黄继伟的5个同伙,在他离开家乡两月后的一次抢劫中与警方遭遇。2人被当场击毙,3人被捕,其中1人被判死刑、1人死缓、1人为无期徒刑。黄继伟投案自首会从宽处以10到15年徒刑。

11日上午,记者又在警方陪同下去看望了黄的父母,离开灌云时,又在公安局再次与黄见面,黄继伟含泪请记者转告其父母,他出来后一定要好好报答父母。4月18日,灌云县法院开庭审理此案,记者依诺与记者为黄继伟聘请的律师一起并获法庭准许出庭为黄作轻判辩护,结果黄被法庭判处10年有期徒刑。[18]

程洁的采访活动从接匿名信、电话采访、街头约见、报社会谈、囚车倾吐、探望黄家到警局话别,整个采访过程中的时间和地点的选择处处方便黄继伟,正是这种方便才使黄继伟放心并感动,才有了事件的步步延续,才有了与事件发展同步并推动事件发展的新闻报道,而程洁的深入采访,又获得大量的第一手材料,这为其写整个事件的通讯提供了丰富的内容。由此可见,方便采访对象也就是方便记者自己。

四、扮演新角色转换角色

(一)为什么要扮演新角色

在既无现存的社会关系可以利用,一时又找不到恰当的时空转移办法,或者难以冲进阻挠采访的"铁幕"的情况下,如何快速接触采访对象呢?扮演新角色是个好办法。此法实质上是角色位置的变化,即记者通过扮演新角色将自己置于采访对象同样的或是可以接近的位置。

为什么要扮演新角色呢?

1. 为了获得真实新闻

真实是新闻的生命。然而,要获得真实的新闻是要付出艰苦的努力的。这是因为,人们认识事物总是从现象入手的。现象是本质的外在表现,按表现本质的方式不同,现象分为真象和假象。新闻报道实践证明,新闻报道中的不真实不准确的事情屡有发生。排除记者有意搞假报道的情形外,绝大部分情况是由于记者采访作风不深入或者采访方法不当所致,没有认识到事物的本质特征,或是为采访对象提供的假象所惑。采访对象为什么会提供不真实的情况呢?这是因为在商品社会中,由于人们的各自利益不同,或受团体利益、个人利益的制约，或受世界观的支配，有些采访对象在接受记者采访时表现出并非诚实的态度，提供了假象或部分假象。记者为了摸清真实情况或防止受骗，便可以采用扮演新角色的办法深入采访，使采访对象在无戒备心理的情况下自然流露真相，或是在有特殊身份的记者面前不得不说出真相。

2. 为了采访活动的顺利进行

在采访活动过程中，会产生复杂的社会关系和与之引起的心理关系。每一采访对象都是一个活生生的个人，人上一百，形形色色，有的性情清高，不愿张扬；有的脾气倔强，不爱搭理；有的性格内向，不善言词；等等，如果记者公开亮明身份公布采访意图，采访可能因此受阻或是达不到理想的效果。

3. 为了获得客观报道的效果

新闻报道必须真实、客观、公正，这不仅要求记者在报道内容上必须做到真实、客观、公正，而且，要在报道程序上让受众相信这一点。因为在商品社会中，媒体和记者都有各自的经济利益，记者写的媒体传播的新闻报道有没有受到其他个人或团体的经济利诱呢？或者是采访对象有意作秀，而记者没有察出实情呢？因此，记者通过扮演新角色，不暴露记者身份不申明报道意图，或是以其他特殊身份进行调查，这样写出的报道，便更令受众信服。

（二）如何扮演新角色

下面介绍几种办法：

1. 体验法

这是采访者亲身参与新闻事件活动并充当其中的一个角色来采集新闻素材的方法。分公开身份和意图与不公开身份和意图两种方法。

20 世纪初，美国记者里德采访帕特森丝绸工人大罢工，到达的第一天就被警察投入监狱。新闻界的朋友凑足了钱去赎他，他谢绝了。因为他发现在监狱里可以采访到外面采访不到的东西。他在狱中吃尽了苦，警察像对待犯人一样粗暴地对待他。出狱后，他的报道获得极大的成功，第一次推倒了罢工工人同社会之间的“隔音墙”。不久，墨西哥农民暴动，里德又参加了农民起义军，一个人孤零零地穿过一百英里的荒漠……在亲身经历和大量采访的基础上，他写成《暴动的墨西哥》一书，引起纽约的轰动。后来，他又忍受着病痛、贫困，冒着生命危险采访了“十月革命”，写出不朽名著《震撼世界的十天》。里德采访监狱里的情况，对当局不利，当然得背着他们。接着，他参加了墨西哥暴动和十月革命。只有运用不暴露真实身份和意图，到政治风暴的中心去亲身体验的方法去进行采访，才能获得大量生动而又真实的资料。[19]

2. 暗访法

这是在采访对象因个人或团体利益不透露真实信息而设置沟通障碍，或是受众怀疑采访对象可能提供非真实信息的情况下，采访者不申明自己的身份和报道意图，以采访对象能够接受的角色进入采访领域暗作调查访问的方法。

2014 年 7 月 21 日，上海电视台发布了上海福喜公司使用过期食品原料的报道。这篇报道是上海电视台的记者化身流水线上的普通工人，深入到福喜公司的工厂车间内工作多月后，记者在这里发现的事实，让人触目惊心。镜头里，工人们正在把地上散落一地的牛肉饼、鸡腿一一捡拾起来，不擦拭也不清洗，而是熟练地把肉直接扔回到生产线上。这一切发生在美国欧喜集团在上海的分公司——上海福喜食品有限公司。

根据报道，福喜有两条生产线，一条为禽肉线，主要生产麦当劳的鸡肉产品；另外一条线主要生产麦当劳、肯德基的肉饼。暗访中，6 月 18 号，麦当劳的生产线上，根据当日的生产计划，要使用 18 吨麦乐鸡原料。然而记者发现，这其中含有过期了将近半个月的鸡皮和鸡胸肉。这些过期原料被工厂送到绞肉区，经过大型绞肉机粉碎，裹上 3 层浆粉，经过 200 摄氏度高温油炸，再也看不出本来的面目。6 月 30 号，肯德基烟熏风味肉饼的生产线上，记者再次看到过期近一个月的鸡肉在作为原料被使用。记者注意到，一旦因为设备故障或者操作不当产生次品时，这些次品会被及时封存，重新标注为麦乐鸡二级品，推入冷库，在之后的生产当中慢慢消耗。6 月 11 号，1 号解冻区域内堆放着一百箱冷冻小牛排，已过期 7 个多月了，然而这批小牛排包装外没有保质期、生产企业、批号等关键性信息，最终，这批小牛排被切割成小片，重新包装，内袋打印的保质期又延长了一年。[20]

2001 年 9 月 3 日中午，中央电视台在“新闻 30 分”栏目中播出了南京冠生园旧月饼翻新“再利用”的新闻，一家知名企业居然用头一年的冷藏馅做第二年的月饼。央视记者掰开“黑心”月饼的报道，在中秋临近的月饼市场，犹如投下一颗重磅炸弹，在社会上掀起轩然大波。这是一条做了一年的新闻。在上年中秋过后，央视记者就暗拍到南京冠生园回收月饼的镜头，当时就认为可以播出，“但是领导要求必须做到丝丝入扣，无懈可击，当时我们只拍到冠生园回收月饼，没拍到这些收回来的月饼作了什么，所以，我们需要耐心等待，我们等了一年”。“7 月 2 日，我们得到消息，说厂家开工了，我们迅速赶赴南京，在地方台朋友以及线人的配合下”，央视终于拍到了从冷库拖出的头年陈馅又用于当年的月饼中的镜头。[21]

新闻播出次日，《上海青年报》的记者在夜里和拍摄这条新闻的央视记者取得联系，问及拍摄过程，据央视记者介绍：“我想对于我们来说，最艰苦的日子要数今年 7 月了。南京的高温真是‘恐怖’，我的手背都在出汗，可是为了不被拍摄对象发现，我们只能躺在一间拉着厚厚窗帘的屋子里，在窗帘上挖一个小洞，进行‘偷拍偷录’。那些拍摄对象是很谨慎的简直可以用‘神出鬼没’来形容。曾经有几天，为了不漏掉宝贵的细节，我们从早上 6 点一直工作到晚上 10 点，这期间一直盯在摄像机旁，午餐、晚餐都是请不相干的人代买的。”黑心月饼的黑幕被捅穿，对公众来说，是大快人心的事。从节目播出后的当天下午开始，节目组的热线电话就没停过。“冠生园事件”的冲击波影响了全国的月饼市场，后据报道，全国月饼销量因此比上年同期锐减，冠生园集团中的厂家损失最惨，全国 20 多家挂“冠生园”牌子的月饼销量直线下降，有的已退出当地市场。月饼生产质量也成为媒体报道的热门话题，北京、南京、杭州、南宁……全国许多城市的职能部门都在重点检查月饼生产质量，卫生部要求严查用过期原料加工生产月饼的行为。

3. 换身份

这是因所采访事项与采访对象个人或团体有直接利害关系，采访对象封锁或不愿意透露真实信息，或者是控制局面的有关方面因故不让新闻单位介入，为排除这些沟通障碍，采访者以特殊身份进入采访领域与采访对象沟通。

2001年7月17日，位于黔桂交界处素有"中国锡都"之称的南丹县矿区发生重大透水事故，事后查明死亡矿工81人。7月27日中午，新华社广西分社接到电话举报，立即派出由6人组成的采访小分队连夜赶往南丹调查。矿方百般隐瞒事故真相，并对记者进行跟踪。新华社记者感到情况复杂，提议与其他新闻单位记者兵分几路，避开跟踪。

29日，小分队回到分社，向上级作了详细汇报，总社要求深入调查，掌握证据。7月31日，分社记者再度进入南丹，当晚参加了传讯龙泉总厂有关人员、封存该总厂及所属部门的资料和银行账号的绝密会议，并亲临传讯现场。

8月1日下午，广西壮族自治区南丹"7·17"事故调查领导小组正式成立，广西分社副社长杨维成成为调查领导小组成员，这种特殊身份，使新华社作为唯一一家能采访所有事故现场和事故涉及人员的新闻单位，独家掌握大量情况，每天及时向中央汇报，并为以后采写重大独家新闻创造了条件。经过30多个日日夜夜的艰难采访，新华社记者发了大量报道，披露了南丹透水事故和隐瞒不报的真相，被中央和地方媒体广泛采用，全球几十家网站予以转载。[22]

此例中，广西分社的领导成为事故调查领导小组成员，改换了身份，得以顺利地进入核心地带采访。

最后，需要强调一点，凡是不申明采访者身份和报道意图的采访活动，属隐性采访。此种方法搜集的信息是采访对象在毫无戒备之心的情况下自然流露的，他们并不知道采访者会将之公开报道，因此，采访者一定要自觉接受法律和道德的制约，不得任意侵犯公民的名誉权和隐私权。

本章小结

突发新闻采访是社会活动，新闻采访从一开始便是人际交往活动。地位的差别是人际沟通的首要障碍，沟通畅通要求沟通地位与沟通对象对等。从社会学观点解释，人的社会行为是一种商品交换活动，新闻采访人际沟通也是一种交换行为。中国人际沟通受传统文化"尊卑有序"观会影响颇深，加之，突发新闻接触采访对象的复杂性，更增加了沟通的困难。实践证明沟通双方角色对等不是绝对的，突发新闻采访中记者通过角色转换力争沟通双方对等，来获取采访成功。利用社会学原理，可以通过社会关系、时空环境和扮演新角色等策略转换沟通双方的角色，以力求达到沟通畅通所需要的沟通角色，从而完成突发新闻采访任务。

思考与练习

1. 找出同一突发事件不同媒体的报道，分析他们接触的采访对象是哪些人，接触这些人会有什么困难，查找介绍他们采写经历的文章，或者自己设想他们会如何克服采访沟通中的困难，比较一下，哪家做得更好，能否从中总结一些规律性的东西。

2. 类似本章中王家岭煤矿记者采访遇阻的事例，在突发新闻采访中有很多，试举最近事例分析，如果自己成为采访此事的记者，该如何采访这样的事情？
3. 为什么说地位差别是人际沟通的最大障碍，尝试一下如果你去采访学校领导或你能接触得到的专家学者、社会名流，你会如何设计自己的采访方案？

参考文献

[1] 叶冬梅．浅谈采访相对心理的运用[J]．今传媒，2012(5).

[2] 巩玉花．新闻采访的社会学内涵[J]．当代传播，2002(4).

[3] [苏]安德列耶娃．社会心理学[M]．天津：南开大学出版社，1986：81.

[4] 全国十三所高等院校《社会心理学》编写组．社会心理学[M]．天津：南开大学出版社，1990：189.

[5] 马逸林．浅谈新闻采访艺术[J]．新闻传播，2013(2).

[6] [苏]安德列耶娃．社会心理学[M]．天津：南开大学出版社，1986：88.

[7] [苏]安德列耶娃．社会心理学[M]．天津：南开大学出版社，1986：88.

[8] 艾丰．新闻采访方法论[M]．北京：人民日报出版社，1982：228.

[9] [美]克特．W．巴克主编．社会心理学[M]．天津：南开大学出版社，1984：89.

[10] [美]克特．W．巴克主编．社会心理学[M]．天津：南开大学出版社，1984：90-91.

[11] 马克思，恩格斯．《马克思恩格斯选集》第1卷[M]．北京：人民出版社，1995：68.

[12] 孟红．意大利女记者法拉奇：如何"走后门"采访邓小平？[EB/OL]．党史频道 http://dangshi.people.com.cn/n/2012/0706/c85037-18462237-1.html.

[13] 王素心．永恒的春日[N]．北京晚报，1997-01-08.

[14] 张彦．一个驻美记者的见闻[M]．北京：中国新闻出版社，1986：235-237.

[15] 邵飘萍．实际应用新闻学[M]．//新闻文存，北京：中国新闻出版社，1987：408-409.

[16] 王志强．浅议突发事件的采访技巧[J]．新闻世界，2012(7).

[17] 韩京承．我们是怎样报道黄植诚驾机起义的？[J]．解放军报通讯，1982(5).

[18] 程洁．让一个持枪抢劫犯走上自首之路、为持枪抢劫犯作轻判辩护[J]．新闻记者，2001：(3,7).

[19] 李军．新闻快速采写论 [M]．呼和浩特：远方出版社，2003：181.

[20] 上海电视台．记者暗访福喜公司次品周而复始混入洋快餐原料．新浪上海．http://sh.sina.com.cn/news/b/2014－07－21/081902766.html

[21] 王燕枫．"变味"的月饼．中国新闻出版报，2001-09-24.

[22] 新华社记者在南丹[J]．中国记者．2001(1).

第十章　突发新闻采访对象情绪调控策略

学习目标

1. 新闻采访与情绪调动。
2. 通过认知因素调动情绪的策略。
3. 通过环境因素调动情绪的策略。
4. 通过生理因素调动情绪的策略。

新闻采访是人际交往过程，情绪在人际交往中起着重要的制约作用。这是因为交往的过程体现着人际关系的交流，人际关系的本质是一种情感交换。

交往有两个重要的特征，即相互作用与交流。交流有信息的沟通、思想的沟通和情感的沟通；相互作用体现着这些沟通对交往双方相互的影响。在这些交流和相互作用中，情绪和情感的因素极为活跃。"有专家经实验证明，人的成功要素中，智商约占20％—40％，而情商要素则要占60％—80％"[1]，情商是心理学上一个与智商相对的概念。它是指驾驭自己的情绪、思想、意志等和控制、协调个人心理以便实现自己的愿望的心理活动过程。在突发新闻采访过程中，要十分注重发挥情绪的作用。

第一节　新闻采访与情绪调动

一、情绪与沟通

（一）情绪与新闻采访

情绪和情感是伴随着认识活动和意志行动而出现的。它具有独特的主观体验的形式和外部表现形式，具有极为复杂的神经生理、生化机制，包括有机体在心理和生理的许多水平上的整合。情绪和情感是从不同的角度来标示感情这种复杂的心理现象的，情感这一概念较多地用于情感的内容，具有较大的稳定性和深刻性。情绪则常用于感情的表现形式方面，具有较强的情景性、激动性和短暂性。也有的心理学家对情绪和情感不加区分，在同等意义上使用这两个概念。

新闻采访作为一种特殊的人际交往活动，由于交往双方面对面，而且抱有明确的目的性，因而情绪对采访人际沟通的制约作用尤为明显。情绪在人际交往中有哪些作用呢？

（二）情绪可以影响和调节认知过程

1. 人们在知觉和记忆中进行着对信息的选择和加工

情绪和情感像是一种侦察机构，监视着信息的流动。它能促进或阻止工作记忆、推理操作和问题解决。这是因为情绪和情感既是一种客观表现，又是一种主观体验。它们所构成的恒常心理背景或一时的心理状态，都对当前进行的信息加工起组织与协调的作用。按情绪的适应性而言，它帮助人选择信息与环境相适应，并驾驭行为去改变环境。我们会经常感到，在心情良好的状态下工作时思维敏捷，解决问题迅速；而心境低沉或郁闷时，则思路阻塞，操作迟缓，无创造性可言。突然出现的强烈情绪会骤然中断正在进行着的思维加工；持久而炽热的情绪则又能激发无限的能量去完成活动。故选择采访对象情绪好的时候进行采访活动就会收到事半功倍的效果。

2. 情绪可以协调社会交往和人际关系

情绪是人类社会生活和人际交往中不可缺少的一个重要环节。人类社会交往的存在和维持，从心理学的角度而言，首先是语言交际的存在。殊不知情绪的作用一点不亚于语言。它们相辅相成，缺一不可。表情是情绪的记号。情绪通过表情使人们互相了解，彼此共鸣；它以十分微妙的表情动作传递着交际的信息。表情帮助人去辨认当时所处的不十分明确的环境和对方的态度，从而产生与这一交际场合相适应的行动。感情交流使人产生同情，互相受到感染，甚至使人互相接近和依恋。人与社会之间和人际之间的关系都可以通过情绪反映出来。诸如爱和恨、快乐和悲伤、期望和失望、羡慕和忌妒等，它们和语言一起或单独调节着人际行为。

记者可以利用情绪作用与采访对象建立融洽的关系。

一位女记者采访女工吕莉之前了解到，这位女工幼年曾遭强暴，性情怪僻粗暴，从不愿向外人讲述自己的不幸。于是，记者没有直接进入采访，而来到车间。吕莉刚与一个男工吵了架，在工作台上边工作边流泪。记者走近吕莉，轻轻把手放在她的肩头，说："这不安全，当心轧着手。"吕莉抬头看了记者一眼，见这位大姐面带微笑的表情和慈爱的目光，刚才的泼悍劲儿一下子不见了："我没事，你找我吗？"记者点点头。

在车间的一角，记者和吕莉同时落座在铜扁线的线轴上。当吕莉知道面前的女士是记者时，先是吃惊，继而轻轻扶着记者的膝说："我喜欢你，我们这线轴很脏，你吹也不吹就坐下了，所以，你问什么，我都说。"在这里，记者通过表情的渠道表达的同情情绪使采访对象受到感染，让这位因感情受过创伤而不愿对人敞开心扉的女工开了口，而且讲得那么情愿。吕莉向记者敞开了自己紧锁的内心世界，记者获得了其他记者从未获得过的材料，写出了《中国女性》系列报告文学之一——《幼年即遭强暴》。[2]

（三）情绪的自发产生可能性和敏感的交际作用

1. 表情是情绪反应的最敏感的指示器

情绪从人类远古祖先的时代进化发展而来，而且随着大脑的发展而得到分化。它在帮助人类适应环境方面很价值。当代人类的多种基本情绪，诸如愉快、悲伤、愤怒、惧怕、惊奇、厌恶等，在婴儿早期即已出现。这些情绪的面部表情不需要社会学习就能产生。这些表情利用一种非编码的、先天形成的通讯联系，用来呼唤和影响成人对他们进行哺育和照料，从而在一种相互影响的制约关系中建立起母婴之间的感情联结。因此在社会交往中，表情是情绪反应的最敏感的指示器，这更说明了情绪在社会交际中的敏感作用。它的敏感在于情绪有更大的自发产生可能性，它的先天发生性质决定一方面它与有机体的生理需要联系得比较紧密，另一方面它又与生物驱力相区别进而分化为许多种具体情绪。因而，情绪的变化引起的生理反应会迅速自发地流露在表情上，人们会据此迅速作出交际反应。

2. 情绪指示人们迅速调整交际手段

新华社的《新闻业务》1981 年 9 月号上载有这样一件事：新华社的一位老记者到云南边防部队采访，他在与一位名叫郑宁生的年轻战士交谈时，小郑显得十分拘谨。老记者马上觉察出来，停下采访，闲聊起来。他问小郑："你是南京人吧？"小郑感到惊异："你怎么知道？""我是从你的名字上猜出来的。你叫郑宁生。'宁'是南京的简称嘛。"于是，老记者与小郑谈起南京的玄武湖、中山陵等名胜，以及南京的近况。俗话说"美不美，家乡水，亲不亲，故乡人"。小郑在千里之外听到家乡的消息自然劲头来了，两人很快热烈地攀谈起来，老记者顺势进入采访正题。

从此例中，我们可以看到，小郑的拘谨情绪是自发地从表情上流露出来的，老记者十分敏感，迅速调整策略，从小郑的家乡入手切入话题，唤起小郑的浓浓乡情，谈兴大增。在这里，情绪是指示器，指示人们迅速调整交际手段；情绪又是助燃剂，加大沟通之火的燃烧。

二、情绪和情感的唤起

情绪和情感是如何唤起的呢？情绪和情感是人对客观事物的态度的一种反映。人对客观事物采取怎样的态度，要以某事物是否满足人的需要为衡量标准；客观事物对人的意义，也往往与它是否满足人的需要有关。与人的需要毫无关系的事物，人对它是无所谓情感的；只有与需要有关的事物，才能引起人的情绪和情感。

（一）马斯洛需要层次论

人的需要有哪些呢？1938 年摩莱在其所著的《人格的探索》中列举了 20 余种人类需要，在此基础上，心理学家马斯洛在他著名的《人类动机论》中阐述了需要层次论。此理论把人类的多种需要分为 5 种层次：

1. 生理需要

凡是能够满足个体生存所必须的一切物质都为生理所需要。生理需要是人类最原始、也是最基本的需要。如吃饭、穿衣、居住、婚姻、疾病的治疗等。

2. 安全需要

当生理需要多少得到满足之后，安全的需要便成为最主要的需要。这些需要主要是免于身体危险及对被剥夺基本生理需要的恐惧的需要。换言之，这是一种自存的需要。它不仅考虑到当前，还考虑到未来，考虑到能否维持自己的地位以保证将来生理上的需要得到满足。

3. 社交需要

在前两种需要得到满足之后才会有社交需要，包括友谊、爱情以及隶属关系的需要。希望伙伴之间、同事之间关系融洽或保持友谊、忠诚与爱情。人作为一个社会性的人，必须有了解外部环境信息的需要。

4. 尊重需要

它包括对人的价值的尊重和对地位的需要两大方面，前者包括自我尊重、对他人尊重和他人对自己的尊重，即自尊、人尊与他尊；后者具体表现在对地位、声誉、控制和尊严的需要，集中表现在权力需要和地位需要。

5. 自我实现需要

这是人的需要层次结构里最高层次的需要。它包括成就需要、情操需要和追求幸福的需要。

（二）需要的5个层次是逐级上升的

马斯洛认为，上述需要的5个层次是逐级上升的。当下级的需要获得相对满足以后，追求上一级的需要，就成了驱动行为的动力。但是，如果满足了高级需要，却没有满足低级需要时，他可能牺牲高级需要，而去谋取低级需要。[3]

情绪是一本打开的书，人人都可以读懂它。采访者可根据情绪讯号和人固有的需要层次去推测采访对象的心理需要，及时予以满足，以激活采访对象有利于采访活动顺利进行的情绪，完成采访任务。

三、情绪的两极性和三因素

（一）情绪的两极性

1. 情绪在新闻采访人际沟通中具有重要的制约作用

这是因为情绪具有两极性。两极性首先表现为情绪的肯定和否定的对立性质。如满意和不满意、愉快和悲伤、爱和憎等。情绪的这种两极性在采访人际沟通中起着增力和减力两种作用，促进或者促退采访活动的发展。

记者在采访中吃“闭门羹”、遇“冷面孔”的事可谓屡见不鲜。《解放日报》记者毛用雄曾于1981年11月至12月间，对基本未接受采访的不同行业的对象100人作过调查，其中有50人对记者采访“感兴趣”，占50%；41人抱“无所谓”态度，占41%；9人感到“讨厌”，抱消极态度，占9%。这张调查表说明对记者采访抱非积极态度的占比为50%。[4]

2. 情绪是人们对客观事物的态度的一种反映

情绪的变化可以导致态度的改变。情绪有肯定和否定两极，这两极是可以互相转化的。这里以一个采访实例来说明这种转化。解放前，有一位刚到新闻单位工作的记者，采访一个卖儿女的受伤工人。由于没有经验，他掏出本子，进门就问人家为什么卖儿女，马上让对方给顶回来。第二天，时任《新民晚报》采访主任的浦熙修去采访，进门就说：“我们听说你们夫妻俩都被裁了（开除），心里很难过。”她还看望了病倒的老奶奶，抱了抱将要卖掉的小男孩。浦熙修同情的语调、无言的举止所表达的悲悯之情，马上扭转了气氛。浦熙修从他们的生活困难谈起，慢慢转入正题，使这对夫妇向记者倾诉了自己的一肚子苦水。[5]

3. 情绪的两极性表现为肯定和否定的对立性质

这种对立性质有时表现为处于两极对立的情绪可以在同一事件中同时或相继出现。例如为了崇高事业而壮烈牺牲的烈士的亲人，既体验着烈士为国捐躯的崇高爱国主义的荣誉感，又深深感受着失去亲人的悲伤。前面例子中那对又失业又卖儿女的夫妇同样有矛盾的情感，对自己的苦难遭遇，既想找人诉说以博得同情，又怕人问起徒添烦恼。新记者不明了这对夫妇的这种复杂情感，拿着本子就问别人为什么卖儿女这种不近情理的问题，当然惹人恼怒；而浦熙修善解人意，对这对苦难夫妇充满同情，自然引来人家的倾吐。

情绪的两极性还可以表现为：1. 积极的或增力的和消极的或减力的；2. 紧张和轻松（紧张的解除）；3. 激动和平静；4. 强弱的等级变化。情绪的强度决定于引起情绪的事件对人的意义大小以及个人的既定目的和动机是否能够实现。

以上从不同侧面归纳出来的情绪的表现形式，往往成为人们度量情绪的尺度，即情绪的强度、情绪的紧张度、情绪的激动度、情绪的快感程度、情绪的复杂程度等。一般说来，积极的、轻松的、平静的、平和的、愉快的情绪适合于采访沟通，采访者应该促使采访对象的情绪朝这一极变化，营造愉悦的沟通气氛，以保证采访活动的顺利进行。

（二）善于识别人的情绪变化

1. 情绪变化的识别

要调动采访对象的情绪，首先要能识别人的情绪变化。情绪具有外露性、主观性、生理性和社会性四个特征，正是因为有这四个特征，情绪才能够被识别。外露性是指情绪的外部表现形式。它通过人的面部表情、目光接触、身段变化，直接将情绪表露出来。如眉飞色舞、手舞足蹈、目光呆滞等，直接反映着人的情绪。主观性是指人的主观经验形式，可以通过情绪体验者口述出来，包括言语的语音、声调、节奏、速度等都是表情手段。如采访对象气愤地说："事实并非如此，你听我说。"再如，"对不起，今天我有事，不能接待你。"采访对象的言谈语气可以直接表白情绪。生理性是指情绪能够影响人体内部器官和腺体、内分泌的变化，它可以通过人的脸色、呼吸、流泪、出汗等现象表露出来。社会性是指人的情绪与社会文化相联系，受其具体的社会生活环境制约。有的人内心情绪和外部表现形式不一致，善于掩饰，我们可以从采访对象的社会生活环境来准确判断其情绪。此点将在后文举例说明。

2. 观察情绪讯号

这里，我们来说明一下如何识别和调动采访对象的情绪。如何消除采访对象的紧张情绪是记者常遇之事。《光明日报》女记者樊云芳采访武汉市护理界的后起之秀朱桃英，开始，小朱拘谨地望着记者的笔记本，涨红了脸，绞着双手，结结巴巴地说："请不要采访我，我没有先进事迹……"为了消除她的紧张情绪，记者收起了笔记本，说："好了，我们今天不谈这个，随便谈谈。我家有个病人，已经躺了两个月，听人说三分医治，七分护理，我想了解一下，该怎样护理病人。”记者与护士出身的采访对象谈护理，对方当然有话可说。小朱慢慢松了口气，情不自禁地谈了起来。记者见火候到了，赶紧提出一个个自己感兴趣的问题：“护理包括哪些方面？从你自己体会，怎样才能把病人护理好？”“俗话说，三分医治，七分护理，你能举例说明吗？”“当病人感到绝望时，护士该怎样安慰他？”“有人说，护士是自我牺牲的职业，你有同感吗？你感到工作有乐趣吗？”这样，话头一开，采访在对方神不知鬼不觉中进行得很顺利。[6]

此例中，采访对象的情绪讯号表露得十分明显：拘谨地望着，涨红了脸，绞着双手，结结巴巴。记者调度有方，欲擒故纵，宕开话题，从采访对象熟悉的护理业务入手，激起对方谈兴，使采访在对方没有察觉的情况下顺利进行。这是一个快速调动采访对象情绪的一个成功的例子。

（三）情绪的三因素

快速调动采访对象的情绪有无规律可循呢？规律是有的。现代心理学认为，情绪受环境因素生理因素和认知因素制约。其中认知因素起关键性的作用。[7]

1. 环境因素

比如动物园有一群人在观虎，大家正看得津津有味。假设老虎突然从笼内跑了出来，人们的情绪立刻会处于高度“警觉”的临战状态。笼内之虎与笼外之虎，对观虎的人而言，只不过是环境的变更而已，可对人的情绪产生了莫大的影响。

2. 生理因素

假设人群中有一个人处于肌肉能量储备告罄之前的极度疲劳状态，他的情绪反应便不会像别人那样强烈。“如果说，疲劳能缓和一下强烈的惊怕或愤怒情绪的话，那么在疲劳解除以后，动物有机体又会处于紧张的状态之中。”[8]可见，生理变化也影响着情绪的变化。

3. 认知因素

假如人群中有一个人是间歇性的精神病患者，在他丧失认知能力时，便不会为笼外之虎所惊惧；而当他恢复认知能力时，情绪便会立刻紧张起来。认知，是人们对作用于他们的客观事物的判断与评价，它是导致情绪变化的直接原因。上例中老虎对人的情绪的影响，是通过环境、生理、认知三方面情况的改变而发生作用的。发生作用的实质是人的安全感的需要遭到破坏，所以，情绪的变化，归根到底取决于人的需要满足与否，并据此作出肯定或否定的情绪反应。于是，我们便可以从适应人的需要出发，调节认知、环境、生理三方面的因素，把采访对象的情绪朝有利于采访顺利开展的方向调动。

第二节　通过认知因素调动情绪的策略

一、通过认知因素调动采访对象情绪的策略

记者在采访活动中大量接触的是“生面孔”，陌生，就像一道无形的河流隔开了记者与采访对象的联系，形成情感上的距离，成为沟通障碍。记者要有一种“见面熟”的本领，迅速调动采访对象的情绪而采取通过认知因素调动采访对象情绪的策略当为首选。

调动认知因素的策略是指记者通过传播各种信息引导采访对象认同采访活动，激发其接受采访的兴趣，从而达到快速调动采访对象的情绪，顺利完成沟通目标的一种方法。

上节说到人的情绪受认知因素、环境因素和生理因素制约。这三者中，认知因素是起决定作用的因素。从上节关于三因素的阐述中可以看出，环境的危险性是通过认知而警觉的，疲劳等生理因素只不过因其迟钝了认知而减缓了对情绪的影响。可见，在这三因素中归根到底最终靠认知因素发挥作用。所以国外有学者提出这样的基本观点：“生理唤醒与认知评价之间的密切联系和相互作用决定着情绪。”并由此得出结论，情绪是认知的、生理的、环境的三种因素的构成物。[9]

二、通过认知因素调动采访对象情绪的内容

（一）安全感方面

新闻采访要人开口，中国有很多古训却叫人闭嘴。什么“为人且说三分话，不可全抛一片心”；“是非只为多开口，烦恼皆因强伸头”；“口是祸福门，舌是利害本”；“病从口入，祸从口出”等，举不胜举。这些古训无外乎说明一个道理，人有安全感的需要，言多必失，不要轻言致祸。

出于安全感方面的原因而不愿接受采访的情况是很多的，这是记者通过认知因素调动采访对象的情绪中最常见的问题。记者应站在采访对象的立场，为其着想。所有人都是趋利避害的，记者在和采访对象的交流中，要有效传递两个信息：第一，接受记者的采访，对其有帮助；第二，反之，有害。

2007年某日晚9点，广州番禺某社区一对老年夫妇在家中被劫杀。家属在楼下恸哭。《南方都市报》记者杨昱前往采访，当晚就要发稿，因此必须尽快说服家属接受采访。他走到死者儿子董先生跟前，说：“董先生，节哀顺变。我是《南方都市报》的记者，我是来帮助你的。我体会你现在的心情，我们谁都不愿意看到这个事情发生，但是，你现在必须振作起来，接受我的采访。因为现在罪犯还在潜逃，警方才刚刚介入，现在只有通过媒体报道，才能让社会各界加大对事件的关注，从而使警方更积极破案。所以，现在只有警察和罪犯，希望消息不被传开，如果你不接受采访，就是在帮助罪犯。《南方都市报》是很有公信力的报纸，而我则是很有经验的记者，经常面对类似事件。你要相信我。来，现在向

我讲述事件的经过。”

听到记者这番叙说之后，董先生含泪接受了采访。面对受害者家属的场景，在突发新闻中经常会遭遇到，而类似杨昱这样表达，基本都能奏效。通常，死者家属面对突如其来的噩耗，内心慌乱，六神无主，会本能地拒绝采访。此时，记者需以一个真诚而强势的姿态出现，成为受害人家属的主心骨，去帮助他们，而不能让人觉得你就是个信息索取者。[10]

（二）功利方面

如果采访活动与采访对象的利益有关，记者要善于利用这一点，可直接调动采访对象的情绪。

2001年10月，笔者作为《武汉晚报》的记者，到武汉市公安局第一收容教育所采访。这个所又称“妇教所”，是专门收教卖淫妇女的，成立16年来，共收教卖淫妇女7600余人。要反映该所干警教育感化工作的成效及卖淫妇女的转化过程，必然要收集关于卖淫妇女是如何走上这条路的材料。对这种事情的采访有难度，卖淫女必不愿深谈此事，特别是在新闻记者面前。

考虑到她们的复杂的心理，笔者便要求该所领导作介绍时，不必讲明笔者的记者身份，而改称是“局里来作调查的”。以这种身份就比较容易与她们沟通了，而且，笔者向她们讲明，如果积极配合调查，真实地讲清自己的转化过程，所述事例能成为教育他人的材料，笔者会向所领导讲明这一点，作为她们配合政治工作的一种积极表现并可因此获得奖励。所领导当即认可此点。

这样，她们便全力配合了，细致地讲清了自己是如何走上这条路的及进所以后思想转变的过程。最后，笔者还是向她们申明，她们讲得很好，为取得更好的教育效果，如果隐去她们的真实姓名，采用化名在报上公开报道，有什么意见。采用化名不影响她们的声誉，她们均表示同意。此点申明很重要，她们虽然被强制收教，仍要保护她们的合法权益，不得侵犯她们的隐私权和名誉权。再加上报纸必须坚持正面报道为主，对她们的事例不可能详尽披露，读者也不可能凭猜测去对号入座，因而，根本不会损害她们的声誉。这样便将她们配合采访的表现情况与她们的个人利益挂钩，极大地刺激了她们的谈话积极性。一般来说，新闻报道的效果与采访对象个人或团体会有或多或少的利害关系。特别是在采访对象不明了情况时，记者适当地指明这一点，能够有效地调动采访对象的情绪。

（三）责任感方面

责任感是情感的一种。人类在社会历史发展进程中所形成的稳定的社会关系决定着人们对于客观世界的态度，对于这些态度的反应，就是人类所特有的情感。例如集体感、荣誉感、责任感、羞耻心、求知欲等都是人们在社会生活条件下所形成的高级情感。在采访活动受阻时，记者要善于观察，善于激活采访对象诸如责任感之类的高级情感，使之感到有配合记者搞好报道工作的义务。

1998年8月12日上午，一位衣着简朴、身材削瘦的老大妈来到中华慈善总会，向洪涝灾区的人民群众捐款8000元后，不留姓名，躲开记者的采访，匆匆离去。这一切，被《北京青年报》记者史伟看在眼里。几经辗转，史伟终于了解到老人的真实身份。她的名字叫方琪恩，62岁，是牡丹电子集团公司的退休工人，每月退休金506元，现居住在城南菜市口胡同一处普通的平房里。12日下午，史伟找到老人的家，老人仍然拒绝接受采访。为了能最终拍一张老人的照片，记者做了35分钟的工作，在说了如下的话后，老人才勉强同意"拍一张人头小点，别太清楚"的照片。

"大妈，您捐出8000元是为了什么?"

"为灾区。"

"把您的事情告诉大家也是为了灾区。也许，您这份朴素、真挚的感情会打动很多热心的人，到那时，捐给灾区的可能就是8万、80万、8000万……更重要的，是捐给灾区咱们北京人的一份真心。"[11]

老大妈本来不愿意接受采访，记者不惜用了35分钟的时间做工作，动之以情，晓之以理，劝大妈跳出个人圈子，顾全大局，这便是以一种责任感来感召采访对象，使之觉得配合采访是自己的一份责任。其实，在采访实践中，不仅限于责任感，其他的集体感、荣誉感等高级情感都可用来激发采访对象配合采访的积极性。

三、通过认知因素调动采访对象情绪的注意事项

通过认知因素调动采访对象的情绪是采访活动中常用的方法，采用此法时，要注意下述几点：

（一）关于采访前的准备

采访前，要尽可能地了解采访对象。美国记者麦克逊说："在我将要去谒见某一要人以前，我早已熟悉关于这一位要人的一切了。"[12]事先了解采访对象的生活经历及其社会文化环境，对于掌握采访对象的心理需要大有帮助。

（二）关于情绪讯号的识别

紧张、不安往往出于安全感的需要。采取轻松、散漫、无所谓的态度往往是因为没有利益关系，要挖掘隐含的利益关系刺激采访对象。做了好事坚决不肯说时，往往要从责任感等高级情感来激发对方接受采访的积极性。

（三）关于认知信息的传递

对于采访对象认知信息的传递要讲究艺术，要注意说话的场合和环境，特别是利益驱动信息不能说得太露骨，不能伤人体面。传递信息要点到为止，最后落脚在情感的共振点上，使沟通双方情感得以交流。

第三节　通过环境因素调动情绪的策略

任何一个采访活动都是在一定的时间和地点中进行的，时间和地点便构成采访活

动的环境。每一个有经验的采访者都会注意采访环境的选择,因为这会直接影响采访活动的成功与否。通过环境因素调动采访对象的情绪,讲的就是对环境的选择。采访者通过选择适宜的采访环境,能够营造良好的沟通气氛,顺利完成采访任务。

一、采访环境对采访效果的影响

从新闻采访实践的经验来看,采访环境不仅影响采访对象的情绪,而且对整个采访效果有明显影响,甚至会成为采访活动成功与否的关键。采访环境对采访效果的影响主要有以下几个方面。

(一)采访环境影响采访对象的记忆情绪

采访者找采访对象交谈,对采访对象而言,哪怕是前一分钟发生的事,都是对过去发生的事情的回忆。记忆是人脑对输入信息的编码、储存和提取的过程,是对已经经历过的客观事物的反映。人的记忆分有意识记忆和无意识记忆两种,前者是有明确记忆目的的记忆,后者则是没有明确记忆目的的记忆。记忆是一种心理活动过程,情绪对其有重要影响。而且,对大多数人来说,对记者的采访是没有思想准备的,所以常常会发生对记者问及的问题想不起来的情况。因此,采访者选择环境时就必须考虑到应能充分调动采访对象的情绪,使之适合采访对象开启记忆的闸门。

(二)采访环境影响采访对象的沟通情绪

俗话说:“酒逢知己千杯少,话不投机半句多。”此语生动地说明了情绪在人际沟通中的作用。我们已经知道,环境因素与认知因素、生理因素一起成为制约人的情绪的三个因素,其中,环境因素与情绪的联系更为密切,它常常成为通过认知因素或生理因素改善人的情绪的一种手段。例如,人有安全感的需要,通过认知因素调动采访对象情绪时,是给其传递一些安全信息,同时,可能需要选择合适的环境,采访对象才会真正感到安全。同理,通过生理因素调动采访对象情绪时,往往直接会牵涉到环境的更换。如给疲劳的或是生病的采访对象换一个舒适的环境,会更有利于双方的沟通。另外,采访环境中出现的人际关系往往对采访对象的情绪有直接的影响。如交谈的内容若是比较隐秘,有第三人在场,采访对象便会感到不安。而有时恰恰因为有第三人在场,会激励采访对象的情绪,如有女朋友在场,男士的谈吐可能会更潇洒些。

(三)采访环境影响采访者的认知情绪

采访环境不仅影响采访对象的情绪,也影响采访者的认知情绪。如采访者若不亲临新闻事实发生的现场环境,不仅体验不到采访对象当时的情绪和心境,也难以采访到这种情绪和心境,甚至会遗漏一些生动的细节。记者亲临现场环境,更容易与采访对象沟通情感,其采访的认知活动情绪会更加饱满,对新闻事实的认识也会更加深入。

(四)采访环境选择影响采访对象的情趣

环境的选择也因人而异,假设让一个老农民进五星级的大酒店去做采访,那么他很难感到自然舒服,同样,让一个品位高的人去破落脏乱的地方,他也不会舒服。所以,要看采访的对象是谁,考虑他的喜好、兴趣、品位、地位等因素,选择适合他的地方,然后从中选择适合谈话的环境。

对于事先预约的采访活动，采访者可与采访对象商议选择采访环境，对于突发事件等新闻事实发生地或者按照议程规定好的现场环境，采访者是不能选择的。

二、采访时选择环境的注意事项

（一）有利于采访对象开启记忆闸门

环境是由时间和空间构成的，从时间选择而言，要选择采访对象释放记忆的最佳时机，即采访对象感受最新鲜、最强烈的时候。特别是在突发事件发生后第一时间到达现场，被采访对象经历过强烈的情绪刺激，往往倾诉欲强烈，此时在现场采访很能了解采访对象对突发事件的强烈印象。这种时候采访效果最好。而对于那些受过伤害的采访对象，则要注意平抚其情绪，待其情绪稳定之后再作采访。对于那些在救灾中涌现出来的先进人物，选择在其立功受表彰时采访，此时采访对象情绪好，记忆力也特别活跃，采访便极易成功。

从空间选择而言，可以选择采访对象最熟悉的场地如职业场地。曾多次获得过新闻奖的美联社特派记者休·A. 马利根说："假设让你选择访问的场地，要设法做到在后台约见演员，在车站约见侦探，在会议室里约见法官，在室外竞选讲台上约见政治家，在栏圈而不是在棚圈里约见野牛骑士（除非这是他的自然习惯）。这样，如果没有恰当的话可供引用的话，你至少也可从他所在的自然环境中找到主题。"[13]采访对象在熟悉的职业环境中自然感到轻松自如，没有在陌生环境中的那种心理压力，不会对记忆力的释放造成障碍，话题便可信手拈来。

（二）有利于采访对象安全感的需要

选择两人交谈的人际环境要有利于满足采访对象安全感的需要。俗话说："一人不进庙，两人不观井，三人不谈心。"皆言的是人的安全感。一人进庙，恐遭不测；两人观井，推下一人，谁也不知；三人谈心，有一人可作人证，恐言不秘。因此，采访选择两人交谈的环境较好，谈者少顾虑，易沟通。

为了满足这种安全感的需要，民国初年著名记者邵飘萍甚至提出当场"不可用纸笔记录"。他认为，"最有关系之秘密消息，每闲谈中无心出之，在谈者或未因新闻记者在前而特加戒备也。若遇幼稚之记者，无听言记忆之能力，突出纸笔以从事抄录，是无异警告谈话者曰：'现在尔所云云，明日皆在报纸上披露也。'谈话者一得此种警告，或即中止不复续谈至少亦必立减其真实性与秘密性之价值，矫揉造作而后出之，以免除其自身泄漏机密之责任。"[14]

当然，今日记者采访已与邵飘萍的时代不同，一般而言，现在的采访是在记者和采访对象相互信任、彼此尊重的基础上进行的，除了批评性、揭露性等报道采访对象有特别提示不愿让记者记录外，他们一般不介意记者记录。这里提出慎作记录，是要让采访者明了记录也会影响采访对象的安全感，破坏其交谈的情绪。

一般说来，在批评性、揭露性等报道中，采访对象因害怕打击报复或是被"穿小鞋"等情形发生，便要求与记者个别交谈；再如遇到一些涉及家庭纠纷、个人婚恋等隐私的情况，也是需要个别交谈才能谈得透。1998年10月18日至25日，《武汉晚报》发表了笔者写的连载通讯——《百年洪波劫一曲青春颂》。此文说的是解放军战士徐献伟与大学生岳晓玉的爱情故事。徐献伟不幸在武汉1998年抗洪抢险中牺牲了，生前随部队即将出发之时，他曾在湖北省楚天广播电台点歌献给其女友岳晓玉，就在他牺牲后，他点的歌播放了，却迟迟未见徐献伟前来领受礼品。湖北楚天电台通过了解终于发现了这段动人故事。笔者获知后采写了这段故事。采访岳晓玉是在湖北黄冈财贸学校里进行的。当时岳晓玉只有18岁，谈起这些事情当然感到羞涩。于是，笔者就让学校团委书记等一干人避开了。只留下笔者和岳晓玉两人交谈，这样，气氛就平和得多了，话匣子很快打开了。

（三）有利于采访对象情绪的激励

两人交谈的环境使人感到安全，谈话比较放松和透彻，但这并不等于说有其他人在场，采访就不方便进行。相反，有时，有他人在场，采访更易于开展，这便是他人（或是第三人）在场的环境对场内人员有情绪激励作用。社会心理学关于优势反应强化说的理论，指出了他人在场的作用："在有他人在场的情况下，一个人的动机水平将会提高，因此他的优势反应能够轻易地表现出来，而较弱的反应会受到抑制。"[15]再如，开座谈会时，有领导者或权威专家到场，便会对一般的参会者的发言情绪有激励作用，因为发言者知道，领导者或权威专家的评价至关重要，或许会影响发言者的声誉、地位或其他利益。

在采访中，甚至可以虚拟第三人在场的环境。如厂长、经理等领导人物常常很忙，没有时间接待采访他们的记者，哪怕是采访他们自己的事迹。也许他们会推荐一个熟悉其情况的下级向记者介绍，在与此下级见面时，记者千万不要忘了讲这么一句话："某某领导说，你非常熟悉他的情况，是他推荐你来介绍他的情况的。"根据笔者的经验，讲不讲这一句话，采访效果会大不一样。讲了这句话，会让介绍情况的人格外重视此次采访。

有他人在场的人际环境，对采访对象情绪的影响是明显的。1981年5月2日，《长江日报》发表了笔者与人合写的报告文学《爱情的考验》。此文说的是护士朱友莲与被铁水烫伤的武钢炼钢工人刘劲松的纯洁爱情和婚姻故事。在他俩家里采访时，他们对相识相爱的经历都谈得比较透，刘劲松被铁水烫伤后，朱友莲决定不改前盟嫁给他这个毁容的小伙子。在采访中几次使用了有他人在场的坏境。一次是在炼钢车间开座谈会，想向刘劲松的同事们进一步了解此事的过程及他们的看法。当时由车间党支部书记主持开会，因为这个材料便是这位书记积极推荐的，刘劲松因公负伤，恋爱关系险遭破裂，正是这位书记从中做了大量工作。由书记出面主持座谈会，车间来开会的人发言自然踊跃，加上大家对小刘十分同情，同时也为朱友莲的精神所感动，谈话便很热烈。与会者的情绪相互感染，便越说越有劲。大家细致地回忆了小刘受伤的经过，此事对小刘的影响，小刘平时的工作表现，护理小刘的工友还谈了小刘在医院治疗时的种种细节，等等，记者获得大量的第一手材料。在小刘和小朱各自的父母家里采访时，两处都有邻居参加，大家七嘴八舌谈得十分热闹，情绪相互影响，相互启发，采访效率很高。

三、在不可选择的环境采访时要注意的事项

（一）充分尊重采访对象

1979 年 12 月的一天，《体育报》的一位记者获悉美国拳王阿里来我国访问，在北京会停留一天，日程都排满了，根本没有时间接待采访他的记者。这位记者并没有强行要求对方安排正规的采访时间，而是在他的行程中找空档。记者发现，只能选择在阿里由北京乘飞机去广州的途中两个多小时的时间进行突击采访。由于记者充分尊重了采访对象的日程安排，阿里愉快地接受了这位记者的机上采访，因准备充分，记者的采访获得成功，写出了《与世界拳王阿里相聚的时刻》这篇通讯。[16] 在阿里在京的一天日程中，有领导会见、出席招待会、参观游览，本来，记者也可想法插进这些项目中，但是，毕竟没有比在机上采访谈得深入。这说明，尽管是不可选择的环境，还是有挑选的地方，记者要多动脑筋。

（二）大胆进入特殊环境

采访中有一种情况，因采访对象身份特殊，有关部门警卫森严。《湖北沙市报》记者王家绵作为地方小报记者常受被警卫拒之门外之苦，但他不气馁，仍追踪不已。一次，作家徐迟到荆州出席诗会，正在宾馆座谈。王家绵不认识徐迟，就拿着照片认人。他走到会议室门口，一眼就认出桌旁的一位老人便是徐迟。他大大方方地向门口的守卫人员点点头，随后到徐迟身边坐下，小声地介绍自己的身份。旁人以为他是随徐迟来的人，让他同徐迟共进午餐。晚上，又让他随徐迟一起驱车到荆州古城脚下。王家绵扶着徐迟登上城楼，参加古城诗会。他不仅采访了徐迟，还拿到徐迟的诗稿，得到徐迟给他的题词："行万里路，读万卷书，识万般人。"[17] 再如前面提到的《南方都市报》记者杨昱在汶川地震采访中，由于远离记者同行，未被保安人员察觉，反而被疑为总理随行或医院人员，得以身处总理身后的特殊环境，从而得到极佳的采访环境，取得采访的成功。大胆进入特殊环境，让人把局外人看成局内人，自然感情融洽，采访便顺利成功。

（三）及时抢占有利地形

中英关于香港问题的联合声明草签不久后，香港记者云集北京。《亚洲电视》文字记者邓美娟小姐想抓一条独家采访中央领导人的新闻。她了解到胡耀邦总书记 10 月 1 日要在怀仁堂接见日本青年代表团。虽然自己进不了会场，但是，胡耀邦会见完毕总要出门吧，于是，这位香港记者让摄影师把机器安排在一个恰当的位置，自己则守在门口。胡耀邦接见完毕，把客人送到门口，正准备离开，邓美娟抢到他面前，先是自我介绍，然后开门见山地提出精心考虑好了的问题："有人担心香港问题不好解决，总书记怎么看？"胡耀邦微笑回答："不会，不会，滔滔河水向东流。"他告诉记者，大局已定，用不着担心。"嚓"，摄影师拍下了这个难得的镜头。消息和照片飞到香港，成了轰动的新闻。[18] 领导人难得见，一般记者见国家领导人更是难上难。但记者对此并非完全无能为力，邓美娟便是开动了脑筋，抢到有礼有利的地形，守住胡耀邦的必经之门，既顺利完成了采访任务，又不

失礼节，采访过程充满微笑。

第四节　通过生理因素调动情绪的策略

一、采访对象生理状况对采访的影响

（一）生理因素是情绪变化的物质基础

在新闻采访的人际沟通中采访对象的生理状况也是一个不容忽视的问题。这是因为生理因素是情绪变化的物质基础。情绪是一种心理体验过程。任何一种心理活动不管它多么复杂，都是以中枢神经系统和周围神经系统的协同活动为其物质基础的。为研究外界事物作用于脑而产生的心理现象的物质过程已产生了生理心理学。在研究采访对象的情绪时必须考虑其生理因素，并通过生理因素来调动采访对象的情绪。

生理因素与新闻采访人际沟通的联系主要表现在两个方面：一是生理因素是人的情绪变化的内部原因和外在表现，因生理因素导致的不佳情绪会成为人际沟通的障碍；二是新闻采访无时无处不在，特别是在突发事件的灾难性环境中，必然会遭遇采访对象的不佳情绪，而这些不佳情绪的排除往往要通过生理因素来解决。

（二）有机体内部器官的活动和情绪的关系

情绪心理学已用大量的实验说明有机体内部器官的活动和情绪的关系。如情绪的脑中枢机制已经得到了系统的研究，内分泌系统对情绪的作用是近年来神经生理系列化研究进展的重要方面。已经证明，脑垂体和下丘脑不但是神经系统的一部分，同时它们又是内分泌腺，它们的分泌物与情绪的关系十分密切。生理因素不可避免地成为情绪的构成物之一。生理因素既是情绪变化的内因，又是情绪变化的外在表现。情绪在人生理上的反应有时很不利于人际沟通，如紧张情绪会使人呼吸加快、急促，血压升高；面部常常脸红耳赤，急得出汗；言语上会口齿不清，甚至失音变色；思维上会思路混乱，回忆受到干扰；等等。

（三）不佳情绪与生理因素的联系和类型

记者的新闻采访活动无时无处不在，必会遭遇采访对象的不佳情绪。社会上所发生的一切变化，战争、灾难、疾病、死亡，所有不幸事件，记者都要报道；人们的生老病死全过程，世界的方方面面每一处，全会纳入记者的眼底。因此，对于采访对象的不佳情绪，记者无法逃避，只有勇敢面对。这就需要运用生理因素来调动采访对象的情绪。

通过生理因素调动情绪主要是针对采访对象的生理状况及其对情绪的影响，采访者向采访对象或是传递一些放松信息或是转换环境或是转移话题或是提供服务等，以改善采访对象的情绪，达到顺利沟通的目的。

采访对象按其直接原因可分为两大类：一类为生理性原因直接引起的，一类为社会性原因引起的。下面介绍一些运用生理因素调动采访对象情绪的具体作法。

二、改善生理性原因引起的不佳情绪

生理原因直接引起的不佳情绪具有不易改变的特点，这是因为生理原因作用持久，特别是处于患病状态的采访对象，其生发情绪的原因短期内或根本上不可能消失，不佳情绪比较稳定和凝固，故采访者无论如何努力也只能改善其情绪。

（一）对处于疲劳状态的人的采访

一般说来，对于处在运动或极度疲劳状态下的人不宜进行采访。笔者常在电视上看到，运动员正在进行马拉松长跑，电视记者在从跟随的面包车里伸出话筒，其结果是运动员毫不理睬。如果我们仍要对处于疲劳状态下的人进行采访，如何排除其厌烦情绪呢？

1960 年 3 月，新华社记者郭超人等接受了采访攀登珠穆朗玛峰活动的任务。登山队员是在恶劣的环境中进行剧烈的运动，神经高度亢奋紧张，如何采访呢？郭超人在从珠穆朗玛峰归来写给《新闻业务》的一封信中说："摆在面前的有两种可行的方法：一种是坐在大本营，完全依靠访问材料作报道，这种方法省力，容易办到，但是访问材料是间接的，比较枯燥的；一种是记者作为登山队的一员，积极参加登山的实际斗争，尽最大努力与登山队员一起行军，一起宿营，一起去克服前进中的困难，这种方法虽然吃力，但却为记者的报道开辟了无尽的材料来源。"

于是，郭超人等在狂暴的风雪中跟随着登山队员们攀援陡峻的冰坡，在零下 30 度的严寒里与他们一起度过漫漫长夜，在奇丽的冰峰塔间拍摄他们英雄的姿态，在低矮的高山帐篷里访问他们动人的事迹……由于同行体验，郭超人获得丰富的感性材料。在采访突击顶峰时，他见缝插针，利用运动员在医务室进行简单包扎和治疗的时间来采访。虽然当时采访只花了两个多小时，但他事前准备却花了四个多小时，拟定了详尽的采访提纲，列了 20 多个问题，逐条请队员们回答。于是，他获得写作著名通讯《英雄登上地球之巅》所需要的材料。[19]

采访对象处于高强度的运动状态中时，是不适合接受采访的。郭超人采取同行体验，见缝插针的作法，一方面靠自己体验获得了大量信息；另一方面，又在采访对象稍事休息的时候见缝插针采访，最大限度地节省了采访对象的时间，终于获得很好的采访效果。

郭超人的此次采访实例，对于突发新闻采访具有重要的借鉴作用。因为，突发新闻的采访环境恶劣，记者应该深入现场，与救灾大军和受灾群众同呼吸共命运才能获得真实情况，也才能接近采访对象。尽管这个时候采访对象可能很疲惫，但是，记者随时会抓住得闲的时机与之采访，同时对现场的观察，也是用眼睛在采访。

（二）对处于生病状态的人的采访

采访对象在生病时一般不喜欢陌生人来干扰，记者此时如果正面提出采访，往往会遭冷遇，可采取迂回进攻的方法，并借其喜好之事进行，常获奇效。

1995 年，浙江独立制片人葛继宏为了他主持的电视专题片《名人名家》，欲采访"世纪老人”冰心。葛继宏给冰心家打了七八次电话,因身体一直不好,家人总是婉言谢绝。正在为难之际,他得到全国第三次少代会将在北京召开的消息,而冰心老人最喜爱的就是孩子,于是葛继宏便策划组织了浙江省小记者团赴京采访活动。95岁高龄的冰心老人破例接待了孩子们和随行的葛继宏。在与孩子们的交流中,冰心自始至终非常愉快,而葛也就做成了他的专辑《冰心——一片冰心在玉壶》。[20]

(三)对处于恐惧情绪的人的采访

有的采访对象所患疾病为世人所恐惧,他本人也许不愿意张扬此事,也害怕与记者接触,怕报道后对自己影响不好,而且,自己本身也为所患疾病而恐惧。对这样的人的采访一定得尊重对方的要求,选择妥当的环境,使他的心情能获得安宁。

《北京晚报》记者刘一达采访艾滋病病毒感染者就是一例。在经过有关部门批准和本人同意之后,采访在何处进行颇费周折。对方说:“你直接到我家来恐怕不合适,我到你们单位去也不合适。”最后约好时间敲定在玉渊潭公园见面,真有点像解放前在国统区做地下工作接头的味道。记者提前半小时到达,对方准时来到。因为是冬天,园内游人稀少,他们选了一个避风朝阳的地方,在一张靠背椅上坐下。由于记者的真诚,对方敞开了心扉。[21]

三、排除社会性原因引起的不佳情绪

社会性原因引起的不佳情绪虽然不是生理性原因直接引起的,却与生理因素有密切联系,一般都具有明显的生理反应,情绪讯号特别强烈。

(一)紧张情绪　对策　闲聊放松

紧张情绪是采访过程中经常见到的,特别是初次接受记者采访的人。此时,记者可以不忙进入话题,而是随便聊聊,缓和一下气氛,使对方绷紧的神经松弛下来。

美国亨特学院新闻学教授詹姆斯·阿伦森说:“如果你一进屋就觉察到采访对象有点害羞或紧张,你可以评论一下室内的摆设——墙上挂的一张有趣的画、茶几上摆的一个某朝代的花瓶,帮助他放松下来。如果他感到你跟他一样也对黑白陶瓷器皿有兴趣,那就更好了,你这就缓和了房间里的紧张气氛。”[22]这种轻松的话题很快会使采访对象的紧张情绪松弛下来,其脑垂体——肾上腺皮质系统,会减少分泌,于是,采访对象便不会出现强烈的生理反应,会逐渐恢复平和与正常,交谈的气氛便会好起来。

(二)冷漠情绪　对策　热情赞许

有这样一个采访实例。一位记者采访蔡元培的儿子,听说这位蔡先生是位处世清高的美国学者,不愿见记者,更不愿发表带有政治色彩的谈话。记者了解到采访对象对记者冷漠的这一心理特点,一进蔡先生的门,便面露喜色地称赞:“啊,您真像蔡先生!”“怎么,你见过我父亲?”“我看到过好多照片。看,你的眉峰、面颊,真像……”蔡先生一听很高兴,马上就像招待父亲的故旧一样地热情了。这种看似随意的恰当赞许,像一团火,顿时点燃交往者双方心中的热忱,使彼此冰冷的心亲热起来。在实践中,赞许可以通过口头语言、身体语言以及微笑、点头、赞许的目光等表情语言的形式来表示,但要做得恰当、适度、得体，不能使采访对象感到难堪。[23]

（三）陌生感　对策　找共同点

记者遇到的采访对象大多数是生面孔，迅速消除采访对象的陌生感是记者的基本功。化陌生为熟悉，寻找共同点是一个快捷的方法。

1980年夏天，有个记者在北京第一次访问班禅额尔德尼。双方一见面，这个记者首先说明自己曾在西藏采访过多年。班禅喇嘛马上就问："能讲藏语吗？"记者用藏语讲了"吉祥如意""请坐"等话。班禅喇嘛虽然与这位记者是初次见面，却好像是"他乡遇故知"一样高兴，接待访问很热情。记者和班禅喇嘛能很快地从陌生到熟悉，记者在西藏工作过的经历便是他俩感兴趣的共同点，它成了叩开熟悉之门的"敲门砖"。[24]共同点是很多的，如共同的兴趣爱好，共同熟悉的人和物等。

（四）疑虑情绪　对策　坦诚相待

采访对象往往不愿将自己的隐秘轻示外人，特别是对他们认为不好意思见人的隐秘更是守口如瓶。这时候记者要坦诚相待，甚至把自己摆进去坦率地暴露自己类似的经历和类似的看法，往往便能消除采访对象的疑虑。

有这样一个采访实例。一位年轻的军事记者在采访一位爱兵如子的模范指导员时了解到，为了帮助新战士小李改掉尿床的毛病，这位指导员连续一个多月夜夜定时喊小李起来小便，终于帮助他纠正了夜里尿床的习惯。采访中，小李却红着脸对记者矢口否认此事。记者猜测他可能是因害羞不愿承认，便问他："你今年多大了？""虚岁十八。""看来咱俩差不多。我也有尿床的毛病，一直到十七岁，上高三时才改掉了。""是吗？"小李见记者坦率地亮出了自己的"家丑"，便不好意思地承认："说实话，我觉得这事儿怪丢人的，不过，咱指导员真的很关心我，您要宣传他，咱也就不在乎了。"这里，记者运用"自我暴露"法，很快打消了采访对象的疑虑，顺利了解了情况。[25]

（五）悲伤情绪　对策　同情相慰

在战争、灾难、罪恶、疾病当中都会发生一些令人悲伤的事情，而正是这些撕心裂肺之事是最令人关注的事，记者当然要报道这些事了。然而，此时的采访对象往往又被莫大的悲伤所击倒，给记者采访带来莫大的困难，这时候，记者要给采访对象以深深的同情并尽可能地提供帮助，才能给人以慰藉，使之提供记者所需的材料。

笔者在《今日快报》工作时，得知这样一件事：2001年6月22日，武汉航空公司的一架从宜昌飞往武汉的客机遭遇雷阵雨，在武汉近郊失事，机组人员和乘客全部遇难。《今日快报》的记者最先赶到现场进行采访。此时，快报热线接到一位读者电话，询问此班飞机情况。他姐姐的两个女儿中考考完后兴冲冲地从宜昌飞往武汉来游玩，不幸遇难。后来，记者从民航获悉的遇难名单中及时地帮他落实了消息。他感到非常痛苦和悲伤。记者迅即与他见面并表示同情与安慰，在交谈中顺势向他了解了遇难亲人的情况，又同他一道去机场迎接得知恶讯匆匆赶来的其姐姐姐夫，尽可能地帮他们打听一些消息。记者的同情与帮助，取得了他们的信任，他们向记者讲述了遇难姐妹乘机前的情况。于是，快报记者以最快的速度获得了第一手资料，写出感人肺腑的通讯。

本章小结

突发新闻采访与情绪调动有着密切联系。情绪可以影响和调节认知过程,协调社会交往和人际关系,情绪的自发产生有敏感的交际作用。马斯洛阐述的需要层次论有生理、安全、社交、尊敬和自我实现五个层次,这些层次是逐级上升的。情绪是人们对客观事物的态度的一种反映,具有两极性和三因素的特点,在新闻采访人际沟通中有着重要的制约作用。情绪的两极性表现为肯定和否定的对立性质,三因素是指情绪的变化由环境、生理和认知这三个因素来决定。记者可以在采访现场编制不同的信息,通过影响采访对象情绪的三因素,快速地调动采访对象情绪,顺利地进入采访交流的佳境。

思考与练习

1. 试举自己身边的事例阐释马斯洛的需要层次论。
2. 回忆一下自己熟悉的人最近一次情绪激动的过程,看其情绪激动的起伏原因是什么,与认知因素、环境因素和生理因素有关系吗?如果在这个时候采访他,你会采用什么办法?
3. 寻找灾难性突发事件的事例,分析记者们是如何接近采访对象进行采访报道的。

参考文献

[1] 罗刚.浅析采访主客体间的心理互动[J].安徽大学学报(哲学社会科学版),2001-9(25卷/5).
[2] 刘声东.与采访对象"套近乎"[J].新闻与成才,1989(1).
[3] 林秉贤.社会心理学[M].北京:群众出版社,1985:177.
[4] 张骏德,刘海贵.新闻心理学[M].合肥:安徽人民出版社,1986:2.
[5] 对情绪的顺应性[J].新闻爱好者 1991(9).
[6] 杜荣进.中外新闻采写借鉴集成[M].杭州:浙江教育出版社,1997:161.
[7] 曹日昌.普通心理学(下册)[M].北京:人民教育出版社,1980:63.
[8] [苏]A. H.鲁克,情绪与个性(中译本)[M].上海:上海人民出版社,1987:15.
[9] [美]K. T.斯托曼.情绪心理学[M].沈阳:辽宁人民出版社,1987:55.
[10] 杨昱.突发新闻采访攻略[J].南方传媒研究,2009(14).
[11] 史伟.每月退休金只有506元的方琪恩老人说:"我捐8000元"[N].北京青年报,1998-08-13(1).
[12] 刘善兴.新闻采访36式[M].北京:解放军出版社,2001:5.
[13] [美]查尔斯·A.格拉奇.美国名记者谈采访工作经验[M].北京:新华出版社,1981:23.
[14] 邵飘萍.实际应用新闻学[M].//新闻文存,北京:中国新闻出版社,1987:411.
[15] 全国13所高校《社会心理学》编写组.社会心理学[M].天津:南开大学出版社,1990:241.
[16] 孙世恺.采访活动方法及其运用[J].新闻爱好者 1986(9).
[17] 杜荣进.中外新闻采写借鉴集成[M].杭州:浙江教育出版社 1997:185.
[18] 杜荣进.中外新闻采写借鉴集成[M].杭州:浙江教育出版社 1997:26.
[19] 郭超人.和英雄的登山队员们在一起[J].新闻业务,1960(6).
[20] 余继军."捕捉"名人——葛继宏印象[N].人民日报,1997-03-29.

[21] 刘一达. 他们更需要太阳——大陆艾滋病患者独家访谈录，今日热点问题最新报道[M]. 北京：档案出版社，1993：119-133.

[22] 王海燕. 生活纪录片采访对象心理及其把握[J]. 新闻理论研究，2001(1).

[23] 煽炸烎火. 如何与采访对象接近[EB/OL]. 新浪博客，http://blog. sina. com. cn/s/blog_4a08a783010004rr. html

[24] 孙世恺. 寻找接近访问对象的"由头"[J]. 辽宁日报通讯，1985(6).

[25] 刘善兴. 新闻采访36式[M]. 北京：解放军出版社，2001：66.

传播篇

第十一章　突发新闻写作的模式化

学习目标

1. 突发新闻写作概论。
2. 突发新闻写作结构的原则。
3. 突发新闻写作结构的方法。

快，是突发新闻传播的首要特点，要在第一时间发布关于突发事件的新闻。这种抢时间的特点，迫使突发新闻的写作朝模式化的方向发展。新闻产品其实与工业产品一样，只有当它达到模式化的大工业生产时，产品生产的速度才能迅速提升起来。本章从突发新闻写作特点出发，从突发新闻作品的结构着眼，研究其模式化的方法。

第一节　突发新闻写作概论

一、突发新闻写作特点

（一）突发性新闻报道最具新闻性特征

2008年5月12日发生的汶川地震，引发了一场媒体群战汶川的声势浩大的新闻激战。这场新闻战役体现了突发新闻报道最具有新闻性的特点，凸显了新闻要素，新闻组织的调度艺术与新闻写作的高超技巧都在战役中得到了淋漓尽致的发挥。

1. 快速反应，及时报道

突发新闻报道最讲求时效性，在事件发生后一定要及时报道，保证公众的知情权，确保后续工作及时进行。

《南方都市报》在2008年5月13日，即汶川地震第二天就发出系列报道，5月14日，发布《告读者书》，报头由红变黑，以示哀悼，调整版面，暂停娱乐等版块，为地震报道腾出版面，在媒体中反应最快。

2. 真实准确客观公正

坚持真实准确的原则，即要坚持以客观事实为依据，实事求是，深入一线及时开展调查，叙述事件时不能随意添枝加叶，妄加评论。汶川地震发生后，各个媒体纷纷派出记者赶赴灾区，发回第一手的报道。央视还在《关注汶川》特别报道演播室邀请专家和学者共同参与讨论，提高信息的权威性和可信度，提升舆论引导能力。

3．把握大局统筹安排

突发事件一般会造成严重的财产和生命损失，若此类信息传播过度，会导致谣言四起，人心振荡，危害社会秩序。所以媒体报道灾情的同时还要从大局着眼，积极引导舆论。央视在汶川抗震救灾中第一时间积极投入前方报道，并且在四天内就组织了一场赈灾文艺晚会。报道始终正面鼓劲，《关注汶川》的特别报道使得每个人都能够在第一时间获知真实资讯，有力地抑制了谣言和猜疑的传播，稳定了人心，极大地激发了全国民众的凝聚力和爱国心，为众志成城抗震救灾提供了可靠保证。

4．把握节奏保持理智

突发事件需要关注，但是把突发事件作为报道的主题和全部却是十分错误的。要把握好“度”的分寸，不同的发展阶段采取不同的报道策略，注意正面报道与负面报道的均衡处理。要发挥议程设置的功能，寻找灾难中的积极因素，实现公众焦点转移。汶川地震发生之后，新浪、网易、搜狐等纷纷推出专题策划“众志成城共度难关”“情系汶川为死者祈福等活动”，疏导社会情绪，安抚民心。

5．讲求艺术注意技巧

突发新闻要及时跟进，随事而变，要拓展报道层面，深挖新主题；将公共危机引入深度思考。如四川地震中媒体对志愿者的报道和对灾难中感人瞬间的关注，发掘了人性的闪光点。同时报道还要讲求艺术，注意版面语言，擅长组版和使用图片。

（二）突发新闻写作是团体作战

突发新闻报道水平是衡量一个新闻媒体综合实力、组织指挥水平和新闻队伍素质的重要标准之一，报道的好坏和水平的高低关系到新闻媒体的影响力和形象，甚至关系到国家的形象和社会的稳定。

突发新闻报道策划是指记者、编辑针对某个突发事件，努力发掘其新闻价值，谋划最佳报道形式，以求达到良好的传播效果和社会效应的过程。正确认识突发事件，总结归纳、借鉴央视成功的报道经验，把对突发事件的报道策划好，是地方新闻媒体在新形势下的一项重要任务。

不论是突发自然事件还是社会事件，它们都有自己的特点，认清和掌握它们的特点是做好突发事件报道策划的前提。通过研究一系列突发事件，我们可以发现它们的一些共同特点，诸如时效性强、变动性大、不确定性大、影响面广等。

突发事件由于其“突发性”和“灾难性”等自身的特点，往往会迅速产生巨大的冲击力和震撼力，引起世人的广泛关注，从而在极短的时间内成为社会舆论关注的焦点和热点。

突发事件的报道策划有许多不同于常规事件策划的特点和要求，其主要特点体现在：报道的及时性、紧迫性、谨慎性、应变性、现场感、连续性、立体性等。

突发事件尽管不是天灾就是人祸，但在事件发展过程中，必定会从一些方面向世人展示中华文明能够延续和傲立于世的不朽的内在价值，也有人性深处向善力量集中迸发的种种表现。媒体应在了解和掌握突发事件自身的特点和报道的特殊要求的基础上，及时跟进，随事而变，拓展报道层面，深挖新主题，用事实说话。

（三）突发新闻写作承担着媒体的社会责任感

突发事件的报道在一定意义上是对媒体社会责任感的检验。从媒体方面而言，在突发事件报道中，央视的做法值得称道。如“5·12”汶川大地震发生以后，央视针对抗震救灾发展的不同阶段选择适当的报道方式，不仅第一时间积极投入前方报道，并且在四天内就组织了一场赈灾文艺晚会。报道始终正面鼓劲，几乎没有出现任何能够引发负面效应的不负责任的报道。

“走一步、看两步、想三步”的报道思想，能够有效指导媒体密切关注事件发展动态，并进行分析预测，加强策划预案，迅速展开连续性报道，从而为广大媒体用户提供更加及时、准确、全面的新闻服务。

对突发事件报道一定要有更深层次的认识：突发事件通常都不是什么好事情，但是报道好突发事件是新闻竞争的必然选择，是科技发展的必然要求，是加快我国民主政治建设的需要，是促进我国新闻事业与世界接轨的需要。突发事件的报道体现着媒体对复杂事实的综合把握，需要从宏观上把握和反映事件，要站在全局的高度观察问题。

突发事件的报道大致包括及时性报道、连续性报道、总结性报道三种形式。及时性报道是在突发事件发生后即有记者赶赴现场或从多渠道获取信息，迅速发回报道；连续性报道是记者继续追踪事件发展过程及对详情进行追踪式报道；总结性报道是在事件发生发展的过程都十分明了，一切变化因素都相对静止时的终结性报道。

对突发事件进行报道是一项政策性很强的工作，应从维护国家形象和利益的高度出发，特别要注意内外有别。当灾难事件不具国际意义时，则对外从简，对内翔实；若为世人所普遍关注，则对内对外都要详细，甚至对外比对内更充分。

无论哪种报道都需要媒体遵循一定的报道策划原则，即快速反应、即时报道；真实准确、客观公正；把握大局、统筹安排；把握节奏、保持理智；讲求艺术、注重技巧。这也是突发新闻写作与一般新闻写作的不同之处，是记者写作突发新闻时必须坚持的原则。

二、突发新闻写作的结构

新闻作品的结构构思是进入新闻写作前构思的最后一道关口。它好比房屋的建筑设计图，设计图拿出来了，建房就容易了，无外乎照图施工就行了。同样结构构思好了，材料往里面装就行了。因此，结构的好坏、条理顺畅与否，直接关系到新闻快速写作的成败。

1. 结构到底是什么

结构是新闻写作中表达内容、体现主题的谋篇布局，即关于一篇新闻作品的组织材料、安排层次段落的构思设计。它一般包括突出中心、处理详略、确定表述次序，划分层次段落，设计开头、结尾，考虑呼应和过渡等环节。新闻结构必须符合客观事物发展的规律和内在的逻辑联系，为充分表现新闻主题服务，并要具体考虑到不同新闻体裁的特点及其不同要求，力求结构严谨，重点突出，层次清晰，简明扼要。[1]

简单地说，所谓结构，是指文章内部组织构造的基本形式；所谓结构构思，就是根据主题的需要和组织构造基本形式的要求，对具有一定思想意义的各种材料位置和顺序的安排。

2. 结构的对象是材料

结构的服务对象是材料，是对如何装材料的设计。

广义的材料是指新闻写作可能需要的一切事实和理论。从内容角度划分，可分为客观性材料和主观性材料。前者是指客观事实，具有实体性的特征；后者是人们的认识，具有观念性的特征。从详略角度划分，材料可以分为具体性材料和概括性材料。原则上说，凡客观性材料皆属具体性材料，主观性材料皆属概括性材料。但是这两者又都有详略之别。从狭义上讲，我们说的新闻材料，通常指新闻素材。它是在采访中获得的、供新闻写作选择运用的一系列事实材料。可以是第一手材料，也可以是第二、三手材料；可以是新闻事实，也可以是背景材料等。一篇新闻所选用的事实材料，可能仅是记者所掌握素材的一部分。记者要善于根据提炼和表现新闻主题的需求，对大量新闻素材进行去粗取精、去伪存真、由表及里、由此及彼的分析，准确地选择出最新鲜、最重要、最有新闻价值的事实，典型性的事实，并准确地判断其他新闻素材的重要性程度。

3. 结构和材料的关系

（1）新闻结构必须三服从

结构是形式，材料是内容。内容决定形式，形式为内容服务。一个新闻作品，采用什么结构，受三方面因素的制约，即主题、材料和体裁。新闻结构必须三服从，即服从主题、服从材料、服从体裁。而且，在这个三服从中，归根结底还是要服从材料。因为，主题是从材料中提炼的，它必须服从于材料；体裁同样要服从于材料，一是材料的详略、概括与具体与否决定了体裁的特色，二是有什么样的材料才能考虑使用什么样的体裁。所以，无论是从哲学意义上的内容和形式的关系，还是从结构的制约因素来分析，结构与材料的关系是服从与被服从、服务与被服务的关系。一篇新闻作品好不好，关键在于有没有采访到真正具备新闻价值的材料。没有这个前提，什么样的生花妙笔都无济于事，什么样的精彩结构也无济于事。

（2）结构的实质就是安排材料的顺序

结构是为安排材料服务的。其实结构的实质问题就是安排材料的顺序。无论何种结构，解决的都是这个问题。文章结构的顺序性主要体现在两个方面：一是线索性，一是条理性。所谓线索性，就是指要有过程。事物的发展，人们认识的形成，都有一个过程。而过程必然可以分为若干阶段。具有过程内容的文章结构的安排，必须一个阶段一个阶段地进行，因此，这样的文章结构都存在着明显的线索性。所谓条理性，是不存在任何过程的事物，必然存在着内外、大小、轻重、主次等差别，如果依照这样的顺序安排结构，就必须具有条理性。

（3）结构的实质是由时间的一维性决定的

无论是线索性或条理性，作为排在作品里的材料都有一个先后排列的顺序性。这是由时间的一维性决定的。时间运动只有一个方向，永远向前，绝不后退。时间如流水，永远不会倒流。既然时间是一维的，就有个先后顺序。新闻作品，无论是阅读、收听或收看，总是要占用一定时间。只要你是顺着看或听下去，那么呈现给受众的新闻作品中的材料就会表现为一定的先后顺序。这个顺序就是结构给安排的。简言之，结构的实质就是解决材料的排列顺序问题。

三、突发新闻写作应趋向模式化

（一）模式化应成为结构安排的原则

揭示了结构的本质内容，对于新闻的快速写作具有重要意义。新闻写作要求快，事物只有简单才能快。不仅要简单，而且要使新闻作品的写作趋向模式化，才能像大工业生产那样，高速运转，批量生产，也才能快得起来。因此，简单化、模式化应成为我们结构安排的原则。

简单化、模式化，会不会影响结构的丰富多彩呢？影响是有的，但是，为了实现新闻最重要的特征——快，我们有必要作些牺牲。当然，话说回来，新闻传播从它诞生之日起，无时在为这个快字而奋斗，并且创造了适应这种快节奏的体裁。如新闻的主导体裁是消息。消息其实已经形成自己固有的结构模式了。

（二）新闻文体适应新闻传播发展必然产生模式化

导语的出现就是一个典型的例子。据学者们考察，人类的信息传播或新闻活动的发展，一般都经历了这样四个时期：口头新闻传播时期、手抄新闻时期、印刷新闻时期、电子新闻时期。在口头新闻和手抄新闻时期，由于传播方式的落后，导语根本不可能出现。即便到了印刷新闻时期，世界上最早的报纸尽管有了消息这种文体，但仍然没有导语。直到1844年，随着电报的发明和广泛运用，新闻信息的传播进入了电传时代。此后不久，美国爆发南北战争，人们对消息表现了从来未有的渴望。当时由于电讯技术落后，新闻传递常被中断，编辑部不得不向记者提出：发回的新闻一定要把时间、地点、人物、事件、原因（或结果）等精华尽可能都写进第一段。后来，美国新闻学者查理·戴纳总结了记者的采写经验，否定了以往按照新闻过程发展顺叙写作的传统写法，直截了当地将新闻的重点或精华写在开头，提出在第一段中必须回答读者阅读新闻时所要知道的问题，即：何时、何地、何人、何事、何因（指事物的原因及来龙去脉），于是，这种五要素俱全的第一代导语产生了。1865年4月15日纽约《先驱报》发表的林肯总统遇刺的消息，就是这种全型导语：

> 今晚（原文如此）大约九时半，在福特剧场，当总统正与林肯夫人、哈里斯夫人和罗斯本少校同在私人包厢中看戏的时候，有个凶手突然闯进包厢，从背后接近总统，向总统开了一枪。

由于这种导语所要回答的问题太多，加上不问情由的一律要求有5个要素，也形成了框框。所以到“二战”后，由干无线电广播台、电影、电视的出现和日益普及，全型导语已经不适应短、快、生动的需要，许多人主张导语中只写读者最感兴趣的要素，其他的移

至主体中再交待。这就是所谓的第二代导语或微型导语。如1963年11月22日,《纽约时报》报道肯尼迪遇刺的消息的导语:

约翰肯尼迪总统今天遭枪击身死。

与99年前林肯遇刺那条消息相比,这条导语精彩简练多了。而且,消息的结构一般都有导语、主体、结尾的固定模式。从消息文体发展过程来看,不是出现了一种模式化的趋势吗?这种趋势正是新闻文体适应新闻传播自身发展的需要而产生的。

我们提出对新闻作品进行结构安排就是找出材料的顺序,结构安排要适应简单化模式化的原则。这样做,会不会使新闻变得呆板无生气了呢?应该说不会。拿前面的两条导语相比,后面一条更简单,却更生动。

(三)影响作品结构的是材料之间的层次关系

如果我们将新闻作品的结构作进一步的分析会发现,影响作品的文体风格的是材料的详略及材料的概括与具体与否;影响作品结构的是材料之间的层次关系。新闻作品结构的内容中,最基本的就是层次。所谓层次,它是作品结构中具有基本完整、相对独立的一个较大部分的内容,有人把它称为"结构段"或"意义段"。作品中的层次,有的不能再继续划分,有的还可以再继续划分为若干较小的层次。那些不能再划分的和从较大层次划分出来的较小层次,习惯称为段落。在这里,我们将其统称为层次,即在作品材料顺序中相对独立的段落。正是材料段落衔接的层次之间的关系,形成了作品不同的结构。

比如,上下文相邻的两个层次的材料所反映的内容,如果是承接关系,就会形成时间顺序的线状结构;如果是平行或相等的意思,就会形成并列关系的结构;如果两层次材料内容反映了相反或矛盾的意思,就会形成波澜,这样结构就会曲折变化了。

第二节　突发新闻写作结构的原则

一、突发新闻的快速写作应遵循模式化的原则

(一)模式化的精髓是化繁为简

新闻作品的结构安排应遵循什么原则?笔者认为对于突发新闻的快速写作而言,应遵循模式化的原则。只有这样,才能适应新闻快速写作的要求。

1. 模式化的精髓是化繁为简

所谓模式,是指某种事物的标准形式或使人可以照着做的标准样式。新闻结构模式化的原则,就是要让新闻写作标准化。模式化的精髓是化繁为简,它将变化多端的新闻作品结构简单化、固定化,以达到快速写作的目的。现代化的大生产之所以能够快速、便捷,就是因其简单到可以大批量的复制,就是因其各项工作有严格的标准。

2. 模式化才能最大限度地保证新闻传播的时效性

有人会说，新闻作品是精神产品，不能将精神产品与物质产品简单类比。其实，无论精神生产还是物质生产，世界上的任何事物都有其固有的规律。规律是什么？就是事物内部的本质联系。规律的特点就是具有重复性。既是可重复的，就必然表现为一定的模式。而掌握了模式，换句话说，遵循了规律，我们就可以简化操作。操作程序上的任何浪费，都会归结到时间上的浪费。新闻作品结构的模式化，便能最大限度地保证新闻传播的时效性。

实际上，新闻文体的演变过程也呈现出一种简单化、模式化的趋势。上节已经介绍过消息的导语的出现，正是适应了新闻要快的要求而产生的。而且消息结构在其发展中也已形成固定的模式，即有导语、主体和结尾，其间还穿插有背景。无论是顺金字塔结构，还是倒金字塔结构，或者消息的其他结构，都少不了这几个部分。所以说，消息写作是有着自身的模式的。

（二）从新闻文体的演变来看模式化发展趋势

还可以从新闻文体近年来演变的实际情况来看模式化发展趋势。上个世纪80年代初期，时任新华社社长穆青同志提出“新闻散文化”口号，很快在全国的新闻界引起很大的反响，记者们纷纷进行新闻散文化的探索，出现一大批用散文化的笔调写消息的佳作。其中最有名的要数新华社的女记者郭玲春，她采写了一大批具有散文特点的消息，而且她的作品大多数是最难写的会议消息，因而就格外引人注目。比如《新闻工作者表彰大会在京举行》《金山追悼会》《史良遗体告别仪式》……这些作品脍炙人口，有的被评为全国好新闻一等奖，对中国新闻文体创新起到了导向作用。“散文化”是对过去几十年上百年不变的新闻文体的冲击，得到了大家的拥护和广泛的支持，但是，散文有其自身的规律和要求，散文追求的是意境，散文讲究构思，散文要有较强的语言功底……这些都与新闻所要求的记者的素质不一致，就连郭玲春这样一位复旦大学中文系毕业的高材生，也感到写这样的稿件很吃力。[2]另一方面，“散文化”提出者的初衷也不是要把所有消息都写成散文，而是要用散文的笔法来写消息，简单一点来说就是形式活泼一些，可读性强一些，少用一些套话、空话、官话。这正好是通讯的长处和特点，于是形成今天“消息通讯化”的趋势。消息从散文化到通讯化的趋势，是一种向新闻的固有体裁回归的“新闻化”，实质上是在朝新闻文体的简单化、模式化的趋向发展。

二、模式化的关键在简单化和标准化

（一）模式化的操作

模式化关键在两点：一是简单化，二是标准化。新闻作品的结构也可以简单化、标准化。大家看画画，是个技艺性很强的工作，一天，笔者在电视上看到一位画家介绍画马的诀窍时说了一段顺口溜很形象：“画马三块瓦，马头马肚马尾巴。”他边说边画，先画“三块瓦”：摆出马头、马肚、马尾巴的位置，一匹马很快就画出来了。美术这么复杂的艺术，也能简化到用几何图形来操作。难怪马克思说：“一门科学，只有成功地运用数学时，才算达到真正完美的地步。”[3]

（二）简单化就是要有舍弃

所谓简单化，是要有所舍弃，而舍弃，也正是新闻作品表达的要求。如魏巍在谈他是如何写《谁是最可爱的人》时，这样说，“问题的本质找到了，那么，应该怎么样反映这个最本质的东西呢？在朝鲜时，我曾写了一篇《自豪吧，祖国》的通讯，里边写了20多个我认为最生动的例子。带回来给同志看了看，感到不好，就没有拿出去发表。因为例子堆得太多了，好像记账，哪一个也说得不清楚、不充分。以后写《谁是最可爱的人》，就只选择了几个例子，在写完后又删掉了两个。事实告诉我：用最能代表一般的典型例子，来说明本质的东西，给人的印象是清楚明白的，也会是突出的。”[4]当然，新闻作品内容的简单，和新闻作品结构的简单并不是一回事。但是，道理是一样的，正是因为简单了，条理才更清晰了。

（三）模式化须在大量实践经验上抽象出来

新闻作品结构的简单化、标准化的工作，一些新闻工作者在自己的新闻实践中已经在进行，并早已运用自如。如《解放军报》记者江永红就将新闻特写写作模式固定为“塞核桃壳”。有文章这样介绍这种模式：截取“横断面”。一根长长的木头，只要截取它的横断面看看，就知道它的内部结构了。这种方法就是新闻特写。江永红为这种手法作了一个形象的比喻，叫“塞核桃壳”。人物特写《司务长进城》和《王营长的家庭琐事》就是成功运用“塞核桃壳”法的两个实例。前者截取“进城”这段时间作为“核桃壳”，把其事迹装进去；后者则截取“家庭”这段空间作为“核桃壳”，把其事迹装进去。乍一看，“壳”很小很实很硬，主题高度集中，而进入“壳”里，却又内容充实，余香满口。[5]

三、简单化和标准化要概括出规律

（一）通讯的模式化

新闻文体中，最常用的是两种文体，即消息和通讯。消息，在其自身的发展过程中，已经模式化了。困难的是通讯，它变化多端，如何将其模式化呢？要明白一个道理，所谓模式化，并不是非得将所有结构形式固定下来，这难以办到，也不需要。但是，可以归纳概括出一些规律。比如，上节已经揭示，结构的变化关键取决于材料顺序间的层次之间的关系，可以通过层次之间的关系的调整来改变作品结构。

（二）通讯都具有“线”“谜”“巧”的特征

一个重要的规律是一般的通讯都具有“线”、“谜”、“巧”的特征。线，是指线索，它是叙述人物或事件的脉络或思路；谜，是指悬念，新闻事件过程要设置悬念才引人入胜；巧，是指结构安排要巧妙。

有这样一则小通讯：

生命的最后一分钟

一名公交车司机行车途中突发心脏病，在生命的最后一分钟里，做了三件事：

——把车缓缓的停在马路边，并用生命的最后力气拉下了手动刹车闸。

——把车门打开，让乘客安全地下了车。

——将发动机熄火，确保了车和乘客、行人的安全。

他做完了这三件事，安详地趴在方向盘上停止了呼吸。这名司机叫黄志全，所有的大连人都记住了他的名字。

这里，可以看出这则小通讯线、谜、巧的特征。

线：时间顺序 按照事实发生过程来安排材料

谜：司机叫什么名字，为什么这样干？设置了悬念，直到最后才道出其名。

巧：事情出乎意外，没有大叫，做一件平常事，材料安排很巧妙

结构的本质问题是材料的安排，一般而言，只要将相反或相对的材料组合在一起，就会形成波澜。

网上有这样一则故事：

一艘游轮遭遇海难，船上有对夫妻，好不容易来到救生艇前，艇上只剩一个位子，这时，男人把女人推向身后，自己跳上了救生艇。

女人站在渐沉的大船上，向男人喊出了一句话……

讲到这里，老师问学生："你们猜，女人会喊出什么话？"

学生们群情激愤，都说："我恨你、我瞎了眼！"

这时老师注意到有个学生一直没发言，就向他提问，这个学生说："老师，我觉得女人会喊——照顾好我们的孩子！"

老师一惊，问："你听过这个故事？"

学生摇头："没有，但我母亲生病去世前，就是对我父亲这样说的！"

老师感慨道："回答正确。"

轮船沉没了，男人回到家乡，独自带大女儿。

多年后，男人病故，女儿整理遗物时，发现了父亲的日记。

原来，父亲和母亲乘坐游轮时，母亲已患了绝症，关键时刻，父亲冲向了那唯一的生机，他在日记中写道："我多想和你一起沉入海底，可是我不能。为了女儿，我只能让你一个人长眠在深深的海底。"

故事讲完，教室里沉默了，老师知道，学生们已经听懂了这个故事：世间的善与恶，有时错综复杂，难以分辨，所以凡事不要只看表面，不可轻易论断他人。

这个故事可以分这样几层：

1. 夫妻海难逃生遇救生艇，女人被男人推下向丈夫喊话；
2. 女人喊话令人惊奇；
3. 男人独自带大女儿后病故；
4. 女儿从日记中意外发现父亲当初海难推母真相。

从这个故事的材料排列中，可以看出，4则材料，可将1与2，3与4，分为两组。每组材料从内容上反映的均为出人意料的意思。正是这种相反相对层次关系的排列，才会形成波澜与曲折，才会有悬念与新意。

(三) 模式化不排斥多样化

这里需要说明两点:

1. 模式化并非降低记者的素质要求

强调新闻作品结构模式化,是出于快速写作的动机,并非要降低写作要求或者降低记者的素质要求。相反,模式化的出现恰恰提高了对记者素质的要求,它仍然强调记者的写作能力和文学功底,只有这种功夫深了,才能在模式化中不断生出变化,展现出丰富多彩的个性。

2. 模式化不排斥多样化

强调新闻作品结构模式化,并不排斥记者写作结构的多样化。要求模式化是对那些"急就章"的新闻作品而言,如果记者所发稿件并没有急迫的时间要求,是可以花时间精雕细琢的。

第三节　突发新闻写作结构的方法

一、线状法

(一) 线状法概说

1. 线状法含义

在这里有两层含义:一是结构形式,是指作品报道的客观事物的发展过程是大体呈线性运动的形式;二是结构方法,即按照时间顺序、事物发展顺序或作者对客观事物的认识顺序来衔接材料。

2. 线状结构

(1) 结构层次

前面说过,文章的结构是由文章的层次之间的关系决定的。这种关系最大限度可以扩至文章结构的三大层次,即开头、中间和结尾,这是文章的基本层次。刘熙载说:"笔法之大者三:曰起,曰行,曰止。"[6]起处是开头,行处是中间,止处是结尾。无论什么文章,总要反映对某一事物较为完整的认识过程,任何一个完整的认识过程,一般都不得少于三个层次。具体的结构方式取决于结构中三大层次之间的内在关系。它们三者具有什么关系,就决定文章属于什么结构。

对于线状结构而言,文章的开头、中间和结尾这三个层次的内容,具有时间先后紧密衔接的关系,它表现的是时间顺序,也是常说的纵式结构。线状结构的最大特点是时间顺序,不管是以事物发展的顺序来衔接材料,还是以作者对客观事物的认识顺序来衔接材料,最终还是表现为时间顺序。

线状结构最大的好处是线索清晰,事件交代明白。既符合读者的阅读习惯,又符合作者认识事物的习惯,是适合快速写作的结构方式。这种结构的最大弊病是容易形成记流水账,因此很讲究结构技巧。

(2) 结构要素

采用线状结构的重要因素有三条：

一是要有叙事材料。线状结构一般是报道人物和事件的，材料要求生动、具体、形象，要有情节和完整的故事，能展现人物和事件的发展过程。

二是要有清晰线索。线索不能等同于线状结构的"线状"，不仅叙事性的线状结构需要线索，其他结构也需要线索，线索是将作品的全部材料贯穿成一个有机整体的脉络。但是，线状结构更强调线索，而且往往利用材料中已有的素材标示着线索的发展。

如《一个苹果》是一篇小学五年级语文课文。文章记叙了在抗美援朝时期，八位志愿军战士在防炮洞里，尽管干渴得很厉害，却舍不得吃完一个苹果的故事。课文以苹果为线索，通过对苹果的"送"、"传(让)"、"吃"三个主要情节的描述，表现了革命战士之间真诚的革命友情。这里，苹果就是材料中提供的标志物，文章以此为推进叙述的线索。

三是要有结构技巧。这是为了克服线状结构最易发生记流水账的弊病而准备的。

(二) 线状法技巧

1. 线索法

(1) 释义

对于叙事性的线状结构而言，线索法的作用至关重要。面对复杂的人物和事件，如果找不到一个可以统领一切的线索，就无从下笔。就像一名技艺高超的工匠，面对着零散的珍珠，因为没有一条合适的线，就永远穿缀不成闪光的项链。所以刘白羽说："生活五花八门，色彩斑斓，可是你要从中理不出个清晰的线索，得不出个明确的概念，也就无法概括，无法结构，也就不能用具体的形象把生活中真正深刻的东西表现出来。"[7]

(2) 操作

一篇新闻作品以什么为线索是因作品的主题决定的。线索的铺设一定要便于主题思想的表现。换句话说，要用主题思想来检验、挑选线索，挑选体现脉络发展的材料或关系。因为，作品中的线索可以有多种形式展现：

有的以事件自然发展的时间顺序；

有的以人物关系的变化顺序；

有的以作者对所报道事物的认识变化顺序；

有的以报道材料中已有的素材标志着线索的发展。

2. 悬念法

(1) 释义

悬念，是指欣赏戏剧、电影、电视剧或其他文艺作品时的一种心理活动，即关切故事发展和人物命运的紧张心情。突发新闻报道中，有些突发事件比较曲折复杂，具有戏剧性的情节或矛盾冲突，出人意料的发展变化，记者可以借鉴设置悬念的手法，使作品引人入胜，以增强突发新闻作品的可读性和感染力。[8]

悬念的本质是适应了读者的好奇心理。心理学研究表明，好奇之心，人皆有之。所谓好奇，就是有机体遇到新异刺激物或环境时所产生的朝向和探究反射。它是人的直接兴趣，不需启发说明，就会自然关注。在作品中设置满足读者好奇心理的材料，并延缓解释吸引读者往下看，便是悬念法的功效。

悬念可分为设悬、释念两部分。恰如谜语中的谜面和谜底。

(2) 操作

设悬（谜面）首要任务是勾住读者的眼光，设悬材料有一个基本特征——反常。读者好奇心理的源泉在哪里？有赖于对于自己经验以外的事物怀有极大兴趣，而只有超越常规常情常理常识等非经验范围内的事情，才会引起人们的兴趣。从哲学的观点来看，反常的实质就是超越人们经验感知的显著的量变和质变。把握此点，便好制作谜面来设悬了。

设悬还只是完成悬念法任务的一半，另一半任务是释念。释念就是揭开谜底。虽然相对谜面而言，释念比设悬要简单些，但它们是一个整体，都要精心设置。特别要指出的是，释念之后，读者应得出新识，或是对新闻事件中的人物行为、事件意义有深层次的了解。否则，谜底揭穿，仍是一杯白开水，读者就会有受愚弄之感，对全文顿生恶感，作者精心设计也会毫无成效。

具体如何设置悬念呢？首先得根据主题和情节发展的需要，悬念中的新识就是表现主题思想的内容，悬念也可以起到展开情节的作用。其次要运用逆向思维、灵感思维搜集和表现具有反常特征的材料来设悬。

3. 波澜法

(1) 释义

“文如观山不喜平”，波澜法是通过材料的组织和层次之间的关系调整，使新闻作品发生起伏变化的结构技巧。茅盾说：“一篇作品，不能平铺直叙，始终如一，也不能从头到尾，一味紧张；总得有错综变化，迂回曲折。这些就叫做结构上的技巧。”[9]夏衍也说：“没有波澜，没有曲折，没有起伏，正像一座房屋、一个园林，一进门就可以一览无余，不能引人入胜……这是文学结构上的大忌。”[10]

波澜法是怎样造成结构的起伏跌宕、波澜横生的呢？分析一下其常用手段，或顺逆，或抑扬，或张弛，或擒纵，或矛盾，或曲直等等，无外乎是在材料顺序安排时，造成层次之间的极大反差而已。这种反差的形成就是相邻的两个层次的材料呈现出相反、相对或矛盾的关系。如果将它们成组成对的相邻排列，就会形成波澜了。

材料层次之间的反差不仅可以造成结构上的起伏，而且可以起到丰富人物形象的作用。如《解放军报》记者江永红在新闻作品写作中，突出人物个性的一个重要手段便是运用材料间的反差。《百万富翁家族中的首贫与首富》中的团参谋长方保才是家族中的“首贫”，为了表现这个“首贫”的精神境界，作者始终将他置于强烈的反差中。他家那么有钱，可他的生活一直那么清苦，过年给侄子们压岁钱，别人至少 1000 元，他狠狠心才拿出 100 元。从不跟家要钱的他，却为连里布置俱乐部向家要了 1000 元，为营里买文体器材要了 2000 元，部队拉练要了 3000 元。桩桩件件，都与他的“首贫”和他家的“首富”形成强烈的反差。正因如此，这个人物也在读者心中留下深刻的印象。[11]

（2）操作

材料反差的形成有下述几种变化：

材料形态变化。是指材料的概括与具体、抽象与形象上的变化。

材料详略变化。是指材料的语言表述的细致与简约的变化。

材料性质变化。是指材料的内容形成的层次之间的关系变化。

在上述变化中，有些变化是相联系的。如在材料概括、抽象时，往往语言表述较为简约，在材料具体、形象时，语言表述则往往细致。而正是在这种简约与细致的交错变化中形成了波澜。而这种简约与细致也并非随意安排的，而是为了主题表达的需要而设计的。凡是细致的地方都是需要对文中主要人物展开描述的地方，凡是简约的地方都是次要人物活动的地方，在文中甚至只起到交待主要人物的作用。因此，波澜的设计必须适应主题表达的需要。

4. 高潮法

（1）释义

高潮法是指按铺垫高潮的效用安排材料的结构技巧。为何要围绕高潮来选择材料呢？因为高潮是主题在事件中的体现。这句话在写作实践上的含义是："高潮是考验结构中每一个元素的效用的试金石。"[12]据此，我们可以用高潮作试金石，检验材料对构成高潮的效用程度，决定材料的详略、取舍和安排顺序。

什么是高潮？"'高潮'这个术语是用来专指动作最后的和最强烈的阶段。"[13]又一种说法是："高潮是动作到达它的顶点，到达它在发展过程中最危急阶段的一点，过了这一点以后，紧张便开始松弛或消失……"

高潮法的哲学依据在于事物都是波浪式地向前发展的。有波浪就有高峰和低谷之分。高峰便是高潮（还有逆向高潮，如低谷也算高潮，往往指悲剧性的事件）；矛盾的普遍性说明每个事物自始自终都贯穿着矛盾。有矛盾必有斗争，有斗争必有焦点，这焦点就是高潮。

（2）操作

高潮形式。两种：一种是顺势，逐层垫高，达到事件最高点。另一种是逆势，逐层降低，低到谷底，这也是高潮，它往往是一种裂人肺腑的悲剧性结局，是感情极度悲愤之处。

高潮标准。下述地方最易视为高潮处：事件危急关头，行为最高点，矛盾斗争的焦点，感情奔放的炽点，群众关心的热点；等等。

高潮结构。结构规律为下述阶段：开端—发展—高潮—下落—结局。文中要交待这些阶段，从开端至高潮可以详写，其后略写。

高潮设计。一般一篇文章只有一个高潮，而且并非所有叙事性新闻作品都能或都需要高潮，因此高潮法的作用是有局限性的。高潮设计时，可以先定下高潮，它也必须符合表达主题的需要而确定，我们可以选择符合高潮标准的材料来确定高潮。然后，以能否铺垫或推进这个高潮来逆向依次选择材料，并据其作用程度来确定材料的详略、取舍和安排顺序，完成文章的结构。

这里需要说明的是，本节介绍的线索法、悬念法、波澜法和高潮法，不仅仅只适用于线状结构，同样适用于板状结构和交叉结构；同样，后两种结构介绍的方法也可以适用于本节介绍的线状结构。将各种方法列入不同结构中介绍，只是说明列在不同结构中的方法，在所列入的结构中使用的频率更高些。

二、板块法

（一）板块法概说

“板块”原是一个地质学术语。地球的岩石圈分解为若干巨大的刚性板块即岩石圈板块。地球构造分六大板块。板块与板块之间或相互离散，或相互汇聚，或相互平移，引起地震、火山和构造运动。

1967—1968年法国的X.勒皮雄、美国的D.P.麦肯齐将转换断层概念外延到球面上，定量地论述了板块运动，确立了板块构造学的基本原理。《中国大百科全书》地质学卷、固体地球物理学卷和大气科学卷均有与“板块”相关的词条。《现代汉语词典》也收录了“板块”。

后来，“板块”一词被借用于许多领域。比如：心理学有所谓“板块记忆法”。至于传播学，“板块”一词更为常见。报纸、杂志、电视台，甚至广播电台，纷纷在栏目之上设立“板块”。传播学中的“板块”，巧妙地借用地质学中“板块”既相互独立又相互联系，既相互离散又相互汇聚这一事物的特征。至于网站网页，既然仍具有（或者说集中了）报纸、杂志、电视台、广播电台等媒体的若干特征，它的“板块”跟一般媒体的“板块”是一脉相承的，自然还要叫“板块”。

板块法，在这里有两层含义：一，它是一种结构形式，是指作品报道的客观事物的材料大体呈板块排列的形式；二，它又是一种结构方法，是一种把地位大致相当的事物或问题，或同一事物或问题中大致相当的类别或侧面排在一起而形成的一种结构方式。一般而言，它反映了材料层次之间的性质分类关系。板块结构中最为典型的是并列关系，为了简化结构方式，这里将材料层次之间非并列关系如层递、包含等关系也纳入板块结构，因为它们在材料的排列上与板状结构相似。这里的结构技巧主要有划分法和组合法。材料层次之间的关系主要是并列、递进、包含关系，它们反映了以材料的性质分类来安排结构的方法。

（二）板块法的结构关系

1. 并列关系

即围绕主题，并列地写几个不同侧面，各个侧面的重要性都相等或相似。

2. 递进关系

即将作品结构中两个以上的层次排成“从浅到深、从低到高、从小到大、从轻到重、层层递进”的关系，并使之“上下相接，若继踵然”的一种方式。

3. 包含关系

作品的开头与结尾中有一个和中间层次具有总体与局部、整体与个别或一般与特殊的关系,即总分或分总或总分总关系,总为对事物的总叙,分为对此事物的不同类别或侧面的并列。总分关系其实质是一种包含关系。

（三）板块法技巧

板块法的结构艺术很讲究划分和组合。突发新闻的快速写作之所以选用板块法作为重要结构方法之一,就是因为它便于记者或编辑创作作品,能像搭积木一样简便、快捷。要做到这一点,划分法和组合法是板块法经常运用的重要方法。

1. 划分法

板块法是按材料的不同类别将其分类放入各个层次之中的。分类首先要划分。划分是揭示概念外延的逻辑方法。划分由三个要素组成,即划分的母项、划分的子项和划分的根据。被划分的概念叫划分的母项,从母项中划分出来的种概念叫做划分的子项。如把"社会产品"分为"生产资料"和"生活资料","社会产品"是划分的母项,"生产资料"和"生活资料"是划分的子项。将一个母项划分为若干个子项,必须以一定的属性作标准,这种作为划分标准的属性叫做划分的依据。划分的方法有:

(1) 一次划分

就是根据实践的需要对被划分的概念一次划分完毕。这种划分只有母项和子项两层。例如,三角形分为直角三角形、锐角三角形和钝角三角形。这就是一次划分。这种划分可用来给并列材料分类。一次划分对并列关系的结构方式具有重要的实践意义。

(2) 连续划分

是把被划分的概念划分为若干子项之后,再将子项作为母项继续划分,可连续划分下去,直到满足实践需要为止。如根据哲学的基本问题——思维和存在关系的不同回答,将哲学派别划分为唯物主义和唯心主义两种根本对立的派别。将唯物主义又可划分为古代朴素唯物主义、机械唯物主义和辩证唯物主义;将唯心主义亦可划分为客观唯心主义和主观唯心主义。这就是连续划分。这种划分对于层递关系的材料分类很重要。

(3) 二分法

是以对象有无某种属性作为划分依据,将一个属概念划分为一个正概念和一个负概念。如将元素分为"金属"和"非金属"。二分法可以分出相反相对的材料,是形成结构波澜的基础。这种相反相对的材料当然是客观存在的事实。但是,在组织材料时,正好是这种二分法指导我们在占有一个材料之后,去寻找与之对立的材料,并有意识地将它们组合在一起。

在划分中还必须遵守划分的规则:

划分必须相称:即划分所得各个子项的外延之和必须等于母项的外延,不能多,也不能少。多则出现"多出子项"逻辑错误,少则出现"划分不全"逻辑错误。

划分的子项应互相排斥:划分出的各个子项是不相容关系。如果出现一些对象既属于这个子项,又属于那个子项,就出现"子项相容"的逻辑错误。

划分的根据必须同一:每一次划分,根据只能有一个,不能同时采取两个以上的根据。否则会犯"混淆根据"的逻辑错误。

2. 组合法

是把不同的材料有机地连接起来，构成一部完整的新闻作品的结构方法。组合法是在划分基础上进行的，这两种方法往往联系起来使用。首先组合必须根据主题的需要进行。其次，组合可以按照并列、递进、包含等关系来衔接材料。

(1) 组合要形成文章中的节奏感

可采用下列方法：一是长短结合；二是动静结合；三是粗细结合。粗，即略写，往往采用叙述的语言或概括、抽象的材料；细即详写，往往采用描写的语言或具体、形象的材料。

(2) 借用电影中的蒙太奇法

在通讯化的消息或通讯结构中组合的方式还可借用电影中的蒙太奇法，此法还可起到结构中的过渡与照应等衔接作用。可采用下列方法：

平行式：将同一时间不同地点发生的事情交替连接。

对话式：将上一场某个人的对话巧妙地连接在下一场中一个人的对话上，或同一个人的相同相似的对话上，可使相隔一定时间的两处情景联系起来，浑然一体。

叫板式：前一个场面说到什么人或事物，后一个场面即出现这个人或事物。

反叫板式：错觉式组接。通过人物语言或动作，暗示下一场面即将发生的事，但结果恰恰相反，使读者出乎意料因而给人深刻印象。

对比式：把两种不同的或对立的人或事连在一起，互相衬托。

超文本式：从传统媒体转向网络，新闻的表现形式也面临着变革。其中之一就是超文本的特点在新闻写作中的运用，我们可以称之为“超文本新闻写作”。

传统的新闻写作总是在单一层面上完成的，所有信息与材料都是一次接触到。有一部分信息是属于冗余信息。但是对于传播方来说，它仍然需要拿出相应的篇幅或资源(版面大小，节目长度)来提供这些信息。所谓超文本，一方面指通过超链接可以使信息之间产生联系，另一方面，也指信息形式可以多媒体形式存在。当然，目前我们主要应用的是超链接。

在运用超文本方式进行写作时，可以采用将材料分层的做法，把最关键的信息作为第一层次写作(骨干层次)，而相关详细信息作为第二或第三层次提供(枝叶层次)。即用一个骨架的方式描述对象，而有关的细节，分别用超链接给出，读者可以根据自己的需要决定进入哪一个方面细节的阅读。如2002年7月新浪网关于法航协和式客机坠毁的消息，给我们提供了一个很好的范例。

这个报道的第一层次是非常简单的：

法航协和式客机坠毁

当地时间7月25日下午4点45分(北京时间7月25日晚上10点45分)，法国航空公司一架协和式客机在巴黎戴高乐机场起飞后不久即坠毁。机上100名乘客和9名机组人员全部遇难。飞机坠毁时还造成地面4人死亡。

详情请进

当地时间7月27日晚7时，北京时间28日凌晨1时，法航空难调查小组公布了初步调查结果：失事的法航协和式客机左弦的两个引擎是此次空难的罪魁祸首。

详情请进

在这起震惊世界的大空难中，居然还有一位幸存者——21岁的英国女大学生爱丽丝，她的死里逃生只能用“奇迹”两个字来形容。

详情请进

着火的协和客机、惊愕的目击者、悲痛的遇难者家属……组图：全程目击法航协和客机坠毁(1)、(2)为您真实重现法航空难历史性的一刻。这个消息的骨架给我们理出了一条关于此次灾难的最基本的线索。在此基础上，消息用五个链接，对不同角度的详情进行了报道。

它们分别是：

详讯：法航协和客机坠毁113人遇难

详讯：法航空难调查小组公布初步调查结果

协和飞机撞向我住的宾馆——英国女游客讲述逃生故事

组图之一：全程目击法航协和客机坠毁

组图之二：全程目击法航协和客机坠毁

在这个报道中，它的组合方式也是板块法，只不过板块在网络上不是一次展现，而是分布在多个层面上，这种方法是网络的长处，读者可以根据自己的需要进行阅读，而且这种用梗概的方式组织材料，也会使读者有一条清晰的阅读线索。

这种方式同样可以用在报纸上。如报纸可以在重要版面如1版发消息和图片，详细报道置于内页。即便在内页如深度报道或特别报道的版面上，也可以板块法组织文章结构，将相关资料用链接方式附在文后。

三、交叉法

(一)交叉法概说

交叉法是将线状法和板块法结合起来的一种结构形式和结构方法。它是以事物发展或作者认识事物的顺序为经，以材料性质分类为纬的一种结构方式。类似传统的时间为经，空间为纬的纵横交叉的方式。

纵横交叉结构的代表作是1960年2月28日中国青年报的通讯《为了六十一个阶级兄弟》。这篇通讯从1960年2月2日(平陆事件发生的时间)写到2月5日(61名食物中毒的民工被抢救脱险)，这是从纵的方面写的一条主线，横的方面按照空间的变换描叙了不同地点不同单位的关注、支援平陆事件的情景和生动场面。文章除了开头的“引子”和用倒叙手法提出发生的事件文字外，全文都是以顺叙方式进行写作的。作者也不是单纯按照时间发展线索来安排结构，而是不时地在其中以“同一个时间内”分写几处不同地点的人们同时抢救民工的情节。像这样在“同一个时间内”分写几处不同地点发生的事，全文共有四处。第一处，2月2日晚7时这段时间里，共写了三处地点发生的三件事；第二处，2月3日下午5时多，这个时间内也写了三处地点发生的三件事；第三处，是2月3日晚上7时半左右，在北京特种药店把物资药包好的这段时间里，写了两处地点的两件事；第四处，是2月3日夜11点23分左右，空军飞机送药尚在途中时，并列写了两处地点的两件事。以上这四个"同一个时间内"被贯穿在2月2日到2月5日这段事件发展的时间之中，联系起来，还属于纵向顺序，但这四个"同一个时间内"又都涉及了不同地点的事，故明显地存在着横向顺序，所以这篇通讯是纵横交叉结构。

交叉法结构包括纵横交叉的方式，但外延更宽。从全局来看，交叉法结构仍以时间发展为主线，但是，这个时间并非纵横交叉方式那样仅限于直线发展，它有时根据主题表达的需要，在时间上有回溯；纵横交叉的方式往往在叙述过程中停下来，分述在不同空间中发生的几件事情，当叙述完那几件事情后，又接着原来停下的时间继续再写下去，然后再停下来叙述又一段时间内在不同空间中发生的几件事情……这种同一时间在不同空间中发生的几件事情往往都是并列关系；而交叉法在停下来叙述时，不仅有并列关系的事情，也包括相互间有递进、包含关系的几件事情。它是多线条推进，多侧面穿插的立体报道方式，类似于一种网状结构。

（二）交叉法结构特点

从交叉法与传统的纵横交叉的方式两种结构的比较中，可以发现交叉法结构有这些特点：

一是以时间为序，但有回溯；

二是以并列为主，兼有其他；

三是重背景使用，立体交叉。

层次之间的关系，不仅有并列，也可以有递进、包含、对比等其他性质的关系。

交叉法结构的这些特点，使结构形式朝着多线条、多侧面、立体化的方向发展，甚至形成网状结构。这种情形是因媒体间日益激烈的新闻竞争形成的。

传统印刷媒介的新闻写作方式首先是受到电子媒体冲击，在时间上不能与电子媒体相争，便在深度上下功夫，于是各类深度报道、大特写风行起来。然而在电脑文字处理系统、多媒体和互联网络等新技术、新媒介的广泛普及和冲击下，大众传播媒介的新闻写作方式、特别是报纸等印刷媒介的写作方式将逐步发生根本性的变化。

迄今为止，报纸等印刷媒介的新闻报道与写作方式是以文字为主。使记者在报道纷繁复杂的新闻事件时非做线性的描述不可，"线性叙述"这种单一的文字写作、报道的先天不足，严重制约了新闻记者进行客观、真实的报道，传统的新闻写作、报道，受到文字文本结构的严重局限：原本立体、多维的新闻事件和现实生活，只能用一维的线性文字来陈述；原本同时发生的新闻信息、新闻要素等，只能按有先后顺序的线性结构来排列；原本纷繁复杂的新闻事件和现实生活，限于印刷媒介的篇幅和表述方式，只能用短短数百或数千字来报道；原本有声有色的新闻事件和现实生活，只能用千篇一律黑色的、无声的文字来记叙。

今后，随着新闻传播事业的发展，以线性文本结构为主将逐步转变为以超文本结构为主。所谓“超文本结构”，就是文本的构成，不仅有文字文本，而且有声音文本、图画文本、动画文本直至影视文本。在超文本结构中，新闻报道中的每一个关键人名、地名、时间，甚至每一个词语、每一个句子都可以联结另一个声音文本、图画文本、动画文本或影视文本。多媒体和互联网络等新技术为打破这种不能充分反映现实生活的线性文本结构提供了广阔天地。在未来的电子报纸中，新闻信息的联结将不再仅仅是线性的，而是网状的；新闻报道与写作的文本结构将不再仅仅是线性文字，而是超文本结构。记者可以通过这种超文本结构，在力所能及的范围内，对突发事件和现实生活，既能有声有色、声情并茂、图文并茂地报道，又能全方位地、历史地、客观地报道。采用超文本结构写作与报道是新闻报道方式的根本变革。

在电子报纸没有出现前，报纸的写作方式已经在改革了。在上节的板块法中也有介绍，将超文本结构方式运用于多版联动的组合中。这里说的是在一篇或几篇集纳的新闻作品中也要汲取这种超文本结构海量信息的长处，立体化、多侧面、多线条地报道客观发生的新闻事实。事实上，这种形式已经出现在报纸上，许多报纸开辟的“今日关注”“深度报道”“头条纵深”“特别报道”等版面就是适应这种文体的需要，往往整版就只一篇文章，但是，信息量大，资料配用采用链接形式，遇到重大突发事件时甚至可以多版联动，实际上这已有向超文本结构发展的趋势。起码，结构已出现网状。

（三）交叉法技巧

上面介绍了交叉法的结构形式和特点，如何使用交叉法呢？从其结构手段上来讲，穿插法和集中法是经常使用的方法，下面分别介绍：

1. 穿插法

交叉法往往在主线事件叙述的进程中，停下来插入大量不同空间的事情。这里十分讲究穿插技巧。穿插的事实往往两种内容居多。一为背景材料，二为事件性材料。

(1) 穿插背景

新闻背景是关于新闻事件的历史和环境等材料，是新闻的有机组成部分，是补充、反衬或烘托新闻事实和新闻主题的重要内容。新闻背景的使用要采用以下原则：

一是精练原则。“嫩绿枝头红一点，动人春色不须多。”背景材料在消息中毕竟不是主体，背景运用不在于多而在于精，要选择最能说明主题的材料，要紧紧为衬托新闻主题服务。

二是灵活多样原则。背景材料在新闻中没有固定的位置，因为交代背景的目的是为了帮助受众理解和接受新闻事实，因此，背景材料自然应随着表达新闻的事实的需要而在不同的地方出现。有一种方法是将背景材料像“天女散花”一样，巧妙地分散安排在新闻的各个部分。有时采用对比的方法也是可取的。以西方记者报道宋庆龄逝世为例，有篇报道这样写道：“早年，宋霭龄爱钱，嫁给了财阀孔祥熙；宋美龄爱权，同蒋介石结了婚；宋庆龄爱国，最后成了伟大的革命者孙中山的夫人。”这个简短的对比，使宋家三姐妹不同的人品节操和政治身份，跃然纸上，给受众的印象非常深刻。

(2) 穿插事件的方法

事件是交叉法结构中要穿插的大量内容。

第一,选择事件要抓大选新。

新闻的生命在于新。这里的“新”,不仅包括时间上的新近,有时也包括新闻事实的首次报道,新闻主题的显要、少见等。新闻的“新”也往往与“大”联系在一起,同样的事件,发生在大单位、大范围就比发生在小单位、小范围更具新鲜感;带有普遍性、适应大气候的大经验,就比局部的个别的小经验更使人有耳目一新之感;具有挑战性的大思路大动作,就比司空见惯的小打小闹更能满足读者的求新欲望。

第二,选择有故事情节的事件。

特别是叙事性的交叉结构中,所选事件一定要注意有故事性。交叉法结构是适应新闻媒体中争夺受众的竞争而发展起来的。而从受众而言,一段长文若是没有故事性,是难以看完的。从受众的角度考虑,应该选择有故事性的事件。故事性往往要求具备人物、事件、时间、地点、过程、原因和结果等七个要素。记者在采访时就注意将这七个要素弄清楚。在写作时,可将重要故事先一个一个地写出来,到结构文章时,直接往里面装就行了。

2. 集中法

交叉结构因信息量大,材料易零碎。运用集中法很有必要。

(1) 选出“代表”来

集中首先在选材上要把关,挑选有代表性的材料。

(2) 横切重要新闻素材

横切是指从横断面切入角度解剖和表现新闻事实的取材方法。树木的横断面可以清晰地显示年轮;临床的切片,能准确地判断疾病。横切作为一种认识方法,同样适用于新闻写作。横切相当于电影中的特写场面,它要在最具新闻价值的场面中展开。

(3) 化零为整,集中场面

运用转换时空的办法,将不同场面发生的事集中到同一场面中来。

本章小结

突发新闻写作的模式化是由突发新闻写作的特点决定的,突发性新闻写作最讲求时效性,往往是团体作战,承担着媒体的社会责任。作品结构的实质就是安排材料的顺序,结构必须服从体裁、主题和材料的要求。影响作品结构的是材料之间的层次关系。只有将突发新闻写作模式化才能达到快速写作的目的。模式化应成为突发新闻写作结构安排的原则,模式化的趋势是新闻文体适应新闻传播自身发展而产生的。模式化的精髓是化繁为简,关键在简单化和标准化。模式化须在大量实践经验上抽象出写作规律。通讯的模式化讲究“线”“谜”“巧”。模式化不排斥多样化,并非降低记者的素质要求。突发新闻写作结构的方法有线状法、板块法和交叉法,线状法技巧有线索法、悬念法、波澜法、高潮法;板块法技巧有划分法、组合法;交叉法技巧有穿插法、集中法。

思考与练习

1. 课堂练习，运用一则通讯改写消息，计时完成，请用时最短的几位同学介绍写得快的原因，若是因十分熟悉消息的结构模式，引导学生讨论新闻写作模式化的意义。
2. 从新闻作品中找出故事情节曲折、事件发展起伏跌宕的内容，看其相邻层次的材料是否有矛盾、相反、相对等关系，从中掌握结构起伏的规律。
3. 分析新闻作品，找出采用线状法、板块法和交叉法的作品，分析这些作品是如何运用这些方法的。

参考文献

[1] 甘惜分. 新闻学大辞典[M]. 郑州：河南人民出版社，1993：163-164.
[2] 姜圣瑜. 观察新闻文体创新走势[J]. 新闻观察，2002(10).
[3] 转引自苏金源. 浅谈提高学生数学的应用意识和素质[J]. 华章，2011(10).
[4] 魏巍. 我怎样写《谁是最可爱的人》[N]. 人民日报，1951-08-19.
[5] 石翼. 浅谈江永红的选材艺术[J]. 军事记者，2001(1).
[6] 刘熙载著，王气中笺注. 艺概卷六经义概[M]. //艺概笺注. 贵阳：贵州人民出版社，1980：443.
[7] 殷卫中. 写作时如何安排线索[J]. 作文周刊·高二版，2011(46).
[8] 甘惜分. 新闻学大辞典[M]. 郑州：河南人民出版社，1993：169.
[9] 茅盾. 怎样阅读文艺作品[M]. //茅盾文艺评论集(上册). 上海：上海文艺出版社，1980：603.
[10] 夏衍. 把我国电影艺术提高到一个更新的水平[M]. //夏衍论创作. 上海：上海文艺出版社，1982：348.
[11] 石翼. 浅谈江永红的选材艺术[J]. 军事记者，2001(1).
[12] [美]约翰·霍华德·劳逊. 戏剧与电影的剧作理论与技巧[M]. 北京：中国电影出版社 1979：226.
[13] [美]约翰·霍华德·劳逊. 戏剧与电影的剧作理论与技巧[M]. 北京：中国电影出版社 1979：228.

第十二章　突发新闻写作的主要报道形式

学习目标

1. 滚动报道写作。
2. 现场报道写作。
3. 深度报道写作。

突发新闻报道既是新闻圈内的热点，也是业内人士感到棘手的难点，既是对新闻工作者新闻嗅觉的一种检验，也是“老总”们感到难于把关且容易出岔的地方。

从目前国际媒体报道情况来看，各个新闻媒体都以百米冲刺的劲头进行突发事件的报道。当然由于新闻媒体的性质、宗旨等的不同，报道的方式是不尽相同的。概而言之，对重大突发事件的报道主要有以下几种方式：滚动报道、现场报道、深度报道。

突发性新闻主要报道体裁是消息，消息起“主角”作用。世界各大新闻媒体对重大突发事件的报道模式可以概括为：全力争抢消息时效；切实注重现场采访；周密规划“立体式”报道。

在消息中更多用快讯和简讯的形式，以突出时效性。以往战争的重大消息，如第一次世界大战停战协定的签字、日本偷袭珍珠港、德国无条件投降等都是通过快讯和简讯传到世界各地的。播发快讯和简讯的主要目的是突出时效性，因为在报道战争这类重大冲突中，时效性被认为是新闻的使命。另外，详讯和综合消息可以体现完整性。

详讯主要描述一个点或短时间内某一事件的整个过程，而综合消息通常是由编辑部或前方记者对较长一段时间内发生的事件梳理之后编发的新闻，具有阶段性和综合性的特点。以上两种报道可以在连续报道和现场报道中使用。

深度报道则可以采用综述和新闻分析的形式写作，重在深刻性。对这类稿件的总体要求是要体现对事件的观察和分析的深度，引导和帮助受众了解突发事件的概貌和新闻背后的更深一层的因素。

第一节　滚动报道写作

一、滚动报道概述

滚动报道是因网络媒体而产生的，其实就是以前俗称的连续报道。一般而言，进行连续报道要求记者以最快的速度将报道对象的情况及时写成消息或其他体裁的稿件发出，并要求事件发生地区的记者都围绕事件及其影响发出消息。

2008 年的“5·12 汶川大地震”，2010 年的“青海玉树地震”，中央电视台新闻频道都采用了连续滚动报道的方式，及时、有效地将灾难现场的实时状况反馈给关心的受众，让民众在第一时间了解灾区的现状，需要哪些救援和帮助，同时也凝聚了社会各界对灾区人民的关心和爱心。

突发事件爆发时，新闻信息在短时间内迅速传递，单位时间爆发出来的信息量巨大，最重要的信息往往在瞬间传递，同时也可能在瞬间消失或成为过去。这种落差极大的变化，要求新闻记者以最快的速度，抓住事物瞬间变化的短暂“定格状态”，将信息传递给受众，紧接着又迅速地去抓住另一瞬间短暂的“定格状态”。这就需要新闻记者具有高度的新闻敏感和准确的判断力，此外，对采访领域的熟悉程度和专门知识储备的丰富程度对记者能否及时抓住机会也有重要影响。

2008 年 5 月 12 日，中央电视台记者张泉灵得知汶川地震消息时，刚刚完成珠峰奥运圣火传递报道，便决定直接从拉萨奔赴灾区。可以说，这样的决定是超常规的。撇开记者的责任意识，她对当时形势的判断是：我国是一个多地震的国家，发生普通地震并不罕见。而这次地震使她意识到其严重性在于，居然相隔遥远的北京、台湾，甚至日本都有震感。唐山大地震曾影响到 14 个省，那么这次地震完全有可能是比 32 年前唐山大地震更大的一次灾难。唐山大地震在 30 余年后的今天仍有人关注，而此时此刻，在这样一个大灾面前，作为临近事发地的新闻工作者，如果没能在第一时间进入现场，那简直是一种罪过。一直关注着电视里的新闻报道的她，发现前方灾情不明。这意味着灾情严重到通讯完全中断而不是简单拥堵，这种情势下，记者发掘新闻的空间会很大。一连串的判断让她做出决定去灾难前线。张泉灵做出这样的判断基于新闻职业敏感和地震知识的积累，而这样的敏感和积累在有些时候甚至可以成为领导决策和制订整个报道计划的有力支撑。

滚动新闻发端于网络媒体。网络媒体在对自身传播规律深刻理解与把握的基础上，经过长期的新闻实践，摸索出一套能发挥出网络快速、及时、海量、多媒体优势的报道方法，产生了专属于网络媒体的报道形式。滚动新闻就是其中之一。

滚动新闻是网络新闻中最能体现新闻时效、反映网络报道特色的手段之一，也是新闻网站快速及时处理突发新闻、最新动态消息的重要方式。当网站获得最新新闻后，一般有两种处理方式，一种是直接删除现存页面中的内容，替换上最新新闻，还有一种方式就是利用动态的滚动条，将最新、最近新闻以滚动新闻的形式发布出去。大多数网站会选择后者因为采用滚动新闻既能保持新闻的新鲜度，又能保证新闻的信息量。

二、滚动报道的特点

（一）滚动报道具有三大特点

1. 全时性发布，全时性知晓

网络新闻是全时性新闻，但只有发布环节才体现这种全时性，即由编辑将新闻发布到互联网服务器、数据库中。由于页面空间有限，网站首页、频道主页等主要浏览区域，用户并不能实现全时知晓。不受时间和空间限制的是滚动新闻，与网页上的其他新闻相比，滚动报道一般都会在网页上保留一定的时间和相对稳定的位置，而其他新闻则会根据新闻的价值和网站的需要，可随时发布也可随时被替换。

2. 新闻量大、单位页面承载新闻条数多

一方面，网站可以在滚动新闻区发布大量的新闻，相同的网页空间内，发布滚动新闻比发布固定新闻多出 2 至 3 倍；另一方面，滚动新闻的更新频率相比其他新闻要高，这也就意味着单位页面能承载更多的新闻，传递出更多的信息。以新华网首页滚动新闻区为例，每一轮次发布的新闻为 20 条，每天大约要轮换 6 次，仅滚动新闻区每天就能发布新闻 120 条。

3. 以跳动性吸引网民的眼球

滚动新闻一般采用自左至右滚动或者自下而上滚动两种方式，无论哪种方式都不需要在网页中占据大块的面积。因此，滚动新闻吸引用户不是依靠面积、位置，而主要是依靠滚动的跳跃性来吸引眼球。滚动报道与实时报道、文字直播都建立在互联网快速及时、超时空以及海量无限的基础上，三者本质上有相通性，均力求第一时间报道新闻，动态追踪新闻事态的演进与变化。不同点在于，滚动新闻可以是同一事件，也可以是不同事件的报道，实时报道和文字直播都是针对同一新闻不间断地连续报道；在时效性上，滚动新闻最弱，它更强调新闻发布的呈现形式，实时报道和文字直播的时效性则更强，有时甚至是同步报道。

（二）滚动报道的类别

根据网络新闻的性质，滚动新闻分为两类：一类是常态报道的滚动发布，一类是突发事件的滚动编写。常态报道采用滚动的方式发布，是互联网海量信息与网页有效页面有限的矛盾造成的一种必然结果。虽然网络能够容纳海量新闻，但网页的容量，特别是网站首页首屏的容量非常有限。因此，网站在设计、编排网页时，会将大部分的位置和空间留给重要新闻，且保证重要新闻的停留时间。对于一般价值的新闻则只能采用滚动的方式发布，这样既能保证新闻的时效性，又不占用太多的网页空间。针对日常报道，滚动可以理解为一种表现新闻的形式，是按照网站新闻选稿标准，从已录入网络新闻发布系统的稿件中挑选出有价值的新闻，以逐条滚屏的方式呈现出来。这类滚动新闻侧重于编辑，考量的是网络编辑选稿把关能力和标题制作能力。网站编辑要从海量信息中选择次重点新闻或需要推介的新闻放进滚动列表，在选择时要从真实性、时效性、显著性、地域性等价值要素方面进行判断，在选择后要根据网络新闻编辑特点对标题进行修改制作。

由于滚动新闻需要在第一时间快速发布，因此，留给编辑选择、处理稿件的时间并不多，如果编辑没有良好的新闻处理能力，就会出现稿件重复、新闻价值参差不齐、标题缺少亮点等问题。

（三）滚动报道是符合网络新闻特点的一种报道方式

重大突发事件发生后不间断地滚动报道是符合网络新闻特点的一种报道方式。过去，传统媒体报道新闻都是要等新闻事件结束后才写消息报道，但网络媒体必须要做到随时有消息随时更新随时发布，及时传递出新闻事件的最新动态和发展进程。尽管报道的内容是散乱的、碎片化的，来源是无序的、多头的，但滚动报道一经整合就能从整体上反映出新闻事态的进展与演变过程。

下面是新华网对于昆山爆炸事故所发的滚动新闻：

昆山中荣工厂爆炸已致68人死亡187人受伤[2014-08-02　17:26:19]

江苏昆山一企业发生爆炸疑因粉尘爆炸引发[2014-08-02　14:38:30]

昆山爆炸企业两名负责人已被控制[2014-08-02　14:38:30]

昆山爆炸事故已致65人死亡150多人受伤[2014-08-02　12:43:06]

王勇紧急赶赴昆山事故现场指导事故抢险和应急处置工作[2014-08-02　14:14:31]

江苏昆山爆炸事故疑因粉尘爆炸引发[2014-08-02　12:28:33]

昆山爆炸事故现场已封锁　江苏主要领导赴现场[2014-08-02　13:17:01]

昆山一企业发生爆炸这是8月2日拍摄的事发现场[2014-08-02　11:45:23]

昆山爆炸现场家属雨中焦急等候　公交车变救护车[2014-08-02　13:09:49]

昆山工厂爆炸现场员工超200名　系企业安全生产责任事故[2014-08-02　13:02:40]

昆山特大爆炸致多人烧伤　上海5名烧伤专家赶往昆山[2014-08-02　13:11:44]

昆山金属加工厂特大爆炸致百余人伤亡急需血浆[2014-08-02　13:02:40]

江苏昆山一工厂爆炸数百人受伤伤者全身烧黑[2014-08-02　13:02:40]

昆山一企业发生爆炸已造成40余人死亡120多人受伤[2014-08-02　13:17:30]

江苏昆山一企业发生爆炸已致40余人死亡[2014-08-02　11:05:40]

江苏昆山一金属制品厂发生爆炸　伤亡人数待确认[2014-08-02　11:01:14]

（四）滚动报道是报纸媒体早就使用过的连续报道

其实，滚动新闻是报纸媒体早就使用过的连续报道，只是因为报纸一般有24小时周期，故只能是逐日进行连续报道了。但是，早在1998年长江抗洪斗争中，已有报纸使用过滚动报道，如《中国青年报》报道贺延光的报道就是属于此种类型。

九江段4号闸附近决堤30米——两千余军民奋力抢险

本报江西九江8月7日16时5分电　今天13时左右，长江九江段4号闸与5号闸之间决堤30米左右。洪水滔滔，局面一时无法控制。现在，洪水正向九江市区蔓延。市区内满街都是人。靠近决堤口的市民被迫向楼房转移。

本报江西九江8月7日16时35分电　现在大水已漫到九瑞公路。据悉，决堤时，一些居民还在睡午觉。现在在堤坝上被洪水围困的抢险人员大约上千人。

本报江西九江8月7日17时5分电　国家防汛总指挥部的有关专家正在查看缺口。专家们决定用装满煤炭的船沉底的办法堵缺口。

本报江西九江 8 月 7 日 17 时 15 分电　记者已赶到缺口处。汹涌的江水正从 30 米宽的缺口涌向市区。南京军区两个团正在国家防总、省防总有关专家的指挥下现场抢险。现在有一条 100 多米长的船无法靠近缺口，抢险队正在想办法。

本报江西九江 8 月 7 日 17 时 40 分电　专家们拟定了三套抢险方案：1. 将低洼处的市民转移到安全地带。2. 市区内的军队、民兵组成一道防洪线。3. 全力以赴堵住缺口。

现在，一条大船装满煤，正由北向南岸靠近，准备堵缺口。

本报江西九江 8 月 7 日 22 时 5 分电　截至记者 21 时撤离时，决堤口还没有堵上。一条装满煤炭的百米长的大船已横在距决堤口 20 米处，在其两侧，三条 60 米长的船已先后沉底。数千军民正在沉船附近向江里抛石料。水势稍有缓解。

目前，留在决堤处的抢险人员总计有 2000 多人。防汛指挥部组织抢险人员正在市区的龙开河垒筑第二道防线。

据悉，市中心距决堤处的直线距离约 5 公里。市区内目前还未进水。记者赶回市区时看到，一些店铺还在营业。市民们的情绪较下午平稳了一些。

路上，出租车司机告诉记者，市政府已在电视上发出紧急通知，告诫市民，凡住在低于 24 米水位房屋的住户，要迁到更高的楼上。

本报江西九江 8 月 8 日零时 15 分电　记者刚刚与前线指挥人员通话：现在沉船部位上端水流有所减弱，但船下的漏洞水流仍然很急，缺口处洪水不见缓解。抗洪军民仍在连夜奋战。

本报江西九江 8 月 8 日零时 45 分电　记者刚刚得到消息，从昨天下午 4 点开始，万余名解放军战士正在龙开河连夜奋战，构筑一道 10 公里长、5 米宽的拦水坝，作为市区的最后防线。至发稿时止，仍有大批军车赶往此地。

（来源：中国青年报，1998 年 8 月 8 日）

贺延光，《中国青年报》资深摄影记者，曾多次在全国性的新闻摄影作品评选中获奖。他所发的《九江段 4 号闸附近决堤 30 米》荣获 1998 年第九届中国新闻奖特别奖。

2007 年 6 月，《广州日报》报业集团成立了全国报纸第一家滚动新闻部。滚动新闻部以《广州日报》下属的大洋网为平台，以报纸记者为采访主体，利用快速、机动的机制为网站和报纸同时提供内容。滚动新闻部的新闻报道主要是针对重大、突发新闻而进行的采写与编发。

一般而言，拥有多种媒介的报业集团或传媒集团，都具备融合平媒的采访力量和网媒的渠道优势和第一时间快速滚动播报突发新闻的条件。

三、滚动报道的写作技巧

（一）滚动报道的写作主要体现在重大突发新闻上

网站具有快速、及时报道突发事件的先天优势，拥有新闻采访权的网站又具有原创、独家、首发的优势，两方面密切结合，就能在重大突发新闻发生的第一时间组织自己的采访、报道队伍进入新闻现场，以短讯、快讯、现场连线、手机图片等方式滚动发布事件最新进展。

而如何为网站写作滚动新闻达到不间断报道的目的和要求，就需要掌握滚动新闻的写作要求和技巧。滚动新闻的写作不同于一般消息，也不同于现场短新闻。

1．滚动报道要求“短、平、快”

文章要短，几句话甚至一句话描述一个新闻事件或者事件的一个片段，不要求完整的新闻5W，不追求整体事实的全面性。但是，单条滚动新闻要表述完整、交代清楚事件，对于一时不能完整表述的，要在文中给出解释并及时追踪、随时更新，不能停留在碎片化的信息传递上。

2．快速报道

可以在新闻现场与后方连线介绍情况，可以用手机发送微博直接上传到网站，还可以用带有传输功能的相机拍摄照片迅速传回后方。

3．语言平实

用简洁的、白描式的语言介绍新闻现场的所见所闻，不穿靴戴帽，不浓墨重彩。重大突发事件中的滚动新闻处于事态发展之中，不仅有前一段的铺陈，还有后续的报道，因此不是孤立、单独的报道，而且滚动新闻写作是在一种高节奏状态下的新闻写作，追求的是对新闻现场、新闻事件或新闻人物的直击描述。

4．多媒体形式

在条件许可的情况下，尽量采用多媒体的报道形式。随着网站经济实力的增强，各种采访设备的配备也渐趋完善，录音笔、无线网卡、即拍即传的照相机、摄像机等也成为记者的日常装备。因此，滚动新闻的写作要尽可能采用多媒体报道，特别是那些难以用文字描述的场景，几幅图片或几个影像片段就能传递出全部信息，也能丰富新闻报道的形式。

5．滚动新闻的写作要标注清楚时间、地点和背景

每一条滚动新闻格式可以基本统一，适当情况下可以增加辅助阅读的新闻超链接。时间能反映出新闻的更新速度和频率，地点则方便网民从不同的角度了解事态的进展与变化，时间可以精确到分、秒，地点可以精准到街道、路段。

在滚动报道过程中适当穿插新闻背景，将背景资料作为滚动新闻的有益补充，可以帮助阅读者一次性完整了解事实的全貌。[1]

（二）滚动报道写作特点

滚动新闻实际上属于动态消息。动态消息是指对正在发生或新近发生的新闻事实进行报道的一种消息体裁。从作用来看，在消息这个大家族中动态消息是一种最基本、最重要的消息文体。从使用频率来看，动态消息使用频率最高，最常用。从报道对象来看，只要有新闻价值的新鲜事实，无论大小都可报道。故滚动新闻应该具有动态消息的特点：

其一，内容单一，一事一报，突出事实的重要性和新鲜性；其二，概括事实，语言简洁，

表达直接;其三,篇幅简短,一般三五百字;其四,时效性很强,多为即时新闻。

突发新闻的滚动报道在写作上有下述特点:

1. 以突发事件的最新变动为其主要着眼点

在突发事件的酝酿、发生、发展、变化的长链中,突发新闻的滚动报道往往仅截取其最新的变化迅速报道。换言之,滚动报道往往注重刚才发生、正在发生或即将发生的新闻事实,以此作为报道的重点。对于以往的事实,则一般作为新闻背景处理。也就是要以新带旧,由近及远,遇事先从眼前的最新变化写起,然后再回叙事件始末及由来。

2. 以时新性与重要性为其主要价值取向

在新闻价值诸要素中,滚动报道特别注重时效性与重要性,总是把最新鲜、最重要的内容,突出地写入新闻导语之中。在突发新闻竞争战中,各新闻单位也往往以滚动报道中动态新闻的时效性与其内容的重要性来一决雌雄。

3. 以新近发生事件为其主要报道内容

滚动新闻报道的内容以突发性事件为主。例如反映自然界最新变化状态的地震、海啸以及其他灾变,反映人类社会最新变化状态的经济危机、政权更迭、人事变动、政策变化等,往往与社会各界都有利害关系,因此格外引人注意。

4. 以客观叙事为其基本特征

滚动新闻报道以提供新闻信息为其主要任务,因而在写作上要以客观叙事为主,一般不允许记者出面发议论。记者的倾向性往往表现在新闻背景材料的选择与报道角度的确定上,是借助事实材料的组织来影响读者,即“让事实说话”,给人以潜移默化的影响。

5. 以开门见山一事一报为其写作原则

滚动新闻报道既然以事物的最新变动为其主要着眼点,就要力求运用迅速快捷的报道形式,开门见山,把最有新闻价值的内容突出地写入导语。同时又要求简洁明了,一篇报道一般只集中记叙一件事、一个侧面,这样易于缩短篇幅快速报道,也容易给读者以清晰深刻的印象。

6. 滚动新闻报道要给人以“动感”与现场感

滚动新闻一般只有几百字,要吸引读者,必须注意事件现场的某些最生动的细节,用白描的手法加以刻画,在叙事过程中注意多用动词,使所报道的人物与事件生动地展现在读者面前。

(三) 滚动报道写作技巧

1. 写作要求

展现事实现场,报道最新动态;

展示事实原貌;

叙述准确生动;

要有强烈的新闻敏感,准备连续报道。

2. 写作技术要点

敏锐感知；

运用“客观笔法”报道新闻事实；

通过现场气氛写出新闻的“动感”来；

要特别注重时效性；

文字朴实简洁、文约意丰；

连续报道，确保时效。

下面是一则滚动新闻实例：

江苏昆山“8·2”爆炸事故共192名伤员被20家医院救治

新华网北京8月4日电　记者4日从国家卫生计生委获悉，截至8月4日12时，各医疗机构共收治江苏昆山“8·2”爆炸事故伤员192人，其中8人因伤情极其严重，经全力抢救无效死亡。收治入院的其余184名伤员中现有166名危重伤员、14名重伤员、4名轻伤员。所有伤员分别在苏州、南京、无锡、常州、南通、上海6个城市20家医院救治。

据专家介绍，严重烧伤人员的救治需要经历几个关键时期，一是烧伤后48小时内的抗休克期，二是长达2-3个月甚至更长的抗感染期，三是修复期。针对目前如此大量的大面积重度烧伤人员，专家表示，后续的救治工作将极为艰巨和繁重。

国家卫生计生委副主任陈啸宏表示，要把竭尽全力挽救危重伤员的生命作为当前的首要任务，迅速从上海等地调集专业力量，并进一步加强危重伤员的救治工作。

据了解，8月4日，国家卫生计生委从北京积水潭医院增派烧伤科临床专家和护理人员各2名，加强烧伤重症伤员的救治力量。

来源：新华网2014年08月04日21:55:36

第二节　现场报道写作

一、现场报道概述

现场报道是用记者亲眼所见的事实写成的新闻，所以能使受众身临其境，因而也就更有征服性的力量。在重大突发事件的报道中，现场新闻的影响是不言而喻的。目前世界各大通讯社都十分重视现场报道，把这类报道作为同各新闻媒介竞争的有力手段。现场报道有场景、有细节，有时还有对重要或权威人物的采访，因此现场感特别强。中央电视台记者张泉灵在汶川大地震发生后，第一时间赶赴地震现场，在道路不通的情况下，徒步9个小时深入到震中地带，为观众拍摄到了真实的灾难现场画面，并描述了自己的所见所闻，让观众身临其境地感受到了地震灾区所受到的毁灭性打击，给观众以较强的冲击力，现场感特别强。

（一）现场报道的特色是“现场感”

近年来，各类大众报纸、都市报纸以至于机关报纸，竞相开出新闻热线、报料电话，以便第一时间得到新闻线索，第一时间派出记者现场采访，第一时间推出具有本报特色的突发性新闻。突发事件新闻，愈有现场感，愈有尽可能多的细节，愈能打动读者。

（二）从一篇报道说“还原现场”

6月12日傍晚，《深圳商报》新闻热线接到一位市区外读者的报料，称有人在一家百货商场里安置定时炸弹，商场得知消息后紧急疏散顾客，随后警方赶到将炸弹搬运到安全地带引爆。

报料的时间是晚上7点20分，事情的发生却是在下午4点20分，且炸弹已经排除，一般记者在这个时候接到这样的报料，也许会十分惋惜地作出放弃的决定：两个小时过去，黄瓜菜都凉了。但《深圳商报》值班领导当即安排记者火速赶赴事发地，尽快发回本报记者采写的突发新闻报道。

《深圳商报》社会部主任徐世访说，如果记者仅仅为了有个交代，只须到当地公安部门核实读者报料的线索，就可以毫不费力地发回这样一篇报道：

“昨日下午，有人在深圳市区北部一个百货商店里设置了一枚炸弹。警方得到消息后及时疏散密集的人群，并封锁了现场，随后将炸弹搬移到附近的安全地带引爆，没造成人员伤亡。”

最后，少不了的一句话往往是：

“此案警方正在进一步侦查中。”

事件发生的第二天，《深圳商报》见报的消息是这样的：

本报讯　昨日下午4时许，不法之徒在南康百货民治店的储物柜里设置了一枚爆炸装置。由于及时发现，警方将其成功引爆。

昨晚7时40分许，有市民给本报新闻热线报料。25分钟后，记者驱车赶到位于民治大道上的案发现场。当记者到达时，警方刚刚撤离现场，但一道警戒线仍将围观的人群挡在商场数十米之外，联防队员严密把守，任何人不得入内。

在人群中，有不少身穿红色制服的年轻女孩，记者询问得知，这是南康百货上晚班的员工。她们告诉记者，本应在晚上6时上班的，但一直被挡在门外，里面到底发生了什么情况也不清楚。

据该商场保安人员介绍，昨天下午4时10分许，该商场的客户服务热线突然接到一男子电话，此人只说了一句话：“我在你们的储物柜里放了炸弹。”随后便挂断了电话。接线员立即把这一情况向商场负责人及保安部门汇报。商场一方面向民治派出所报案，一方面派值班保安人员对储物柜仔细检查。

果然，一名保安员从一个打开的储物柜里拎出了一个鞋盒，打开一看，里面用塑料袋包着一个圆柱体的土黄色装置。因为不知其究竟为何物，这位保安员把这个塑料袋拎出商场，放到门外大舞台上。这时，保安队长闻讯赶到，当兵出身的他一眼便认出这是一个自制的爆炸装置。

于是，商场立即广播通知紧急疏散顾客。

另据该商场管理人员讲，不到10分钟，民治派出所的民警便到达现场。随后，深圳市公安局的爆破专家带着两只警犬也赶到了南康百货，从一楼至五楼对该商场展开地毯式搜索。就在警方紧张搜索时，该商场客户服务热线电话再次响起，一直等候在电话机旁的值班经理拿起话筒，里面传来一名男子的声音："请你们商场管事的人明天上午等电话。"值班经理刚刚说出："我就是管事的人！"对方就挂断了电话。

下午5时许，在南康百货民治店南侧一片空地上，随着一声轰然巨响，警方将起获的爆炸装置成功引爆。

一场有惊无险的商场安放炸弹的突发事件，等记者接到报料赶到现场时，炸弹排除已经两个多小时。《深圳商报》记者是采用了什么手法将事件报道得丝丝入扣、读者读来身临其境？

答案只有四个字：还原现场。

二、细节是现场报道成败的关键

（一）细节决定"还原现场"的成败

法国著名报人奥斯维在谈到报纸新闻的可读性时说过这样一句："记住，哪怕仅仅是为了给你的读者一个阅读的借口，也一定要写出细节来。"

记者尽快赶到现场后，首先要用眼睛、相机及时捕捉事发现场依然留存的景象，在进行补充采访之前，能抓多少就抓多少记者的亲眼所见，以文字和图片强化现场感，增加现场气氛。

补充采访时，一定要尽可能地找到关键当事人，以作为最权威的见证；找到当事人后，采访要具体，不能只是一般性地询问一下时间和简单经过；而是要通过当事人的口，尽量说出当时电影镜头式的现场场面。这样的细节才是可视的、鲜活的。

（二）"还原现场"绝不是"合理想象"

必须注意："还原现场"绝不是"合理想象"。记者只有赶到现场，才可能将补充采访到的细节，生动地还原到亲眼看到的现场里边去。

"还原现场"要在现场采访和补充采访的基础上，充分调度现场。因为记者的现场采访往往看到的是事件的"完成时"，而补充采访得到的细节，又很可能是零乱、无序的，有时不同的采访对象所述甚至是不一致的。这就要求记者在尊重事实的基础上，充分调度现场空间，灵活地展示读者有可能关注的方方面面。现场调度水平的优劣，往往决定着可读性的高低。[2]

三、现场报道写作技巧

（一）抓"新闻眼"

1. "新闻眼"就是从新闻要素中提炼出来的主题思想

"新闻眼"往往表现在新闻事实中最具新闻价值的地方。抓"新闻眼"，也就是提炼现场报道的主题思想。"新闻眼"是关于新闻敏感的一个形象比喻，是指作为记者要有独特的观察事物的能力和发现问题的能力。同样一件事情，别的人也许感觉司空见惯，而作为记者却要善于洞察微毫，看到别人忽视的东西，并从中发现具有新闻价值的信息，写成稿子。也有称其为"新闻鼻"和"新闻嗅觉"的说法。

"眼"为何物？按《辞海》的解释：关节也。引伸为文章的精要处。如：字眼；句眼。这里所说的"新闻眼"，指的是一则现场新闻的主题、红线、灵魂，它是整个报道思路和整篇新闻文脉交织的枢纽，是新闻作品中的精气神和最为光彩照人的闪光点。有没有"新闻眼"，"新闻眼"显不显著，抢不抢眼，将直接关系到一篇新闻作品的深浅高低和成败得失。

2. "新闻眼"是记者从大量繁杂的新闻素材里提炼出来的

"新闻眼"不是从天上掉下来的，而是从采访中形成的，是记者从大量繁杂的新闻素材里提炼出来的。它表现在作品中，可以是简单的一个词组、一句话，也可以是极其精致的一个段落。可以是新闻的主标题、引题或副题，也可以不声不响地"潜伏"在消息的导语中。

上面这篇《深圳商报》的现场新闻，其"新闻眼"就在导语里：警方成功引爆了设置在南康百货民治店的储物柜里的那枚爆炸装置。而这个"新闻眼"就是作者从大量材料中找出来并将其凸显出来的。

（二）抓特点

抓特点是从现场新闻如何取材方面来说的。怎么抓特点？

1. 抓人物的特殊性

人物因其身份或经历特殊就显出了特殊性，正是人物的一些特殊之处才有吸引人的地方。

《深圳商报》此文中的人物就有特殊之处，比如，只闻其声未见其人的安放爆炸装置的神秘人物；"我就是管事的人"的值班经理；当兵出身一眼认出爆炸装置的保安队长；勇排险情的爆破专家等。

2. 抓环境的特殊性

《深圳商报》此文中的环境据记者描述："记者驱车赶到位于民治大道上的案发现场。当记者到达时，警方刚刚撤离现场，但一道警戒线仍将围观的人群挡在商场数十米之外，联防队员严密把守，任何人不得入内。"在一个闹市区的百货商店广场前爆炸装置被取出并被引爆，这个环境就十分特殊。

3. 抓细节的特殊性

有篇新闻特写——《东京湾宁静的和平》，出自美国名记者霍默·比格阿特之手，细节特征抓得好。此文写的是抗日战争最后一幕，日本受降的场景。细节描写为其增色不少。被美国某些新闻界人士誉为“第一流的报道”，文中抓了这样的细节。

“他（重光葵）跛着那条木制的假腿，一瘸一拐地走向摆着文件的覆盖着绿呢的桌子。他沉重地拄着手杖，很费劲地坐了下来。当他签字时，靠在桌边的手杖歪倒了，打在这艘战舰的甲板上。”“在‘密苏里’号军舰上参加整个仪式的任何一方都没有同日本人打招呼，唯一例外的是日本外相的助手，有的同他打招呼，是因为要告诉他在哪里放日本请求无条件投降的文件。”“当重光葵爬到右弦梯顶，踏上‘密苏里’号甲板时，他摘下了他的丝帽。”[3]

几笔细节刻画，将日本签字投降这一新闻事件的中心人物重光葵内心的沉重、沮丧和无奈表现得淋漓尽致，同时也从侧面反映出日本处在一种令人窒息的孤立氛围之中，已经完全失去了当年的嚣张气焰。通过细节描写，寥寥数笔即将这一具有历史意义的场面意味深长地再现出来。

（三）抓画面

1. 抓画面的集中

现场新闻如果地点写得很多，画面显得杂乱，读者看起来就很吃力。一定要集中画面，一篇文章，最好只写一两个场景，且必须是新闻价值高的场景。

如何做到画面集中？有两个办法：

（1）剪切法

戏剧有开端、发展、高潮、结局，现场新闻，不必如此铺陈，直接从高潮入笔，才能写得短，写得集中。

（2）插入法

现场新闻的材料可以有很多场景，很多画面，我们可以选择最有新闻价值的主画面，其他不得不写入的画面采用插入的方法，例如通过人物的回忆、心理活动及人物对话等等带进来。

比如上面《深圳商报》的现场新闻就是将所有事件集中到商场这个画面里来，而且是从高潮入笔，直接进入新闻核心现场，展开引爆装置的前后描述与交待。

2. 抓背景的融汇

如何去提高画面中的新闻价值含量呢？一个行之有效的方法就是增添背景知识。但是，背景对于现场新闻来说，有个天生的弊病，背景都是过去的事，现场新闻要求报道正在进行的事，因此如何巧妙地穿插背景就是一个技巧问题。

现场新闻的现场画面与背景材料可以说是一对相互依赖又相互排斥的矛盾体。不用背景材料，现场新闻的画面不深刻；充斥背景材料，现场新闻的画面不生动。因为，背景材料毕竟是过去发生的事情，画面展现的是现在进行的人物活动和场景，硬将过去的背景材料扯进来，就会破坏现场新闻的画面感。现场新闻中的画面与背景，可谓是一对难分难解的孪生兄弟。

背景的作用。巧用背景材料能深化现场新闻的主题，因此背景材料要用，但必须巧用。

如何穿插背景呢?

(1) 将过去式变化为现在进行式

《深圳商报》的这篇现场新闻就是在事件的发展中即动态环境下交代背景,以记者赶赴现场所见所闻不断地交代事件的原因、经过等背景情况。如:“在人群中,有不少身穿红色制服的年轻女孩,记者询问得知,这是南康百货上晚班的员工。她们告诉记者,本应在晚上6时上班的,但一直被挡在门外,里面到底发生了什么情况也不清楚。”

“据该商场保安人员介绍,昨天下午4时10分许,该商场的客户服务热线突然接到一男子电话,此人只说了一句话:“我在你们的储物柜里放了炸弹。”随后便挂断了电话。接线员立即把这一情况向商场负责人及保安部门汇报。商场一方面向民治派出所报案,一方面派值班保安人员对储物柜仔细检查。”

(2) 利用人物对话交代背景

采用人物对话描写交代背景是一个有效的办法。比如上文中,通过犯罪嫌疑人向商场人员打电话的两处对话描写,交代了安放爆炸装置的背景情况及嫌疑人的嚣张气焰。这种对话描写的形式便将背景材料采用正在进行的故事情节展现出来,效果很好。

(3) 利用人物出场交代背景

仍以上文为例,文中的安放爆炸装置的神秘人物、值班经理、当兵出身的保安队长、勇排险情的爆破专家等,都是在其出场时利用句子的附加成分进行交代,既适合人们的阅读习惯,又以极少笔墨恰到好处地交代了人物背景。

正是这些背景交代,才增强了这篇现场新闻的新闻价值,增加了文章的厚度。

3. 抓结构的变化

现场新闻,尽管文章篇幅短小,也十分讲究结构。文如观山不喜平。文章最忌平铺直叙,没有起伏。现场新闻要写得有波澜,要会转弯。比如上文,首先线索清晰,以记者视觉所见所闻为发展线索,逐步展开情节。其次,文中发展过程有起伏有波澜。整个发展过程有开端、发展、高潮与结局。另外,还适当设置了悬念,比如,安放爆炸装置的神秘人物是通过电话来恐吓人的,最后是否能够成功引爆装置,留到文后最后一句才托出,这就是悬念。

总之,文章曲折,才会生动,才有嚼头。

第三节 深度报道写作

一、深度报道概述

深度报道是一种系统反映重大新闻事件和社会问题,深入挖掘和阐明事件的因果关系以揭示其实质和意义,追踪和探索其发展趋向的报道方式。

深度报道概念诞生于20世纪40年代,是报纸为应对电子传媒竞争发展而来的,在西方有解释性调查性报道体裁，基本属于深度报道范畴。所谓深度报道是运用解释分析预测等方法，从历史渊源、因果关系、矛盾演变、影响作用和发展趋势等方面报道新闻的形式。它突破了一人一地一事的报道模式。一面剖析事实内部，一面展示事实宏观背景，把握真实性，着重揭示原因（WHY）和怎么样（HOW）两个新闻要素。

（一）深度报道的主要功能

1. 拓展了新闻文体的报道视野

首先，在选题和报道对象上，深度报道开拓了新闻体裁的另一领域，即社会现象与社会问题。其次，它与一般的通讯相比写作理念上有较大创新。它往往是以多角度、多侧面、立体化的方式，曝光社会现象，展示社会矛盾，追踪动态中的时代思潮，以新鲜的信息和敏锐的视角进行新闻写作。

2. 满足受众对社会信息的获知欲及追求社会公正的愿望

第一，它的选题来自社会实践，并集中于那些普遍存在的新现象、新问题，因此它可以比较及时地向受众提供最新的社会信息。

第二，深度报道中的相当一部分以揭露、批评报道为主，而它所揭露与批评的重点往往是贴近百姓生活的问题，特别是一些社会不公正现象。

第三，设置议题，自下而上地行使新闻监督权

深度报道强调从社会生活中选题，强调以调查采访为主，这些特点决定了它能够把受众关心的话题变成具体的新闻报道，然后通过媒体传播进一步提升这个话题的社会关注度，直至把这个话题“设置”进社会议题，引起政府决策部门的重视。

（二）基本类型

1. 按题材分类

如果从报道的题材和深度来区别，可以分为话题型和课题型两大类。

话题型：深度报道的内容，正是当时大众议论的热门话题，或者大众对其感兴趣，有可能成为热门话题的社会现象。这类选题大多比较浅近，比较容易为读者所接受。

课题型：深度报道所反映的社会现象和问题不是暂时性的，而是有长远的、重大的意义，深入研究下去，可能涉及法律制度、国计民生、历史文化传统、国民素质等深层结构问题。这种类型的深度报道，需要在更大范围内进行调查，需要采集典型的事实。整个报道具有一定的思辨性。

2. 按报道方式分类

展现型：如果仅罗列现象，就是展现型。此类报道及时追踪社会上出现的新事物，新动向，所报道的题材大多是读者略知而不知详情的现象，因而读者有极强的获知欲。

剖析型：对于现象进行分析，就是剖析型。课题型的加深分析就是剖析性。大多报道社会生活中出现的矛盾、问题类题材。

二、深度报道特色

提到“深度报道”的概念，许多记者脑海中的即刻反应便是那些以“大特写、大扫描、

大透视”冠名的文章或栏目。其实，这类标题的文章或栏目大多是琐碎材料的组合，“大”和“长”并非是深度报道的本质特征。

为了深刻理解“深度报道”，需要认识一下我国深度报道的经典之作——“三色”报道，即1987年《中国青年报》的四位记者雷收麦、李中伟、叶研、贾永写的关于大兴安岭火灾的三篇报道：《红色的警告》《黑色的咏叹》《绿色的悲哀》。这4位记者具有强烈的社会责任感和较深厚的历史与社会知识的积淀，他们在火灾一线摸爬滚打了十多天，采访到了大量的生活中的素材，回到报社后，十天内一举推出了平均近万字的这三篇力作，主题分别是火与社会、火与人、火与自然。[4]

这里以《红色的警告》一文为例分析一下报道的结构。

这篇报道分为四个部分：关于火种的故事（讲行政管理体制上的多年矛盾）、烧不散的会议（讲基层领导机构办事效率和应变能力的低下）、在大火的映衬下（讲一些基层领导干部的自我保全和领导无能）、不是结束语（明确的结论）。这四个部分共讲了九个故事或矛盾现象，涉及数十个历史与现实的具体情节，人物包括从刘少奇、万里、田纪云等中央领导，到基层干部、具体工作人员和普通群众，从严酷的损失数字到国务院就这次火灾向人大常委会提交的报告，纵横捭阖，角度、地点、人物不同，告诉读者的是同一个基本事实：官僚主义和僵化的管理体制，是造成这次大火蔓延25天的社会原因。除了有力的论据，作者们的文笔也为文章添彩，整篇报道前后呼应，行文流水，材料组合与转折自然、贴切，具有难以辩驳的逻辑力量。

通常的消息采用的是客观报道形式，属于“一人一地一事一报”平面式的、孤立的报道，而深度报道就需要将事件的“点”延伸到横向、纵向各个方面，展示事件的宏观态势和前景，要求跨越时空，由表及里，由内到外。其中，《红色的警告》纵向深入历史几十年，横向覆盖整个过火地区，并进一步从大兴安岭连接到北京。深度报道要求记者具有统摄性思维，熟练运用逻辑结构。在这个意义上，不少篇幅很长的描写一个“点”的通讯，不是深度报道。聚集很多材料的报道，如果缺少清晰的观点统率，也无法视为深度报道，可以称为事件的“补充报道”。

深度报道的文体特征应该类如新闻写作学常说的那种解释性报道、调查性报道或社会观察通讯，泛指那些站在独立的观察者的角度去观察社会现象、剖析社会问题的报道。这类报道强调观察者视角的独立性和思考的独立性，它是新闻工作者为了迅速反映社会现实，全面、深入地监督社会生活而产生的一种创造。

三、深度报道写作技巧

（一）记者要有高度的社会责任感和主持正义的精神

1. 选题上的特点

一是要直面复杂、多变的社会生活，特别是社会舆论中的热点问题和“难点”问题，这就有可能触动社会的某些敏感区。

二是要直面社会的不公平，甚至社会的丑恶与黑暗面。

2. 对记者提出了更高的要求

这类报道有可能触动社会的某些敏感区，会有一定的风险，记者所传播的每一条新闻都是“对社会的一种表达”，因此对记者的良心与勇气提出了更高的要求。

记者应该按照新闻工作者的职业道德标准要求自己，全心全意为人民服务：支持符合人民利益的思想和行为，勇于批评、揭露违背人民利益的错误言行和消极腐败现象，积极正确发挥舆论监督作用；遵守宪法、法律和纪律：不揭人隐私，不诽谤他人；严格保守党和国家秘密，自觉维护国家利益和安全；维护新闻的真实性：发扬实事求是的作风，深入基层、深入实际、深入群众，报实情，讲实话，不弄虚作假；保持清正廉洁的作风：自觉抵制拜金主义、享乐主义、个人主义思想的侵蚀，坚决反对“有偿新闻”等不正之风。总之，记者要追求社会正义，除恶驱邪，维护大众利益。这是从事深度报道写作的记者所必备的职业精神。

（二）深入社会、深入民众，掌握第一手材料

突发事件的深度报道的好题材，只能在深入突发事件现场进行深入调查才能发现，没有深入到事件现场群众中去的努力，就很难抓住那些鲜活的事件现场的变化。

深度报道的调查性报道，特别是批评与揭露型的报道，更需要掌握翔实的第一手材料；重证据，才能使自己立于不败之地（不少深度报道是记者采取隐蔽式采访完成的）。

深度报道要反复核实事实，要注意细心梳理、如实反映事实之间的因果关系。

（三）微观和宏观结合的纪实手法

纪实是一种运用人物、情节、现场、对话、数字等各种资料进行客观叙述或描写的手法，纪实是深度报道的主要写作手法。

一方面，这类报道所选的“点”是“面”的代表，即微观事实是宏观事实的代表，必须着力去表现，才能以“点”带“面”。

另一方面，深度报道的目的既然要表现社会生活的“面”，因而宏观的纪实材料——综合性的背景介绍，概括性的全景材料和各种统计数字是不可缺少的。

面对各种社会现象与问题，为了再现它们，需采取多样化的方式。从某种意义上说，深度报道的自由度较高，记者创新的空间大，体现的个人风格较多。

深度报道再深，也不是理论文章，不能从概念到概念，推理了再推理。深度报道需要具备可读性和知识性，让人思考，引人入胜。它有讲故事的特点，娓娓道来，然而要能给人以明显的某一方面的启示。它不狂热，但决不能没有激情或热情。“三色”的成功，就在于冷静中有激情，读了让人感叹，让人觉悟，让人觉醒。就写作笔法而言，深度报道接近报告文学，但要比报告文学更理性，目的不是文学化地报告事件，而是文学化地聚焦观点。

著名记者张建伟谈他的一篇成功的深度报道《命运备忘录》时，这样说道：“使日常获得的信息，通过深度开掘——不要试图寻找什么新闻，而要努力使新闻变得重要起来——变成‘解惑性’的深度报道。”[5]这就是说，它要求的是观念的深度，新闻素材是为这种深度服务的。

(四)技术性的写作方法

如何保证深度报道的写作深度?除了记者自身的知识素质外,技术性的写作方法也很重要,这里简单谈几点:

1. 聚焦一个观念

不聚焦是现在的深度报道存在的一种较为普遍的现象。深度报道需要宏观的视角,但这并不意味着观念多才是"宏观"。"三色"所以一定要分为三篇文章谈同一事实,就是为了聚焦,每篇只谈一个视角的问题,不要分散为多个观念,于是就有可能把问题谈透。

2. 导语要引人入胜

现在的深度报道,对导语写作有所忽略,较少开门见山地点明主题,而往往把注意力集中在事件本身。"三色"报道的导语,均采用白描手法,提供一段感人的情节或一个生动的故事、冲突,从具体引导出抽象,再从抽象转变为新的具体。或者,也可以从令人想象不到的数字、对比入手,随后讲述故事,再转入深层的道理。总之,写作方式要灵活,但原则是一开始就必须留住读者的目光。

3. 故事围绕主旨

减少弯路,尽快从具体的故事转换到对主题的关注上。可能作者们太钟情于自我欣赏的文学化描写了,忘记了讲故事不是深度报道的目的,向读者解释事实常被详尽地讲故事本身所淹没,这也是现在深度报道的一个通病。

4. 深化主题

许多被称为深度报道的文章不深的主要表现,在于主题的阐发过于肤浅,表现为:罗列许多价值同等的素材,结果只能说明第一步的浅层次的道理,再想讲深一些,素材没有了,话也似乎说尽了。因此,写作前要尽可能多地寻找不同价值的素材,然后精选素材,将材料排队,按递进的逻辑结构,在不同的深度采用不同的素材。这是设计文章的写作框架时必须要考虑的事项。

(五)避免走入的几个误区

深度报道写作中,以下误区要警惕:1. 媚俗,盲目追求"卖点";2. 注意保护隐私权;3. 严防道听途说和虚假报道;4. 防止片面、偏激,以免造成负效应;5. 刹住超长风。

本章小结

滚动报道、现场报道、深度报道是突发新闻写作的主要形式。滚动报道具有三大特点:全时性、大量性和跳动性。滚动报道是符合网络新闻特点的一种报道方式,是报纸媒体连续报道的延伸与变革。滚动报道的"短、平、快",语言平实,多媒体形式等特点,使其特别适用于突发新闻的报道。它就是报纸媒体中常用的动态新闻,写作特点上要标注清楚时间、地点和背景,以事物的最新变动为其主要着眼点,以新近发生事件为其主要报道内容;时新性与重要性为主要价值取向,以客观叙事为其基本特征;开门见山一事一报为其写作原则。滚动新闻要给人以"动感"与现场感,展示事实原貌,叙述准确生动,要有强烈的新闻敏感，捕捉连续报道。细节是现场新闻成败的关键，“还原现场”绝不是“合理想象”，现场新闻写作有三抓：抓新闻眼、抓特点、抓画面。深度报道拓展了新闻文体的报道视野，在写作上要求记者要有高度的社会责任感和主持正义的精神，深入社会、深入民众，掌握第一手材料，采用微观和宏观结合的纪实手法。技术上应聚焦一个观念，不要分散为多个观念。导语要引人入胜。故事围绕主题，深化主题，首尾呼应。也要注意保护隐私权，不媚俗、盲目追求“卖点”，严防道听途说和虚假报道，防止片面、偏激，以免造成负效应。要刹住超长风。

思考与练习

1. 课堂练习1：让学生以身边事为素材，以动态消息形式，口述简讯，一个接一个作连续播报，练习滚动新闻写作。
2. 课堂练习2：找一段突发事件的现场视频在课堂上放映，让学生对着视频写作现场新闻(采用描写性消息或新闻特写体裁)。
3. 课后练习：让学生网上搜集同一突发事件不同媒体的突发新闻深度报道，进行比较分析，写一篇评析文章。

参考文献

[1] 詹新惠. 网络新闻写作与编辑[M]. 北京：中国传媒大学出版社，2011：37-40.
[2] 徐世访. “用细节还原现场”——谈突发新闻的采写技巧[J]. 新闻知识，2005.09.
[3] 霍墨·比加特. 日本签字仪式[J]. 纽约先驱论坛报，1945-09-03.
[4] 陈力丹. 深度报道“深”在哪里？[J]. 新闻导刊，2004(3).
[5] 陈力丹. 深度报道“深”在哪里？[J]. 新闻导刊，2004(3).

第十三章　突发新闻写作的语言与表达

学习目标

1. 突发新闻写作的语言特色。
2. 突发新闻写作的笔法。
3. 突发新闻写作的故事化。

突发新闻写作解决的是将突发事件的新闻信息通过传播者的文章将其传播出去的问题，严格地说，是一种信息的输出处理，是将突发事件信息的自然符号转换成语言文字符号。突发新闻写作起到了信息符号的转换作用。细分一下，形成文章之前，传给记者的信息符号有哪些种类？一是采访对象的语言，是对突发事件事实的叙述；二是采访对象或其他人提供或记者自己搜集的各种文字材料，包括其他媒体传播的新闻等形成的书面语言；三是记者自己观察和将所听所闻形成自己的思维语言。那么，突发新闻写作就是要将前面三种语言转换成记者的语言，这就是记者的文章语言，即新闻作品中的新闻语言。这种语言因为经过记者思维的过滤，有着强烈的主观色彩，也体现着记者的风格。

经过这种分析可以弄清，所谓突发新闻语言表达问题，实质上是材料（即新闻信息）语言转换成文章语言的问题。那么，文章语言和材料之间的关系就很清楚了。材料是前提，是基础，文章语言是为材料服务，同时反作用于材料，影响材料的展现形式和内容揭示。这种情形，正像厨师拿着雕刀雕刻萝卜。萝卜就是“材料”，厨师的手艺就是“新闻语言”，技艺高超的厨师能将一个萝卜雕刻成活龙活现的各种饰物，增强人们的食欲；手法蹩拙的厨师则会适得其反。同样，记者新闻语言的好坏，会影响突发新闻信息的传播效果，有时甚至造成恶劣影响。

第一节　突发新闻写作的语言特色

一、突发新闻写作的语言特点

突发新闻报道的语言，属于新闻语言。它是通过新闻媒体，向受众传播最新发生的具有新闻价值的信息时所用的语言。它具有客观、确切、简练、朴实、通俗等特点。它是适合新闻报道要求、体现新闻特性的语言。

我们来看一篇在汶川地震报道中获得第19届中国新闻奖二等奖的通讯：

一个灾区农村中学校长的避险意识

新华社记者　朱玉、万一、刘红灿

他矮，胖胖的。

他所在的中学，是四川安县桑枣中学，是一所初级中学，在绵阳周边非常有名。学校因教学质量高，连续13年都是全县中考第一名，周围家长都拼命把孩子往里送。学生最多的班，有80多名学生，最前排的学生几乎坐在老师下巴前。

地震来临时，他正在绵阳办事。大地震动，他站不稳，只好与学校的总务长互相抱着。

手机打不通，电话断了，第一波震荡过去后，他立即驱车往地处重灾区的学校赶。

车开得飞快，路上他一句话也不说。

他惦记着学校那栋没有通过验收的实验教学楼，心里最怕的是那栋楼出事。

20世纪80年代中，那栋楼建设时，学校没有找正规的建筑公司，断断续续地盖了两年多。到后来，没有人敢为这栋楼验收。

新的实验教学楼盖好了，老师和学生谁也不愿意搬进去，哪个都知道没有人敢验收的楼，建筑质量是什么样的成色。

当时，他还是普通教师，是学校为数不多的党员之一，别人不敢搬，他只好带头搬。

搬进新楼时，新楼的楼梯栏杆都是摇摇晃晃的。灯泡各式各样，参差不齐，教室本应雪白的墙上，只有底灰，什么都没有。

后来，他当领导了，下决心一定要修这栋楼。

1997年，他把与这栋新楼相连的一栋厕所楼拆除了。因为他发现，厕所楼的建筑质量很差，污水锈蚀了钢筋。他怕建筑质量不高的厕所楼牵连同样质量可疑的新楼，要求施工队重新在一楼的安全处搭建了厕所，这样，虽然在高层教室上课的同学上厕所不太方便，但是，孩子们安全。

1998年，他发现新楼的楼板缝中填的不是水泥，而是水泥纸袋。他生气，找正规建筑公司，重新在板缝中老老实实地灌注了混凝土。

1999年，他又花钱，将已经不太新的楼原来华而不实、却又很沉重的砖栏杆拆掉，换上轻巧美观结实的钢管栏杆。接着，他又对这栋楼动了大手术，将整栋楼的22根承重柱子，按正规的要求，从37厘米直径的三七柱，重新灌水泥，加粗为50厘米以上的五零柱，他动手测量，每根柱子直径加粗了16厘米。

这栋实验教学楼，建筑时才花了17万元，光加固就花了40多万元。

学校没有钱，他一点点向教育局要，领导支持，他修楼的钱就这样左一个5万元、右一个5万元地化缘而来。

教学楼时刻要用，他就与施工单位协调，利用寒暑假和周末，蚂蚁啃骨头般，一点点将这栋有16个教室的楼修好。

对新建的楼,他的要求更是严。楼外立面贴的大理石面,只贴一下不行,他不放心,怕掉下来砸到学生,他让施工者每块大理石板都打四个孔,然后用四个金属钉挂在外墙上,再粘好。用建筑外檐装修的术语讲,这叫“干挂”。

因此,即使是如前些天的大地震,教学楼的大理石面,没有一块掉下来。

他知道,教学楼不建结实,早晚会出事,出了事,没法向娃娃家长交代。

不是没有见过出事的学校,有的学校墙没弄结实倒塌砸到学生,有的学校组织不好,造成学生踩踏事故。

他不能让这样的危险降临在自己学生的身上。于是,他从2005年开始,每学期要在全校组织一次紧急疏散的演习。

会事先告知学生,本周有演习,但娃娃们具体不知道是哪一天。等到特定的一天,课间操或者学生休息时,学校会突然用高音喇叭喊:全校紧急疏散!

每个班的疏散路线都是固定的,学校早已规划好。两个班疏散时合用一个楼梯,每班必须排成单行。每个班级疏散到操场上的位置也是固定的,每次各班级都站在自己的地方,不会错。

教室里面一般是9列8行,前4行从前门撤离,后4行从后门撤离,每列走哪条通道,娃娃们早已被事先教育好。孩子们事先还被告知的有,在2楼、3楼教室里的学生要跑得快些,以免堵塞逃生通道;在4楼、5楼的学生要跑得慢些,否则会在楼道中造成人流积压。

学校紧急疏散时,他让人记时,不比速度,只讲评各班级存在的问题。

刚搞紧急疏散时,学生当是娱乐,半大孩子除了觉得好玩外,还认为多此一举,有反对意见,但他坚持。

后来,学生老师都习惯了,每次疏散都井然有序。

他对老师的站位都有要求。老师不是上完课甩手就走,而是在适当的时候要站在适当的位置,他认为适当的时候是:下课后、课间操、午饭晚饭,放晚自习和紧急疏散时——都是教学楼中人流量最大的时候;他认为适当的位置是:各层的楼梯拐弯处。

老师之所以被要求站在那里的原因是,拐弯处最容易摔,孩子如果在这里摔了,老师毕竟是成人,力气大些,可以一把把孩子从人流中抓住提起来,不至于让别人踩到娃娃。

每周二都是学校规定的安全教育时间,让老师专门讲交通安全和饮食卫生等。他管得严,集体开会时,他不允许学生拖着自己的椅子走,要求大家必须平端椅子——因为拖着的椅子会绊倒人,后面的学生看不到前面倒的人,还会往前涌,所有的踩踏都是这样出现的。

那天地震,他不在。学生们正是按照平时学校要求、他们也练熟了的方式疏散的。地震波一来,老师喊:所有人趴在桌子下!学生们立即趴下去。

老师们把教室的前后门都打开了,怕地震扭曲了房门。

震波一过，学生们立即冲出了教室，老师站在楼梯上，喊："快一点，慢一点！"

老师们说，喊出的话自己事后想想，都觉得矛盾和可笑。但当时的心情，既怕学生跑得太慢，再遇到地震，又怕学生跑得太快，摔倒了——关键时候的摔倒，可不是玩的。

那天，连怀孕的老师都按照平时的学校要求行事。地震强烈得使挺着大肚子的女老师站不住，抓紧黑板跪在讲台上，但也没有先于学生逃走。唯一不合学校要求的是，几个男生护送着怀孕的老师同时下了楼。

由于平时的多次演习，地震发生后，全校师生，2200多名学生，上百名老师，从不同的教学楼和不同的教室中，全部冲到操场，以班级为组织站好，用时1分36秒。

学校所在的安县紧临着地震最为惨烈的北川，学校外的房子百分之百受损，90多位教师的房子都垮塌了，其中70多位老师，家里砸得什么都没有了。

他从绵阳疯了似地冲回来，冲进学校，看到的是这样的情景：8栋教学楼部分坍塌，全部成为危楼。他的学生，11岁到15岁的娃娃们，都挨得紧紧地站在操场上，老师们站在最外圈，四周是教学楼。

他最为担心的那栋他主持修理了多年的实验教学楼，没有塌，那座楼上的教室里，地震时坐着700多名学生和他们的老师。

老师们迎着他报告：学生没事，老师们都没事。

他后来说，那时，他浑身都软了。55岁的他，哭了。

通信恢复后，老师们接到家长的电话，会扯着嗓门大声骄傲地告诉家长：我们学校，学生无一伤亡，老师无一伤亡——说话时眼中噙着泪。

他的老师们收入都不高，教师平均月收入1126.78元。学校的墙上写着："责任高于一切，成就源于付出。"

那时，在大震时分布四处的学生家长们的伤亡数尚在统计中，学校墙外的镇子上，也是房倒屋塌，求救声一片。但是一个镇里的农村初中，却在大震之后，把孩子们带到了家长面前，告诉家长，娃娃连汗毛也没有伤一根。

他叫叶志平，是安县桑枣中学校长，四川省优秀校长。

新华网四川安县5月24日电题

这篇通讯很生动，也很感人。前面已经说过《一个灾区农村中学校长的避险意识》一文（以下简称"意文"）在新闻发现上有难能可贵之处。这里，我们来分析一下此文的语言表达特色。借此来看突发新闻语言的特点。

二、突发新闻写作的语言要素——客观

（一）陈述事实要客观

突发新闻所报道的事实是客观世界里发生突发事件的信息，它是一种客观存在，突发新闻用来陈述、表达事实的新闻语言，就是要还原这种客观事实的原貌。因此，突发新闻语言最重要的特征就是它的陈述事实的客观性。

新闻是对新近发生的事实的报道，突发新闻写作的基本方法就是用事实说话。“意文”是一篇人物通讯，近年来的人物通讯，注意避免“高大全”的写作模式，普遍采用“多视角”写人物，但切入的视角多了，就等于没视角，陷入新的类型化。该通讯采写时，校舍的质量问题已经成为传媒的话题之一，在此背景下，作者及时记录和传达了另外一种声音，一个灾区中学校长尽其所能保障师生生命安全的责任心跃然纸上。

（二）精选、概括和挑出有代表性的事实

“意文”记者在汶川地震采访中可以获得很多事实材料，但是，作者独辟蹊径，不枝不蔓，紧紧围绕着“避险”来写，学校教学质量很高等素材仅一笔带过，角度单一却有深度。

作者这样写，正说明了突发新闻语言讲究客观性，但并不等于将突发事件的信息原样照搬，而是应该进行精选、概括，挑出有代表性的事实。

“意文”叙事只从一个角度切入，显现报道深度。抓住故事的两个核心情节，即“加固教学楼”和“组织应急疏散演练”，将校长叶志平写活了。这就是精选事实材料并进行高度的概括后，再现了事实。

三、突发新闻写作的语言要素——确切

（一）消除含混语言要求较高的精确性

确切，就是准确、贴切。突发新闻语言在使用上，要求精确性较高，力求消除语言的含混性，但并不完全排斥语言的模糊性。

“意文”通篇使用第三人称，以直描手法为主，如：“将整栋楼的 22 根承重柱子，按正规的要求，从 37 厘米直径的三七柱，重新灌水泥，加粗为 50 厘米以上的五零柱，他动手测量，每根柱子直径加粗了 16 厘米。”没有任何修饰，只是事实和细节陈述，类似于文学创作中的“零度叙事”，没有褒贬。但没有褒贬如同褒和贬一样，也是一种态度。作者用旁观直描的叙事手法奠定了理性、冷静的叙述基调，把对叶志平的敬佩与褒奖隐含在客观描述中，体现在细节描写上，不见一句称赞，却通篇都是称赞。

（二）语言确切的方法

1. 少用形容词和副词

一是形容词和副词对事物的把握一般是从量上着眼的，如果对事物状态、程度、数量等所用的定语、状语不加限制，不适当地多用形容词渲染，就容易模糊客观事实的本来面貌。

二是形容词和副词往往用来表达作者的主观判断和评价，带有主观感情色彩，过多使用会减弱事实的客观性。

2. 多用动词

动词富有动感，只要选择准确，就可以恰当地表现事物在发展过程中的不同态势，把静态动态化。

3. 多用中性词少用褒贬词

中性词并不直露记者感情，褒贬词则明显表现爱憎倾向。新闻的写作，特别是消息写作，一般多用中性词，少用褒贬词，以求客观地叙述事实，并通过事实的报道去影响受众。

4. 分清词义的本义与差别

一些记者在报道用词时，既爱套用旧说和典故，又往往不顾词的本义，牵强附会，造成表述的不准确。

5. 不用含混不清及笼统的词语

新闻报道中，尽量不要用“不久以前”“长期以来”“最近”等打马虎眼的时间概念；尽量不要用“许多”“难以计数”“极少”“广大群众”一类比较笼统的词语；尽量不用“差不多”“也许”“可能”等模棱两可的词语。

四、突发新闻写作的语言要素——简练

（一）用最经济的语言传输最多的信息

新闻以精练为贵，以繁冗为病。新闻语言应当简洁、洗练，干净利落，切忌拖泥带水。正如鲁迅所说：“简洁的文字，有着穿透读者心胸的力量。”[1]

新闻要短、要快，就要语言简练。语言是信息的一种载体，应当用最经济的语言传输最多的信息。因此，作为信息语言的新闻语体，遣词造句，要能节省就节省，并求突出本位信息——主要新闻事实。

（二）语言简练的方法

1. 弄清事理，想透问题

能概括出一个鲜明的主旨，这是语言简练的基本环节。想得清楚，才能说得明白，也才能简练表述。新闻写作中遣词造句离不开推敲，推敲就是“想”，想得多，才能写得少；想得深，才能写得精。没有深思熟虑，就谈不上语言的简练、流畅。

2. 说短话，写短句

不用过多的形容词，不用不恰当的比喻和警句。一句话可以说清的就不说两句、三句，其中多余的词、字都不应保留，力求省字省句，惜墨如金。此外，在句子的结构上，要强调简洁直叙，少曲折迂回，尤其忌讳语言杂质，应多用主动语态，少用被动语态，并运用新闻跳笔。切记不要让复杂的结构和修辞手段、表情语言淹没事实。不少新闻的语言烦琐，空话、废话连篇。如“在……的大好形势下”，“在……的鼓舞（推动）下”“在……的基础上”，一连串令人厌烦的老套句式，不清理这些陈词滥调，语言就无法简练。

五、突发新闻写作的语言要素——朴实

质朴无华、具体实在，这是新闻语言的又一特色。

李白有一句诗：“清水出芙蓉，天然去雕饰。”[2]这倒与新闻语言要求朴实相一致。

新闻语言还以具体可感见长。客观存在的事实总是具体的，报道事实的新闻，它的语言就不能抽象，不能概念化，包括时间、地点、人物、事件等，都必须表述具体，言之有

物，实实在在，让人觉得看得见、摸得着。

新闻语言讲究朴实，不等于不能描绘，重要的是描绘适当。美国著名新文学家麦尔文·曼切尔说："写作上的严谨就会形成语言上的简朴。"[3]新闻语言的朴素自然、平实具体，不仅是新闻语言规律的要求，也是作者气质的反映。因此，要求新闻写作人员加强修养，具备质朴的气质，用朴实的语言，写出影响读者心灵的好作品。

"意文"作者饱含激情却又理智控制，文中没有出现一句明显的抒情和议论，对事实的评价是通过紧张中略带舒缓的叙述节奏、环环相扣的叙事结构实现的。开头一句"他矮，胖胖的"，简洁、传神，有文学手法，瞬间就吸引了读者的目光，激起了想要了解这个人的欲望；结尾一句"他叫叶志平，是安县桑枣中学校长，四川省优秀校长"，交代了人物的基本情况和身份；文章首尾呼应，相当完整。

报道新闻应该进行"展示"而非"陈述"的定律就是：必须把直接引语写入新闻的重要部分。直接引语会使新闻增加色彩，提高可信程度。

"意文"直接引语只有两处：一处是疏散时，老师站在楼梯上喊："快一点，慢一点！"另一处是学校墙上写着的标语："责任高于一切，成就源于付出。"新闻讲究使用直接引语，它可以增强亲切感和现场感，但运用要恰到好处。"快一点，慢一点"，形象地再现了老师们当时的紧张与矛盾，真实地体现了老师们的责任心和对学生生命安全的重视，而这一切都与校长平日的坚持和影响分不开。那句"责任高于一切，成就源于付出"，实际上是借用这句标语，对叶校长的行为的思想来源，做了很自然的交代。若出作者直接说出来，就显得老套了。

第二节　突发新闻写作的笔法

一、笔法概说

（一）笔法实际上是一种语言表达技巧

笔法是什么？词典上解释是写字、画画或写文章的方法和技巧。如笔法细腻、笔法新颖、独特的笔法。[4]

这里所说的笔法实际上是一种语言表达技巧。它应包括笔力、笔触、信息处理、语言审美等多方面的内容。笔力是指语言的表达能力，即揭示事物的概括力、言情状物的准确力。笔触是指语言表现的风格，或幽默或简约或细腻或清秀或华丽等。信息处理是指将突发事件信息从其自然语言转换为文章语言时对于信息的制作改造的过程。信息有可扩充性、可压缩性、可分享性、可传递性等特征。特别是其中的可扩充性、可压缩性对信息的处理很有实践意义。这样便可以对信息进行扩充或浓缩的处理。语言审美除了笔力、笔触本身应有审美效果之外，还表现在整个行文风格中，如语言的节奏感、音乐感、文气等。

从新闻笔法而言，还应有自身固有的特色。因为新闻要求快速、准确、客观、真实，这些特性肯定会浸润在笔法中，以致形成自己的特点。这些特点如叙述重于描写，即便描写也是用叙述的语言进行描写，即所谓白描手法，叙述和描写又重于议论，抒情应在新闻事实的叙述中自然而然地流露出来。

（二）突发新闻快速写作必须有娴熟的笔法

那么，新闻写作有哪些笔法呢？艾丰先生将之归结为八类，一曰简笔，二曰粗笔，三曰变笔，四曰跨笔，五曰跳笔，六曰合笔，七曰衬笔，八曰短笔。[5]

对于突发新闻的快速写作而言，笔者将突发新闻的笔法归结为三类，即粗笔、细笔和跳笔。说白了，是谈详写、略写和衔接之法。笔者以为这是突发新闻快速写作的基本笔法。这里所谓的笔法是从笔力、笔触、信息处理、语言审美等四个层面上去研究的。就突发新闻笔法而言，它应有自身固有的特色，那就是简约、生动、准确、快捷。

二、粗笔

（一）用极简练的笔法将对象表现出来

1. 粗笔是突发新闻报道中最常用的笔法

粗笔与中国画中的写意画的笔法类似，是用极简练的笔法将对象表现出来。笔者看过一位画家的写意画，好像是齐白石的。画的是一头牛在水中，似乎只用粗粗的一笔，横抹了牛身，连腿都未画，牛身下的空白处就是水，你可以想见腿在水里。而牛仰头浮于水中，一幅悠然自得的样子，给人印象极深。何谓粗笔，艾丰先生曰，概括粗大的笔触也。[6]

新闻笔法中的粗笔，是指记者用及其简练的叙述语言报道客观事物，它有着较强的概括性，是新闻报道中最常用的笔法。

概括事实是指对具体的大量的事实进行综合和集中，抓住事物的主要方面、本质特征，寥寥几笔，就能勾画大致轮廓。这当中要精心地进行挑选，要挑新鲜典型的事实。写人，必须通过“事”来表现。

“意文”从“地震发生，校长叶志平往学校赶”写起，到“回到学校看到全校师生安然无恙”结束，在时间脉络中，穿插了大量平时加固教学楼、地震来时紧急疏散演练等情景，而且，一段一个细节，没有小标题，紧凑、连贯，一气呵成，与紧张的抗震救灾、奋力抢救生命的大背景相吻合。作者饱含激情却又理智控制，文中没有出现一句明显的抒情和议论，对事实的评价是通过紧张中略带舒缓的叙述节奏、环环相扣的叙事结构实现的。

2. 叙述是突发新闻写作的根本笔法

“意文”的整个事件、场景的展现完全是依据事实，精心剪材，简明扼要地叙述出来。叙述是新闻写作的根本笔法。

（1）什么是叙述

叙述是文章写作、文学创作的基本表现手法之一。是指作者对人物、事件和环境所作的概括的说明和交代。叙述是新闻报道的最基本、最主要的表现手法，用于陈述新闻五要素和交代有关的背景材料。

叙述有顺叙、倒叙、插叙、平叙。由于新闻报道多采用“倒金字塔式结构”，所以运用倒叙最多；插叙主要用于交代背景材料。顺叙：按照事件发生发展变化的时间顺序来记叙。倒叙：把事件的结局或某一突出的情节、片断等提到前面叙述，然后再回过头来按照事物发展的顺序，写它的开端、发展变化。插叙：在某一事物的叙述过程中，插入与之相关的另一内容的叙述，然后再承接原来的叙述。平叙：平行地叙述两件或更多件同时发生的事情。可以是先述一件，再述另一件的方式；也可以平行交叉地进行叙述。[7]

（2）粗笔不仅采用叙述的笔法还采用概括的笔法

这种概括有如下含义：一是在材料选用上选择最富代表性的有本质特征的材料；二是粗中有细，包括对细节的概括；三是类似文学作品中典型化的具体概括，即用概括的眼光，选择含义深刻的细节，使这个具体的“个别”透射出“一般”的意义。

从上述分析中，我们可以看出突发新闻快速写作为何钟情于粗笔笔法了。这是因为它是突发新闻写作的最基本、最主要的表现手法，而它之所以能成为突发新闻写作最重要的笔法是因为它能用简约文字表现丰富的内容，又特别传神，文约而意丰，这样就能大大节省写作时间，因而对于突发新闻快速写作来说，自然会特别重视粗笔笔法。

（二）如何运用粗笔

1. 选材

运用粗笔笔法首先要精心选择材料，要从头把关，材料挑得有代表性，能够以一当十，就能省去很多笔墨。选材如何选？应该根据中心思想理清线索，根据线索排列并挑选材料。

2. 压缩

材料挑选出来后，并非将其直接搬用于文中，还要对材料进行大规模的精减和压缩。信息具有可压缩、可扩充、可替代、可输送、可扩散、可分享这样六个特征。我们可以通过信息的可压缩性，紧缩信息。它的操作是，在信息群中只保留主干信息，在单个的主干信息中只保留信息核，就像压缩句子只留下主谓宾成分，其他定状补都舍去一样。

3. “典型化”

“典型化”为什么要打引号？这里的“典型化”，是借用文学创作中的典型化的说法，但是，两者是不同的。文学中的典型虽然体现了生活中的真实，但毕竟是虚构的东西。而新闻的典型，则是选用能体现主题思想的具有代表意义的精练的新闻事实，必须是客观世界里真实发生过的事物。而且，它要达到像巴尔扎克所言：“用最小面积惊人地集中最大量的思想。”[8]如“意文”紧紧抓住叶校长一心扑在实验教学楼的加固这一事件来展开写作，就是抓住典型化的情节进行叙述。

三、细笔

（一）描写是细笔的基本笔法

粗笔类似于中国画中的写意画笔法，细笔相对而言，就类似于中国画中的工笔画笔法，它细致地、生动地、形象地对描摹对象进行描绘。“意文”中有这样的描写：

地震来临时，他正在绵阳办事。大地震动，他站不稳，只好与学校的总务长互相抱着。

手机打不通，电话断了，第一波震荡过去后，他立即驱车往地处重灾区的学校赶。

车开得飞快，路上他一句话也不说。

他惦记着学校那栋没有通过验收的实验教学楼，心里最怕的是那栋楼出事。

正是这一连串的细节描写，把桑枣中学校长叶志平这个人物活灵活现地表现出来，使这篇人物通讯的可读性大为增强。这就是被称为细笔的新闻笔法。

也可以在这段描写中分析细笔与粗笔的区别与联系。从区别上看，粗笔是运用叙述的手法，比较简约和概括，一般为新闻作品中略写的部分；细笔是运用描写的手法，比较形象和具体，一般有完整的故事，是新闻作品中详写的部分。但是它们作为新闻笔法的两种基本笔法，有着共同的特点，即同样是简练的，很少用形容词。即便是描写，与文学作品中的描写也是不相同的，远没有文学作品那样细腻，也没有那种必要。

描写是细笔的基本笔法，描写，是文章写作、文学创作的基本手法之一。它是指作者对人物、事件和环境所作的具体描绘和刻画。通讯写作中经常运用这一表现手法，用来具体地描绘刻画人物的行为动作、言谈、神情以及人物肖像，乃至人物的心理活动；具体描绘新闻事件中重要的事实、生动的情节、典型的细节，新闻现场的景物、气氛、场面和社会环境等。以增强通讯的现场感、立体感，更好地刻画人物形象，更生动地表现主题，更强烈地吸引和感染广大受众。同样，"视觉新闻"（新闻素描、现场新闻等）写作中，也会运用描写手法来形象生动地记事、状物、写人、写景。

新闻笔法中的细笔的描写，仍然是用叙述的语言进行的，即所谓的白描。白描是借用绘画的一个术语，指在绘画中只用线条勾勒，不着颜色的画法。借用于新闻写作，白描就是一种不尚修饰，以质朴的文字，抓住事物特征，寥寥几笔就勾勒出事物形象的笔法。新闻报道中的描写，主要提倡简洁质朴的白描手法。[9]

突发新闻的快速写作为什么要运用细笔笔法呢？首先，作为新闻的基本文体之一的通讯是少不了描写的；其次，在要求消息生动的背景下，出现了消息通讯化的趋向，同样，消息也需要白描式的描写。消息和通讯是突发新闻文体的两大主力，它们都需要运用细笔笔法，突发新闻的快速写作自然要研究细笔笔法及其规律，才能使写作快起来。

白描的特点是用朴素、洗练的笔法，将描写对象的主要特征表现出来，重在传神。白描是对描写对象的粗线条的描写，也就是概括描写。白描与描写的区别就如同粗线条勾勒的速写和精谨细腻的工笔画的不同。白描特点是用笔省，只给读者留下一个概貌，一般只勾勒轮廓，以传达精神的神似。简短描写人物特征和事物特点，不做详细描摹和深入刻画，特别是不对人物心理进行刻画。

叙事语言贴切自然。"意文"是一篇人物通讯，人物通讯的语言应与人物的身份、个性等相吻合。叶志平是一个中学的校长，对于学校内部的事，他是有权威的，如对于他平日搞紧急疏散演练，文中写道："有反对意见，但他坚持。"没有修饰和具体描绘，平淡的字里行间传达出了他在这件事情上的执著与责任意识。文中提到学生，多处使用"娃娃"

"娃娃们"这一颇具地域性和亲切感的称呼，符合人物生活的语境，拉近了读者与文中人物的距离，增加了现场感，也自然地透露了叶志平对学生们的真情关爱。另外，此文在紧凑的节奏中以短句为主，凝练、精准，有力度。

（二）如何运用细笔笔法

1. 围绕主题

主题是新闻作品的统帅，运用细笔笔法一定要围绕主题展开。

比如"意文"紧紧围绕叶校长时刻绷紧了避险意识的弦这个主题，所选用的材料全部围绕这个主题。尽管这个"学校因教学质量高，连续13年都是全县中考第一名"，叶本人又是四川省优秀校长，但是，全文并没有去展开叶校长在抓教学质量方面的事情。这就是围绕主题经过精当剪裁材料后进行描述。

2. 现场感

细笔笔法是为了给读者展现丰富多彩的生活图景，特别是仅用单一的文字在一个线性序列上作新闻报道的报纸媒体，与电子媒体等多媒体手段相比，有明显弱势，在这种情况下，运用细笔笔法给读者描绘生动的画面是非常必要的。

新闻的视觉化给读者带来一种"眼见为实"的感觉。正所谓百闻不如一见。感觉化的新闻留给读者的印象是持久的。记者在采访中，要想方设法从被采访者那里获取感性的画面。视觉化是记者运用写作艺术，通过目击者的眼睛、耳朵和鼻子把读者带到从来没有目击过的场面。新闻不仅仅是对于干巴巴的事实和数字的报道。优秀的新闻记者应该能够通过自己的文字、视点或被采访者的视点，把读者带到新闻事件的现场。对于文字记者来说，记者是在用文字绘画，这些文字就像剪贴画一样，不断地在读者脑海里翻页。有的记者甚至会耐心等待一个精彩现场的出现，而不忙着草率地使用早已捕获在手的新闻线索。

3. 尽量化抽象为具体

如何具体？一个有效的方法就是多用子概念，少用母概念。母概念外延较大，内涵较小；子概念则外延较小，内涵较大。一般来说，越是小的子概念，就越具体，越是大的母概念，也就越抽象。使用子概念会更具体。

如何从母概念缩小为子概念呢？请看下面实例：

东西→食品→水果→橘子→黄色的橘子→桌上的黄色橘子→……

善良→乐于助人→乐于帮助老人→乐于帮助自己的长辈→乐于帮奶奶洗碗→……

很多美国士兵丧生→上百美国士兵丧生→123个美国士兵丧生……

天气很热→气温高达38摄氏度。

具体就是用具体的语言呈现具体的新闻要素，时间要具体、地点要具体、人物要具体、事要具体，不能模糊、笼统、概括、抽象。

4. 多用实笔

新闻的表达方式以客观叙述为主，其他表达方式为辅。如果对五种表达方式加以划分的话，则叙述、描写、说明是实笔；议论、抒情是虚笔。纯新闻写作从写实出发，如动态消息只用实笔，特写、通讯写作可适当用些虚笔，以增加作品的色调，吸引读者把这种篇幅相对较长的作品读下去。

四、跳笔

（一）跳笔是新闻写作的舞蹈艺术

1．写稿时不必过分注意文字上的连贯和上下文的衔接

艾丰先生曰，所谓跳笔，作为新闻写作的一种笔法，是指记者在写稿时不必过分注意文字上的连贯和上下文的衔接，在句子和句子之间可以有甚至必须有较大的跳跃。因为新闻写作爱用跳笔，艾先生甚至称新闻写作的艺术是舞蹈的艺术。[10]

笔者认为，所谓跳笔，是新闻作品描叙手法及描叙对象的转换或描述阶段的跨越，既是组合衔接的技巧，也是新闻写作的笔法。

2．新闻跳笔能够增加新闻作品的信息量

新闻跳笔给读者留下想象与思考的空间，能吸引读者的注意力，激发读者的阅读兴趣，适合读者的阅读习惯，使新闻作品具有动感，产生言有尽而意无穷的效果。同时，写好新闻跳笔还可以使新闻作品简洁明快，干脆利落，形象生动，富有诗情画意，可以增强新闻作品的可读性、艺术性和感染力。

3．跳笔的使用源于新闻文体自身的需要

首先新闻的倒金字塔式的写法其实就是一种跳跃，与之配套的必然就是跳笔。将新闻信息按照重要性由重到轻的顺序在文中排列，实际形成的结果是每一个自然段都是一次跳跃。

跳笔的使用，本身就是表现方法的需要，这也使跳笔成为一种写作技巧。跳笔之跳，有粗细之跳，表现手法之跳，描叙对象之跳。这些跳跃本身就构成审美享受。如若老是用粗笔，会给人枯燥之感；老是用细笔，又使人感到累赘。正是因为粗笔与细笔的转换和跳跃，叙述、描写、议论、抒情等表现手法的转换和跳跃，表现对象在时间、空间、意义上的转换和跳跃，才构成丰富多彩的锦绣文章。

使用跳笔也是读者和记者两厢情愿之事。在目前处处涌现海量信息的时代，作为读者而言，总是拣感兴趣的东西跳着看；而记者也乐得其便，专拣好看的东西跳着写，既省事又省时，写得短也写得快。这是突发新闻快速写作重视跳笔的原因。

（二）跳笔的写作特点

1．依据新闻价值对新闻事实进行组织和安排

即在对整个新闻价值全面了解的基础上，对新闻事实进行分析、评价、选择和拆解，打破时间和空间的限制，把最具有新闻价值的事件、情节和片断安排在前面，把比较次要的事件、情节和片断安排在后面，把可要可不要的事件、情节和片断删除。同时，把相关联的事件、情节和片断安排在一起，每一段讲清楚一件事情，并进行提炼、压缩和概括，力求整篇新闻简明扼要，完整独立。

2. 分段技巧是新闻跳笔的核心

要写好新闻跳笔,一个重要的方法就是多分段,并使每一个段落尽可能简短。段落是文章中相对独立又具有特定的联系,且都为文章主题服务的片断,是区分文章内容和层次的重要手段,也是引起读者注意的一种手段。段落不仅可以使文章脉络清晰,层次分明,便于阅读,具有节奏感和美感,而且还可以使文章读起来轻松愉快,避免因文章难"啃"而产生"抗读性"或压抑的感觉。对于新闻作品,特别是应用跳笔的突发新闻作品,巧妙分段显得更为重要。分段技巧是新闻跳笔的核心,也是新闻跳笔笔法的重要体现和标志。

"意文"是篇通讯,仍然像消息一样注意到层次分明,分段特别多,往往一二句话就成为一段。在写作中,可在确保每一个段落内容完整的前提下,尽可能多分段,不必为文章的启承转合费心。同时,还要围绕作品的主题对每一个段落进行选择和压缩,对表现新闻作品主题有重要作用的内容保留,对表现新闻作品主题不太重要的内容予以删除;对于每一个段落,要进行概括和提炼,把最能表现新闻作品主题的新闻事件用简洁明快的语言概括出来,达到言简意赅,简明扼要。

3. 打破时间与空间的限制

运用好新闻跳笔的另一方法就是"断裂行文"。也就是说,新闻作品的段落之间不按照时间的顺序,不按照新闻事实发生发展的原始过程从头到尾排列,不要求平铺直叙、面面俱到,不需要顾及新闻写作的固定程式和层层推理的逻辑顺序,而是打破时间与空间的限制,只着力突出表现读者最感兴趣的新闻事实,把它们用跳跃的方式组织起来。换句话说,就是无须过分地注意文字的连贯性和上下文的过渡与衔接,而只注重新闻事实的新闻价值和吸引读者的艺术效果。

"意文"的结构就打破了时间顺序。全文以叶校长在得知地震后一路往学校赶为主线,"他惦记着学校那栋没有通过验收的实验教学楼,心里最怕的是那栋楼出事。""他从绵阳疯了似地冲回来,冲进学校,看到的是这样的情景:8栋教学楼部分坍塌,全部成为危楼。他的学生,11岁到15岁的娃娃们,都挨得紧紧地站在操场上,老师们站在最外圈,四周是教学楼。"在回校的途中,作者穿插了大量他加固实验教学楼的内容。这里大量使用了跳笔。

4. 运用"蒙太奇"结构

"蒙太奇"是一种电影的艺术表现手法,指通过不同电影镜头的组合连接,产生出人意料的艺术表达效果。它与新闻跳笔有异曲同工之妙,所不同的是"蒙太奇"是电影语汇在镜头之间跳跃,而新闻跳笔则是文字和语汇在句与句、段与段之间的跳跃。在新闻写作中应用"蒙太奇"结构,就是把新闻写作中的某些情节、场面、细节,以朴素的文笔,写成现实感很强的段落,然后在这样一些段落之间,省略一些新闻价值不是很强的新闻事实过程的叙述和描写,类似电影镜头的运用推拉摇移,进而突出事物的主要特征。这种镜头化的结构,会给人以崭新的阅读魅力。

5. 加大句子与句子、段落与段落之间的跨度

这是写好新闻跳笔的又一方法。就是说在新闻写作中，句子与句子、段落与段落之间的连接不是很紧密，没有过渡性的句子、词语和段落，句子与句子之间、段落与段落之间可以有比较大的跳跃。在消息的写作中，这种跳跃可以是主体之间的变化与跨越，也可以是描述与议论之间的变化与跨越，还可以是现场与背景之间的变化与跨越。在通讯的写作中，跳笔的使用更加灵活，可以有由近到远或者由远到近的时间与空间的跨越，可以有背景的概述到细节的描写的跨越，可以有笔法的粗与细、简与繁的跨越，还可以有各种表达手法，例如倒叙、插叙、比喻、排比等等之间的跨越。通过这些跨越，可以使新闻作品多角度、多侧面地提供丰富的信息，并以简洁的文字完成生动的描写。

（三）如何使用跳笔

从前面的分析可见，跳笔使用中转换的内容，是粗笔与细笔的转换和跳跃，叙述、描写、议论、抒情等表现手法的转换和跳跃，表现对象在时间、空间、意义上的转换和跳跃。在进行这些转换和跳跃的时候，要注意下面几个关节点要把握好：

1. 相间跳

即在粗笔与细笔之间、描写与叙述之间，要相互交替进行，这样才能显示多样的变化。

2. 反差大

叙述的转换有截然相反的跳跃。如“意文”一开始，叶校长心系学校师生安全如同心悬一石，最后却是安然无恙，这是180度的变化，是一个大跳。这样写，就形成文章的波澜。

3. 有新意

“意文”事例的选择本身就有新意，在众多记者不屑一顾的素材面前，作者慧眼独识，巧妙开掘，写成佳作，成为汶川地震报道中的一颗明珠。

4. 衔接的技巧

跳笔，并非是完全不讲究连接技巧的跳，相反，在跳跃之中，仍旧讲究连接的技巧。这些技巧表现在跳跃的相邻材料之间存在着对比、呼应、动静、长短等关系上。对比的解释可以参见板块法中的组合法。

第三节　突发新闻写作的故事化

一、突发新闻的核心就是讲故事

著名新闻学者李希光眼中的好新闻标准是：清澈、简练、聚焦、有细节、有诱惑力、能唤起人们的好感。用一句话说，好新闻，就是把故事讲得精彩。[11]

（一）新闻学就是“讲故事”

写好新闻的秘诀是什么？笔者认为，新闻不宣之秘在于讲故事。故事讲得精彩，新闻就精彩了。多名记者报道同样一件事情，为什么有的人写得精彩，大家喜欢阅读；有的

人写得苦涩，大家阅读不下去？区别就在于讲故事的能力上。新闻学就是事学。人们公认陆定一的新闻定义最权威，即“新闻是新近发生的事实的报道”。新闻就是报道事实，讲故事应该是新闻最基本的特征和最基本的表现手法。离开讲故事，即使是新闻评论，也会艰涩枯燥乏味。

文似看山不喜平，写新闻人物、新闻故事也可以写得跌宕起伏。新华视点新闻《一个灾区农村中学校长的避险意识》一文，故事就写得有声有色，人物刻画得栩栩如生。新闻离不开新闻事实，用事实说话是新闻最有力的地方。

新闻的本源是事实，事实是新闻的命根子。新闻记者采访的过程就是还原事实的过程，就是组织材料、编写完善的过程。

（二）故事要有细节有语言有思想

《华尔街日报》是美国最大的财经报纸，它精于讲故事，尤其精于故事人物、语言、细节的安排。人物语言是贮存和释放信息的直接形式，记者应着力“炼字”“炼句”，直接引语力求简洁，言约意丰，中间要还不时穿插事实或者背景；细节的运用要精准到位，除了必要的解释性语言之外，不能让人找到记者本人的身影和声音；情节的展现要有声有色，使新闻故事亲切逼真、读来如临其境。一份报纸只有把故事讲得透彻和有趣，才会有深度，才会高端，才会招人喜爱，传之“弥远”。当然，这种所谓“纯客观”的西式报道，记者都不是漫无目的地、随意地讲述故事，因为故事的选择、细节的取向都会掺杂主观的因素在里面。精心挑选出来的事实反映着新闻记者的政治立场、世界观、思想倾向等。文无思想不彰。相同的故事，让不同的人来讲，故事思想性的深刻程度必然不一样。万事万物几乎所有东西都可以克隆，唯有深邃的思想别人没法克隆。

讲述故事的能力怎样培养呢？国学大师季羡林认为，“只能从多读多念中来。”《华尔街日报》资深头版撰稿人威廉·E.布隆代尔曾经说过，除了少数一些能够随时随地发掘故事的天才外，其他人要想做到思如泉涌、提笔成章，就必须成为一位如饥似渴的广泛阅读者。[12]

二、突发新闻讲故事中的叙事

（一）挖掘叙事细节

叙事学中的“故事”是指一种稳定的内容，它可以从一种媒介转移到另一种媒介，从一种语言翻译为另一种语言，转移的过程不会破坏故事自身的稳定性。故事对于受众来说不是直接可以接受的，只能透过文本所展示的情节来把握它。在叙述情节时，对于细节的处理非常关键。故事中人物的心理斗争，人物间的矛盾冲突，事件的跌宕起伏都是靠细节来完成的。

细节能够揭示事物的本质，深化新闻报道的主题思想。例如：“意文”中有这样的细节：

“他对老师的站位都有要求。老师不是上完课甩手就走，而是在适当的时候要站在适当的位置，他认为适当的时候是：下课后、课间操、午饭晚饭，放晚自习和紧急疏散时——都是教学楼中人流量最大的时候；他认为适当的位置是：各层的楼梯拐弯处。”

“老师之所以被要求站在那里的原因是，拐弯处最容易摔，孩子如果在这里摔了，老师毕竟是成人，力气大些，可以一把把孩子从人流中抓住提起来，不至于让别人踩到娃娃。”

作者独具慧眼，抓住了生动而又恰当的细节。细节是表现事物的最小单位。它虽然“细”，却能于细微处见精神。这个细节说明叶校长对于地震等意外事件的防控抓得十分细致到位。这就深刻地表现了新闻报道的主题思想。

细节能够形象地刻画人物性格，反映人物丰富的内心世界。在文学创作中，细节的描写对刻画人物性格至关重要；在新闻报道中，细节具有同样的表现力。细节在表现人物内心世界时，不仅可以见其形，听其声，而且可以传其神。人物的个性和内心情感的变化通常在他们的一些细微动作和表情中得以充分体现。

（二）构筑叙事场景

采用场景、画面组合的结构方式展现事件，使事件的叙述曲折而有波澜。场景描写是新闻报道中一个必不可少的组成部分。记者在对事件的叙述中，常常是借用摄影技巧，将一个个具有特殊意义的画面剪接、串联、组合起来，这种手法不仅有助于视觉场景的建立，而且通过多种叙述和意识流的方法生动地展现了报道对象，避免了传统新闻报道中常用的依据时间、空间或事件发生过程的顺序来安排结构的呆板，使叙述跌宕起伏，富有吸引力。

“意文”的时间线索是叶校长回校途中，场景集中在学校，由作者以第三人称的口吻交待叶校长抓加固实验教学楼和防地震演练两件大事。时间、地点、事件都相当集中，这是写好故事的重要条件。

（三）设置叙事悬念

借用短故事的写作手法构思新闻，把报道写成有背景、有故事情节的短篇小说，使新闻呈现出一种文学的韵味。

“意文”一开始就设置了两个悬念，一是实验教学楼是个没有经过验收的工程能否挺得住地震的考验，二是这位始终惦记着学校的人物到底是谁。直到最后，就在他“疯”了似地赶回学校，发现学校安然无恙时，哭了。就在这个悬念释疑后，作者在最后才交待此人姓甚名谁，什么职务。全文的这两个悬念设置得十分巧妙，也一直勾住了读者的心。

（四）控制叙事节奏

节奏本来是音乐上的一个术语，它表示一种连续而又有间歇的运动。受众对于平淡无奇的内容是容易厌倦的，要在叙事中通过速率和强弱的变化来形成起伏变幻的节奏。以人物为主的叙事，人物命运中的悲欢离合本身就是一种节奏，应该凸显它们，让受众的情绪节奏紧跟着人物命运的节奏；以事件为主的叙事，事件发展进程本身也是有节奏的，有时候风平浪静，有时候狂风骤雨，这种形势缓急的强弱和快慢形成的速率也是一种节奏。

“意文”的节奏十分紧凑，整个文章的叙述，好像是在校长回校途中“过电影”，加添了整个事件的过程。让人不得不一口气看完。

流水账式的平铺直叙是不符合受众接受心理的,叙事中造成的感情上的张弛正是一种美妙的节奏,能够牢牢抓住受众的注意力。

三、突发新闻写作的故事化技法

(一) 故事要素

新闻报道的故事化越来越受到媒体的重视,对于采用细笔笔法的素材而言,往往事件性新闻事实本身就具有故事性。记者在写作时要有意突出这种故事性。这里要注意把握故事的几个要点:

1. 讲究七要素

人物、事件、原因、结果、时间、地点、过程。这里,例举一则短新闻中的故事。

半米螺纹钢筋穿胸　医生“挖隧道”巧救生命

本报讯(通讯员　周胜利　谢峰　记者　秦杰)　昨日下午3时许,四川籍民工郭某在武昌三角路一建筑工地装修房屋时,脚手架突然倒塌。郭某从一米多高的脚手架上坠落,地上一长约50厘米的钢筋从郭某左胸穿过。

因距离心脏不到1厘米,而钢筋又是螺纹钢,如果将钢筋直接抽出来,稍有偏差,就可能性命不保。

武警医院主治医生王骏与其他医生通过X光确定了钢筋的部位后,大胆地提出利用体内钢筋局部压迫止血的作用,采取分层止血的方法,沿着钢筋在体内的路线挖了一条“隧道”,让钢筋完全显露出来。至昨晚记者发稿时止,郭某已脱离危险。

(来源:《武汉晚报》,2002-06-19)

从这则短新闻来看,七要素俱全。人物:医生王骏、民工郭某;事件:钢筋穿胸、“挖隧道”救命;时间:昨日下午3时许;地点:武昌三角路一建筑工地;原因:脚手架倒塌钢筋穿胸;结果:郭某已脱离危险;过程:从事件发生、发展到结果的全过程都交代了。

七要素俱全,故事就完整,否则就会觉得缺少点什么。一般说来,人物和事件是故事最基本的要素。人物和事件又总是在一定的时空领域中活动着或发生着。而且,作为新闻,也必须交待时间和地点,否则难以显示新闻的时效性和真实性,故时间和地点要素要交待。原因和结果看来也不能省掉,从此文来看,若去掉这两者,就会给读者带来遗憾。当然,把上述要素合理地交待清楚,加上适当的叙述,过程便出来了。

2. 讲究“线、谜、巧”

这里结合上则故事解说一下。受伤抢救过程是故事发展的线索(线)。能否保命是文中自然形成的悬念(谜)。此文材料组合还是巧妙的(巧),一是第二自然段的加入,使事件在发展过程中停顿了一下,交待了危险性,正是此处的停顿,使故事产生了曲折和悬念;二是把医生的治疗方法形象地概括为“挖隧道”,形成了故事的一个特点,便于读者记忆。

（二）故事法写作的要求

这里，根据新闻报道的故事性写作中常见的毛病，提出以下几点注意的地方：

1. 切入具体

入文一定要从具体的角度切入，哪怕是写群体写全局的事，也最好从具体的人和事入文。这样，能给读者以形象具体的东西，读者就会感到亲切可读。如新华社新疆分社采写的《新疆牧民保护雪豹》一文的导语写道："新疆一家牧民在最近的这场大雪灾中，为保护 2 只雪豹不被冻死，让雪豹在自己的羊圈中呆了 6 天，20 只羊被雪豹吃掉。"

2. 追求奇特

猎奇心理是读者的普遍心理，奇特的故事会勾起读者极大的阅读兴趣。奇特的东西呈现着反常的特征，我们在写作中便要有意突出新闻事实中的反常之处。如上文的导语便突出了反常之处，牧民为保护 2 只雪豹，让 20 只羊被雪豹吃掉。再如《半米螺纹钢筋穿胸　医生"挖隧道"巧救生命》一文中，"钢筋穿胸"，"人体挖隧道救命"也是突现了反常之处。

3. 注重细节

新闻的故事性写作实际上是文学手法在新闻中的运用。文学作品是十分讲究细节描写的。新闻的故事性写作同样少不了细节描写，不同的是，新闻写作是采用叙述的方法来进行细节描写。例如，《新疆牧民保护雪豹》的导语就是一个细节描写，它用的是叙述的手法。这样，才能使新闻故事性写作更加简洁。

4. 讲究冲突

新闻的故事性写作不仅要求故事曲折，还要求有矛盾冲突，这便会出现戏剧化的效果，更加吸引读者。实际上这种冲突是随处可以发掘的，如 2002 年 6 月 2 日，《武汉晚报》A13 版刊载了该报记者黄龙飞用第一人称写的矿难新闻《"六一"，我为父亲送葬》，说的是父亲曾答应儿子若考出好成绩，"六一"时父亲会给儿子奖励。儿子在这一天真的考出好成绩了，兴冲冲地回家给父亲报喜，却见家中已摆出父亲的灵位，父亲在矿难中死了，儿子再也见不到父亲了。鲁迅先生说："悲剧将人生的有价值的东西毁灭给人看。"[13]这里出现的就是一种悲剧冲突效果。此文也不长，之所以感人，便是采用了矛盾冲突的手法。这说明短故事也能写出冲突。

本章小结

突发新闻写作的语言特点：客观、确切、简练、朴实。突发新闻语言的客观性，就是用事实说话，要概括事实、精选事实和再现事实，做到确切表达的方法：少用形容词、副词和褒贬词，多用动词、中性词，注意词义的本义，分辨词义的差别，不用含混不清的、笼统的词语。简练就是用最经济的语言传输最多的信息，要求弄清事理，想透问题，说短话，写短句。朴实则要求必须表述具体，言之有物，实实在在，让人觉得看得见、摸得着。笔法实际上是一种语言表达技巧，突发新闻写作笔法有粗笔、细笔和跳笔。粗笔是用极简练的笔法将对象表现出来，运用粗笔要注意选材、压缩和"典型化"。描写是细笔的基本笔法，要求叙事围绕主题，有现场感，尽量化抽象为具体。跳笔是新闻写作的舞蹈艺术，写稿时不必过分注意文字上的连贯和上下文的衔接。新闻跳笔能够增加新闻作品的信息量，分段技巧是新闻跳笔的核心。突发新闻写作的核心就是讲故事，故事要有细节有语言有思想，讲究讲故事的技巧：做到挖掘叙事细节、构筑叙事场景、设置叙事悬念、控制叙事节奏。故事化写作技法讲究七要素，要求切入具体、追求奇特、注重细节、讲究冲突。

思考与练习

1. 精读本章例文，找出运用粗笔、细笔和跳笔的地方，谈谈新闻语言的要素是如何在此文中体现的。
2. 找出本章例文中的核心细节，分析这些细节对于此文写作有何意义。
3. 让学生运用身边事例，写作或口述一则新闻故事。体会新闻故事化写作的技巧。

参考文献

[1] 张默. 新闻采访写作[M]. 武汉：武汉大学出版社，2000：354.
[2] 宋兆宽. 新闻采写研究[M]. 北京：中国广播电视出版社，2002：82.
[3] 张默. 新闻采访写作[M]. 武汉：武汉大学出版社，2000：357.
[4] 商务印书馆辞书研究中心编. 应用汉语词典[M]. 北京：商务印书馆，2000：69.
[5] 艾丰. 新闻写作方法论[M]. 北京：人民日报出版社，2007：165.
[6] 同上书，169.
[7] 甘惜分. 新闻学大辞典[M]. 郑州：河南人民出版社，1993：168.
[8] 蒲晓彬. 华夏文章建构理论阐释[M]. 长春：吉林大学出版社，2010：90.
[9] 甘惜分. 新闻学大辞典[M]. 郑州：河南人民出版社，1993：168.
[10] 艾丰. 新闻写作方法论[M]. 北京：人民日报出版社，2007：213，217.
[11] 谢建晓. 好新闻重在讲故事[J]. 新闻爱好者，2011(6).
[12] 同上.
[13] 鲁迅. 再论雷峰塔的倒掉[M]. 鲁迅论文学艺术(上册). 北京：人民文学出版社，1980：143.

第十四章　突发新闻写作叙事模式

学习目标

1. 突发新闻叙事模式概说。
2. 四类突发事件新闻报道模式演变。
3. 四类突发事件新闻叙事模式。

突发新闻传播要快，这就要求在写作上能够做到快速生产。比如一个茶杯，如果是手工操作，它可能是一个艺术品，但是耗费的时间会很多；倘若运用现代化的机器生产方式，采用模具压制，就会迅速生产出来。这个浅显的事例说明，生产任何产品，只要将其变为模式化的生产，它的生产速度就可以迅速提升。为了满足突发新闻快速传播的需要，突发新闻写作可以借用这种方法。前面已经谈到可以将突发新闻作品的结构形成一定的模式，本章将不分体裁和结构从叙事学的角度来阐述突发新闻报道的叙事模式，以求更好更快地达到突发新闻作品快速生产的目的。

第一节　突发新闻叙事模式概说

一、突发新闻叙事理论

（一）新闻叙事学

新闻叙事学是研究新闻叙事的本质、属性、功能和形式的学科，其研究对象包括一切新闻叙事作品和新闻叙事行为，特别是研究承载一定信息的符号、以更好地表现传者的认知态度、意图的叙事行为。

2005 年，我国学者曾庆香的专著《新闻叙事学》出版，完成了我国新闻叙事学建构的初创之功。2006 年，何纯先生的《新闻叙事学》也付梓出版。

新闻叙事学的定义。何纯在《关于新闻叙事学研究的构想》中对新闻叙事学所下的定义为：新闻叙事学是把新闻叙事的规律、原理、方法及发展作为研究对象的一门学科。[1]齐爱军在《关于新闻叙事学理论框架的思考》中给出的定义是：新闻叙事学是以新闻文本为研究对象，综合运用话语分析的研究方法，对新闻的叙事行为和叙事策略进行的科学研究。[2]

（二）新闻叙事的本质

新闻叙事不同于文学叙事，它是人类运用一定的语言系统叙述、重构新近发生的新闻事实的活动。它的编码方式满足的是人类对新闻信息取舍和信息效益最大化的需要,从而形成了一种独特的叙事话语类型——新闻话语。新闻叙事学研究的逻辑起点就是新闻话语,并通过对新闻话语结构特征的认识,来确认新闻叙事对于文学叙事的独立性。

新闻叙事的本质是新闻信息的传递,它研究的是有新闻价值的信息如何流动,以及这一信息所产生的认识和情感信息如何流动。新闻叙事的内涵在于它的三个组成部分:素材、故事和新闻叙事文本。素材是按逻辑和时间先后顺序串联起来的一系列由行为者所引起或经历的事件,即原始的新闻事实;故事是记者头脑中的新闻事实,是新闻事实的物质状态在记者大脑中的能动反映;而新闻叙事文本是最终受众看到的由语言符号组成的结构整体。

新闻叙事学是以新闻叙事文本为对象,以新闻学、叙述学、语言学、修辞学和逻辑学等为学科基础的研究新闻叙事方法和原理的一门边缘性学科。

二、叙述者与叙事角度

(一)叙述者

1. 新闻叙述者

新闻叙述者应包含记者、采访对象和编辑。根据记者在新闻文本中的介入程度,记者是叙述者的表现方式主要有三种。一是缺席叙述者,指记者像摄像机一样客观记录"观察"到的一切,语言色彩呈中性,让受众意识不到叙述者的存在。二是隐蔽叙述者,即新闻事实完全由记者来讲述,但记者并不出现在新闻中,而是隐于"幕后"。三是公开叙述者,它又分为旁观的叙述者和参与的叙述者。

2. 叙述者关联的叙事角度

(1) 第一人称的叙事角度

即公开的叙述者角度。将新闻事件中的人物作为叙事的主角,通过人物对现场的身临其境、耳闻目睹的观察感受讲故事,这种视角会增强故事的真实性和可信性,使读者产生亲近感、认同感。20世纪意大利著名女记者法拉奇总是以第一人称的亲历式报道完成作品,她将个人经历的点滴细节插入作品,通过个人的感受和判断,以真实感获得读者的信任。在许多重大事件的报道中,法拉奇本人既是事件的亲历者同时也是讲述者,其作品就是亲历者与读者"面对面"的讲述和聆听。在《奥丽亚娜·法拉奇报道:血洗之夜我不幸受伤》中,法拉奇就是以亲历者的身份讲诉自己的历险经历:"子弹在我们头上呼啸。我听到人们在呼喊。……我左边那个人受了伤。……一颗子弹打穿了水管,水向我们喷射过来,我们……浸泡在被血染红的水里。"作品具有类似历险小说的特征,率直有力,引人入胜。

(2) 公众代言人的叙事角度

即旁观的叙述者角度。记者可以以一个旁观者的身份,客观地记录下周围发生的一切,自己的个性深藏不露。这种角度会让受众对事件有深刻的认识和理性的思考。

如:《华盛顿邮报》刊登的《扬子江传奇的河豚面临灭绝》[3]一文即是如此。

中国武汉电　从前,扬子江曾经是几千头中国河豚的游乐场。而今天,这条河成了它们的坟场。

这种看上去优美的、长鼻、白肚皮的河豚,在神话中被传说为是能在湖面和江河上驮着神仙狂奔的骏马,今天正在遭受铁钩刺杀、鱼网缠绕、污染窒息、挖泥爆破和被轮船螺旋桨打成碎片的残害。

今天,中国的河豚(中国人称其为白鳍豚)漂浮在灭绝的边缘,这是人类在经济发展长征中的又一个牺牲。专家估计,中国的白鳍豚目前不足100头,成为世界上最靠近灭绝边缘的动物之一。而且,很快的,如果白鳍豚还能活那么长的话,白鳍豚将面临另外一场求生存的挑战:三峡大坝的建成将改变水温、洪水的模式和这种稀有淡水豚的栖息地。

(3) 第三者的叙事角度

即隐蔽的叙述者角度。也就是借第三者的叙述将时间凝固在某一时刻,通过第三人的眼睛复原现场,从而激发受众的阅读兴趣,获得具体印象。

(二) 叙事角度

新闻叙事角度,是叙述者对某一新闻事件观察和叙述故事的特殊眼光和角度。它体现了叙述者和所叙述事件的一种表述关系,是叙述者把体验到的世界转化为语言叙事世界的基本角度。叙述角度能创造新闻报道的"文本价值",使新闻文本更加完美和艺术,更具可读性。关于叙事角度的分类,我们沿用著名的法国结构主义批评家热奈特的三分法,来进行新闻叙事角度的研究建构。分为零度焦点叙事;内焦点叙事;外焦点叙事。

1. 零聚焦

叙事者全能全知。叙述者对"争议人物"的优点、缺点,长处、短处非常清楚,叙述者对人物情感和心理的活动的变化也是全知的。如果用叙述者与人物的关系来描述视角,那么全知视角就是叙述者大于人物。作者出现在他的作品的旁边,就像一个演讲者伴随着幻灯片或纪录片进行讲解一样。这种讲解可以超越一切,历史、现在、未来全在他的视野之内,任何地方发生的任何事,甚至是同时发生的几件事,他全都知晓。在这种情况下,读者只是被动地接受故事和讲述。

这种"全知全能"的叙述视角,只要叙述者想办到的事,没有办不到的。想听、想看、想走进人物内心、想知道任何时间、任何地点发生的任何事,都不难办到。因此,这种叙述视角最大最明显的优势在于,视野无限开阔,适合表现时空延展度大,矛盾复杂,人物众多的题材。如"意文"采用的就是这种视觉,作者对该事件的一切都清楚。这种叙述视角的缺陷也是相当明显的。它经常受到挑剔和怀疑的是叙事的真实可信性,亦即"全知性"。

2. 内聚焦

即作品中的人物眼光，是一种内视角。就是叙述者等于人物。作者对于世界、人、事的审视是通过具体人物的眼光来完成的，叙述者只借助某个人物的感觉和意识，从他的视觉、听觉及感受的角度去传达一切。叙述者不能像“全知全觉”那样，提供人物自己尚未知的东西，也不能进行这样或那样的解说。由于叙述者进入故事和场景，一身二任，或讲述亲历或转叙见闻，其话语的可信性、亲切性自然超过全知视角叙事。这种类型，法国结构主义批评家热奈特取名为“内焦点叙事”。这种内视角包括主人公视角和见证人视角两种。

如后面提到的例文《武汉阿信与贫困母亲》就是内视角，通过作品中的人物酒楼老板邓散心的所见所闻来交待事件的进程。限知视角还包括外聚焦，因为也只是看到局部，只能知道自己的心理活动，而不能看到其他人物的心理活动。

3. 外聚焦

叙事者只看外部不见人物内心，即外视角。叙述者小于人物。这种叙述视角是对“全知全能”视角的根本反拨，因为叙述者对其所叙述的一切不仅不全知，反而比所有人物知道的还要少，他像是一个对内情毫无所知的人，仅仅在人物的后面向读者叙述人物的行为和语言，他无法解释和说明人物任何隐蔽的和不隐蔽的一切。它最为突出的特点和优点是极富戏剧性和客观演示性；叙事的直观、生动使得作品表现出引人入胜的艺术魅力。

三、叙事角度的作用

（一）叙事视角的艺术效果

笔者曾经写过一篇报道——《武汉阿信与贫困母亲》（载 1998 年 4 月 18 日《武汉晚报》），说的是一个赌徒杨汉都劳教期间高烧不止，后成为脑瘫患者被提前放回家。一位被誉为日本女企业家“阿信”的武汉梦天湖酒楼老板邓散心，在武汉市青山区妇联的组织活动中，与这位赌徒的家庭结成帮助对子。文章以邓散心的视角来叙述事情经过。起初，从邓散心接触这个家庭写起，邓看到其家里陈设十分杂乱，贫困母亲周训丽似乎对杨汉都没有尽到责任。邓本来还有点生气，想劝劝周。后来了解到，看起来，周训丽和杨汉都是夫妻，其实他俩早已拿了离婚证。从法律上来说，周并没有照顾已痴呆了的杨汉都的义务，是一种同情心驱使她照顾杨汉都。于是，周训丽的形象在邓散心眼里顿时高大起来，邓也开始十分热心地帮助贫困母亲及其家庭。

以邓的角度来叙述事件的进展就是内聚焦，这种视角有何好处？这是按照人物的认识路线来交代事件，形成一个先抑后扬的效果。可见，可采用不同的叙事角度可以使结构发生巨大的变化，主要是所述故事按照叙述人物前后认识的巨大差异产生的故事情节的变化。它会产生误会法、巧合法的效果。产生强烈的戏剧冲突。这是新闻作品需要追求的结构效果。

（二）正确掌握叙事视角与叙事方式

1. 掌握叙事视角

在叙事学中，叙事视角是指叙述者在讲述故事的过程中，设置特定的人物来展开故事。在这个人物的指引下，受众经历故事的全部过程。在新闻报道中，叙事的视角应当是多维的、立体的。

2. 把握叙事方式

叙述与议论结合，融作者的思想、观点、风格和气息于报道中。法拉奇说："我是一名演员，一个自我中心者。只有把我放入报道中，该报道才是最好的。"法拉奇把写文章当做是供自己表演的舞台。她毫不掩饰地把自己的观点、见解、感情和倾向融入报道中，对所写人物自由地进行道德判断。她极少运用纯粹的记录性陈述，而是始终在叙述中掺杂着个人的感受。她对基辛格的描写："我发现他毫无诱人之处：粗壮的矮个子，顶着一个羚羊般的大脑袋。"[4]对英迪拉·甘地的描写："她的相貌是动人的。她有一双淡褐色的略带忧伤的美丽的眼睛，脸上挂着一丝奇妙的、高深莫测的，能引起人们好奇的微笑。"[5]从中可看出法拉奇对这两个人物的不同态度与观点。法拉奇的新闻作品是个人的思想、观点、气质、情感、风格的混合物，生动的思想、睿智的论述共同形成了她文章的特色。

新闻报道不是简单地罗列事实的见闻实录，它包含作者周密思考的见地，渗透着出于正义而迸发出的激情。善于"以故事的方式写新闻"的记者不仅具备记者的敏锐感，还具有历史学家的鉴别力和政论家的推断力。

新闻报道要做到描写具体，细节感人，情节曲折，视角独特，思想生动，需要记者丢掉材料，放下电话，离开网络，到现场用眼睛观察，用耳朵聆听，用嘴巴提问，用心灵感受。

正如李希光所言："新闻记者的核心任务是做好邮递员，准确无误地传送信息。但是，传递信息的新闻报道仅仅是完成了记者的一半工作，另一半工作是在这篇报道里讲一个能渗入读者或听者灵魂的好故事。深入读者的灵魂，也就是打开读者的心灵之窗，需要记者把新闻写作当艺术那样，用艺术家那种苦心孤诣的精神，钻研写作艺术，勇于探索，尽善尽美，不留遗憾。用人性的观点和一套娴熟、敏捷、精确的手法采写你的作品。"[6]

第二节 四类突发事件新闻报道模式演变

我国国务院发布的《国家突发公共事件总体应急预案》根据突发公共事件的发生过程、性质和机理，将突发公共事件分为四类，即：自然灾害、事故灾难、公共卫生事件、社会安全事件。

一、自然灾害事件报道

（一）改革开放前自然灾害报道处于"封闭"模式

纵观近几十年来中国内地媒体的灾害报道，其演变过程可描述为：至 20 世纪 70 年代后期，灾害事件较少进入传媒视野，灾情的信息流动几近于封闭状态；改革开放前，基本上是"人"情型的报道模式,媒体对灾难的报道多集中于对抗灾救灾成绩的颂扬;改革开放后,媒体开始既报道灾害本身,又报道抗灾救灾,即"综合"型的灾害报道模式,也可称为"人灾并重"的报道。[7]

改革开放前,我国媒体对自然灾害的报道最为典型的是《人民日报》关于1976年唐山大地震的报道。80年代起,传媒的灾害报道遵循"人"本位的宣传信条,"灾害不是新闻,抗震救灾才是新闻"。90年代起,灾情信息仍是报道禁区,随着国内媒介形态逐渐多元及竞争加剧,灾害信息开始"有限度披露",但正面报道框架中的灾害表达着力点则放在救灾功绩及英雄人物上,以1998年抗洪报道为典型,"负面事件正面传播"的制度化灾害表达到达极致。新世纪以来,灾害事件的信息层面的价值逐渐得到确立,传媒灾害表达的新闻图层更加开放包容,大大突破了传统的灾害报道模式。在经历2008年南方雪灾报道和汶川地震报道后,国内传媒在灾害表达上具备了更成熟的叙述策略和运作理念,由此促成的自由信息流动对社会的介入作用程度更为显著。

在我国传媒灾害表达的这一嬗变过程中,汶川地震报道具有历史坐标意义。它同时也提供了深入观照的一面鉴镜。这样一次无法预知的、无法策划的重大突发事件报道的运作,仍存在很多值得深入思考的掘进空间。如灾害表达乃至传媒生产要真正实现转型,必须建设起更为灵活有效的突发灾害事件报道机制,在外部形成推动社会信息自由流动的相对宽松的环境,在内部促成传媒灾害新闻生产专业化程度的提升。

（二）以汶川地震为转折趋向开放透明

在汶川地震报道中,我国媒体表现出两个显著的特点:

1. 第一时间反应全天候全景式的报道

在大地震发生1小时内,包括新华社、中央电视台在内的众多媒体都展开了对灾情的报道。如央视一套在地震发生后32分钟首发新闻,52分钟后即推出直播特别节目《关注汶川地震》。在地震发生后两个半小时,中央电视台第一批记者就跟随温家宝总理赶赴灾区;5月13日,第二报道梯队分别赶往四川汶川、都江堰、北川、绵竹等重灾区。中央电视台综合频道、新闻频道和国际频道并机启动了连续24小时的直播。

2. 关注灾情信息的同时以受灾群众为报道的核心

强震发生后不到20分钟,中国国家地震台网站上发布了地震的震中和震级。震后两个小时,重庆市率先发布了首批伤亡数字。此后,官方公布的伤亡情况随时更新。

总体说来,与之前的自然灾害危机传播相比,汶川地震中我国媒体的表现实现了飞跃,不仅能够及时地公开信息并加以全方位报道,而且整个过程从动员到指挥都是快速统一的。我国自然灾害危机传播在汶川地震后趋向全面开放和透明。

二、事故灾难事件报道

改革开放以来,我国媒体事故灾难报道的特点表现在两个方面:报道内容上,大多为预防和减少事故方面取得的成绩、积极处理事故的举措和典型人物的事迹;报道方式上,以正面报道和典型报道为主。

（一）"党本位"的单向度闭合报道模式

1949—1980年，从新中国成立到80年代以前的灾难新闻报道模式，比较准确的概括应当是"党本位"的单向度闭合报道模式。[8]新中国成立后相当长一段时期，出于维护新生政权的需要，加上"左"的思想影响和"报喜不报忧"的思维定势，灾难新闻报道长期处于自上而下的严密控制状态。1950年4月2日，中央人民政府新闻总署发布《关于生产救灾报道的指示》，要求"各地对救灾工作的报道，现应即转入救灾成绩与经验方面，一般不要再着重报道灾情"。这种指示精神，1957年被王中教授概括为"灾害不是新闻，抗灾救灾才是新闻"。因此，这一阶段的灾难新闻报道，总是从党的宣传教化出发，着力强调党和毛主席的英明领导与社会主义大家庭的温暖，灾难新闻报道最终化作"革命英雄主义"或"共产主义大协作"战胜灾难的赞歌。这种高度政治化的报道框架，使灾难新闻报道呈现为单一闭合、低度再现的状态，不仅让人无法建构全面透彻的"灾难图景"，而且灾难本身的悲剧意义及其对社会的警示作用也难以表现。在这种框架控制下，灾难新闻报道形成了僵硬的模式化套路，具体表现为：(1) 十分注重"官方"与"集体"，灾民只能得到"集体呈现"，个体则被极端边缘化；(2)采用官方视角，重英雄领袖，轻平民百姓，忽略乃至漠视灾民的生存状态；(3)英雄典型求全求美乃至加以神化，把人的革命精神拔高到无所不能的程度。

（二）"事本位"的多向度客观报道模式

1980—2003年：进入20世纪80年代，灾难新闻报道逐渐发生变化。由于"解放思想、实事求是"思想路线的确立，曾经作为"禁区""雷区"的灾难新闻获得了一定程度的解放。1987年大兴安岭特大火灾报道中的《红色的警告》《黑色的咏叹》《绿色的悲哀》，不仅直面灾难、呈现灾难，而且深刻揭示了灾难背后的官僚体制、人物命运与环境毁坏；1991年的抗洪报道中的《天问》《人证》《地圩》，则从环境生态和人类共存的视角进行了深刻的反思。1999年11月24日山东烟台"大舜号"海轮沉没，270多人死亡。新华社坚持每天播发稿件，对海难情况、救援过程、打捞进展、原因调查和善后处理等作了连续不断的报道，成为国内外受众了解"11·24海难"事件的权威渠道。应该说，这一阶段灾难新闻报道的最大进步在于，信息内容打破了单向度闭合而得到了多向度的呈现，比较充分地满足了公民的知情权。媒体面对灾难依然持谨慎保守的心态，满足于告知信息，对于生命的轻视和冷漠还相当明显，人文关怀还十分欠缺，导致报道模式化，报道视角、话语表达等方面的人性化操作空间还相当狭小。

（三）"人本位"的全息开放报道模式

2003年至今：与前两个阶段相比，2003年以来的灾难新闻报道模式又发展成为"人本位"的全息开放报道模式。从2003年开始，SARS疫情早期"禁报迟报"的严重后果终于使党和政府警醒，确立了及时公开报道疫情的全新机制。随后，又制定了一系列政策条例来推进信息公开，保障民众知情权。从2003年《突发公共卫生事件应急条例》的颁布，到2008年5月1日《中华人民共和国政府信息公开条例》的实施；从新闻发言人制度的普遍确立，到官员"问责制"的逐步尝试，一步一步地促使灾难事件的信息得以有效披露，进一步释放了灾难新闻报道的空间。而媒体多元化格局的形成和市场竞争的加剧，网络、手机等新媒体的崛起，客观上要求媒体必须塑造公信力，强化专业精神，更好地改进灾难新闻报道。与“事本位”的多向度客观报道模式相比，2003 年以来的灾难新闻报道内容在广度和深度上不断拓展，呈现出信息开放的局面。与前两个阶段的两种模式相比，“人本位”的全息开放报道模式又有新的突破，那就是：(1) 人性化报道突破模式化报道，由“集体呈现”向“个体呈现”转变，从人性视角还原多元人物的生存状态；(2) 人性化报道突破官本位报道，打破“英雄神化”与“领袖宣传”的迷思，灾难背后的人性光辉得以充分挖掘。

三、公共卫生事件报道

（一）公共卫生事件一度曾是新闻报道禁区的“不闻”模式

在我国，公共卫生事件的报道一度曾是新闻报道的禁区，这主要是出于维护社会稳定、防止造成恐慌的考虑。然而，瞒报却会导致一个恶果：人们不知真相、不作防备，致使疾病进一步蔓延。媒体的“不闻”反而使危机加剧。

在公共卫生事件中，媒体到底该怎么做？这个问题在 2003 年“非典”危机中再一次被提出。

（二）“非典”事件成为“全面放开”的分界点

“非典”后，我国媒体建立起公开、及时报道公共卫生事件的传播机制。在之后我国出现的多起公共卫生危机事件，如 2004 年安徽阜阳的“劣质奶粉”事件，2005 年的“苏丹红事件”，2008 年的“三鹿奶粉事件”和 2009 年的“甲型 H1N1 流感”中，媒体表现出前所未有的敏感度、责任感，报道强度也大大提高。我国媒体对公共卫生危机的报道开始走向透明化。

2004 年安徽阜阳“大头娃娃”事件之后颁布的《国务院关于进一步加强食品安全工作的决定》，对新闻媒体的宣传报道提出了要求：“充分报道各地区、各有关部门加强食品安全所做的工作，宣传法律法规和食品安全知识，继续揭露、曝光食品安全方面的违法犯罪行为，及时跟踪报道采取的措施及效果。”但实际操作中，却依然存在一些问题，“三鹿奶粉事件”就是一个典型案例。

2008 年 3 月开始，三鹿集团陆续接到婴儿喝三鹿奶粉患上泌尿系统结石病的投诉，却未引起官方的高度重视。直到 2008 年 9 月 11 日《上海东方早报》的《甘肃十四名婴儿疑喝三鹿奶粉致肾病》的报道刊出后，才锁定问题奶粉就是“三鹿”，此时流入市场的问题奶粉已达到 700 吨。从 3 月到 9 月大约半年的时间，一些媒体不是去追查问题奶粉的来源，反而参与宣传三鹿的“伪形象”，如 2007 年 9 月 2 日某知名栏目播出了特别节目《中国制造》(首集)——《1100 道检测关的背后》，该节目对三鹿婴幼儿奶粉的生产过程进行了“详尽调查”，展示了“中国婴幼儿奶粉标杆企业”——三鹿集团——过硬的产品质量和科学、严谨的过程管理。之后，当有消费者投诉三鹿问题奶粉时，一些媒体仍有意无意地对问题企业进行保护，以“某品牌奶粉”“同一种奶粉”等字样代替企业名称。三鹿奶粉事件表明，出现公共卫生事件时，一些地方政府下意识的行动仍然是“捂住”，不到迫不得已不会主动公开真相。

从现实情况看，在“非典”之后，党中央、国务院对疫情高度重视、态度开明；各类媒体保持警觉，透明连续地报道全国及全球疫情。可以说，在总结“非典”及其后多个公共卫生事件处置的经验教训之后，政府、媒体对公共卫生事件传播的规律已经相当熟悉，观念已很科学、成熟，处置手段已相当专业。

四、社会安全事件报道

（一）将“不予报道”等同于“维护稳定”的“不报”模式

《国家突发公共事件新闻发布应急预案》中明确规定：新闻发布工作要坚持分类处理，“涉及重大政治性、群体性事件，危害国家安全、损害我国国际形象的事件，以及其他突发社会安全事件，一般不作公开报道，可通过内参反映。确需公开报道的，要按照中央指示精神统一部署，授权新华社发布消息”。出于维护稳定的需要，我国的一些社会安全事件特别是涉及国家安全和民族问题的社会安全事件透明度与开放度相对较低，与“自然灾害”“事故灾难”“公共卫生事件”三类公共危机事件相比，我国的社会安全事件传播尚没有形成较完善的危机报道体系。

（二）瓮安事件后从“不报”“少报”向“第一时间报”“报道全过程”转变

2008年的“拉萨3·14打砸抢烧暴力事件”和“6·28瓮安事件”暴露出我国媒体在社会安全事件报道中反应滞后、占据舆论引导制高点能力不足等一些弱点。“拉萨3·14打砸抢烧暴力事件”爆发后，国内大部分媒体一度集体失语，而当西方媒体在报道中肆意歪曲事实时，第一时间反击和揭露西方媒体无耻行径的，不是掌握话语权的官方媒体，而是来自民间的网民。“瓮安事件”中，从6月22日凌晨瓮安县初二学生李树芬在县西门河溺水身亡，到6月28日打砸抢烧事件爆发，期间有7天的时间。7天内，主流媒体没有进行任何报道，而社会上、互联网上谣言四起，矛头逐渐指向县政府、县公安局，最终酿成这起严重的冲击政府事件。打砸抢烧县政府事件发生后，由于省委书记态度明确、立场坚定，主流媒体这才有了报道的胆量和“底气”，6月29日，新华社发布了一个308字的简单通稿，之后贵州省的媒体跟进报道，这才逐渐揭开了这次事件的真相。

从以上论述可见，面对社会安全事件，因受政府处置部门态度的影响，一些媒体的表现不尽如人意。要改变这一状况，需要政府、传媒的共同努力。对政府而言，以“稳定压倒一切”为新闻报道的着眼点具有一定的现实合理性，但是决不能将“不予报道”等同于“维护稳定”，因为当人们无法从官方媒体上获知信息时，就会转向人际传播、网络传播，甚至境外媒体，这样反而助长了谣言的产生与蔓延，造成社会的不稳定。而且，“境内不报，境外报；我们不报，人家报”，我们缓报、不报，会给境外敌对势力造谣诬蔑提供条件，使我们在舆论上失去控制力。再则，在手机、互联网逐渐普及的今天，每一个网民都可能成为报道突发事件的“记者”，封锁消息已成为不可能完成的任务。

第三节　四类突发事件新闻叙事模式

一、突发新闻报道基本叙事模式

（一）核心事件十附属事件的新闻模式

这个新闻模式将新闻事件分为核心事件和附属事件。核心事件就是通常意义上的重要事件，它对整个专题类新闻报道具有决定性的作用，是专题关注的核心。附属事件可以是背景事件，也可以是细节事件，是核心事件的补充点，对整个专题报道起到催化功能。

在突发新闻报道中，没有核心事件新闻报道就没有主题，让人们看不清楚整个报道的主要意思。但是如果报道仅由核心事件构成，又显得太过单薄，会使受众在接受传播的过程中感到索然无味。通过丰富的附属事件报道，整个报道可以变得更加让人喜闻乐见。更重要的是，附属事件不仅仅是对核心事件的"修饰"，而且体现新闻用事实说话的主观意图。

在突发新闻的叙述过程中，常常会出现这样的模式：介绍单个的人或事→叙述一个更大更复杂的问题→对这个问题进行补充铺叙→返回对单个人或事情的叙述，再次对重大问题展开探讨，恢复到有人情味的描述，按开始的方式结束故事情节。这种叙事模式经常会被一些纪录片形式的新闻专题类节目所采用。[9]

（二）二元对立展开情节的故事模式

无论是平面媒体还是电子媒体，都强调运用具体生动的故事，这里往往采用二元对立的故事情节，强调矛盾冲突。与报纸和广播相比，电视新闻更加善于表现具体的事件，而不善于表达抽象的概念。所以，对于一些事件性的新闻，在电视新闻的报道中更容易采用故事模式来表现。在电视新闻报道的过程中，采用什么样的叙事方式，才能增强专题类电视节目的故事性，引人入胜？一个办法就是设置悬念，用对立的方式展开情节。对立构成悬念，推动整个故事达到高潮。可以说，对立是隐藏在叙事结构背后的最重要的结构方式。如 2013 年 11 月山东卫视《调查》有一期节目叫"警察自导自演的杀人案"。到底是警察杀死了犯人，还是警察自导自演的枪杀案？节目围绕这个对立点展开，对这个现实版的"警匪片"进行推理分析。这样的叙事模式，使叙述本身充满了二元对立的矛盾，增添了新闻报道的故事性。[10]

还有一种办法，就是在叙事时打破事件原有的时间顺序。这就像小说一样，通过打破事件原有的时间顺序来设置悬念。像侦探故事进行推理一样，重新组织整个故事结构。侦探在分析案件时，都是先找出受害人和嫌疑人之间的对立点，然后利用证据对这些对立进行推论。

其中的秘密在于设置悬念，用"对立"展开情节。一组组对立，构成一个个悬念，推动故事向高潮和结局发展。在谈论概念、观点时，我们是通过将它们和与它们相对立的东西进行对比来理解的。可以说,对立是构成叙事的最基本的、“合乎”事实的逻辑,是隐藏在一切叙事结构背后的最根本的“结构”。这种对立已经成功地运用于突发新闻报道叙事中。在美国追杀拉登的连续报道中,拉登被杀或逃脱,构成整个新闻叙事的大对立,所有的报道都围绕这个对立来设置悬念,当然在单篇的叙事中也有大对立中的小对立,但是总的来说,围绕对立来叙事的总体框架是不变的。在突发新闻报道实践中,可以发现:对立越是具体、形象、尖锐,故事就越是精彩。故事性强的新闻,报道时要尽量选取那个对立最尖锐的矛盾来展开叙述。新闻与小说不同,新闻叙事脉络越集中、越单一越好,因此单篇新闻总是围绕一个矛盾;故事性弱的新闻,总是要从看似没有矛盾的表面现象下挖掘出矛盾,并尽量使矛盾单纯化、尖锐化,适应新闻叙事简洁、短小的要求。在不断的实践中,突发新闻报道渐渐摸索出自己的利用对立使叙事精彩的路子。

(三)全知视角下的共时性叙事的英雄模式

叙事上还有一种独特的新闻叙事模式——全知视角下的共时性叙事。传统媒体关于典型人物的新闻专题多采用全知视角叙事。因为新闻需要交代清楚事情的来龙去脉,或者说在整个节目中要将时间顺序穿插其中。因传统媒体最常运用这种模式报道典型人物,可称为英雄模式。这种新闻叙事模式是具有中国特色的新闻叙事模式,通过对英雄人物的报道使人们增强荣辱观和使命感。通常来讲,一般的叙事模式是按照时间的顺序进行的,称为历时性叙事;而对于报道先进典型人物的报道,多采用全知视角下的共时性叙事,这更有利于宣传意图的实现:叙事的过程中可以展示人物的各个侧面。“意文”中的主人翁叶校长“车开得飞快,路上他一句话也不说”,“他惦记着学校那栋没有通过验收的实验教学楼,心里最怕的是那栋楼出事”。这就是用全知的视角来展示人物的内心世界,这样的叙事模式有助于升华人物的精神世界。

二、自然灾害事件叙事模式

(一)叙事内容侧重点

媒体在报道自然灾害事件时,主要有三种基本模式:一是“人”情型,以灾害面前人们的行为和精神面貌为主要内容;二是“灾”情型,主要以灾害事实本身作为新闻报道的主体;三是综合型,即将“灾”情报道和“人”情报道充分结合的报道模式。

这三种报道模式各有侧重,也各有利弊:“人”情型报道模式从宣传的角度出发,习惯以“人”的精神面貌和救灾行动为报道切入点,忽略客观灾情,即“灾害不是新闻,抗震救灾才是新闻”;“灾”情型报道模式侧重灾情,其报道内容既有自然灾害造成的损失、抗灾救灾情况,又有对灾害原因的剖析与反思,其最大的缺陷是人文关怀缺失;综合型自然灾害报道模式将客观的“灾”情报道和充分的“人”情报道相结合,使自然灾害事件的信息内容得到多向度呈现。这种模式充分吸取了“人”情型模式和“灾”情型模式的优点,相对而言较为合理,但报道内容的纷繁芜杂使传播效果大打折扣。

现在的报道是人灾并重的综合型报道。近年来,经历了南方雪灾等自然灾害的考验,我国媒体对自然灾害事件的报道进步很快,“及时、准确、全面、公开”的报道模式逐渐确立。公开透明，把握自然灾害事件报道的主动权。2008年以来，随着《中华人民共和国政府信息公开条例》的颁布实施、新闻发言人制度的逐步确立和负责人"问责制"的尝试，"公开是原则，不公开是例外"成为新的信息发布准则。

（二）叙事模式三型并举

1. 新闻模式（核心事件＋附属事件）

比如，2008年5月12日汶川大地震发生后，许多媒体采用了核心事件加附属事件的新闻模式，进行了全程直播报道和24小时不间断滚动报道，这里既有灾情及救灾的核心事件，也有随时发生不断扩展的附属事件。比如公布每日更新的伤亡、失踪具体人数。其信息发布之快、传播范围之广、报道信息量之大、透明程度之深前所未有。同时，自然灾害发生时，对境外媒体也采取了开放的态度，这些有效地推动了自然灾害新闻报道体制的进一步深化。

新闻模式要求迅速反应，第一时间向外界传递灾害信息。面对灾害的威胁，时间就是生命，报道的时效价值更加凸显。汶川地震发生后仅9分钟，国家地震局立即通过新华社发布了信息，使公众在第一时间了解真相，避免了恐慌和骚乱的发生。这种"谁主动、谁主流；谁失语、谁边缘；谁抢先、谁领先"的新闻特性，使得我国媒体在自然灾害发生时，能迅速反应。这样，不仅杜绝了各种流言的发生，增强了公众对抗灾救灾的信心，也提升了政府的公信力，从而取得了良好的传播效果。

2. 故事模式（二元对立）

在汶川地震报道中，不断地报道许多抗震救灾的人物和故事，这种不断选择矛盾材料，从对立事件中展现故事的手法在报道中大量运用。比如在汶川地震中出现大量的动人故事。菜刀劈路挽救60条生命的民警徐锐，一位失去爱子仍坚守岗位的公安战士杨占彪，一位在汶川大地震中失去母亲、女儿等十位亲人仍然坚持处于抗震救灾第一线的"最美女警"蒋敏，"敬礼娃娃"郎铮等，这些动人故事都在人与自然的顽强斗争的矛盾冲突中展现了人物的坚强性格。

3. 英雄模式（全知视角）

如"意文"便是这种模式，新华社记者就是采取了全知视角下的共时性叙事的英雄模式，将一个中学校长一心挂念师生安全的精神揭示得淋漓尽致。只有这种全知全能通晓一切的叙述方式才能更好地展现英雄人物。

从汶川地震报道实践中可以看到，新闻模式、故事模式、英雄模式，这三种模式在自然灾害报道中均被采用。

三、事故灾难事件叙事模式

（一）叙事内容侧重点

随着我国经济不断发展和人民生活水平不断提高，人们的生存安全理念发生了深刻变化，对安全生产的关注已经上升到前所未有的高度，追求社会和经济的可持续发展成为共识。改革开放以来，有关生产事故等灾难性报道有一个发展过程，从过去"报喜不报忧”“事故出英雄”“丧事当成喜事办”的模式，逐步走向开放、透明，事故灾难新闻开始无情揭露所谓事故其实是“人祸”，其实是生产领域中的瞎指挥与官僚主义作风造成的。比如，1980 年《工人日报》对于“渤海二号”钻井船沉没的报道，就是一个揭露性的报道。

（二）问责型的叙事模式

事故灾难报道除了可以采用本章所述的三种模式外，还有学者分析这类报道多采用问责型的叙事模式。

新闻叙事学者曾庆香认为，新闻话语的第一个层次是由摘要和详述（即新闻故事）两个范畴组成的，摘要作为构成新闻话语的必要范畴，它由标题和导语两个常规范畴组成。摘要是语篇深层语义“宏观结构”的言语表达，它表达的是语篇最重要的话题或主题，即语篇所说的最重要的事情。

宋鑫陶在《灾难事故报道的叙事分析》一文中，以杭州地铁坍塌事故的相关报道为例进行了分析。[11]2008 年 11 月 15 日，杭州市发生地铁坍塌事故。长达近百米的路面突然坍塌，数十位施工人员被困坑下，这是我国地铁建设史上伤亡最为严重的事故之一。

作者在文本的选择上，采用了同是报道这次事故的《南方周末》《财经》《新华网》等分别来自报纸、杂志和网络三家不同的媒体文章进行分析。

发现三篇报道的新闻标题的分析有以下三个方面的特点：

一是，标题一般都以关于事故（原因）的调查、寻找事实的真相和问责为主题；

二是，所选用的词汇也大多带有问责的色彩，倾向性严重（倾向于追究事故责任）；

三是，标题在一定层面上都能使读者很容易意识到报道的核心内容和大体的结构布局。

三篇报道的导语基本上都包括了以下几个部分：

对事故现在情况的概述；对事故原因的概述或追问；对事故发生时情况的概述；官方举措以及对于事故简短的总结性的评述（大多都是一句话点评）。

由此发现，灾难事故报道的导语基本上全面涵盖了事件本身和相关层面的信息。由于文本的主体都是围绕事故原因展开的，因此，对原因的概述或追问就被放在了导语的结尾部分，一是起到突出、强调的作用；二是对下面的主体文本结构起到一种承接作用。

之所以把事故的概述，尤其是事故现在情况的概述放在导语的开头，是因为新闻故事作为新闻话语最主要的组成部分，它包括事件、反应和后果、背景和评论等范畴。一个单一的句子和一个完整的叙事文本在句法结构上可能是大致相同的，因为人们往往依赖相同的结构方式来组织他们的经验，一篇叙事文本的结构不过就是一个放大了的句子结构。

宋鑫陶的最后结论是：灾难事故报道的文本的写作，尽管在一定程度上遵循了大多数新闻在写作顺序上所采取的线性序列的结构模式，但在报道主题的写作上，对于新闻核心事实的展开论述不再是报道的核心，而是转而倾向于对事故原因的调查、分析、探讨和问责，并以此为报道的主题和核心来布局和划分文本结构。在文本写作中，记者一开始就确立了文本写作的基调，力求在找出原因，还原真相的同时，达到问责的目的。在材料的选取上，记者所选取的材料也基本上都是能够支持论点的论据，因而缺乏不同的声音。这些被选取的材料作为论据都是为标题中的论点服务的，以使论证看起来合理而且充分。因而，文本的写作在一定程度上就带有了记者的倾向性和强烈的感情色彩。

文本标题一般都以关于事故原因的调查、寻找事实的真相和问责为主题，而且大都选用带有问责色彩的词汇。在结构上，文本开头往往是概述部分，概述事故当时和现在的状况，概述事故的原因，官方的举措以及一两句总结性的评述。主体部分也大都按照导致事故发生的不同层面的原因来布局文本结构，往往一个小标题就是导致该事故的一个原因或某一个共同层面的原因的总括。文本的结尾部分通常会是对事故发生后所引发的反应和后果的表述、对事故相关背景的介绍和事故的评论。

他归纳出灾难事故报道中存在着这样一种普遍的报道模式：

带有问责性词汇和调查目的的标题＋对事故当时和现在的状况以及原因的概述＋对事故原因的深层次的调查和分析＋事故所引发的反应和后果＋该类事故的背景资料＋对事故的评论。

四、公共卫生事件叙事模式

所谓突发公共卫生事件是指“突然发生，造成或者可能造成社会健康严重损害的重大传染病疫情、群体性不明原因疾病、重大食物和职业中毒以及其他严重影响公众健康的事件”，其特点是具有突发性、群体性、严重性、紧急性和不确定性。突发公共卫生事件一旦发生，往往成为社会关注的焦点，也是媒体报道的重点。对于公共卫生事件也可以采用前述的三种模式，即用新闻模式迅速传递信息，用故事模式扩大报道内容，用英雄模式报道抗击疫情中的先进模范人物。下面是东莞市一个甲流死亡病例报道的经过，有些做法值得借鉴。

（一）运用新闻模式第一时间及时公布疫情信息

1. 突发公共卫生事件报道的最重要的特点就是时效性

在 2009 年 11 月 15 日晚广东省卫生厅公布东莞市发生甲流死亡病例后，考虑到该病例为省内和东莞市首例死亡病例，又是一名学生，社会关注度较高，东莞市卫生局迅速做出了 16 日下午进行新闻发布的决定，满足了媒体对于新闻事件时效性的要求和公众的知情权，也符合发生突发公共卫生事件后“快讲事实”的应对要求。[12]

为满足公众的知情权和媒体的采访权，除了国家有相应的法律法规不允许报道的事件外，其他的突发公共卫生事件主管部门应及时发布已掌握的相关信息，以达到化解疑问、澄清事实、满足公众知情权的目的。《中华人民共和国政府信息公开条例》第六条明确规定：“行政机关应当及时、准确地公开政府信息。”要做到这一点，第一要快讲事实；第二对于尚未掌握的信息或需要进一步核实、调查的内容，则应谨慎对待，不宜草率发布，即要“慎讲原因”。在任何时候，必须确保所讲的是事实，绝不能说谎，因为谎言一旦被戳穿，将会使自身及所处的部门名声扫地，带来无法估量的恶果。

2. 专人负责，统一口径发布新闻

公共卫生事件一旦发生后，媒体记者应该首先找卫生权威部门或者由该部门安排的专门负责接待媒体的新闻发布人员，确保事件主管部门的声音能准确无误地通过媒体传达出去。东莞市在2009年甲流应对中，未雨绸缪，在当地未出现疫情时，就成立了新闻信息组，指定市卫生局一名副局长作为组长，2名新闻助理作为副组长，负责甲流事件的媒体应对。在陆续出现甲流疫情后，市卫生局一是根据需要及时、适时召开新闻发布会，指定一名临床专家负责解答关于甲流救治方面的问题，指定一名新闻助理(同时也是传染病防控方面的专家)负责介绍甲流防控现状、公众的注意事项等；二是每当有重要事件发生时，及时地向新闻媒体提供新闻通稿。通过上述方式及时、准确地传达事件信息，解答记者和群众疑问，澄清不实传闻，收到了良好的效果。

(二) 运用故事模式时注意不要将严谨的医学解释戏剧化

1. 核实事实不能以讹传讹

在广东省首例甲流死亡病例新闻发布会召开之后，多数媒体给予了较为客观、正面的报道，但广州某报纸对本事件报道的题目是“医院抢救7小时才知患者是甲流”，正文中则分别以“抢救过程未使用达菲”“死者所在学校并未停课”“关于救治的3个疑问”作为小标题。不必看详细内容，仅阅读本篇报道的题目和小标题就很容易给人留下东莞市卫生部门对该例死亡病例存在诊断延误、救治不当、防控不当等不良印象。至于事实如何，受众不会也无法去了解，这样做必然会给当地的卫生行政等相关部门造成负面影响。经百度网站检索发现，凡是对本次新闻发布会进行了正面报道的文章很少被其他媒体引用，而该篇报道则先后被《华西都市报》《重庆商报》《鲁中晨报》《凤凰网》《雅虎》《大洋网》等数十家媒体转载，对东莞市卫生部门的形象造成了严重的负面影响。

2. 表达手法切勿戏剧化、故事化

在广东省首例死亡病例新闻发布会上，相关人员并未透露死者的姓名、家庭住址及就读学校。但会后，各路记者“大显神通”，由于多数记者不了解医学专业知识，为了迎合受众的猎奇或对政府部门质疑的心理需求提高稿件的影响力等原因，记者往往将要报道的内容放在一个故事框架中，采取煽情的语句、动人的情节来报道一些公共卫生问题。有的来到患者生前学习过的学校和班级，采访患者生前的学习、生活情况；有的将患者的大幅照片、在博客上撰写的文章刊登在报纸上，让大家从她甜甜的笑容和博文字里行间感受到死者对生命的热爱；也有的前往患者住家，在采访死者父母遭拒后，拍摄下其家庭紧闭的大门，并突出大门上的“花开富贵竹报平安”的红色对联已被白纸覆盖的景象，从而渲染女孩的死亡给这个曾经幸福的家庭所带来的致命的打击。这些带有浓郁感情色彩的报道深深地吸引和打动了读者，一定程度上也引起了学校师生和学生家长的恐慌，给甲流防控工作制造了不利的舆论氛围。

(三) 运用英雄模式大力表彰典型人物鼓舞士气

在2003年抗击“非典”的疫情中，涌现出一批先进人物，媒体对他们广为宣传，如：

《站在抗击非典最前沿——记中国工程院院士、广东省非典型肺炎医疗救护专家指导小组组长钟南山》《愿把夕阳化烈火——记解放军302医院传染病专家姜素椿》《用生命谱写英雄赞歌——追记中山大学附属第三医院传染科副主任邓练贤》、《拼将生命书写大医精诚——追记广东省中医院二沙急诊科护士长叶欣》等。这些典型人物的先进事迹极大地鼓舞了人们抗击"非典"的士气。

五、社会安全事件叙事模式

社会安全事件主要有社会治安和群体事件、极端暴力袭击事件、突发刑事犯罪事件等。这些突发事件的新闻叙事模式,均可采用本节所说的三种模式。但是,这里要着重推荐两种模式。

(一)犯罪新闻叙事模式

最先提出并实践犯罪新闻叙事模式的是2012年逝世的美国传奇主持人迈克·华莱士,他主持的美国《60分钟》的电视节目是个很著名的节目,这个节目也形成了自己的模式。比如犯罪的模式在《60分钟》有三种模式:侦探式、分析式、游客式。在社会安全事件中可以借鉴这种侦探模式。

《60分钟》侦探模式具备以下几个基本步骤:介绍侦探和罪行;重组犯罪情节并寻找线索;对质坏人和证人;说明解决方式和结局。侦探叙述通常构筑于三种普遍冲突之上:安全与危险、个人与集体、诚实与欺诈。[13]

侦探模式的内容:

1. 介绍罪行

侦探报道的介绍部分经常明确地将叙述构筑成侦探小说。例如,《群星监控行动》(OperationStarWatch-950507)讲述了美国联邦调查局FBI向哥伦比亚贩毒集团提供飞机却未获任何有价值的情报的过程。迈克·华莱士介绍说:"正当美国的头版新闻满是FBI追击恐怖分子的故事时,重大的反犯罪行动已开展了数十年之久却从未获得报道,这就是反毒品之战。"

2. 搜寻线索

侦探报道中的记者们出发去揭示案件时,首先总要来到案发地点,详细回溯案情和背后的阴谋,然后将观众带到发现线索以及案件最后得以解决的地方。在这些场景中,《60分钟》通过视觉形象来调解安全与危险之间的冲突。观众看到身着军用胶布雨衣的记者出现在曾经充满危险的案发地点,随着记者的到来和时间的推移,如今这里又获得了平静。

例如,《谁是阿布·尼达尔》(Who Is Abu Nidal-860119)一片,讲述了从巴勒斯坦解放组织中分离出去的恐怖分子阿布·尼达尔的一些活动。片中有一段场景是身穿军用雨衣的迈克·华莱士站在一家旅馆门口,告诉观众不久前就在他站着的地方,一位巴解组织的高级官员倒在恐怖分子的枪口下。由于迈克的到来,这个地方不再显得那样危险恐怖。而在报道的结尾,记者安然无恙地坐在CBS演播室里,呈现给观众的是一个标准的胸部以上的镜头,并以平静而权威的口吻报道案件的结局。

3. 质问坏人

侦探报道的第三个步骤是质问部分。记者出其不意地拦住并质问一个坏人、一个邪恶组织的不知情的代表，或是不明真相的证人和旁观者。由于记者解决问题时要承担一定的风险，记者的行动再一次体现并协调着安全与危险之间的紧张关系。

4. 解决罪行

《60分钟》侦探报道的结局通常都是解决罪行，这一般又可表现为解释犯罪经过。卡威提曾说，作为侦探模式的主要行为模式之一，解释场面提供了"整个故事的发展目标"，即对叙述冲突的解决。

5. 侦探模式小结

在《60分钟》里，记者像侦探一样具备智慧超群和态度超然的特征，因而他们占据着调解冲突的最佳位置。记者在叙述中承担着侦探英雄的角色，他们拥护个人主义和正直诚实等价值观，反对官僚机构以及各种形式的罪犯所代表的反价值观。这个模式可以表述如下：

A犯下罪行，B跟踪破案过程

A犯下罪行，B追溯其成长过程

A犯下罪行，B调查其造成的伤害

A犯下罪行，B调查其引起的反应

A犯下罪行，B追溯其犯罪过程

这种模式很能适应目前关于公共安全事件中的犯罪案件侦破的突发新闻报道。

（二）凶手的媒介呈现与叙事模式

南京大学新闻传播学院副教授周海燕等以2007年至2008年《南方周末》的11篇刑事案件报道为例，发表了《凶手的媒介呈现与叙事模式研究》一文，[14]可从此文中概括凶杀事件的叙事模式。

1. 凶杀事件的叙事结构

《南方周末》奉行"主题事件化，事件故事化，故事人物化，人物性格化"的采编原则，其编辑更将报道的叙事结构分为因果线性结构、缀合式团块结构、双线交织结构和回环式结构4种。其中，因果线性结构是该报凶杀案报道中最常用的结构。

11篇报道中，使用因果线性结构来建构报道内容的有6篇。记者为何如此青睐线性结构？一位学者的解释可能颇具价值："情节中的事件应是一个完整的统一体，有开端、发展和结局，事件之间应具有因果关系，其发展应符合或然律。"作为真实故事的再建构，新闻在叙事时亦遵从此规则。事实上，无论是团块结构还是线性结构，其中都富含因果关系元素。

在线性结构的叙事中，我们可以清晰地看到记者按照因果关系来安排新闻事实，以及将其布局为一系列环环相扣的情节的意图。

《杀人者杨佳青春档案》在开头即提出疑问：是什么原因使得杨佳实施了杀人的行

为？在随后的报道中看到，杨佳首度解释犯案动机的第一句话赫然是："有些委屈如果要一辈子背在身上，那我宁愿犯法。任何事情，你要给我一个说法，你不给我一个说法，我就给你一个说法。"随后，通过对一系列关键性事实的安排，一条带有因果链的线性结构呼之欲出。

缀合式团块结构同样遵循以因果线性关系来组织各并列单元的报道原则。例如，在对汝南少年的报道中，记者分别对3起事件进行了因果解读。

在崔英杰的报道中，对事件双方的双线平行叙事既是出于加剧紧张感的序文需要，更是记者对当下社会环境的解读。记者刻意将双方当事人当天事发前的行动并列处理，这种处理方式使得事件本身所具有的戏剧感被强烈地凸显出来，《南方周末》的特稿编辑张捷则将其表述为"凝聚戏剧性、寻求'集中'的选题原则"。

大量使用因果结构来安排和呈现事实的报道方式，将凶手以及凶手的个人性格、家庭经历、生活空间等紧密联系在一起，最终使凶手的行为与他的生活经历直接指向因果关系。

2. 凶手的性格呈现

报道中，杀人者内在的性格因素往往是记者探求的一个重点。在11篇报道中，首先被凸显的是作为弱势群体的凶手形象。

对凶犯的报道倾向于叙述其从一个普通人演变成为面目狰狞的凶手的过程。

其次，报道中呈现出一个个怀有江湖气概的凶手形象。

3. 对凶手家庭经历的呈现分析

除了汝南少年凶杀的报道外，其余报道均从凶手的家庭经历中剖析其杀人行为的背后动机和影响因素，通过对凶手家庭经济状况、感情状况、家庭成员和家族精神病史等几方面的呈现，挖掘家庭经历对凶手的影响。同时，这些涉及凶手家庭经历的片段，在篇幅、态度倾向、与案件的相关度方面都有所不同。

邱案、杨案、杜案的报道详细具体地展现了凶手所经历的家庭不幸或婚姻曲折，并将其与凶手性格的形成联系起来。这点在对杨佳案的报道中尤为明显——报道多次提及杨佳父母离婚前后他的性格、态度的变化。

4. 凶手的生活空间呈现

报道通过立体地描写凶手的生活环境和生活状态，营造某种氛围，或表达某种态度倾向。同时也在透露着这样一种信息：案件的爆发不是偶然的，它与凶手所处的社会生活环境息息相关。

可以看到，《南方周末》的报道对马雪明、崔英杰、杜倩的生活空间描写呈现正面倾向，对汝南少年、方一均和赵承熙则呈现出负面倾向，对杨佳和邱兴华则兼顾了正负两种倾向。

5. 被害者形象呈现

受害者形象呈现的有无、多少和方式可以在很大程度上影响凶杀报道中凶手形象的塑造，从而左右受众对凶手的态度。

11篇报道中对被害者的描写所占篇幅各不相同，其中关于马雪明和杨佳的报道及赵承熙的第二篇报道在涉及受害人描述时，均只用一句话简单交代死亡人数。有4篇报道对受害人的描述几乎为零。在其他7篇报道中，邱案、杀师案和崔案最终反映出对凶手和被害者的态度是相对平衡的。

凶手是导致杀人案件发生的最直接原因，所以，杀人案的报道中，较多提及凶手对于理清事件的因果关系是必须的。但是完全忽略被害者，容易给人报道不公正之感。需要指出的是，除篇幅平衡外，对凶手和被害者应尽可能给予平等发言的权利，这样才能使得报道更加公正全面。

6．结语

是什么样的家庭经历和社会经历造就了凶手？凶手是值得同情的弱者，还是疯狂的精神病患者？所有关于凶杀案的故事都会成为报纸追逐的热门题材，但每一家媒体在选择报道何种凶杀事件时则有着自己的报道模式，它在很大程度上反映了该媒体对世界的解读。

研究者注意到，尽管中国近年来每年出现数万起凶杀事件，但《南方周末》对凶杀事件的题材选择有着自己既定的一些原则。在这次的研究中，9个凶手可以清晰地划分为3类：

一是生计艰难、与公权力频频发生冲突的弱势个体；

二是性格怪异、精神紧张，高度怀疑为精神病患者的人员；

三是肆无忌惮、缺少行为规束的不良少年。

可以看到，记者非常注重对于凶手性格、家庭经历、生活空间等各个方面的叙述。这样处理的结果，可谓是一柄双刃剑：一方面，记者试图通过社会结构所发生的长期和缓慢的变化来解释产生“凶手”的原因，跳出了肤浅刻画凶杀行为的窠臼，报道呈现出丰富多元的人物立体化解读。这些解读是有其重大价值的：读者不仅透过新闻报道看到了新近发生的极端冲突性事件，更看到了这些事件背后所蕴含的意义。

另一方面，类似的解读方式无可避免地弱化了犯罪行为所造成的伤害。如果不能在凶手令人慨叹的命运和令人同情的心理问题与其凶杀行为对社会的危害性之间达成报道的平衡（特别是部分报道忽略了对受害者的命运的描写），就容易使得读者忽视其危害而只看到前者——“这个凶手不太冷”。这种写法可能成为格式化的报道方式，而在另一种类型化、戏剧化的操作中失去中立与平衡。

本章小结

新闻叙事学研究对象包括一切新闻叙事作品和新闻叙事行为，研究突发新闻叙事模式有助于写作的快速化。零聚焦、内聚焦、外聚焦等不同叙事角度的运用，可强化叙事视角的艺术效果。正确掌握叙事视角与叙事方式，有利于突发新闻写作生动性与可读性。四类突发事件新闻报道模式经历过演变，自然灾害事件报道以汶川地震为转折趋向开放透明，我国媒体表现出两个显著的特点：第一时间反应，全天候、全景式的报道；关注灾情信息的同时以受灾群众为报道的核心。事故灾难事件报道，历经“党本位”的单向度闭合报道模式、“事本位”的多向度客观报道模式到“人本位”的全息开放报道模式。公共卫生事件报道一度曾是新闻报道禁区，“非典”事件成为“全面放开”的分界点。社会安全事件报道，曾将“不予报道”等同于“维护稳定”，瓮安事件后出现了从“不报”“少报”转向“第一时间报”“报道全过程”的变化。四类突发事件均可采用突发新闻报道基本叙事模式，即核心事件＋附属事件的新闻模式、二元对立展开情节的故事模式、全知视角下的共时性叙事的英雄模式。

思考与练习

1. 说说新闻叙事学中的叙事者与叙事角度，上章例文《一个郊区中学校长的避险意识》是什么叙事角度？
2. 从网上搜集自然灾害事件、事故灾难事件、公共卫生事件和社会安全事件的报道，看看都采用了哪些叙事模式。
3. 联系我国突发事件报道历史看四类突发事件报道模式的演变，思考为什么会有这样的变化。

参考文献

[1] 何纯.关于新闻叙事学研究的构想[J].湘潭大学社会科学学报，2003(4).

[2] 齐爱军.关于新闻叙事学理论框架的思考[J].现代传播：中国传媒大学学报，2006(4).

[3] 程少华.环境新闻的审美化[J].青年记者，2004(1).

[4] 奥里亚娜·法拉奇.嵇书佩，乐华，杨顺祥.译.风云人物采访记[M].北京：新华出版社，1988:4.

[5] 奥里亚娜·法拉奇.嵇书佩，乐华，杨顺祥.译.风云人物采访记[M].北京：新华出版社，1988:194.

[6] 李希光.超越“倒金字塔”追寻讲故事的艺术[J].青年记者，2003(6).

[7] 夏长勇.我国四类公共危机传播现状与发展态势[J].传媒，2009.11.

[8] 董天策，蔡慧，于小雪.当代中国灾难新闻报道模式的演变[J].新闻记者，2010(5).

[9] 黄晓军.《新闻叙事模式试析》[J]，写作，2008(13).

[10] 同上.

[11] 宋鑫陶.灾难事故报道的叙事分析—传媒—人民网，http://media.people.com.cn/GB/22114/44110/142321/10385646.html

[12] 张巧利.从甲流事件谈新闻报道的特点及突发公共卫生事件的媒体应对[J].中国公共卫生管理，2010(26/5).

[13] 祝治国.从《60分钟》和《新闻调查》看调查性纪录片的叙述模式[J].理论界，2006(9).

[14] 周海燕，梁靖雯，张乐，冯佳.凶手的媒介呈现与叙事模式研究[J].新闻记者，2009(7).

第十五章　突发新闻报道的策划、编辑和评论

学习目标

1. 突发新闻报道的策划。
2. 突发新闻报道的编辑。
3. 突发新闻报道的评论。

随着数字信息时代的到来，互联网技术以及现代通信技术不断进步，推动着各种类型的媒体不断走向融合统一，成为新时期媒体发展的一大趋势。可以这样来理解新闻媒体的融合：一方面，不同形态的新闻媒体依然保持着自己原来的编辑特色；另一方面，各种形态的新闻媒体靠着网络和现代通信技术互动不断增加，进而走向融合，使得新闻编辑的工作内容与在传统媒体基础上的工作内容相比有了较大的变化，拓宽了新闻编辑的工作范围和工作领域，甚至会有新的角色定位。

突发新闻编辑有两种含义，一是指编辑工作的内容，二是指担任此项工作的人员。从人员上说，指的是从事对报纸、电视、新闻性杂志、网络以及报道新闻的广播等新闻媒体进行文字、图片、音像、版面等编辑整合工作的专职人员。他们出现于新闻媒体产生以后，其角色定位、工作方式、工作特点、工作目标以及工作任务都与媒体息息相关，虽然媒体形态多种多样，但是不论哪种类型媒体的新闻编辑工作的内容都与新闻传播有关。所以，各种媒体新闻编辑的角色定位和工作特点是有共通之处的，即所有的新闻编辑工作都会有某些相似或一样的特点和规律。

本章说到的编辑主要是从其工作内容上来阐述的。从实际操作过程来看，突发新闻策划、编辑、评论等各项工作，往往是由媒体的编辑部门来组织和执行的，所以将此三项内容列在一起阐述。

第一节　突发新闻报道的策划

突发新闻报道的策划，是指记者、编辑针对某个突发事件，努力发掘其新闻价值，谋划最佳报道形式，以求达到良好的传播效果和社会效应的过程。它对新闻报道活动进行规划和设计，并且在报道实施过程中不断接收反馈，修正原先设计的行为。从实际操作的层面上看，新闻报道策划之所以能够存在，是由于新闻资源具有可被认识、开发、配置、转换和利用的特性。

突发新闻报道的策划因突发事件的特殊性，决定了其报道策划有许多不同于常规事件策

划的特点和要求。因此,探讨媒体如何做好突发事件的报道策划工作很有必要。

一、突发新闻报道的策划特点

突发新闻报道策划的特点是由突发事件的特点决定的。突发事件具有时效性强、变动性大、不确定性大、影响面广等特点。这些特点决定了突发新闻报道策划的特点。突发新闻报道策划的特点如下:

(一)紧迫性

尽管新闻都讲求时效性,但没有哪类新闻报道像突发事件报道那样对时效性要求那么"苛刻"。因为突发事件发生突然,时效性极强,要求其策划工作必须迅速及时,在事件刚一发生时就采取相应对策,否则,耽误了时间,也就错过了报道的最佳时机。可以说,时效性是衡量突发事件报道水平的首要标准,谁能最先、最快报道某一突发事件,谁就是赢家,谁就在竞争中取得了至少一半的成功。

(二)谨慎性

由于突发事件不确定性大而又影响深远,因而对于突发事件的报道策划要保持高度警惕,慎之又慎。要深入调查,仔细研究,弄清真相,在此基础上思谋对策,否则,仅凭一时的热情冲动草率行事,不仅帮不了忙,反而会添乱。

(三)应变性

由于突发事件变化性大,决定了其报道策划也要随时改变,要关注事件的最新动态,据此随时调整策划方案,否则,策划方案落后于事件的变化,就会使工作陷于被动,策划也就失去了应有的意义。

(四)连续性

突发事件虽然是突然发生的,但并不都是瞬间结束的,有的突发事件虽然发生很突然,但其发展和结束还要经历一个或长或短的过程,因此要对其进行连续跟踪报道。

(五)立体性

突发事件虽然有可能是匆匆来匆匆去,但其影响往往是深远的,因而对突发事件的报道不能停留在事件表面,就事论事,仅仅满足于报道事件本身,而应该广泛搜集相关资料,多角度分析,多形式报道,既要有广度,又要有深度,尽可能使受众从报道中了解到关于事件的一切信息,并有所启示。

二、突发新闻报道的策划依据和原则

(一)突发新闻报道策划的依据

1. 可供传播的客体

新闻是对新近变动的客观事实的报道,没有变动的事实,便没有新闻报道。因此,被传播者所意识到的外部世界的客观变动,构成了策划新闻传播活动的重要依据,"可供传播的客体"就是指这种为报道策划者所意识到的客观变动的事实。它有两个特点:一是客观存在,二是被策划者所觉察。新闻报道的选题总是在"可供传播的客体"范围之内的，客体不存在，对于客体的报道就不存在，新闻报道策划也就不存在。

2. 受众的获知需求

新闻传播活动是以传播者与受传者之间的信息传递为基础的，没有受众的新闻传播不可能存在，不合乎受众获知需求的新闻报道是无效的报道。因此，新闻报道策划要以媒体受众的获知需求为依据，报道什么，如何报道，都要根据受众的需要进行选择和设计。现代社会中，“广播”在变成“窄播”，“大众”在变为“小众(分众)”，每一家媒体的新闻报道活动都要针对自己特定的受众群体。因此，新闻报道策划要根据媒体的受众定位确定报道效果目标，设计最佳报道方案。

3. 实现传播的条件

新闻传播活动是依赖一系列客观条件而存在的，具体到每一次新闻报道，除了有客观存在的报道客体，以及受众对这一客体有获知需求以外，媒体要完成报道，还要具备其他外部与内部条件。外部条件主要有：政策、法律和道德规范。新闻报道要为有关法律和政策所允许，为社会道德观念及文化环境所允许。内部条件主要有：媒体具备采集相关新闻信息的资金、技术设备和人力资源，具备必要的运行机制与管理水平等。新闻报道策划应充分考虑这些实现传播的条件，据此作出正确的决策。[1]

（二）突发新闻报道策划的原则

突发新闻报道策划既不能脱离客观存在的新闻事实而凭空产生，也不能摒弃报道主体的主观意识而运行。有学者提出应遵循下面五条原则：第一，取信原则：实事求是，取信于受众；第二，创新原则：与众不同，标新立异；第三，变通原则：审时度势，随时变通；第四，实效原则：社会效益，经济效益；第五，可行原则：切合实际，扬长避短。

三、突发新闻报道的策划过程

（一）策划预备阶段

1. 了解报道客体的信息

如报道一个重大事件，就需要了解有关这一事件的背景情况、目前进展势态、各方面对事件的反应、有关专家对事态发展的分析预测、与此事件有关的其他事件及人物的情况、历史上的类似事件的情况、其他地区类似事件的情况等。报道策划者只有最大限度地掌握报道客体的相关信息，才能对其本质和意义有更为准确的把握，从而决定报道如何进行。

2. 了解报道接受者的信息

如受众对新闻线索是否已经有所了解，他们对选题的获知需求点究竟在哪里，已知事件的受众对事件的反应、有关专家对事态发展的分析预测、有关领导者对事件的态度和对策等。这些信息有助于策划者把握受众的心理特点，有的放矢地策划报道，而且这些信息有一部分可能直接成为报道的内容。

3. 了解报道竞争者的信息

如对一些意义重大、媒介普遍会加以报道的选题，要设法了解其他新闻媒介的报道方案，弄清其报道的规模会有多大、可能选择什么报道方式等，这样才能针对竞争对手的行动，采取相应的对策，在报道中扬长避短，出奇制胜。

（二）方案设计阶段

指根据报道效果目标，对报道进程、报道方式、表现形式大胆设想，最终形成系统的报道设计方案的这一阶段。这是报道策划的核心阶段。

新闻报道策划本质上是一种创造性的思维活动，而且这种创造性的劳动通常是以一两人为主，更多的人参与的方式进行的。报道思路是设计报道方案所依循的思考途径，报道思路的形成有一个由酝酿期向明朗期过渡的过程。酝酿期是沉思和多方假设的阶段，策划者在此时对所收集的资料、信息在头脑中进行加工处理，寻找报道的突破口，不断从正面、反面去进行各种假设，并让这些假设在头脑中反复地组合、交叉、撞击和渗透，不断地否定、选择，形成新的假设和创意。应该以什么标准来优选设计方案呢？一般情况下主要考虑两方面：

第一，对候选方案的效果进行预测，与报道效果目标两相对照，选择最接近效果目标的方案。对于那些效果预测不能肯定的方案，需要谨慎对待。

第二，对候选方案的实施条件进行分析，与媒体内部现有的条件两相对照，选择两者最接近的方案。对于那些媒体不具备实施条件（含人力、财力、技术设备、管理水平、时间等）的方案，一般不宜采用。

（三）方案修正阶段

指从报道策划方案付诸实施到报道结束这一过程中，根据报道进展情况不断修正原先的设计方案的这一段时间。

1. 修正报道思路

这是报道策划中最大的调整。报道思路的改变意味着对报道选题的重新认识，并且相应地要改变报道范围和重心、报道规模、报道方法等。

2. 调整报道内容

在不变更报道思路的前提下补充或压缩报道内容，改变原来的发稿计划，这也是对报道计划较大的调整。

3. 调整报道规模

通过延长或缩短报道时间，增加或减少报道篇幅，提高或降低报道的版面地位等手段，改变报道的阵势和力度。

4. 改变报道方式

指变更报道的组织方式，使报道取得好的效果。

5. 调整报道力量与报道机制

改变原定的报道人员部署、资金和技术设备的配置，建立新的报道机制等。这个调整是由报道内容和报道规模的调整而来的。

（四）方案修正的依据

1. 报道者的反馈

记者、通讯员和作者是采访报道的直接操作者，他们对实际情况的掌握最多最细，对报道的效果也获知最快。他们既是报道的参与者，又是媒体和社会间沟通的桥梁。

2．报道对象的反馈

被采访者、被报道者是报道的当事人，他们能不能接受报道，能不能给予配合，在报道进行过程中有没有改变自己的行为和观点，都直接影响下一步报道的进行。因此，在报道中了解他们的情况至关重要。

3．有关部门和主管单位的反馈

被报道者的上级、媒体的主管部门和有关领导人员经常会在报道进行过程中提出各种意见和建议，这也能成为报道调整的原因。

4．受众的反馈

报道是否成功，受众的反应是重要的衡量标准。

四、突发新闻报道的策划内容

（一）策划的支撑系统及工作内容

突发新闻报道策划可以分为下面四步：确定选题、搜集材料、制定流程、实施方案。

在这个过程中媒体应该做好下列工作：

第一建立策划系统：突发新闻报道考验着一家媒体的整体素质，必须依赖团队整体作战。成功的突发事件报道需要由媒体的智库和策划组来完成。这种策划组织应该包含负责此项报道的总编辑、值班总编辑、部门主任、编辑及相关记者，以及相关专家等。

第二建立专家智库：突发事件发生后，第一时间报道事件以后，就要全面处理信息。这些任务单凭记者和编辑是不能完成的，必须建立专家智库。其功能有二：一是策划功能，由资历较老的记者、编辑和新闻单位的内外专家组成。这个专家智库可以凭借以往的经验和现有的资料，迅速找到报道的选题和方向。其二是对突发事件及时作出评论，发表评论文章。广电、网络等媒体还可以邀请专家作为嘉宾现场评论。

第三是确定报道方案：包括新闻主题和报道重点。

第四是选择报道结构：包括报道的角度、深度、广度等。

第五是传统媒体与新媒体的联动：传统媒体一般都有网络平台，可以通过网络第一时间将突发新闻报道传播出去，也可以通过网络及微博、微信、手机短信等新媒体收集反馈信息，发现新闻线索，及时策划后面的报道。

（二）突发新闻报道的进程和策划要点

美国学者史蒂文·芬克1986年将医学术语引入危机管理，把危机生命周期划分为四个阶段：征兆期、爆发期、蔓延期和痊愈期。在这四个不同阶段，媒体扮演的角色虽有重合，但各有侧重。我们可以借用这种分期的办法来划分突发新闻报道策划的阶段。[2]

事实上，对于征兆期，媒体是很难判断的，突发事件爆发前的蛛丝马迹，由于变化细微，很难引起人们的重视。特别是类似地震之类的自然灾害，连科学机构都难以预测，怎能要求媒体预警呢？还有一些如马航失联之类的灾难，都是突然发生的，难以预料。所以我们可以将征兆期和爆发期合并在一起,称为突发新闻报道的第一阶段。将蔓延期作为第二阶段,痊愈期作为第三阶段。

媒体在这三个阶段的任务和作用是什么呢?

1. 第一阶段:传播信息,比拼速度

根据危机管理理论,危机尤其是群体事件爆发后,媒体应该成为政府与大众信息、感情交流的平台,实现公众与政府之间的信息连接和舆情互动。在这一阶段,媒体应该第一时间奔赴突发事件现场,全方位、多角度、迅速地报道事件真相,使信息透明,及时制止谣言,尽量满足受众对信息的需求。瓮安事件中媒体从开始的缺位到后来的复位这一转变充分说明了媒体在突发事件中及时传播信息的重要性。所以这一阶段,媒体的目标就是比拼速度。[3]

新闻的时效性对于任何媒体来说都是重要的。突发事件报道更是这样。在传播学中有一个"首因效应",认为"当受众面对两种冲突的信息时,两种信息的呈现顺序会影响受众对信息的接受"。[4]这就要求媒体以最快的速度推出新闻。

2011 年 7 月 23 日晚 20 点 30 分左右,北京南站开往福州站的 D301 次动车组列车运行至甬温线永嘉站至温州南站间双屿路段时,与前行的杭州站开往福州南站的 D3115 次动车组列车发生追尾事故,后车四节车厢从高架桥上坠下。这次事故造成 40 人(包括 3 名外籍人士)死亡,约 200 人受伤。处在事发当地的《温州晚报》第二天即快速在报纸版面上进行了报道。之后接连几天都是近十甚至十几个整版连续推出报道。很多媒体都转载该报的报道。

2. 第二阶段:引导舆论,比拼广度

突发事件是一个复杂的多面体,当事件发展到第二阶段时,受众需要进一步了解事件的方方面面,会对媒体提出更多的认知要求。正如喻国明教授所说:"单篇新闻报道再优秀也无法构成人们的信息安全保障,知情权保障要求新闻媒介的报道结构是完整的,无重大遗漏的。"[5]媒体报道一定要注意保持信息的连贯性,既有事件本身的报道,又有与此相关的报道,由点的报道转到点对面的全景式记录。包括三个方面:

第一,对突发事件的核心信息做多层次的报道;

第二,对事件涉及面做全方位的报道;

第三,对突发事件的外围做扫描式报道。

在此阶段,主要报道社会各界对事件的反应和政府相关部门的应对措施,重点是引导舆论。

3. 第三阶段:"痛定思痛",比拼深度

危机痊愈期的媒体,主要作用是引导全社会"痛定思痛",对危机事件中暴露出来的各种问题以及在危机处理过程中取得的经验教训进行全面总结和科学反思,避免危机再次爆发,或能够在下次危机发生时采取有效措施。

对于突发事件的新闻报道,读者的需求一是要尽快了解突发事件发生、发展的简要信息;二是要从更深层次上把握突发事件的性质、背景、发展趋势和可能产生的结果等，希望媒体能够提供有深度、有见解、有评有述的新闻。深度，体现了一家媒体对新闻事件的解读水平和思想深度，反映了媒体的品质、品格、视角和视野。可从下述方面进行：

进行背景透析，通过突发事件看本质；延伸新闻触角，挖掘报道深层意义；引入权威话语，增强报道深度。

反思，是危机传播中不可或缺的环节。从实际情况看，我国媒体尤其是主流媒体往往在危机的痊愈期过早退位，造成反思功能的缺失。即使像做得最好的“汶川地震”危机传播，最后也缺乏足够的反思。由于反思缺失，所以一些类似危机反复出现。这是很可怕的事情，甚至比危机本身更可怕。

（三）策划突发新闻报道的几种形式

一般来说，对于突发事件，媒体的报道形式大致有以下几种。

1. 即时性报道

即时性报道是在突发事件发生后即有记者赶赴现场或从多渠道获取信息，迅速发回的报道。这类报道一般时效性强，文字也较简洁。如果条件允许，媒体动用照片、资料、言论等背景材料，可以更好地突出主题。

2. 连续性报道

突发事件的报道首先是从即时性报道开始的，它让人们感知该事件的发生。但是，仅此还是不够的，有些突发事件虽然发生很突然，但未必瞬间完成，其发展和结束还有一个缓慢的过程，读者也会关注事件新的动态，希望了解事情的来龙去脉及有关细节、背景及相关事项等详细信息。这就要求记者继续追踪事件发展过程及详情，进行连续性报道。

3. 总结性报道

并非所有的突发事件都应该或者能够在该事件刚一发生时就予以即时报道，或在其发展过程中进行追踪式报道、连续性报道，为了更具体了解事件的前因后果或者由于某些技术操作上的原因，有的突发事件是在其出现后的一段时间或结束后才进行报道的，这种报道即总结性报道。由于报道是在最后进行，又可称做终结报道。这种报道在期刊中较为普遍。在做总结性报道时，事件发展的过程已十分明了，一切变化的因素都以静态的形式定格于历史空间，它所反映和说明的问题，它给社会和人们的启示，都已比较明确地袒露出来。另外，由于报道准备时间较长，编辑、记者的准备工作可以做得比较充分，比如资料的搜集、背景的交代、照片的配搭以及版式设计等工作都可以做得更细，文字质量可以进一步提高、内容深度方面可以进一步开掘。总结性报道做得好，可以起到“后发制人”的效果。

第二节　突发新闻报道的编辑

一、全媒体时代突发新闻编辑角色定位

（一）突发新闻报道专业编辑角色定位

1. 新闻编辑是新闻活动的主导者

随着市场经济的不断发展，现在的新闻传播行业从媒体供不应求走向供需平衡甚至供过于求的境地，即从行业竞争力不强的“卖方市场”变为了媒体消费者可以自由选择且新闻传播行业竞争力增强的“买方市场”。这就要求媒体不断提高产品质量以及服务质量，并通过不断地对其传播手段和传播效果进行改革创新提高竞争力和市场占有率。现实生活中，时效性强、可读（视听）性强、画面感良好、群众参与度高、可信度高以及新闻信息量大的媒体受公众欢迎，而这些品质正需要编辑工作者对媒体的新闻产品进行组织、策划、创新和报道，开展高品质的新闻传播活动。所以，可以说新闻编辑是新闻传播活动的主导者，是组织、设计和指挥新闻活动的领头羊。

2. 新闻编辑是品质的创造者

报纸、电视、新闻性杂志、网络以及报道新闻的广播等新闻媒体的创办或改版都是由以总编辑为首的编辑委员会进行创造设计的。也就是说，他们担负着制定包括媒体的受众对象、风格特色、品质特点、报道方式、报道内容取向等方面的编辑方针的重要任务，制定出来的编辑方针将作为编辑部成员的行动规范，并引导新闻业务活动的走向。除此这外，新闻编辑担负着设计新闻媒体的形象、规模、板块结构的任务。每一个新闻画面、每一个新闻板块、每一个新闻栏目、每一个新闻内容、每一个新闻频道，都受由新闻编辑策划设计的。新闻媒体产品的品质，包括政治水平、专业水平、文化水平等，都受新闻编辑的直接影响。新闻编辑如果职业素养高，必然会带动新闻产品品质的提升，帮助媒体精准定位和进行个性化设计，不断提高媒体的竞争力和传播效果。反之，会使新闻媒体的传播效果大打折扣，甚至会给媒体带来不可估计的损失。所以说新闻编辑是媒体的重要组成部分，是其品质的创造者。

3. 新闻编辑是贯穿新闻活动始终的组织策划者

随着市场竞争的加剧和信息技术的发展，公众对新闻媒体的量和质的要求不断提升，渐渐不再满足于媒体对新闻事实的陈述，而要求新闻媒体围绕新闻事实进行翔实的调查，对其背景、发生原因、作用影响、发展趋势等进行分析和评估。为了满足受众日益增长的要求，新闻报道工作不断地进行改革和创新，从单向性走向多向性，从单一方式走向多样方式，组合报道、追踪报道、调查报道、系列报道等报道方式的运用不断增多，新闻报道逐渐立体化，公众的参与度也越来越高。由于在新闻媒体中常规性的策划和组织新闻报道的任务主要由报纸、电视台或电台等媒体的总编辑、编辑部主任、新闻总监、编辑策划者、版面主编、制片人、文字图片编辑等人负责，所以新闻编辑策划和组织新闻

活动和报道的任务越来越重。

（二）“多媒体编辑”角色定位

1．“多媒体编辑”的工作内容

“多媒体编辑”是在媒介融合以后产生的担负着策划与管理多重特殊任务的高层编辑人员。它不是单一的工作者，而是由多个不同职责和工作时间的人员共同负责的一个岗位，一般分设有策划总编辑、分配总编辑等不同分工岗位。有研究者表示，“在多媒体的或融合的新闻编辑部中，制片人和分配总编辑的角色变得更加复杂和重要，他们现在要考虑的已经不仅仅是在电视新闻中报道什么与如何报道，他们必须决定如何最好地同时在报纸、广播电视和在线平台上完成新闻报道。”[6]也就是说，新闻编辑作为贯穿新闻活动始终的组织策划者，在媒体融合的未来，其工作对象将由单媒体向多媒体变化，工作范围变广，任务难度加大。

2．新闻传播活动的总监督

与记者的工作对象是单个新闻作品不同，多媒体编辑的工作对象是报纸、电视、新闻性杂志、网络以及报道新闻的广播等新闻媒体的集合体和其活动的总监督。编辑部的成员，包括记者、摄影记者、照排技术人员、图表制作师、资料员、文字编辑、值班编辑、社论编辑、管理编辑、总编辑等，都通过编辑工作将他们的工作成果汇合为一体。

3．新闻素材的加工者

一般而言，记者、作者交到编辑部的稿件已经对原始新闻素材进行选择和加工了，但是这些稿件并不一定完全符合新闻媒体的要求或受众的需要。这时就要求编辑对这些稿件进行选择和处理，对原始新闻素材进行重新认识。由于新闻素材的采写和编辑工作的种种不同，编辑和记者、作者对原始新闻素材的选择和报道角度的挑选会有不同的见解。直接接触到新闻素材的记者、作者对新闻素材的感受最真实，但是，所谓“当局者迷，旁观者清”，他们反而很难保持客观冷静，看事物的角度和情感会受到素材的影响，不如编辑看素材客观冷静。编辑因为所处的位置特殊，其会更多地从媒体的特点和素材所反映的多方面内容来考虑，然后选择最适合媒体特色、最能深度反应素材价值的角度，并进行加工，以提升新闻素材的价值，达到效益的最大化。

4．新闻舆论的引导者

网络的产生与发展，媒体形式的多样化发展，使得越来越多的普通民众可以参与到新闻传播之中来，他们通过手机、微博、BBS、豆瓣、博客等方式发表自己的观点、发布身边的新闻，这就使得越来越多的新闻在新闻编辑者和控制者的控制范围之外开始广泛传播。这种不可回避的客观事实要求新闻编辑必须在新的媒介环境下重新明确自己的角色定位。

新闻编辑应当肩负起公共论坛主持人的角色并承担对公众关注点和舆论的引导任务。由于新闻的信息源不断地扩展，逐步转变为由广播、电视、报纸、网络、博客、微博等多种传播媒介共同组成的多主体信息源，新兴的媒介，来自普通民众的新闻和评论逐渐成为新闻传播中的主体内容。因此，新闻编辑需要肩负起公共论坛主持人的角色任务，组织引领新闻对话和观点交流与辩论，并适当将有利于新闻传播正面发展的公众意见或评论引入到传播内容之中，保证专业新闻媒体在新闻传播市场中的主体地位，保证其市场的占有率和受众比例。

二、突发新闻编辑理念更新

突发新闻报道的编辑与一般新闻报道编辑相比，更强调下述观念的更新。

1. 突发事件报道中的平民视角和人情味

突发事件发生时，有很多严峻的事情需要面对。提高新闻媒体的传播效果，要注意报道的形式，发掘受众的心理感受，以平民化的视角关注新闻事件。平民视角和人情味易于使受众接受新闻信息。

2. 突发灾难性事件新闻报道层面上的反思

关注抢险，也要关注预防。要表达人性化的情感。如果说过去秉承的是“灾难不是新闻，救灾才是新闻”的报道理念，那么，现在多次的灾害报道实践，已体现出“灾难是新闻，救灾更是新闻”的理念。

有激动，也要有宣泄。一方有难八方支援，无所畏惧的抢险，及时有效的援助，感染着受灾的人，也激励着救灾的人和关注灾区的人。但是仅有激动还远远不够，还要有宣泄。

防止“报喜不报忧”，同时切勿夸大事件。

3.树立理性批判的信息接受观

现在发布信息已经不是传统媒体的特权，普通大众也可以成为信息的发布者、传播者。在新媒体环境下，存在决定意识，思想指导行动，编辑首要的是要确立正确的信息接受观，培养媒体批判意识，具备理性客观的获取、分析、辨别信息的能力，即根据自身需要选择信息的能力。编辑要用辩证思维的观点分析内容，作出相对客观的评判，并进行科学的取舍与再加工。更应引起编辑注意的是，要善于利用新媒体工具对数据进行分析和挖掘，包括数据库的使用将会变得很重要。只有以正确的观念作为指引，在面对新形势时，编辑才能稳住阵脚，有条不紊地完成职责，发挥出自身的潜力。可见，编辑树立理性批判的信息接受观，有利于编辑的职业发展和社会先进文化的弘扬。

4.构建复合开放的知识结构体系

高素质的人才必须具备特定的结识结构体系。邓拓曾说，“记者的知识越多越好。记者要先做杂家，再从杂中求专”[7]。编辑同样也应如此。全媒体时代，编辑每天面对杂乱、海量、随时更新的信息，必须读更多的书籍、学更多的新技术，在此基础上不断提高自身的创新意识和能力，才能更好地应对。编辑要灵活使用各种网络工具，要真正做到活到老、学到老，时刻关注技术的发展，并紧跟发展去充实自己的知识，从而使自己具有“人无我有，人有我优”的能力，成为所从事行业或某一领域的“专家”。特别是在当前数字出版的进程中，为了以最佳的状态完成工作任务，编辑要学习数字出版、网络传播技术等知识，并切实地应用到实际工作中。与此同时，还要尽可能地多接触自然科学、人文社会科学等学科，学习与出版有关的规章制度，特别是数字出版管理的有关规定，坚持正确的政治方向，恪守职业道德。只有这样，才能在遴选稿件时做到遵循出版规律，不因片面追求发行量（点击率）而丧失原则，做到在广泛涉猎的基础上融会贯通。

三、突发新闻编辑技巧

（一）突出主题用好头条

从报纸媒体来说，主题突出，选好头条是至关重要的大事。面对突如其来的重大突发事件，报纸在时效性上很难与电子媒体抗衡，但是突发新闻的重要性和显著性能够用报纸的版面语言来体现，这是其他载体所不具备的特性。区别于广播电视的编辑语言，报纸能够在相对集中的时空中传播最精练的重大新闻，它的编辑语言是凝固在一个时间点上平面铺开的，如同摄影中的定格；由于网络超链接技术的局限，一目十行的阅读快感已经无法在电脑上实现，而报纸却无须读者鉴别新闻的重要性与显著性，头条、二条、报眼、强势空间新闻内容一览无余。报纸让版式说话，引导读者对突发事件作全面客观的评价。

一张报纸，头版头条的使用最为重要。

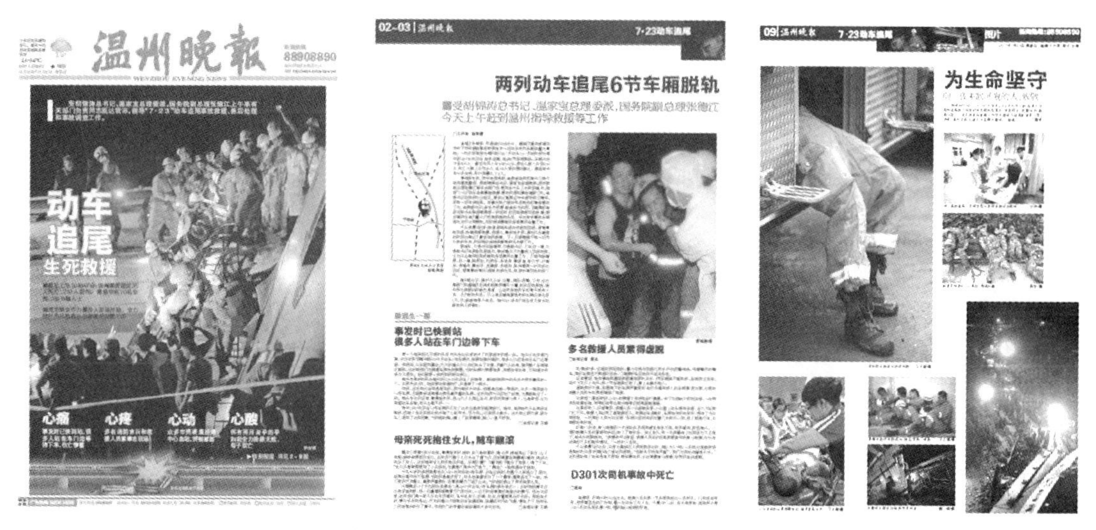

图 15-1　《温州晚报》2011 年 7 月 24 日关于动车事故报道的第 1、2、9 版

如“7·23”动车事故在温州当地发生后，《温州晚报》于次日就推出了大幅报道（见图 15-1）。头版是一张占据整个版面的大照片。从右边到中央的画面为一群正在抢险的消防战士，抬着一个躺在担架上的伤员从梯上下来。下面是一群忙碌的救援人群。左边是四个醒目的白色大字“动车追尾”，白色大字下面是红色字“生死救援”，整个版面的标题十分抢眼。头版头条通栏位置，排了一条大字号简讯，突出了整个专题报道的主题，十分醒目：“受胡锦涛总书记、温家宝总理委托，国务院副总理张德江上午率有关部门负责同志抵达我市，指导‘7·23’动车追尾事故救援善后处理和事故调查工作。”在 2 版突出主题消息，即动车事故的报道，并配了出事地点的示意图。第 9 版是画刊。整期报纸 1-9

版尽量铺陈事件真相与全貌。这期报纸一拿到手,刚刚发生的突发事件,赫然在目,十分抢眼,而且,一连9个版的专题报道,信息详尽,一览无余。

在版面语言中,字符、线条、色彩、图像和版面空间符号都是表达编辑意识的手法。粗黑字体、加黑框、灰底纹、版式空间的突出强化都是处理突发性重大新闻的常用应对技术。这种直观又凝固于纸端的表现形式是广播、电视和网络难望其项背的。

在突发事件的报道编辑中,首先,要及时跟进,随事而变。其次,要拓展报道层面,深挖新主题。再次,要讲求艺术,用版面说话。突发事件往往事关重大,容易触动社会神经,引起世人的广泛关注,而新闻传媒必须本着客观公正的原则,如实报道事实本身,不能妄加评说。在这种情况下,巧妙安排版面,不仅能起到美化作用,而且能借此传达更多的信息,表明正确的立场,产生“此时无声胜有声”的艺术效果。

对于电视媒体而言,要突出亮点,形成看点。

亮点是什么?亮点首先是生动的现场画面和同期。如通过新闻中心的信息平台和通讯员队伍,在第一时间赶到突发事件现场,抓拍到鲜活的现场画面。在后期的编辑中,将其提取出来,常能形成先声夺人的传播效果,瞬间调动观众情绪。好的同期和画面,可以在片中多次使用。

其次,贴近民生。很多突发新闻的素材,粗看上去是负面的,如果能深挖一步,会发现其中不乏正能量。例如,有电视台报道,某天夜间,城市消防栓被撞断,肇事司机逃逸了,这看似一条简单的突发新闻。采访中进一步发现,自来水哗哗流淌了几个小时,有关部门迟迟不到现场维修,不仅造成公共资源浪费,还给过往行人带来不便。采用这样的视角,新闻价值就增加了。后来,附近一名老伯看不下去了,几次试图去堵漏,并找来工具试图维修,弄得全身湿透了,这样的热心市民,无疑是这条片子中的亮点。

再次,能带动受众情感共鸣。早间新闻的观众不少是中老年人,老人夜间迷路、赡养老人纠纷等新闻,很容易引起他们的强烈共鸣。江苏广电总台《昨夜今晨》曾播发过《民警助迷路老人回家　老人叹息忆当年》,前半段是常规套路:老人迷路街头,热心市民报警救助;后半段当民警把老人搀扶回家,老人告诉民警,自己年轻时也曾是一名警察,并拿出实物为证,由此生发出一段感慨。[8]这一细节就蕴含着丰富的对比意味,老人的今昔对比,老人和年轻民警的对比,容易激发观众的共鸣。

(二)丰富背景用足资料

突发事件是媒体的有效资源,不少媒体在操作上都注意充分利用。这里比较突出的做法是大版面、大篇幅、大照片。有时一时没有那么多现场稿件,同时,也有很多现场事件读者一时也闹不清楚,这就需要大量使用背景材料。如《温州晚报》在“7·23”事故报道中,就是大量铺陈版面,并运用了很多背景材料。

《温州晚报》关于“7·23”事件处理迅速,版面使用果断大胆,第一次见报就一连发了9个整版。每版突出一个中心话题。如2-3版,全是该报记者采写的现场新闻。头条是张德江抵达温州的消息,通栏标题为“两列动车追尾6节车厢脱轨”。下面是现场情景:左侧是一幅动车出轨事故地点示意图,这是利用背景资料临时配置的。右侧是一幅救援人员累虚脱被人搀扶的照片。几则短新闻充斥其间:《事发时已快到站,很多人站在车门边等下车》《母亲死死抱住女儿,随车翻滚》《D301 司机事故中死亡》。4 版的报眉上有"7·23动车追尾",下面大标题为"动车恸全城动";5 版为救援,温州倾情大救援;6 版为口述新闻;7 版为微博新闻;8 版为滚动报道;9 版为现场图片。

面对纠纷类的新闻素材,不能光突出场面上的热闹,还得让观众看出点门道。事件是什么原因造成的?如何避免类似事件的发生?由此给人一些启示。这同样也涉及背景资料的运用。江苏广电总台的《昨夜今晨》新闻节目中,报道了《女子跳楼轻生邻居竟阻挠救援》一事。一名年轻女子爬上自家四楼阳台纵身跳下,幸运的是,掉在了三楼阳台延伸部分。但当消防队员试图经过三楼住家,展开救援的时候,遭到莫名阻挠。接着,四楼家人跪求,三楼住户不得已开门。后来,人终于救下了,三楼又不给出门了,理由是家里老人因此受到了惊吓,最终民警到场调解,三楼住户才同意放行。这个故事讲述得一波三折,片中最后的特别提醒尤其重要。根据《消防法》规定,消防人员在进行灭火救援中,有权使用当地可利用的设施进行施救。由于三楼户主已年近七旬,民警本着人性化原则,才暂不追究其责任。这一情节的交代、背景材料中的相关法律规定的引证,对于类似纠纷如何解决、如何避免,提供了有价值的启示。[9]

(三)真实准确把握节奏

坚持真实准确的原则,即坚持以客观事实为依据,实事求是,亲自调查、核实。编辑特别要从稿件中查看记者是否深入第一线及时展开调查,保证所收集的信息资料中引用的数字、讲述的情节、援引的话来自权威部门、权威人士或目击者所见所闻。如果有不清楚的地方,要及时向记者了解核实,把握不住的内容,宁可不发。否则,就会造成报道失实,这不仅有损媒体形象,还会失去受众的信任。

客观公正,即对事件只做客观叙述。编辑在文稿审核中,要剔除所有事件外的感情色彩和一些有意无意的诱导性话语,让读者自己去了解事实真相,像看录像片一样对事件一目了然。首先,不能隐瞒事实,掩盖真相,甚至弄虚作假,否则就无法满足受众的"求知"心理,不能取得社会的理解与支持,也就难以妥善处理好突发事件,甚至可能在社会上引起骚动。只有将事实真相尽快告知社会公众,才可能取得他们的理解和支持,进而创造出一种有利于事件解决的良好的社会氛围,转危为安。其次,编辑在阅稿时,应保持头脑冷静,判明情况,根据收集到的情况,作"实录"报道,而不能随意加入个人情感,对报道添枝加叶,妄加评说,或根据主观臆测给事实定性。

把握节奏,除了时间上的快慢要求外,就是对"度"的把握,而对"度"的把握中,首要而关键的一点就是对报道量的把握。在一个时期,一个地区,对突发事件的报道量必须有适度控制。这里基于两个前提,一是一段时间里一个地区内突发事件的多少,没有突发事件时是不能随意编造和夸大的;另外就是有了突发事件后,哪些该发,哪些不该发,哪些该重发,哪些该轻发或不发。数量的多少在一定的条件下可能引起质的变化。突发事件是随时发生的,如果一家媒体就某一个方面的突发事件,如暴力事件,经常登,反复登,而且只有发案,而没有破案,就会给人一种恐怖感、不安全感。

2011年12月1日下午5时30分左右，武汉市雄楚大街关山中学旁边的建设银行网点门前，不明物体引发爆炸，造成过路群众2人死亡、10余人受伤。爆炸中一名年约20岁的年轻女孩不幸身亡。爆炸案的嫌犯王海剑12月16日落网。对这个事件当地的《长江日报》与《武汉晚报》起初报道时很谨慎，事发次日见报的均为一条300余字的小消息。直到此案罪犯锁定到最后案情大白时，才有大篇幅的报道。这说明突发事件出现后，编辑的操作要格外谨慎，一不小心就会酿成大错。

（四）一图千言用好图片

随着新闻行业"读图时代"的来临，突发事件的新闻图片应用显得尤为重要，一图胜千言。《华盛顿邮报》原发行人玛格丽特说过："新闻图片是以无可争辩的新闻事实，先征服你的眼睛，再征服你的心灵。"[10]

突发事件的新闻图片报道应遵循以下几个原则：

1. 及时、新颖

新闻图片的"新"，不仅仅指它的时间新、内容新，更重要的是摄像视角或视点要新。对于重大突发事件，人们通常敏感而好奇，并具有强烈地表达自己见解的愿望。而重大突发事件的新闻报道，要想通过图片在满足受众求知欲、好奇心的同时震撼他们的心灵，唤起人们心中向善的力量，共同参与到对灾难事件的拯救过程中，就需要图片创作者及新闻编辑有独到的思维方式及对事件深刻的认识。比如在印尼海啸发生的第一时间，德国的《每日镜报》一改众多报纸刊登灾难现场凄惨图片的思维，选择了"12月26日，在印度南部的马德拉斯，人们将一个女孩抬离遭海啸袭击的沙滩"这样一幅众人齐心协力救人的近景图片，画面救人的紧张气氛通过众人动感十足的肢体语言淋漓尽致地表现出来，它使读者在惨烈的灾难面前，在感情上由旁观者变为参与者。[11]

2. 真实、准确

近年来，国际上围绕突发事件新闻图片报道的话语权之争不断升级，数字技术的发展又使新闻图片的真实性受到了空前的挑战，当今的电脑技术不仅能对图片进行改头换面，甚至可以无中生有。例如，2008年2月12日，刘为强的作品《青藏铁路为野生动物开辟生命通道》被网友质疑为PS合成之作。再如2004年7月14日，我国西安地区连续暴雨，地面严重积水，某报记者将拍摄到的图片用Photoshop软件进行修改，结果原来没膝深的水改成了齐腰深的水，"积水"也就变成了"洪灾"。图片经美联社采纳后被芬兰读者发现了修改痕迹，造成很大的负面影响。[12]所以新闻图片报道务必恪守的一个底线就是真实性。如果为突出新闻主题，需要对图片的清晰度进行适当的调整，对一些污点、划痕等进行处理，则必须以不损害新闻的真实性为前提。

3. 讲深度、反映生活

突发事件的重要特点之一是受到公众的高度关注。随着突发事件的不断进展，公众不再满足于简单的信息报道，而对事件发生的背景、意义和影响等深度信息发生兴趣，甚至希望媒体能够提供预测事情进展的权威分析。这就要求媒体能够拓宽信息来源，对事件尽量"挖深""吃透"，进行全方位的新闻图片报道。如在"9·11"事件发生后，

《纽约时报》迅速推出了题为“国家受到挑战”的特刊，通过新闻报道、评论、图片、漫画等形式，对纽约、华盛顿的恐怖袭击进行了全景式的连续报道，并就此事对全球安全局势的影响进行了综合性的阐述，反响强烈。在86届普利策新闻奖中，《纽约时报》夺得了7项大奖，其中两项是突发新闻摄影奖和专题新闻摄影奖，这也是史无前例的。正如爱森斯坦所说：“画面把我们引向情感，又从情感引向思想。”[13]使用合适的图片，能方便读者理解报道，帮助他们更好更深入地了解事件。

4. 遵从人道主义体现人文关怀

体现人本思想，突出人文关怀，首先要保障人们对突发事件的知情权，刊发体现人文关怀的照片，忌低俗、血腥的场面，必要时可以利用新闻仿真图进行解释。如央视《新闻30分》对山西矿难救援的报道中，将透水事故的方位、人员被困的位置、巷道积水、排水进展等通过仿真图清晰地展现给观众。

《武汉晚报》记者邱焰拍摄的《母女重逢》，正是突出人文关怀的摄影佳作。1998年8月1日，嘉鱼县簰洲湾因特大洪水突袭而决堤溃口，段德莲母女被大水冲散，3天后在灾民安置点，母亲意外地遇见了失散的女儿，记者及时按下快门，记录了这个悲喜交加、催人泪下的瞬间：图片中运用的特写镜头着力刻画了幼小的荣荣惊魂未定、恐惧不安的眼神和她母亲思念女儿、焦急万分的神情，使受众感到了深深的心灵震撼。这幅照片成为1998年反映抗洪抢险主题众多作品中难得的优秀作品之一。[14]

（五）反复推敲规范标题

1. 新闻标题失范的表现形式

（1）题文不符

突发新闻编辑中特别要注意标题的规范。为了吸引受众眼球，有些新闻标题使用极其夸张的遣词用句。特别是网络新闻标题经常将一个新闻事件夸大数倍，最常见的就是用“史上最牛……”的说法，什么“史上最牛钉子户”“史上最牛乞丐”“史上最牛交警”等，用这四个字进行造句，似乎就可以把其他新闻都比下去，以吸引较高点击率。网络新闻标题中以“最”字当头的标题可谓泛滥成灾：“最美英语老师”“最霸道县委书记”“最帅公交司机”等，每出现一个网络人物都会加上一个“最”字进行点缀，而“最”字也体现出一种霸道和强制的意味。

（2）用词描述不准确

用词描述不准确，这种情况与题文不符有所区别。题文不符往往是网站编辑故意为之，体现了一种个人技巧在里面，目的是吸引受众关注，提高点击率，而用词不准确则是编辑在处理标题方面有所欠缺，是由能力所限或疏于审稿而出现的失误。例如《“美女西施”创业方式：开猪蹄店卖糖葫芦》这则新闻的标题就容易让读者产生误解，误以为新闻主角是开猪蹄店的兼卖糖葫芦，其实看了新闻内容后才发现，文中报道了多位“美女西施”，她们各有不同的创业方式。

（3）格调不高价值观念偏差

在市场经济飞速发展的今天，部分媒体忽视了提升新闻的整体质量，片面地追求刺激、煽情、怪异，以达到轰动效果。一些带有色情、暴力等格调低下的新闻标题频频出现，带来了许多消极影响，如误导了受众的价值判断，损害了媒体自身的公信力等。

（4）新闻导向模糊

标题是对新闻内容的简要概括，一则导向正确的新闻标题理应准确地反映新闻事实以及事实背后所传递的价值观念。对于网络新闻而言，与传统新闻相比，具有更强的标题导向作用，因为网络标题特殊的题文分离结构形式，对于读者而言“读题”就意味着读一半甚至全部的新闻内容，所以网络新闻标题的制作要十分注意导向性，要尽量避免出现偏差，以免对读者产生误导，带来不良社会影响。

2. 新闻标题失范的解决措施

（1）建立严格的新闻发稿制度

传统媒体有层层把关，而且在长期运作中形成了完善的自我约束机制和社会监管机制，因此在新闻的真实性上较有保证。而在网络传播中，传播者和接受者的位置是可以相互转化的，所有使用网络的人都可以通过网络自由地发表意见和消息。在缺乏有效监督和审核的背景下，人们随时随地在互联网上发布信息，而其中很多人缺乏对新闻职业道德的理解，因此这种传播环境造成了大量虚假新闻的泛滥，导致了网络传播的公信力较低。由此网络新闻业一定要建立严格的新闻发稿制度，特别重视在新闻标题上的严格把关。

（2）加强新闻从业者的职业素养

数字时代的新闻记者需要具备广博的知识与素养，除了要有较高的新闻理论水平和必备的专业技能以外，还应该对社会人文科学拥有相当程度的了解，这一切有利于新闻从业者的实际工作，能够使其视野更为开阔。特别是网络新闻编辑在撰写新闻标题时要遵循新闻传播的基本规律，同时也要遵循新闻的趣味性、接近性等原则，再具体结合网络传播环境、大众需求去制作网络新闻的标题，这样才能避免新闻标题的失范现象。

（3）鼓励公众积极监督媒体

鼓励公众积极参与到监督媒体的行列中，进一步完善公众对媒体监督的体制机制，促使媒体更加重视受众的反馈，有效预防和及时修正传播过程中所出现的各类失范现象。公众对媒体的监督，其目的是帮助媒体发现自身的不足，制约新闻媒体因过度重视商业利益而忽视社会效益的倾向，运用公众广泛而强大的监督力量对新闻媒体的行为进行约束，有效遏制“标题党”等新闻标题失范现象。在相关职能部门、新闻媒体以及广大受众的多方面力量协同下，完善针对新闻标题失范的有效监督、举报机制，提高公众对新闻媒体的监督能力与监督效果。

第三节　突发新闻的评论

一、突发新闻评论概述

（一）什么是突发新闻评论

突发新闻评论，是新闻传播媒体针对突发事件所发表的各种评论形式的总称。它是针对突发新闻事件直接发表意见、阐明观点、表明态度的一种以说理为主的论说文体。

（二）突发新闻评论是突发事件舆论引导的最适合方式

突发事件在时间上具有突兀性，在形态上具有隐蔽性，在类型上具有多样性，在事件后果上具有不确定性，在利益关系上具有严重的社会危害性。近年来，一些具有重大影响的舆论事件往往因突发事件引起，如“西藏3·14事件”、贵州“瓮安事件”、湖北巴东“邓玉娇事件”、“杭州市飙车案”等。突发事件自身的多重特殊件，决定了突发事件的舆论引导具有“与生俱来”的挑战性。

面对突发事件舆论引导的巨大挑战，突发新闻评论可以说是最为适合的舆论引导方式。突发新闻评论担负着传递信息、观点的职能，在突发事件中，它针对性强，话题灵活广泛；时效性快，能够在第一时间进行同步现场传播；影响范围广，能够通过现代传媒将几乎所有的受众覆盖到。因此，在突发事件当中，突发新闻评论应该当仁不让地承担起这个重要的作用。

（三）突发新闻评论的特点

1. 主动发声，引导舆论

2012年5月26日凌晨，深圳滨海大道发生“跑车男”夜载三女醉驾飙车与同方向行驶的两辆出租车发生碰撞，导致出租车内3人当场死亡的重大车祸。

深圳《晶报》反应迅速，该报从5月29日到31日三天之内，在社论版连续发表了7篇社论。[15]

“报纸或许不能直接告诉读者怎样去想，却可以告诉读者想些什么”。[16]这是美国政治学家伯纳德·科恩1963年对议程设置提出的独到表述。《晶报》社论在设置议程时，与公众议程、官方发布的权威声音良性互动，既没有强迫读者、公众“怎样去想”，也没有淹没于网络舆论，更不是一味地被深圳交警发布的官方声音所左右，而是从多个维度对事件条分缕析，告诉读者《晶报》“在想些什么”，为受众提供自己的价值判断作为参考。

2012年5月28日，深圳交警为飙车案召开第一次事故通报会，介绍此案的相关情况，就有关死者家属及网络舆论的“顶包说”，给出“肇事司机没有顶包”的明确结论。但这次新闻发布会后，传言、猜测仍然满天飞，网友们将自己的见闻、推测、分析等在网络上分享、交流，每有新证据和新进展出现，都会引来众人围观。之所以如此，是因为“5·26”车祸属醉驾飙车，致三人陨命，性质恶劣，且所驾红色豪华跑车极易引发公众对于有关特权和金钱的想象。

对此,《晶报》于29日发表社论《飙车案疑云未散,公民围观有助真相呈现》,一方面肯定警方结论有一定的证据支撑,另一方面对案件的疑点进行分析,提醒警方在提供的视频中存在证据链条的缺失。同时强调,"公众围观这起飙车案的进展情况,也是积极行使公民参与权的体现。参与围观者,或是因为好奇,或是因为对权钱勾结的憎恶,但不管怎样,都是出于探求真相的善意,在此过程中所展现的公民意识也极为可贵"。社论肯定了公民围观的价值所在,呼吁既要尊重警方的专业判断,又要呵护公民对公共事件的关注热情。

社论的立场得到了深圳交警部门的认同。针对网络、报刊、电视等媒体此起彼伏的质疑声浪,深圳交警部门29日召开此案的第二次事故通报会,公布跑车肇事案10项新证据。此时,真相一步一步浮出水面,但事件发展及网络舆论聚焦在三个方面:①对警方的结论仍然存在疑虑;②对飙车的管理问题表示忧虑;③出事车辆是比亚迪生产的电动出租车,比亚迪是位于深圳的企业,其产品的安全性能也引起公众担心。

30日,《晶报》社论版用整版篇幅发表三篇社论,主社论是《我们关注'5·26'车祸,因为深圳是我们的家》,肯定深圳交警为一次车祸连开数场事故通报会的做法,认为"正视并勇于回应公众质疑,是警方职责所在,也展示了其自信和坦诚。而公众对真相的孜孜以求,更体现了对公共事务的关心和对城市的热爱"。社论将事件与深圳形象、深圳人的家园感联系在一起,鼓励公众继续追寻真相。

第二篇社论《飙车"飙"的是什么》,批评了一些人将"飙车"当成一种生活方式,飙车"飙"的是特权,是建立在金钱、身份之上的心理优越感,是对自己以及他人生命的漠视,更提出,"相对于各种雷厉风行的查处醉驾行动,因抓车而被查处并治罪的似乎寥寥无几。正是这种有意无意的放纵,造成了飙车猛于虎的惨烈现实"。

第三篇社论《比亚迪回应社会关切是责任也是契机》,提醒"躺着中枪"的比亚迪主动回应公众的关切,认为"企业回应社会疑问则是体现企业诚信和尊重市场、尊重消费者的必要之举"。

这三篇社论层次清晰,立体感强,呼应各方声音,在舆论喧嚷之际,发出理性声音,既不媚"官声",也不迁就"网声",而是坚定支持还原真相,促使公权行使更公开透明。

30日中午,"深圳市人民检察院"微博宣布介入事故侦查;当日17时,深圳交警召开第三次事故通报会,公布DNA鉴定结果,显示车上物品和血迹均与肇事司机侯某STR分型一致,可确定不存在顶包。同时,"深圳交警"微博发布视频,对视频中肇事者头顶出现的光圈进行释疑。可以说,警方提供的证据更加充分。但事件继续发酵,包括央视、新华社等在内的众多权威媒体都对此事予以了跟踪报道。对此,《晶报》在31日继续以前一天的规模,在社论版上再发三篇社论。

深圳《晶报》对于突发事件及时主动发声,连续多次发表突发新闻评论,主动介入当地突发事件,及时正确地引导了舆论。

2013年10月12日,深圳飙车案在深圳中院一审宣判,酒后驾驶豪华跑车闯红灯超速飙车的肇事司机侯培庆以危害公共安全罪名获刑15年,剥夺政治权利5年

2. 观点鲜明，针对性强

突发新闻评论要针对突发事件产生的影响与人们心中的疑惑，鲜明亮出正确观点，指引突发新闻传播方向。

在2008年5月13日汶川地震发生的第二天，《人民日报》的《人民时评》就发表时评《灾难中凝聚沉着的力量》，指出灾情牵动着党中央国务院的心，也牵动着全国人民的心。胡锦涛总书记发出重要指示、温家宝总理当即赶赴灾区……全国各界迅速行动起来。《人民日报》的这些突发新闻评论针对人民群众普遍关心、与自身利益密切相关的、希望进一步了解的问题、事件，运用评论及时加以阐释与解读。《人民时评》在5月24日发表的《灾难中的孩子选择坚强》中写到"苦难中的孩子已经不再哭泣，他们沉静地拿起书本，他们一脸阳光地奔跑在球场，他们充满好奇地研究各地的好心人捐赠的玩具。尽管，不少孩子永远失去了至亲的人，不少孩子的脸上、手上还有灾难的伤痕，不少孩子晚上只能蜷缩在简陋而拥挤的帐篷内，不少孩子的书包和课本，永远留在了瓦砾堆中……可是，他们不约而同地选择坚强，选择美丽地活下去。"[17]是的，孩子是祖国的花朵，更是家庭的希望。在汶川地震中，孩子无论从身体上还是心灵上都受到严重的创伤，他们中有的失去了至亲的父母、有的失去了要好的同学，温馨的家没有了、漂亮的学校成为废墟，那么他们现在的生活状况如何呢？这都是人们急需了解和关心的问题，《人民时评》选择这些评论内容就大大增强突发新闻评论的针对性。

3. 实事求是，通俗易懂

突发事件发生由于其的突发性与紧迫性，极易在人群中造成恐慌情绪，突发新闻评论必须改变老观念、老格式、老办法，不能照抄文件，图解政策，泛泛而谈，更不能居高临下，指手画脚，脱离实际，远离群众。而要端正位置，从内心深处把读者视为朋友，面对面沟通，心贴心交流，多些释疑解惑，多些循循善诱，多些和风细雨，多些人文关怀，做到持之有故，言之成理，以情感人，以理服人。

正如《人民日报》主管评论工作的副总编辑米博华所说的："全面准确不等于空泛枯燥、套话连篇，说一些永远正确的话，讲一些大而无当的道理。而必须贴近实际、贴近生活、贴近群众，力求使读者在轻松、愉快的阅读中受到教育和启发。"[18]我们说，没有生动活泼，再大的嗓门、再正确的道理也不会入脑入心；同样，没有准确全面，花里胡哨的文字只能是持之无据的空谈。

2008年发生在我国的汶川大地震，是一场震惊全球的大灾难，举国同悲，举世瞩目。这无疑是一个十分沉重的话题，但并不排斥在论述中使用融情于理、动人心魄的语言。《人民日报》于当年6月2日发表的《灾难中挺立伟大的中国》一文（获第十九届中国新闻奖新闻评论一等奖），在评述中国人民抗击天灾的英雄壮举时写道："我们看到为同胞罹难的极度悲痛，看到在危难时刻众志成城的强大凝聚力，看到这场灾难所唤起的高尚品德和伟大情怀。"据说，在修改这篇文稿的时候，作者们都沉浸在情感的波涛中，没有遇到任何认识上的隔膜，感动传递着感动，激情延伸着激情，思考接续着思考，这一切都不由化作有声有色、有情有义、生动绚丽的文字。[19]

4. 传播科学，消除谣言

2011年发生的日本3·11地震与其他国家的地震不同的是，它可以说是一个复合式的灾难：先是地震，然后是海啸，接着是核泄漏。地震和海啸一掠而过，而核电站却在地震后数天一直处于泄漏当中。数十年前，苏联的切尔诺贝利核电站爆炸引发的巨大伤亡和污染不由自主地在很多人的脑海中浮现。在信息不明和对核知识不了解的情况下，我国开始出现了众多的谣言。为了辟谣，包括央视在内的媒体都发布了核辐射不会影响中国的新闻报道。众多媒体也纷纷刊发评论文章，对此进行了澄清。

当年3月16日《珠江晚报》刊发了羽戈的文章《地震谣言有多可怕?》，指出相比于谣言本身，传谣的社会心理更加可怕，更值得重视……信仰与信任破产的另一面，是社会公信力的破产。同日，《京华时报》刊发了百岭的文章《理性对待灾后谣言》，指出民众应该相信科学，很多谣言根本违背基本的科学常识。同时，政府也应该关注民众对信息的需求，及时发布所掌握的信息，用事实说话，平复不必要的恐慌。18日，《北京日报》刊发了《要科学理性对待自然灾害》的文章，指出历史证明，伴随着大自然对人类的每一次打击、每一次教训，人类都会总结与反省，试着去寻找某种规律，提高自我保护的能力。面对突如其来的自然灾害，我们必须学会冷静、科学与理性。

《新京报》刊发的魏英杰的文章《辟谣既要科学又要通俗》一文，对国内一些媒体通俗地传播科学知识提出了褒扬。文中称国家环保部从15日起，除表格式的报告外，以“汇总图”的形式发布全国省会城市和部分地级市辐射环境自动监测站实时连续空气吸收剂量率监测值，可谓典型范例。[20]

这些突发新闻评论都以充分的事实材料，阐述科学道理，及时地制止了谣言传播。

二、不同媒体突发新闻评论的特点

（一）报纸媒体突发新闻评论的特点

报纸仍然是突发新闻评论的中流砥柱。突发新闻评论近年头在国内各媒体发展快速。与互联网、广播、电视等媒体相比，报纸在资讯的短平快、形象传播和编读互动等方面明显处于劣势，只有靠思想的深度和文化的张力才能赢得读者。由此，评论对于报纸的重要性更加凸显。特别是突发新闻报道中报纸的时评起到中流砥柱的作用。

由凤凰网资讯中心评论频道组织发起，清华大学、中国人民大学等八大名校新闻学院院长亲自评选“2014年影响中国的十大评论”，入选的篇目，有《人民日报》的评论《公共辩论，求真比求胜更重要》，《新京报》社论《警惕“训诫中心”异化为新的劳教所》，《长江日报》的《警察打死讨薪者是一场正义危机》等十篇评论。凤凰评论希望通过此次评选，以评论的视角，言论的尺度，对2014年的新闻舆情进行梳理回顾，为读者提供有价值的“精神年货”。[21]这10篇评论有8篇来自报纸，另来自杂志与网络的各有1篇。这里，报纸评论占80%，其中，有6篇是关于突发新闻的评论。

从前述的报纸突发新闻评论的事例中，可以看出报纸媒体积极介入突发事件传播，主动发声引导舆论，由于报纸的突发新闻评论原创性多与权威性强，纷纷为其他媒体转发。《人民日报》高级编辑马小宁说，在新媒体时代，报纸的灵魂是评论，评论代表的是这份报纸向读者所要传达的价值取向。在《人民日报》的国际评论中，目前最受舆论瞩目的是署名为“钟声”的评论。在借助网络获得信息的同时，《人民日报》的评论（包括突发新闻评论）也利用网络传播扩大影响，目前“钟声”评论，外媒转载率接近100%，这已经成为《人民日报》提高国际传播能力建设所取得的成果之一。[22]

（二）广电媒体突发新闻评论的特点

广播、电视媒体突发新闻评论呈现下述特点。

1. 评论角色的多元化

一是与事件相关的专家学者成为最具权威的主要评论者：如2008年中央电视台对“我国南方暴风雪”、“汶川特大地震”及2015年的“天津港爆炸”等一系列重大突发事件进行了全程报道与及时评论。其中与各事件相关的专家学者成为央视该事件最具有权威度的主要评论者。这些专家绝大多是与事件相关的研究领域的知名度与权威度很高的资深研究人员，他们结合事件的进展情况进行评论，增强了评论的权威度，说服力增强。

二是现场记者担负着报道及评论的双重任务：在重大突发事件面前，现场记者的报道，亦是报道亦是评论，不容易区分，从某种程度上来说，其承担着报道与评论的双重任务。就“汶川地震的新闻报道”如央视与央广的现场记者通过电话报道重庆地震的情况，一方面结合自身的感受对现场的真实情况进行报道；另一方面也对地震给重庆带来不同程度的影响进行评论。

三是与事件有直接关系的人员成为事件评论的主要对象：这些人员的言论在一定程度上也具有评论的性质。

2. 评论及时准确，有一定的持续性且有不同的侧重点

重大突发事件评论及时准确。比如“汶川地震”发生后，央视和央广各个主要栏目起初把正确解读地震原因、正确救援、正确的心理安抚等作为评论的重点，体现媒体的社会责任意识。当然，央视和央广对重大突发事件新闻评论有持续性也有侧重点。

3. 舆论导向明确，解释性突显

舆论导向明确。能在第一时间对于时事要闻发表自己的意见和观点，阐明独特的见解与态度，是广电媒体利用自身时效迅速的优势扩大影响力的有效渠道。

解释性凸显。即对事件的来龙去脉，有理有据地展开分析讨论，以科学理论来解释事件发生的现象。

4. 突发新闻评论已成为广电媒体言论立台的重要内容

一个真正有影响力的媒体显然不再仅仅是一个信息发布者那么简单，经它选择和处理过的信息在受众进行有效决策中所起的作用越大，媒体的影响力也就越大。广电媒体的主持人、评论员等担任着信息把关人的角色。他们特别重视突发新闻评论，这个内容已成为其言论立台的重要依托。

（三）网络与新媒体突发新闻评论特点

网络与新媒体突发新闻评论在以下三个方面的特点显得尤为突出。

1. 即时交流、畅所欲言

互联网打破了时间和空间的限制，加上网民身份的隐蔽性，BBS给我们提供了一个空前自由平等的信息发布平台。与传统媒体的突发新闻评论相比，网络突发新闻评论的时效性大大增强，评论内容也将媒体立场、媒体风格、文字、逻辑以及技术等的限制降到最低程度。

2. 意见表达的多元性

与传统媒体突发新闻评论往往反映舆论相对"一律、关注点相对单一相比，网络与新媒体的突发新闻评论参与者众多，论题极为丰富，同一论题的各方见解也是各有千秋。

3. 对某一主题易形成强势传播效果

网络媒体可以采用超链接的形式，使议题不是单条呈现，而是形成一组融新闻、评论、相关背景知识于一体，多角度、多侧面的立体化表达模式。这样的制作，易于引起民众广泛的关注，从而形成强势传播效果。

4. 准入门槛低降低评论质量甚至产生负面影响

网络与新媒体发布的突发新闻评论，由于准入门槛低，人人都有"麦克风"，人人都可发言，特别是微博、微信等自媒体发布者利用碎片化时间，把自己对热点新闻事件的直观看法随时发布，缺乏深思熟虑，容易充斥不文明的用语和十分个人化的偏激思想。面对一条突发新闻，多数发言为一句几句话，甚至可能是/口水帖，这样的评论不可能是理性的探讨和建设性的争论，往往是不负责任的牢骚或漫骂，甚至对突发新闻传播产生负面影响。

三、突发新闻评论的功能

全媒体时代，突发新闻传播的方式发生了翻天覆地的变化，传播技术的发展进步，导致各家媒体在这种条件下很难有自己的独家新闻，然而，媒体对于突发新闻的评论却大有用武之地，各类媒体大可利用自家特长，在突发新闻评论上大展身手。这些评论具有下述功能。

1. 汇聚社会舆情、影响社会舆论

在网络中活跃着一大批见解独到、文风中肯、论评精辟的"民间舆论领袖"。如"强国论坛"的网友"金笔头""强国安民""正在思考""云淡水暖"等。

2. 为政府决策提供参考、促进政府的廉洁高效

广大网友多方意见的反馈给政府决策提供了可贵的参考，群策群力的优势显露无遗。同时，网友的持续的关注与监督，也客观上促进了政府的廉洁高效。

3. 释放社会情绪、培养和提高公民的理性

有了网络与新媒体这样一个释放空间，有利于化解社会矛盾，增强社会认同感，从而实现疏导、安抚的减压作用。

4. 发挥道德评判的作用、对违法违规或不负责任行为进行监督

四、突发新闻评论技巧

（一）突发新闻评论思考的内容

1. 要思考好立论和选题

突发新闻评论与普通的新闻评论一样，要思考好立论和选题。选题是立论的基础，立论是选题的思想升华。如果说选题的主要目的是提出问题，选择议论的方向；那么立论就是经过思考酝酿，提出解决问题的论断和结论。

选择选题可从下述标准衡量：是否具有现实性，是否具有针对性，是否具有思想性。

立论的过程就是判断的过程。要针对突发事件中的问题，直接提出自己的见解和主张，阐明其理由，表明自己的态度。

2. 从立论入手写突发新闻评论的原则

一是要有针对性。主要是指能够有的放矢、针砭时弊，面对矛盾，帮助人们正确认识突发事件出现的一些问题和现象，能够产生积极的社会效应，对矛盾的解决有实实在在的帮助。而不是无病呻吟、夸夸其谈、搞文字游戏、八股文。

二是要有准确性。立论在找准了针对的问题后，首先是准确性。立论违背了准确性，就会失去人们的信赖，甚至直接导致人们思想上和行动上的混乱，酿成错误的舆论导向。立论的准确性主要体现在以下几方面。其一，概念、论断要准确。概念不准确就容易产生歧义，论断不准确就容易引起思想混乱。其二，提法、表述要有“度”。世界上很多事情难就难在对“度”的把握上。立论准确，在文字的提法和表述上也必须掌握好“度”。

三是要有前瞻性。所谓前瞻性指的是对矛盾的发展及其结局要有科学的预见，以便站在时代潮流的前面引导舆论，推动社会的发展。观点要有前瞻性，就必需有敏锐的嗅觉，能够透过现象看到事物的本质，从事物的表面看到事物的根源；还要有洞察力和预见性，能够及时洞察现有的矛盾和预见将会出现的矛盾，尽早去发现事物的内在规律及发展趋势，并设想出解决的办法和途径。

四是观点要有鲜明性

提出的论点应该是旗帜鲜明的，赞成什么，反对什么，要明确表明自己的观点，绝不能模棱两可、暧昧不明。同时，论点应力争有新意，独特新颖。

（二）突发新闻评论需要“过三关”

1. 是非关

突发新闻评论中的新闻事实必须具有强烈的时效性。有经验的记者和编辑都清楚，越是新近发生的突发事件越难把握是非判断标准和报道口径。是非判断是否准确标志着一个媒体的社会评判水平。到底应该如何界定是非曲直，应该非常谨慎，千万不能操之过急。往往一个新近发生的新闻事件最后确定宣传口径，需要资深记者和媒体领导多次磋商，才能在发稿前确定下来。比如，一些城市的出租车司机由于不满意管理

费过多、黑车泛滥、滴滴业务抢生意等问题得不到切实解决，集合了几百辆车准备去上访。在新媒体高度发达的今天，这种事情想瞒是瞒不住的。在主流媒体报道之前，微信、微博等自媒体早就把这个时间发布到了网上。那么，主流媒体在对这件事情进行评论的时候，应该采取什么样的态度呢？如果媒体过多渲染司机的意见，对他们反映的社会问题进行长篇累牍报道，很可能在某种程度上激化矛盾，会使更多的人加入上访的队伍中来。媒体的态度应该是什么呢？第一，客观报道事实，司机聚集是有所诉求的，这一点必须明确。第二，不夸大现实存在的问题，有些司机为了问题得到解决，把道听途说的信息也传递给媒体，记者要学会甄别信息的真假。第三，结合当地政府，统一口径，不鼓励过激的表达诉求方式。第四，从社会和谐角度呼吁各方采取克制，不要影响大多数市民的正常生活。

2. 情感关

在突发新闻评论中，特别是在一些社会热点事件评论中如何表达情感，如何把握情感的关键点，是评论员或一个媒体评论功力的重要标志。例如，在一些群体事件的纠纷中，群众闹事，有些确实因为自己有实际的困难，或是补偿标准不合理，或是因灾祸致贫等。这时候，媒体评论员的情感是很复杂的，首先，同情特困家庭成员，其次，哀其不幸恨其不争。但是在进行突发新闻评论的时候，表达同情和表达批判是不适合放在同一篇文章。在撰写这些突发新闻评论时，就要注意控制情绪，冷静处理，情感表达必须服从突发新闻评论的需要。

3. 政治关

突发新闻评论是各类新闻媒介的政治旗帜，题材的特质决定编辑记者必须善于从政治上辨别事物，在论述中体现一定的政治倾向性。突发新闻评论经常涉及党政工作中的缺点和失误，包括执行决策、工作作风等方面的一些问题。有责任的新闻媒体要以高度负责的态度，以建设者的意识进行新闻监督、撰写评论文章。把握政治导向尤为重要，政治观说白了就是“识大体顾大局”。这就新闻及传播研究是政治关。

突发新闻评论经常会涉及一些重大灾害和突发事件的报道。在评论这些突发事件时候，尤要注意评论的政治态度把握。例如，在一次南方泥石流灾害中，多人遇难，消防部门和各届群众正在积极抢救伤者、搜寻失踪者。这时候，媒体记者还看到了另外的场面，就是有些蒙受灾难之苦的群众质疑救灾不利、预警不及时等。这些问题，在评论中尤其要把握好尺度与分寸，否则不负责任的评论，就会在抗灾救灾的关键时期火上浇油，不仅达不到“帮忙”的效果，反而会造成“添乱”的后果。[23]

一个有作为的评论工作者，总是蕴含着高度的政治敏感性，触觉锐敏，能在风起于青萍之末时就识别到风向，对于新出现的社会动向、社会思潮能敏锐地辨别，清晰地分析，并做出明确的政治判断，从而写作政治态度明确的突发新闻评论。

（三）突发新闻评论的“五化”

相对于普通的新闻评论而言，突发新闻评论在写作与报道上有其特别之法。上海市新闻学会名誉会长、原《新民晚报》总编辑丁法章在《全媒体时代党报评论应对方略》一文中提出的“五化”说，[24]笔者认为值得借鉴：

1. 化被动为主动

人们常说，报纸、广播、电视、网络等新闻媒体是社会公器。然而，令人遗憾的是，在一些地方和新闻单位，一度并未完全遵循新闻传播的规律，特别是针对突发事件未充分发挥突发新闻评论的功能，致使一些突发事件、新闻热点出现后，往往以“不炒作、不互动”为由而保持沉默，这就造成主流媒体特别是党报评论在社会公共事件中的缺位、“失声”。有鉴于此，这时候就特别需要主流媒体尤其是党报评论挺身而出，勇立潮头，及时代表党和人民的根本利益，根据中央精神亮出自己的观点，旗帜鲜明地将多种声音整合起来，形成主流声音，从而确保社会主义核心价值体系的引领，确保构建社会主义和谐社会的主旋律能始终保持积极向上、健康活泼的基调。在各类突发事件、热点新闻面前，我们的主流媒体的突发新闻评论一定要及时准确地抢占舆论引导第一落点，将突发事件舆论引导与事件处置同步推进，第一时间发布权威观点，先入为主，先声夺人，掌握主动，最大限度挤压谣言传播空间，真正占领舆论制高点。

2. 化说教为说理

突发新闻评论要化说教为说理，在指导思想上真正实现“三个转变”：其一，由命令式向讨论式转变。要端正位置，从内心深处把读者视为朋友，面对面沟通，心贴心交流，多些释疑解惑，多些循循善诱，多些和风细雨，多些人文关怀，做到持之有故，言之成理，以情感人，以理服人。其二，由指导式向引导式转变。其主旨是带领，是指引，是指明方向，是选择路径，绝不搞“越俎代庖”“按图索骥”，要立足于把最终的评判权、选择权和决定权交给读者自己。其三，由灌输式向疏导式转变。要以人为本，把读者是否接受，宣传是否有效果放在首位，在为群众分忧、减压、解愁方面有所作为。

3. 化生硬为生动

突发新闻评论的魅力，首先取决于有没有新思想、新观点，同时与引导艺术和表达手法也密切相关，这就涉及文风问题。没有生动活泼，再大的嗓门、再正确的道理也不会入脑入心；同样，没有准确全面，花里胡哨的文字只能是持之无据的空谈。

4. 化单向为双向

突发新闻评论要化单向为双向，把自上而下与自下而上结合起来，把主观愿望与客观效果结合起来。为此，就要努力改变居高临下、唯我独尊的评论诉求方式，注意在“双向互动”上下工夫，既体现党的意志，又反映群众心声；既传达领导声音，又通达社情民意；既对上负责，又对下负责。在这方面，不少主流媒体评论已探索和总结了一些成功的做法，诸如：评论选题应更多地聚焦社会，关注民生，服务百姓，将专业问题社会化、行业问题大众化；对一些有争议的话题，通过设置正方和反方，给公众提供思考问题的不同视角，自己教育自己；对同一个问题，从不同角度和侧面加以讨论，以深化对问题的认识；运用对话和访谈的方式，主要由编辑记者依据特定的新闻事件设置话题，请专家学者发表高见，从而帮助公众提高分析问题和解决问题的能力。

5. 化互动为双赢

今天,新兴媒体已经成为人们获取信息、表达观点的重要途径。网络、手机话语以及网上论坛、博客、微博等,凭借其强大的资源整合能力和独家性、贴近性、交互性等特点,深刻地影响和改变着人们生活的各个领域。传统媒体在新媒体环境下,应该“取其长,补己短”,实现报网互动,加速自身变革,在评论的时效性、鲜明性、贴近性、互动性和群众性上下工夫、见实效。当然,对网络突发新闻评论而言,也应采取同样的态度,网报互学,取“报”之长,补“网”之短,实现双赢。非此,别无他途。

本章小结

突发新闻报道策划具有紧迫性、谨慎性、应变性、连续性和立体性的特点。策划依据有可供传播的客体、读者的获知需求、实现传播的条件。还应遵循取信、创新、变通、实效、可行的原则。策划过程分预备和修正两个阶段。策划进程分比拼速度、比拼广度、比拼深度三个阶段。策划报道形式有三种:即时性报道、连续性报道、总结性报道。全媒体时代突发新闻编辑应为专业编辑和“多媒体编辑”的角色定位。突发新闻编辑理念要更新,讲究平民视角和人情味,对灾难性突发事件新闻报道要注意反思,注重新媒体环境下突发事件报道。掌握突发事件的报道艺术,注意突发事件新闻图片应用原则和注重规范标题。

突发新闻评论,是新闻传播媒体针对突发事件所发表的各种评论形式的总称。具有主动发声,引导舆论;观点鲜明,针对性强;实事求是,通俗易懂;传播科学,消除谣言的特点。不同媒体突发新闻评论的有不同的特点,突发新闻评论的功能主要是汇聚社会舆情、影响社会舆论;为政府决策提供参考、促进政府的廉洁高效;释放社会情绪、培养和提高公民的理性;发挥道德评判的作用、对违法违规或不负责任行为进行监督。突发新闻评论技巧,要思考好立论和选题,需要“过三关”和掌握“五化”。

思考与练习

1. 搜集一家媒体对一个突发事件的全部新闻报道,比如从网上搜集温州晚报关于“7·23”动车事故的报道,从中分析其报道策划过程、策划特点和策划艺术。
2. 传统媒体与融合媒体的编辑角色有何不同?
3. 联系近期突发事件报道,找出不规范的标题,分析其失范的原因,思考防范措施。
4. 谈谈新闻评论在突发事件中的作用,在全媒体环境下,新闻评论出现哪些变化?

参考文献

[1] 蔡雯.新闻传播策划与组织的理论体系建构[EB/OL].新华网,http://news.xinhuanet.com/newmedia/2003-05/31/content_897463.htm

[2] 吴廷俊,夏长勇.对我国公共危机传播的历史回顾与现状分析[J].今传媒,2010(8).

[3] 谢耘耘,曹慎慎,王婷.突发事件报道[M].上海:上海交通大学出版社,2009:61.

[4] 刘晓红.卜卫.《大众传播心理研究》[M],北京:中国电视出版社,2001.
[5] 喻国明.当前中国传媒业发展客观趋势解读[J].中国传媒报告,2005(3).
[6] Quinn S,Filak V F. Convergent Journalism: An Introduction. Elsevier Inc,2005:22.
[7] 莉莎.传统媒体携资源政策集体"触网"[N].第一财经日报,2008-07-31.
[8] 夏涛.夜间突发新闻的编辑技巧[J].视听界,2014(1).
[9] 夏涛.夜间突发新闻的编辑技巧[J].视听界,2014(1).
[10] 郭建良.突发性灾难报道的议程设置——德国《每日镜报》海啸图片报道分析[J].中国记者,2006(1).
[11] 孙钢军.真实的谎言——新闻摄影造假现象剖析[J].新闻爱好者,2006(09).
[12] 冯菊香.突发事件中新闻图片报道的准则[J].湛江师范学院学报,2010(31/2).
[13] 贾连成.人性的讴歌——评邱焰的《母女重逢》[J].新闻前哨,1999(5).
[14] 张玲玲,马雅虹.央视重大突发事件新闻评论特点分析[J].今传媒,2009(12).
[15] 辜晓进.走进美国大报[M].广州:南方日报出版社,2004.
[16] 陈昕瑜.新闻评论贵在积极介入本地突发公共事件[J].新闻记者,2012(7).
[17] 转引自李彬传播学引论[M].北京:[M].北京:新华出版社,1993:142.
[18] 李雪.新闻时评在重大突发事件中的创新与突破[J].新闻采编,2008(6).
[19] 丁法章.全媒体时代党报评论应对方略[J].新闻记者,2012(12).
[20] 同上.
[21] 陈明.论突发事件中新闻评论的舆论引导力[J].媒体时代,2011(8).
[22] 2014年影响中国的十大评论揭晓|时事话题_凤凰评论.
[23] 马小宁:报纸的灵魂是评论让外界更好地理解中国—新闻频道—和讯网.
[24] 冯占国.新闻评论的三个关键点[J]科技传播,2015(8).
[25] 丁法章.全媒体时代党报评论应对方略[J].新闻记者,2012(12).

第十六章 突发新闻报道的舆论引导

学习目标

1. 全媒体时代突发新闻舆论的特点。
2. 突发新闻舆论引导策略。
3. 主流媒体巧借微博微信平台引导舆论。

舆论引导工作牵涉到传播活动的各个环节,但其核心是传受双方的相互关系,是传者及其内容产品是否对受众产生效果。“有效性”作为反映正向效果的质量、强度的概念,成为考察媒体舆论引导工作的重要指标。对于突发事件来说,有效的舆论引导尤为重要。它关乎国家形象和民族形象,关乎事件发展和人民利益,关乎媒体形象和发展。此外,突发事件是信息传播活动的资源富矿,各种媒体在报道中水平各异,舆论引导的有效程度各异,直接反映了媒体的社会形象和品牌形象的高低优劣,影响其以后的发展。

第一节 全媒体时代突发新闻舆论的特点

一、舆论的定义及其特点

(一) 舆论的定义

舆论是在全社会广泛流行的、消除个人观点误差的多数人的共同意见,它是一种社会集体意识和客观存在的精神力量,舆论环境时时刻刻影响着公众的心理、意识和观念。

(二) 舆论的特点

公开性:舆论在公开讨论中形成,又公开表达以实施干预。

公共性:包括舆论指向的公共性和作用目标的公共性,即利益上切近公众,涉及公共利益。

急迫性:涉及的都是近在眼前而迫切需要解决的问题,某种程度上表现出现实功利性。

广泛性:舆论存在范围和影响范围的广泛性。原因在于舆论主体公众聚合的随机和多元,以及意见指向涵盖范围的广阔。

评价性:带有明显的主观倾向。

舆论也有两面性的特征。第一,舆论虽然是公众集中意识倾向的表达,但由于公众认识水平等自身条件的限制和外在客观条件的制约,这种集中意志并不是任何条件下都是正确的；第二，舆论是一把双刃剑，其作用是正负双向的，它的质量存在高下之分，好坏之别；第三，衡量舆论的标准是舆论作用于社会实践的后果，包括直接与间接、短期与长期的结果等。

（三）突发事件舆论特点

1. 突发事件舆论特点

以突发事件为核心而形成的社会舆论有下述特点：一是突发事件舆论形成迅速、突变，传播渠道多元、快捷；二是突发事件舆论具有积聚性和关联性的特点；三是突发事件舆论形成过程具有阶段性；四是突发事件舆论具有风险性和难控性。

2. 新闻媒介与社会舆论

新闻媒介不时介入到舆论产生和起作用的各个环节中。归纳起来主要体现在三个方面：一是反映并代表舆论，二是引发舆论，三是引导舆论。

3. 网络舆论特点

随着网络媒体特别是微博、微信等社会化媒体的快速发展，多数人对多数人的互动化、移动化、及时化传播，消解了传统舆论的传播机制，给传统媒体舆论场带来革命性的变革，使网络舆论呈现出如下特征：

（1）舆论主体的网上强参与和现实弱行动并存

网民对热点议题的关注热情和行为动力大大增强，以实际行动促进着虚拟环境和现实社会“无缝对接”，但其线上参与性和线下能动性并不总是完全对等的，以致在某些重要话题讨论中“网上一呼百应，网下无人到场”。

（2）舆论焦点的稳定和多变

舆论对突发事件的关切点多集中在事件经过、产生后果、应急处置、赔偿修复以及追责情况等。对社会热点的关注则主要集中在公平正义、民生问题、贫富差距、医患关系等方面。可以说，事件自身性质基本上左右着网络舆论的讨论范畴和话题热度。但实际上，在舆情演变的具体过程中，网民同样会对既有热点产生“审美疲劳”并“喜新厌旧”。

（3）网络谣言的酝酿与自净

网络的虚拟性、发帖的匿名性让未经证实的各路消息极易在网络上肆意传播，各类网络谣言不断冲击网民的理性思维，影响舆情演变路径。但是新媒介在承载虚实难辨的海量信息的同时，也推动着具有自净功能的新事物的产生。例如2011年，一批网民自发建立“民间公益辟谣组织”，开辟新浪微博辟谣专区，并最终形成“辟谣联盟”，及时发布辟谣信息，净化网络舆论。[1]

（4）舆论表达的理性和盲动

在近年网络民意不断凸显其作用的过程中，非理性表达也成为网络舆论的一个显著特征，并带来语言暴力、群体极化、网络围攻等现象。尽管网络舆论中含有诸多非理性成分，但是随着信息社会的进步和舆论环境的不断改善，网民的理性精神和责任意识也在逐步增强。

(5) 舆论周期的反复与突变

通常情况下,突发舆情事件在完善的应急管理机制、一定的议程设置和合理的引导投入作用下,其舆论的基本走向和发展周期是可预期的。但是,舆情发展的不稳定性依旧是热点事件的一个重要特征,从网民的自行揭露到相关方的应对方式态度,任何细节和变故都可能引起舆论的多向度发展。

二、突发新闻舆论引导的意义和媒体作用

(一) 突发新闻舆论引导的意义

1. 是维护社会稳定的必然要求

突发公共事件往往是人们关注的焦点和媒体报道的热点,做好突发事件的新闻发布工作,有助于人们了解事实真相,减少各种猜测、传言和谣言,引导舆论,稳定人心;有助于与事件相关的地区和群众及时采取措施,有效地进行防范,最大限度地减少损失;有助于人们正确理解政府和有关部门为处置事件所采取的政策、措施,动员社会各方力量,使事件得到有效的控制和妥善处理。

2. 是树立良好国际形象的必然要求

随着新兴媒体的发展,新闻宣传已无国界,突发公共事件报道做得好坏与否,对于展示一个国家和地区的形象十分重要。人们对于一个经济社会发展处于相对"弱势"的地区和国家的了解和评价,往往是通过其发生突发事件后的新闻报道积累起来的。实践说明,对形象杀伤力最大的是发生突发公共事件后,不报道或报道不好带来的负面影响;突发公共事件的报道往往能反映事发地政府在事件处置过程中,体现出来的执政理念、工作作风、整体素质。

3. 是使"坏事变好事"的重要举措

通过突发公共事件的报道,正面宣传国家的方针政策,是使"坏事变好事"的重要举措。2008年四川汶川发生地震后,党中央、国务院和各级党委政府在果断采取"救人为先"措施的同时,很好地组织了对外新闻发布,得到了全世界人民的大力支持,极大地提升了中国政府和中国人民在世人心目中的地位。如果奉行"只处理,不报道",或"先处理,后报道",或者试图"封堵"消息的做法,既不符合党和政府的要求,实际上也难以做到。

4. 是构建和谐社会的重要手段

当前,国内外形势复杂多变,切实加强应急管理,提高预防和处理突发事件的能力,是构建社会主义和谐社会的一项重要工作。从近年实践情况来看,做好突发事件的新闻发布和舆论引导工作,运用传媒的力量来减缓乃至化解社会矛盾和危机,是维护社会稳定、构建和谐社会的重要手段。

5. 是媒体应承担的责任

对媒体而言,做好突发事件的新闻发布和舆论引导工作是增强自身影响力的重要途径。突发事件考验着新闻媒体的新闻策划能力、组织报道能力、舆论引导能力。媒体

通过对重大突发事件的客观报道来体现自己的权威性、公信力和影响力，并且引导突发事件向消除误解、吸取教训、完善措施、平息事态的正面转化。正确把握突发性事件新闻报道的舆论导向，提高应急报道水平是新时期党和政府对媒体提出的政治要求，也是媒体应承担的社会责任。

（二）媒体加强对突发事件的舆论引导的措施

1. 主动及时客观报道真相

事实证明，在突发事件发生后，社会最需要的是传媒的准确、及时传播，以及立场明确、态度鲜明、导向清晰的评论，赢得舆论引导主动权。

2. 报网融合优势互补

现在，地方各级报纸大都同时办有网站，要抢占第一时间第一个发出声音，首先可以通过网络发布消息，以及时满足受众的需求，将受众的注意力尽可能多地吸引到本媒体来。通过报网联动，将网络上发布的消息与报纸的进一步报道加以整合，形成正确引导舆论走向的合力，使报道更深入地走进受众，扩大舆论影响力。

3. 坚持以人为本

突发性事件，一般由自然灾害及人为事故或价值观念、利益冲突而引发，具有很强的“眼球吸引力”。我们不能搞西方新闻教科书中“坏新闻就是好新闻”那一套，而必须以降低事件对于公众的危害性影响为第一准则，全面承担起主流媒体的政治责任和社会责任。如受突发性事件影响，人们在初期会产生疑惑、紧张、不安情绪，这是正常的。媒体既要及时报道灾情、提供各类相关信息，又要注意把报道重点放在捕捉以人为焦点的新闻上，关注人的命运、人的情感，展现向上、积极的人生态度，使报道更有灵魂和厚度，更有亲和力和影响力。

4. 周密部署

在重大事件面前，媒体既要第一时间出击，赴第一现场采访，也要认真分析研究，精心组织策划，提高前瞻性，增强预判力，挖掘出事件内在的新闻价值。

5. 加强动态引导

突发事件发生后，社会公众对事件发生的起因、过程、危害等十分关心，同时对调查过程、善后工作以及处理结果也密切关注。因此，要做好突发公共事件核心议题、次生议题的分级动态引导，根据各个阶段舆论发展动态，针对已经出现和可能出现的热点议题，提高舆论引导的针对性和实效性。

（三）主流媒体必须做到三点

突发事件网络舆论的信息源主要来自三个方面，一是政府，二是媒体，三是公众。整个社会舆论的发生和发展过程，实际上是各方力量争夺“话语权”的过程，其中媒体充当了“话筒”，成为信息的放大器。在这三者关系中，政府无疑是处于主导地位和起着引领舆论导向作用的。在现实中，尽管很多地方党委和政府对网络舆论监管较为重视，但由于对公众所关注的热点话题和舆论倾向缺乏深入完整的量化分析，错过了舆论引导的最佳时机，使三者关系发生了易位，影响社会稳定的舆论占据了舆论场的主流地位，造成政府被动应付的局面。再者，信息公开不够、不及时，也会造成对突发事件舆论引导的失误。主流媒体应该做到下面三点：

1. 直面热点

主流媒体如果绕开社会热点，就等于把公共舆论场的控制权拱手让给了网络流言。因此，主流媒体必须围绕突发性事件的社会热点和网民关注的问题做新闻，让民众的诉求不断得到释放，也使媒体自身的信息与观点富有社会价值。即使在平时，主流媒体也必须高度关注网络上的信息、事件与言论，主动出击，还原事实，解读热点，以正视听。通过直面热点，树立主流媒体可信、可亲的良好形象。

2. 解剖难点

政府工作的难题往往就是百姓关注的焦点。突发事件难在及时公布真相。针对不实传言，媒体应该与权威部门一起及时开展调查，澄清事实，从而遏制谣言传播扩散。网络谣言是舆论场中的一种毒素，一旦产生，便会迅速繁殖和传播。在其形成期，通常只是少数人作为谣言的发源地相互议论，随之传递给谣言的次级源地，如同"击鼓传花"一样，参与者越来越多，范围越来越广，速度越来越快，形成"病毒式传播"，很快呈燎原之势。当网络谣言为绝大多数公众所接受，传播达到或者接近一种平衡状态时，人们对网络谣言就会深信不疑。如曾经的"网络红人"秦火火（秦志晖），编造在"7·23"事故中遇难的意大利籍旅客获赔三千万欧元，[2]曾引起网民的热议。

3. 亮出观点

突发事件发生后，在互联网的海量信息面前，主流媒体要站在更高层次来观察、整理信息，及时发表评论，亮出观点，赢得舆论引导主动权。

应该清醒地认识到：其一，"捂盖子"的处理方式已经过时；其二，积极回应，掌握网上舆论主动权；其三，网上舆论危机处置水平考验领导执政能力；其四，建立网上舆论引导、处置机制。

事实表明，越早在网络上发布事件消息，越能在第一时间掌握舆论引导主动权，并能较好地引导舆论；越晚处理，越容易造成被动。同时，整个突发事件的网上引导、处置应透明、客观，最大限度满足受众的信息需求，取得他们对事件报道的信任。相反，突发事件发生后，一味地"捂盖子"，试图封锁消息，这在"全民皆记者，信息漫天飞"的网络时代已经是掩耳盗铃了。

三、突发新闻舆论引导原则

（一）正面引导

1. 要"帮忙不添乱"

自然灾害、事故灾难、公共卫生事件固然直接损害了人民群众的生命财产安全，社会安全事件则不仅会直接损害人民利益，还可能影响社会的和谐稳定和长远发展，而社会动荡最终损害的仍是广大人民群众的根本利益。因此，对于突发事件的报道，媒体要化负面为正面，努力从事故、灾害所造成的伤亡险情这些负面信息中，去发现、报道人所表现的伟大精神力量等正面的、积极的东西，从而鼓舞人们克服困难、战胜灾害，动员人们团结一致面对问题解决问题。

如果一味地停留在悲伤指责之中，停留在对灾情损失的展示上，那不仅于事无补，甚至会使人们意志消沉，贻误时机，产生本来可以避免的新的问题。因此，对于负面突发事件的报道，媒体在不隐瞒灾情的同时，要“帮忙不添乱”，进行建设性、鼓劲性的报道。

2. 第一时间引导

对突发事件的发生，人们没有多少思想准备，极易引起流言和谣言，尤其是突发的特大自然灾害会对灾区群众和全国群众的心理产生重大深刻的影响，如果处置不当，会使谣言横行，影响社会安定。因此，对于突发事件，首先要迅速发布各类信息，满足群众的知情权，消除人们认知的不确定性。

第一时间发布各种信息，本身就已实现了有效的舆论引导。一旦重大突发事件发生，即迅速组建报道组在分管台长、社长、总编等的直接领导之下，和其他采编人员、技术保障人员、后勤联络人员等各方力量组成专门机构，启动绿色通道机制，保证快速反应。利用“议程设置”和“沉默的螺旋”，进行主动引导。“议程设置”理论和“沉默的螺旋”理论都表明大众媒介所具有的强大力量，媒介不仅能传播信息，而且在这当中引导和控制了舆论。这种正面社会舆论一旦形成，原先认识有偏差的人就会越来越多地改变认识，社会上的不和谐音、境外某些敌对分子和别有用心者便不敢冒天下之大不韪肆意散发不良意见。

（二）短时间形成很强的凝聚力

不同媒体在信息传播的方式和效果上是不同的，因此，媒体在突发事件报道中的舆论引导如果能从媒体自身特性和优势出发，往往会收到事半功倍的效果。通过几次重大突发事件报道的精彩表现，网络媒体的强大力量已经被受众认可，人民网、新华网成为党和国家领导人了解民意的重要渠道。网络媒体可以用“跟帖”“评论”“留言”等形式在瞬间汇聚大量同类信息，在网友中形成舆论一律，产生强大的舆论攻势，因而在实施有效的舆论引导方面具有得天独厚的优势。

在汶川大地震的报道中，众多电视媒体用大量来自现场的声音、画面进行视频连线、电话连线、记者现场报道，给予广大观众最大程度的真实，让观众对抗震救灾中的动人事迹、感人情怀、高尚人格感同身受、备受鼓舞，从而有效地引导了舆论，推动了抗震救灾的全面展开。其他诸如广播媒体充分运用声音进行形式多样的报道，报纸利用精心设计的版面，手机报利用短小精悍的资讯组合，都尽可能地发挥自己的优势进行最有效的舆论引导。

（三）符合社会道德及大众心理

对于同一起突发事件，不同的受众有不同的接受需求，因此媒体要多角度地报道突发事件，采取多种报道形式来满足受众需求，并在这种满足中巧妙地实现有效舆论引导。那种千篇一律、形式单调的报道只会使受众生厌。同时，突发事件是不断发展的，在事件前期、发展、后期的不同阶段以及随着事件的处理和解决，受众的接受心理也会发生变化，因此媒体必须根据事件发展区别情况，进行有效引导。

2013 年 6 月 8 日，厦门公交纵火案侦破后，新媒体上出现了大量同情犯罪嫌疑人陈水总、抨击当地政府的声音。《厦门日报》分别于 6 月 11 日、13 日刊发了两篇评论——《陈水总如此丧心病狂全社会必须共诛之》《让我们携起手传递正能量》。前一篇，指出陈水总的行为“明显带有报复社会的恶劣性质”，并对网上的“小众舆论”进行谴责。后一篇，却并未论及网上舆论，只是极力自我标榜，讲当地市领导及一般群众在纵火案发生后，是如何救助伤员的。然而两篇评论不但没有产生预期效果，反而引起新媒体舆论反弹。[3]这是个典型的“社会情绪反向”引发负面舆论的案例。如何遏制负面舆论，维护稳定和谐的社会环境，是媒体面临的一个紧迫课题。

（四）长效、关联原则

有人认为突发事件来得突然，影响只会持续一小段时间，因此舆论引导也只需要短期引导。实际上，单个的事件总与某种思想、理念联系着，而这些思想、理念往往持续发挥作用，因此媒体对于突发事件的舆论引导必须将短期引导和长期引导结合起来，进行长效引导。

以厦门纵火案为例，媒体对于这次厦门纵火案的舆论引导就不能仅仅停留在对陈水总的谴责，更应有对 BRT(Bus Rapid Transit，快速公交)有何安全隐患等问题的探讨。

“这次发生大火的 BRT 是老车，如果是新车，后果可能更严重。”厦门市一名不愿透露姓名的 BRT 司机告诉记者，今年厦门新更换约 100 辆 BRT 公交车，更加智能化，必须等车停稳后上下车门才能开启，这无疑会拖延逃生的时间。

据厦门市交通委介绍，厦门快速公交系统 BRT 是国内第一个一次成网的快速公交系统，2008 年 9 月 1 日正式投入使用。BRT 是一种介于快速轨道交通与常规交通之间的新型公共客运系统，通常也被称作“地面上的地铁系统”。其特点是：全时段、全封闭、高架桥式的公交专用道，能够提高快速公交的运营速度和准点率。

如今，快速公交系统 BRT 已逐步成为厦门市民出行的首选交通方式，日客流量从起初的 2.5 万人次到现在平均 26.5 万人次，高峰期突破 30 万人次，占全市公交总客流量的 13%左右。BRT 线路客流量连年高涨，车辆行驶在封闭的快速公交道上，经常处于超负荷状态。

厦门的 BRT 快速公交因其便捷通达而广受市民好评，但也早就有一些市民指出其中蕴藏的安全隐患：一是上下班高峰时期客流量过大，时有超载嫌疑，一旦发生紧急情况，逃生困难。二是司乘人员缺乏消防知识培训和避险技能，把握不住转瞬即逝的逃生之机。三是安检措施没跟上，如果像北京地铁一样逢包必过安检关，当能有效减少公交车上的危险因素。在一个利益多元、矛盾多发的时代，这样的建议绝不多余。[4]

惨案已经发生，再多的哀叹和谴责也无法挽回那些鲜活的生命。我们能做的只是：一方面强化消防意识和安检措施，提升公共交通的安全指数；另一方面主动参与情绪“排爆”，以正能量化解人心的阴暗和冰凉。

因此，掌握一定的舆论引导策略和技巧可以在危机“风起于青萍之末”时，及时发现，及时化解；危机出现后，化险为夷，化“危”为“机”。目前媒体迅速发展，特别是网络媒体发展一日千里，影响无处不在，无时不在，瞬间就能形成“舆论风波”，有关政府和企业应对稍有失误，就会受到媒体更强烈的质疑或批评，引发“舆论审判”，轻则使政府形象受到损害，政府失去公信，重则引发群体性事件，破坏社会稳定，专家认为这已经成为一种新型的公共安全危机。但许多政府和企业领导对这一新的情况还没有做好充分准备，常常在出现危机后不知所措，坐失良机，或频出错招，把小问题激化成大矛盾，给国家造成重大损失。

第二节　突发新闻舆论引导策略

一、突发新闻舆论引导的艺术

从传播实例看突发新闻舆论引导

1. 央视新台址突发火灾

2009年2月9日元宵节，央视新台址突发火灾，消息通过网络媒体在短时间内迅速传播，引发广泛社会反响。这场大火带给人们的思考是多方面的，网络传播不仅在这种突发性事件的消息传播扩散过程中起到了主导作用，而且在舆情导向的形成过程中也呈现出明显的介质载体特征，网络文化的戏谑、消解特性在这场事件的传播和舆情导向形成中一览无余。

据中国人民大学舆论研究所事后进行的抽样调查显示，在灾情面前，持幸灾乐祸态度者以55.5%的比例高居榜首成为网络舆情中的主导，嘲弄言论充斥于事发后的网络评论中。

2. 新媒体传播形成舆情危机

仅仅从传统的突发性灾难角度来解读这场火灾是远远不够的。这场大火除了带来生命财产安全损失之外，更为重要的一点，是它在一个特殊的时间和一个特殊的背景下，经由网络等新媒体的传播，形成了一场舆情危机，这场舆情危机以火灾为导火索，直接指向火灾的受害主体——中央电视台，成为某种非理性情绪集中宣泄的出口。有鉴于此，对于这样的网络舆情发生机制与危机消解处理策略进行研究和探讨是必要的。

中国人民大学舆论研究所以北大方正的方正智思信息搜索平台为工具，选取了新浪网专题“央视新大楼北配楼发生火灾”为样本，从第一条来自北京的网友评论(2009年2月9日22:11:12)开始到2009年2月9日23:59:59的网友评论结束，共3096条评论，占54页，显示样本总数为967条(其余被网站删除)，结合本次研究所收集处理的一些实证数据与一些舆情危机处理个案前例进行探讨，以期从不同角度为本次危机处理应对策略提供参考，为后续危机处理事件提供借鉴。[5]

二、危机应对策略

(一) 快抓早抓

1. 第一时间处理

网民对央视大火的评论数量随着时间的推移和事件获知度的提升并未增加,主要集中在事件发生后的半个小时至一个小时之间,尤其集中在事件发生后的45分钟至60分钟,事件发生一个小时后,网民的评论数量趋于一个定量,即每分钟8~10条。

由此可以看到,从传播扩散到形成网络舆情指向,需要的时间大概就是事发半小时到一个半小时之间,这一段时间是危机处理和对舆情风向进行引导的最佳时机。一旦错过时机,当某种舆情风向成为主流,在“沉默的螺旋”效应下,再想改变舆情风向,难度就会有所增加了。央视火灾是一个新闻热点,但其新闻价值是随着时间推移不断衰减的,如果在灾情发生后采取积极措施应对,不断将新的富含新闻价值的事件引入公众视野,则原有事件触发的情绪会被后续事件动态所覆盖、疏导和转移开来。

2. 真诚应对

在灾难性事故报道中,体现人道主义、人本主义的关怀是一种普遍的传播导向。如果有关方面在事发第一时间内能对事件进行客观报道,为火灾给周边人民生活带来的不便真诚致歉,在火灾尚在进行的过程中即提醒外围市民绕行、附近市民注意生命财产安全,防止大火烟尘危害健康,把对人的关怀放在首位作为报道诉求点,以央视的地位而能有如此之姿态,或许能在网络舆情大势形成之前争取得到更多公众的同情和理解。

3. 关注舆情焦点和方向

在“央视”和“火灾”这一对偏正结构词组中,报道重心是可以有所选择的。“央视”二字触发了公众的复杂情绪,但“火灾”本身危及人民群众生命财产安全,是值得同情和警诫的。

如果在事发第一时间内把舆情焦点引向火灾而淡化“央视”效应,客观报道,真诚致歉,提醒人们重视烟花爆竹燃放危险和消防隐患危险,或许能将舆情焦点从对央视的不满宣泄转移到对灾害性事件本身的思考上来。

(二) 主流媒体调控

1. 主动性议程设置

议程设置是传播学中的重要理论,它探讨大众传媒以赋予各种议题不同程度“显著性”的方式,影响着公众瞩目的焦点和对社会环境的认知的功能和效果,也关注政府议程、媒介议程和公众议程之间的彼此关联与相互转化机制。

在火灾发生后的网络评论中,除了对央视的质疑和不满外,尚有另外一些网民自发对烟花禁改限、燃放烟花陋习、火灾死伤损失等问题进行思考。

如果在危机发生后的舆情形成期,由央视或其他主流媒体主导,开放网络论坛讨论,主动设计讨论议程,放大对烟花由禁改限以及燃放烟花陋习的讨论,唤醒公众和社会强化消防安全意识,征询公众对消防安全程序和应急反应机制构建方面的意见和建议，则不仅可以把公众情绪从对“央视”的批评宣泄牵引到更具建设性的方向，也可一定程度上消解消化公众由本次事件所触发的舆论能量，在感受到“参与式”的尊重后，公众对这一事件的同情心也会进一步增强。

2. 主动报道排除流言扩散

在本次火灾事件中，央视应坦诚客观面对，主动透明报道，排除流言扩散。这是变危机为契机，树立央视新形象的一个机会。

3. 重视舆论领袖和重点人群

由网民评论的地区分布看，由于地域和心理的接近性，北京地区的网民参与评论的热情较为高涨，在所有评论中近 1/3 的评论是由北京的网民做出的，其次是广东、上海和江苏，这说明网民参与评论必须具备一定的物质基础，与当地经济文化水平和互联网的普及率有较大的关联，传播学中的“知沟”理论再次得到了验证，需要特别说明的是，在所有通过手机参与评论的网民中，来自北京地区的也是最多的，再次佐证了以上的论断。

在突发性事件爆发后，有重点地面向灾情“震中”地区和关联人群迅速做出反应，安抚有积极意见形成倾向、传播渠道与传播能力的舆论领袖，是处理舆情危机的关键环节。

（三）传统媒体与网络媒体相结合

央视火灾事件中，传统大众媒体关注最多的是事故的原因和高楼的消防隐患这两个主要问题，采取的还是传统的灾难报道方式，没有过多关注本次火灾事件的特殊性，在回应上没有做出相应调整，与前面汇总得出的网民关注点有很大的“错位”。

应该指出，即使网络舆情目前的社会影响力正处于上升期，也无可否认，传统媒体在社会生活中扮演的主流和导向作用仍然是无可取代的。因此如何发挥传统媒体的优势，在关注网络社情民意的基础上，从选题策划和报道角度方面有针对性地予以调整，一方面要切合受众需求争取更佳的市场表现，另一方面也要对网络舆论舆情进行正向引导，这是媒体应该思考和探讨的问题。

三、危机过后的反思与建议

在本次央视新台址大火发生后，尽管在消防救灾方面反应迅速，但在舆情危机处理方面值得思考。

在一个媒介化时代，尤其是在网络舆情影响力不断提升的大背景下，面对重大事件采取恰当的舆情危机处理手段以及准备行之有效的危机处理预案，应该成为很多机构和单位工作中的常规性重点，要做到预案在先，责任到人，意外事故突发时有专人凭借专业知识进行处理应对，才能更好地防患于未然。

所谓危机处理与危机应对，只是在意外事件发生后短期内通过各种策略性技巧把事件进程向好的方面去牵引，但这些都只能遏制事态于一时，治标不治本。任何危机在爆发前都有一定的潜伏期，危机背后涉及的社会矛盾、管理运作方面的深层问题才是危机过后更值得去深入思考和探讨的。

（一）搭建与媒体的互动平台

定期发布消息，加强交流，增进感情，实现双赢。建立定期的新闻发布会制度，主动、诚恳地加强与媒体的沟通，充分向媒体提供政府工作信息，达到实现政务公开和占领舆论阵地的双重目的。同时，还可以定期或不定期根据工作的需要举办见面恳谈会、听证会等，及时向媒体通报情况，倾听媒体的意见和建议，以赢得媒体的理解和支持。

（二）做好舆论引导的策划

在新政策、新规定以及工作推进中的新举措出台前，预先制定舆论引导的工作方案，以保证舆论引导在前。根据政府工作进展，有计划、分阶段地进行舆论引导，既有效地开展工作，又避免引起媒体的负面炒作。

1. 媒体舆论应对的策略

主要在于通过与媒体的合作，快速收集事件信息，发布官方信息，解疑释惑，最大限度地控制危机信息传播，化解或减少危机造成的损害。其中，突发事件发生后，应该立即启动舆论应急预案，主动联系媒体，力求在第一时间准确发布信息，在信息发布上主要体现三说原则，即抢先说、不断说、统一口径说。及时、坦诚表明官方的立场态度、处置意见和工作进展，才能抢占先机，赢得主动，引导受众理智客观地看待问题，平息萌芽中的受众非理性舆论压力。

2. 媒体舆论应对要抓好的工作

一是逐步建立健全突发事件新闻舆论应急制度、新闻发言人制度、媒体定期联系制度，使政府与媒体之间形成“宣传策划—媒体报道—群众关注—群众支持”的良性互动关系，进一步提升政府部门的良好形象；二是充分利用官方新闻资源，构建权威的新闻发布平台，统一口径，统一新闻源，进行有效管理；三是加强干部培训，把“如何处置群体性事件、如何面对媒体”作为日常教育内容，加强与媒体记者的互动，提高应对媒体的能力；四是把培养高素质的行政人员队伍作为一项长远的工程来抓，建立完善选人、培训、管理、激励机制，逐步提高舆论引导工作的能力，为舆论引导工作的有序开展提供有力保证。

第三节　主流媒体巧借微博微信平台引导舆论

现代信息技术和互联网的快速发展，生成了以互联网为载体的虚拟社会的雏形，网络舆论对现实社会政治、经济、社会、文化的影响越来越大。在新媒体已被公众广泛应用的今天，对突发事件的新闻报道，已不再为官方所独家垄断，传统主流媒体在社会舆论中甚至有被边缘化的危险。有分析称，网络舆论中，微博占了整个舆论的一半以上。[6]而像“天价烟”“飙车案”“房妹案”“表哥案”等这类“焦点”事件，也大都是由微博发起，并很快在网上燃起“漫天大火”。可见，微博已远远超越了传播手段或中性工具的范畴，而带有社会力量，甚至政治势力的属性。

微信是又一种新兴的媒体传播方式。2013 年 12 月 23 日，人民网舆情检测室秘书长祝华新在“传播与国家治理论坛”发言认为，“微信正取代微博，成为网络舆论最为集中的平台”，“网络舆论下沉到相对更私密的微信，如果不加重视，社会的压力就得不到有效释放”。[7]

2014 年 2 月，人民网舆情监测室《2013 年中国互联网舆情分析报告》指出“以微信、微博、新闻客户端为代表，移动互联网在一些突发事件和公共议题上开始成为新信源，我国移动舆论场已初步形成”。[8]

鉴于新媒体的广泛应用，主流媒体要巧借微博微信等新媒体平台引导突发事件的社会舆论。

一、传统媒体借助微博在突发新闻传播中引导舆论

（一）传统媒体法人微博成为传播正能量的主力军

“截至 2013 年 11 月底，我国微博账号总量已经突破 13 亿，仅在新浪、腾讯两个平台上，媒体机构微博账号已达 3.7 万个。媒体法人微博账号理应成为在微博平台传播正能量的主力军，为凝聚改革正能量发挥积极作用。”12 月 4 日，在京举行的媒体法人微博知名账号座谈会上，国务院信息化办公室网络新闻协调局局长刘正荣说。[9]

“北京暴雨，整夜无眠。人民日报官方微博与大家共同守望。为每一位尚未平安到家的人祈福，向每一位仍然奋战在救援一线的人致敬！北京，加油！”2012 年 7 月 22 日凌晨 5 时，伴随着这组文字在人民网和新浪网发出，《人民日报》官方微博正式开始运营。仅仅几个月的时间，“@人民日报”已成为众多媒体微博中舆论影响力很大的微博，这为传统媒体引导网络舆论提供了经验。

媒体法人微博的开通是主流媒体在媒体融合道路上迈出的重要一步。虽然起步较晚，但媒体微博发展非常迅速。新浪平台上仅@人民日报、@新华视点、@央视新闻三家媒体法人微博，在短短一年多时间内就吸引了 3000 多万“粉丝”关注，共发布原创微博 8 万多条，被转评数超过 1 亿次。“媒体法人微博的发展，不仅仅体现在迅速攀升的粉丝数和影响力，更体现在过去以来媒体法人微博对网络舆论生态的改善。”《人民日报》微博运营室主编王舒怀总结人民日报办博 16 个月的经验时这样说。[10]

微博不仅是各种信息交换的集散地，还是众声喧哗的舆论场。“人人都有麦克风”的时代，谣言的危害力也成几何倍数增长。从“金庸被去世”到“抢盐”风波，从“末日预言”到针对多名官员的不实报道，微博谣言时有发生。在与谣言的对抗中，媒体微博站在了最前沿。它们引导公众形成正确的舆论认识网络谣言的害处，主动抵制谣言，号召共建平和理性的公共讨论平台。

媒体微博对网络舆论的改善，更在于媒体在微博平台上逐步建立起来协作机制。以新浪平台为例，报纸微博有 500 多家，电视台微博有 6000 多家，广播电台微博有 3000 多家，包括新华社和中新社等在内的通讯社有近 100 家，可谓是多媒体全覆盖。当有关国计民生的重大新闻发生时，它们互相援引、共享新闻资源；当谣言横行时，它们及时转发正面信息、互相关注，大大提高了辟谣力度，降低了不实言论的危害。[11]

与此同时，媒体微博还是传播正能量的重要阵地。2012年7月28日晚，@人民日报集纳制作了一组北京暴雨中感人至深的志愿者画面，并配发了一条“你好，明天”的文字，其中“你所站立的地方，正是你的中国。你怎么样，中国便怎么样。你是什么，中国便是什么。你有光明，中国便不黑暗。”广受网友传颂。微博中所传递出的爱、无私、勇敢和温情，深深感染了无数人。2014年芦山地震，@央视新闻发布了一条“你若不离不弃，我必生死相依”的微博，讲述地震中“经得起磨难，忍得住分离”的大爱，为地震中的人们传递了爱的能量。

（二）传统媒体微博的特点

网络时代的到来颠覆了传统的“把关人”理论，微博的出现加剧了局面的复杂性，也提供了解决问题的有效方式。与以往不同的是，网络时代的舆论引导需要传统媒体放低身架，真正融入普通百姓的生活。从已有的实践来看，可从以下两方面探讨传统媒体微博的主要特点：

1. 原创性强

与个人微博相比，传统媒体微博大都具有原创性强的特点。例如，《新周刊》的原创性达到68%，人民日报微博的原创性达到95%。[12]

2. 权威性高

与个人微博相比，传统媒体微博的一个突出特点是转发数量多于评论数量。一般来说，“被转发”意味着“被信任”。从这一特点可以看出传统媒体微博占据了权威性的优势。

二、传统媒体借助微信在突发新闻传播中引导舆论

（一）微信在突发新闻传播中的独特优势

“微信，超过三亿人使用的手机应用”，这是腾讯微信官网首页上醒目的一句告白。确如人们所看到的，微信来势凶猛，对于传统媒体来说，应借助微信扩大自己的影响。

2013年4月20日，雅安地震后部分通信网络受阻，电话打不通，在面对突发事件时，微信成为灾害中官民信息最快流动的平台，腾讯于4月20日14:30开通“芦山地震救助”微信公众账号，发布震区最新情况、实用救援信息、寻人和报平安等讯息。据官方统计，在24小时内收到信息7.7万条，用户超4万个，在震后48小时和72小时，该微信账户收到的信息分别达43万条和54万条，用户们积极参与救灾信息传递和网络寻人。中国人民大学新闻学院教授钟新在《雅安地震：微博微信成新利器，传统媒体依旧抢眼》一文中谈到：相比于五年前汶川地震时传统媒体渠道“一家独大”的局面，以微信、微博等自媒体为主的“微救援”平台，在这次“4·20”四川雅安地震救灾中，扮演了重要的角色。[13]

微信，由于较好地连接了人际传播和大众传播的通道，在传播模式上对大众传播模式有颠覆性的影响，在舆论影响上正成为一只举足轻重的“看不见的手”。以微信为代表的社交媒体的兴起，符合在全球范围内由信息技术推动而掀起的媒介革命浪潮。

（二）微信的传播模式挑战传统的舆论监管方式

1. 通过渠道监控内容的传统治理模式已被颠覆

以微信为代表的新媒介在传播渠道上是“私密的”（手机渠道）。而基于“私人关系”

(手机通讯录)和“私人空间”(QQ朋友)发展起来的新媒介场域,政府从一开始就是缺席的。基于移动互联网产生的自媒体,仅从数量上说也是无法监控的“大数据”。

2. 舆论内容的监控也更加困难

微信的传播渠道虽然是私密的,但其传播内容又具有公共属性,从其内容种类来看,政治、经济、文化及健康等公共内容无所不包;从其传播范围来看,一条微信内容可以短时间内在全社会广泛传播。对于在传统媒体主导下的舆论,可以判断其是在“什么级别”的媒体发表的,发表“篇幅”或“时段”有多大,而对于博客、微博主导下的舆论,可以测量的是评论和转发的“数量”,但是某一条微信的传阅量到底有多大,却是难以监测的,因而对于舆论焦点的研判变得非常困难。

3. 微信传播的渗透率更高

微信的“朋友圈”是一种熟人之间的“强关系”,彼此之间的信息传播和态度影响更为容易。同时,这种以“同学”“校友”“兴趣圈”为主的关系网络,颠覆了现实社会中以职业分类为主的关系网络。不同职业群体的信息传播也更为便捷。

如果说以往媒介渠道传播的舆论还是可以测量的,那么微信传播的舆论则更像一只“看不见的手”。而对于舆论引导工作来说,最大的困难莫过于“不知道舆论在哪”,“舆论是什么样子”,“谁是舆论的主体”。如果没有对微信这种新媒介确切的把握,那么在危机事件发生时,它对社会舆论的影响将是难以控制的。

(三) 传统主流媒体与微信的资源互补

传统主流媒体要认识到微信这种新媒体的独特优势,与其资源互补,联姻互通,重大事件发生时,更要巧借微信传播这一新兴平台,准确及时发布真实权威的新闻信息,树立信息主渠道的权威性,同时对事件展开深入全面的报道,可以通过邀请相关部门和专家发布评论指导,保证权威性和深刻性,积极引导舆论。报道中尤其要做到公开透明,“谣言止于公开”,以公开辟流言,以公开引导舆论。如,2013年4月1日《央视新闻》正式认证微信公众账号,上线第一天订户增长数就超过22万,收回用户回复信息12万余条,目前《央视新闻》微信公众平台的订户超过60万,已成为最具影响力的微信公众账号之一。在2014年3月8日马航失联当天,该微信平台发布了多条信息,不但实时追踪事件本身,还公布了包括“一图解读”、外交部应急机制、马航中国办事处电话等多方面讯息,同时开放了回复“盼平安”进入实施滚动播报平台,订户只要回复《央视新闻》“盼平安”三字,即可收到马航实时搜救近况。凭借着强大的资源优势和自身公信力以及积极的舆论导向,主流媒体微信公众平台在重大事件中产生的舆论影响力不可小觑。

三、主流媒体利用微博微信进行舆论引导的策略

根据传统媒体微博微信的特点和已有的一些成功案例,可以从以下几个方面探索提高传统媒体微博微信舆论引导能力的策略。

(一) 提高内容的原创性

一直以来,传统媒体都强调“内容为王”,这练就了传统媒体采编队伍过硬的专业技

能。在微博、微信策划的过程中，注重内容同样重要，原创性高的微博、微信更受欢迎。从人民网舆情监测室的媒体微博排行榜中不难看出，在微博的第一轮较量中，广播电视被远远甩在了后面，排在榜单前列的基本为“笔杆子过硬”的平面媒体，即报纸和杂志。“@人民日报”的迅速成长，与其95%的高质量原创博文内容有着密切的关系。这种原创是纯粹的原创，而不是以别人的稿件为底版的修改稿，或者重复别人发过的消息。因此，传统媒体微博在进一步发展的过程中，应当提高原创性和更新频率。

（二）贴近受众的心理需求

微博、微信是“草根”性质的平台，个体意见在这个平台中具有更强大的力量。传统媒体微博、微信应当俯下身来，与受众“打成一片”，“入乡随俗”。首先，传统媒体应选择贴近民生的话题，要能和老百姓“唠家常”，例如“@人民日报”的经典选题“北京暴雨”“唐慧事件”“你的爱情有起步价吗”“汤圆、元宵你分得清么”等。其次，在微博的固定栏目设置上，“@人民日报”的“你好，明天”用通俗的语言对一天的微博焦点进行评论，在风格上让人有“嬉笑怒骂皆成文章”之感。再次，贴近受众心理需求还体现在谈话的方式和语言的运用上。在这方面，《人民日报》为传统媒体起到了示范作用：2012年11月3日网络热词“屌丝”登上了《人民日报》，两天后即11月5日“元芳，你怎么看”网络经典语，又出现在《人民日报》上。“@人民日报”则用更为通俗的语言，关注更贴近民生的实际。总之，贴近受众心理需求，在尊重个体的微博时代显得尤为重要。

（三）鼓励个体的参与热情

传统媒体微博、微信依据传者身份的不同，可以分为两类。一是传统媒体机构的微博、微信，二是媒体人的微博、微信。前者属于机构微博，后者则为个人微博，二者可以相互促进。因此，媒体机构在策划自己的法人微博的同时，应鼓励记者、编辑等新闻工作者的个体参与热情，以此来推动机构微博、微信影响力的提升。“@人民日报”的一个重要思想即“关注新闻中的人”与“关注那些关注新闻的人”并重。“众人拾柴火焰高”，提高机构微博、微信的影响力不仅要靠一支队伍的孤军奋战，还要发动每一个媒体人的参与热情。

（四）“双微”联动

传统媒体的权威性是其参与网络竞争的优势，传统媒体之间的网上合作可以汇聚权威声音，把媒体引导舆论的能力发挥得更好。

越来越多的人意识到，微博作为强舆论场越来越多地体现出它的媒体价值，而微信则凭借强关系链成为强社交场，通过满足不同的需求，微博、微信正通过信息的闭环共振，产生“共生效应”，进而达到协同发展，更好做到突发新闻传播的舆论引导。

网友既可以通过微博获取信息，也可以通过微信获取服务，两个原本独立的信息源互通，传播效果成倍扩大，服务范围进一步延伸。

而这个闭环信息流使得双微联动，全功能、多触点的新闻传播微“生态”就此产生。

值得一提的是，随着微信公共账户的数量在不断增长，越来越多的党政机关、主流媒体和意见领袖不断入驻微信。

一部分腾讯政务微博已经实现了微博微信在渠道上的打通，例如“北京微博发布厅”便正式更名为“北京微博微信发布厅”，实现了两个平台的联动。这种互通和联动，恰恰证明了微博和微信并非一种取代关系，而是共生发展相互补充的关系，各自发挥着不同的价值。

微信依托强关系在社交领域称雄，微博则利用弱关系的扩散性成为强大的舆论场。在微博发展的顶峰时期，微博曾经比大多数媒体都更深刻地影响到社会的变革，即便在被严格限制的今天，这种媒体影响力依旧巨大。

诚如麦克卢汉所说：“新媒介并不是旧媒介的增加，它永远不会停止对旧媒介的压迫，直到它为旧媒介找到新的形态和地位。”[14]

当报纸、广播、电视等传统媒体开设微博、微信账号时，它们无疑是在广播电视网、电信网与互联网三网融合的背景下为自身发展寻找一条新的路径。纵观近期突发性公共事件的报道，社交媒体迅速发布信息源，传统媒体随后跟进报道的例子不在少数。这种社交媒体先行，传统媒体跟进的形式，在未来突发新闻报道的创新改革中仍会有新的发展。

本章小结

舆论是在全社会广泛流行的、消除个人观点误差的多数人的共同意见。突发事件舆论形成迅速、突变，传播渠道多元、快捷，具有积聚性和关联性的特点，其形成具有阶段性、风险性和难控性。引导突发新闻舆论，妥善处置突发事件，能够维护社会稳定，树立和展示良好的国际形象；是使“坏事变好事”的重要举措，是构建和谐社会的重要手段。做好突发事件的舆论引导工作是媒体应承担的责任。媒体要抢占舆论制高点，主动及时客观地报道事件真相，报网融合、优势互补，以人为本，周密部署，加强动态引导。主流媒体必须做到三点：直面热点、解剖难点、亮出观点。突发新闻舆论引导原则：正面引导；短时间形成很强的凝聚力；符合社会道德及大众心理；长效、关联原则。突发新闻舆论引导策略：第一时间处理；真诚应对；有效牵引舆情关注焦点和方向；主动性议程设置；主动透明报道排除流言扩散；重视舆论领袖和重点人群；传统媒体与网络媒体相结合；注意危机过后的反思与建议。主流媒体应该充分利用新媒体，并巧借微博微信等新媒体平台，“双微”联动，提高内容的原创性，贴近受众的心理需求，鼓励个体的积极参与。让主流媒体法人微博和微信公众号成为在微传播平台上传播正能量的主力军。

思考与练习

1. 突发事件舆论的特点，为什么要加强对突发新闻的舆论引导？
2. 联系近期发生的突发事件，说说新媒体在突发事件舆论形成中所起的作用。
3. 主流媒体在全媒体环境下，如何借用新媒体平台引导突发新闻舆论？

参考文献

[1] 杜积西. 当前我国网络舆论特征及其应对[EB/OL]. 光明网,http://politics. gmw. cn/2012-03/24/content_3829052. htm

[2] 北京朝阳法院召开秦志晖诽谤、寻衅滋事案新闻通报会一新闻中心频道一新华网.

[3] 吕志雄. 从厦门纵火案看"社会情绪反向"下的舆论引导[J]. 新闻爱好者,2013(9).

[4] 吴亚东. 厦门公交纵火案关注点调查　部分高考生仍下落不明[N]. 法制日报,2013-06-10.

[5] 喻国明,陈端. 危机传播的法则与艺术——以央视新台址大火的网络舆情危机及处理策略为例[J]. 新闻与写作,2009(5).

[6] 李宇. 互联网时代突发事件网络舆论引导的路径与方法[J]. 行政管理改革,2014(3).

[7] 王玉珠. 微信舆论场:生成、特征及舆情效能[J]. 情报杂志,2014(7).

[8] 2014:移动舆论场初长成[EB /OL]. [2014-02-17]. 人民网,http://www. people. com. cn

[9] 张世悬. 2013,媒体微博新力量[N]. 人民日报,2013-12-12-20.

[10] 同上.

[11] 同上.

[12] 朱信良. 浅析:传统媒体微博的舆论引导力探析[J]. 青年记者,2013(5).

[13] 马天娇. 浅谈微信在雅安地震中的传播功能[J]. 吉林教育,2013(29).

[14] 弗兰克·秦格龙编,何道宽译. 麦克卢汉精粹[M]. 南京:南京大学出版社. 2000:418.

参考文献

[1] 叶皓.突发事件的舆论引导[M].南京:江苏人民出版社,2009.

[2] 郑盛丰.《人民日报》揭露广西南丹矿难留给人们的启示.新闻战线,2003(9).

[3] 陈力丹.把新闻写作的研究上升到理论层面[A].孙发友.新闻报道写作通论[M].北京:人民出版社,2005.

[4] 麦克卢汉著.何道宽译.理解媒介——人的延伸[M].北京:译林出版社,1964.

[5] 喻国明.媒介方法[M].北京:清华大学出版社,2002.

[6] 钱珺.危机传播中的新媒体研究[M].南京大学,2007.

[7] 谢耘耘,曹慎慎,王婷.突发事件报道[M].上海:上海交通大学出版社,2009.

[8] 石长顺.融合新闻学导论[M].北京:北京大学出版社,2013.

[9] 程曼丽.论“议程设置”在国家形象塑造中的舆论导向作用.北京大学学报,2008,(3).

[10] 李希光.畸变的媒体[M].上海:复旦大学出版社,2004.

[11] 李彬.大众传播学[M].北京:清华大学出版社,2009.

[12] 宫承波.新媒体概论[M].北京:中国广播电视出版社,2007.

[13] 蔡雯,张立伟,崔保国等.新媒体拯救报业[M].广州:南方日报出版社,2012.

[14] 刘海贵.中国报业发展战略[M].上海:上海人民出版社,2006.

[15] 邹建华.微博时代的新闻发布和舆论引导[M].北京:中共中央党校出版社,2012.

[16] 邓新民.自媒体:新媒体发展的最新阶段及其特点[J].探索,2006(2).

[17] 彭兰.网络传播学概论[M].北京:中国人民大学出版社,2009.

[18] 彭文蕊.数字化时代都市报如何转型——以《南方都市报》为例[J].中国报业,2010.

[19] 罗杰·菲德勒.媒介形态变化[M].北京:华夏出版社,2000.

[20] 吴廷俊,夏长勇.对我国公共危机传播的历史回顾与现状分析[J].今传媒,2010(8).

[21] 夏鼎铭.“客观主义报道”辨析[J].《新闻大学》,1988(夏季号).

[22] 顾潜.中西方新闻传播:冲突、交融、共存[M].上海:复旦大学出版社,2003.

[23] 孙玉胜.十年——从改变电视的语态开始[M].北京:三联书店,2003.

[24] [英]桑德斯著.洪伟等译.道德与新闻[M].上海:复旦大学出版社,2007.

[25] 张芹,刘茂华.突发事件报道案例教程[M].上海:上海交通大学出版社,2013.

[26] 张国栋.灾难报道中的人本价值[J].青年记者,2009(2).

[27] 张威.中西比较正面报道与负面报道[J].国际新闻界,1999(1).

[28] 胡波.浅谈突发事件的新媒体传播[J].今传媒,2010(12).

[29] 李普曼著.阎克文等译.公众舆论[M].上海:上海人民出版社.2002.

[30] 迈克尔·里杰斯特著.陈宁,陈向阳译.危机公关[M].上海:复旦大学出版社.1995.

[31] 孙佳乐,谢峥嵘.媒介融合时代重大事件报道新突破[J].青年记者,2010(7).

[32] [英]彼德·罗赛尔.大脑的功能与潜能[M].北京:中国人民大学出版社,1988.

[33] 彭文晋.人才学概说[M].哈尔滨:黑龙江人民出版社,1982.

[34] 刘丽. 报道的深度开掘[J]. 记者摇篮,2009(12).
[35] 王灵书. 论新闻的立体开掘[J]. 新闻与写作,2002(10).
[36] 程世寿. 思维与写作[M]. 北京:新华出版社,1990.
[37] 萨伽德. 认知科学导论[M]. 合肥:中国科学技术大学出版社,1999.
[38] 张立伟. 新闻报道的七个创新机会[J]. 新闻记者,2002(3).
[39] 应金泉. 开掘工作性报道中的"金矿"[J]. 新闻战线,2002(3).
[40] 甘惜分. 新闻学大辞典[M]. 郑州:河南人民出版社,1993.
[41] 恩格斯. 恩格斯致敏·考茨基,《马克思恩格斯选集》第四卷[M]. 北京:人民出版社,1997.
[42] 魏巍. 我怎样写《谁是最可爱的人》[N]. 人民日报,1951-8-19.
[43] 杜若原. 新闻资源的多重利用[J]. 新闻战线,2002(1).
[44] 曹舜奇. 新闻是想出来的[J]. 新闻实践,2002(5).
[45] 陈力丹,张晶晶. "反差"出新闻叙事显力量[J]. 新闻实践,2010(2).
[46] 邵飘萍. 实际应用新闻学[M]. //新闻文存,北京:中国新闻出版社,1987.
[47] 钱学森. 关于形象思维问题的一封信[J]. 中国社会科学,1980(6).
[48] 叶德本,解守阵. 中外新闻界趣闻[M]. 北京:中国新闻出版社,1989.
[49] [瑞士]皮亚杰. 发生认识论原理[M]. 上海:商务印书馆,1997.
[50] 费尔巴哈. 未来与哲学原理[M]. 上海:商务印书馆,1989.
[51] [苏]洛莫夫. 行为社会调节的心理学问题[M]. 莫斯科:莫斯科科学出版社,1976.
[52] 李元授. 新闻信息概论[M]. 武汉:武汉大学出版社,1995.
[53] 朱德泉. 寻找烈火中的"冰点"[J]. 新闻记者,2000(6).
[54] 林玉善. 谈新闻采访提问[J]. 新闻爱好者,1989(10).
[55] 蓝鸿文,展亮,赵绩. 中外记者经验谈[M]. 北京:中国人民大学出版社,1983.
[56] 白红义等.《新闻记者》2012 年虚假新闻研究报告[J]. 新闻记者,2013(1).
[57] 余婷. 西方媒体如何应对新媒体环境下的信息核实[J]. 新闻实践,2011(21).
[58] 韦中华. 突发新闻报道如何避免信息失实[J]. 青年记者,2010(9).
[59] 杨保军. 新闻理论教程[M]. 北京:中国人民大学出版社,2005.
[60] 刘善兴. 新闻采访 36 式[M]. 北京:解放军出版社,2001.
[61] 艾丰. 新闻采访方法论[M]. 北京:人民日报出版社,1982.
[62] 林玉善. 谈新闻采访提问[J]. 新闻爱好者,1989(10).
[63] 杨昱. 突发新闻采访攻略[J]. 南方传媒研究,2009(14).
[64] 叶冬梅. 浅谈采访相对心理的运用[J]. 今传媒,2012(5).
[65] 巩玉花. 新闻采访的社会学内涵[J]. 当代传播,2002(4).
[66] [苏]安德列耶娃. 社会心理学[M]. 天津:南开大学出版社,1986.
[67] 马逸林. 浅谈新闻采访艺术[J]. 新闻传播,2013(2).
[68] 李明华. 时代演进与价值选择[M]. 西安:陕西人民出版社,1992:77.
[69] [美]克特·W. 巴克主编. 社会心理学[M]. 天津:南开大学出版社,1984.
[70] 王志强. 浅议突发事件的采访技巧[J]. 新闻世界,2012(7).
[71] 韩京承. 我们是怎样报道黄植诚驾机起义的? [J]. 解放军报通讯,1982(5).
[72] 程洁. 让一个持枪抢劫犯走上自首之路[J]. 新闻记者,2001(3、7).
[73] 王燕枫. "变味"的月饼,中国新闻出版报,2001-9-24.

[74] 新华社.新华社记者在南丹[J].中国记者.2001(1).
[75] 罗刚.浅析采访主客体间的心理互动[J].安徽大学学报(哲学社会科学版),2001(9).
[76] 刘声东.与采访对象“套近乎”[J].新闻与成才,1989(1).
[77] 林秉贤.社会心理学[M].北京:群众出版社,1985.
[78] 张骏德,刘海贵.新闻心理学[M].合肥:安徽人民出版社,1986.
[79] 对情绪的顺应性[J].新闻爱好者,1991(9).
[80] 杜荣进.中外新闻采写借鉴集成[M].杭州:浙江教育出版社,1997.
[81] 曹日昌.普通心理学(下册)[M].北京:人民教育出版社,1980.
[82] [苏]A. H. 鲁克,情绪与个性(中译本)[M].上海:上海人民出版社,1987.
[83] [美]K. T. 斯托曼.情绪心理学[M].沈阳:辽宁人民出版社,1987.
[84] [美]查尔斯·A. 格拉奇.美国名记者谈采访工作经验[M].北京:新华出版社,1981.
[85] 孙世恺.采访活动方法及其运用[J].新闻爱好者,1986(9).
[86] 郭超人.和英雄的登山队员们在一起[J].新闻业务,1960(6).
[87] 王海燕.生活纪录片采访对象心理及其把握[J].新闻理论研究,2001(1).
[88] 姜圣瑜.观察新闻文体创新走势[J].新闻观察,2002(10).
[89] 石翼.浅谈江永红的选材艺术[J].军事记者,2001(1).
[90] 刘熙载.艺概[M].上海:上海古籍出版社,1978.
[91] 茅盾.怎样阅读文艺作品[M].//茅盾文艺评论集(上册).上海:上海文艺出版社,1980.
[92] 夏衍.把我国电影艺术提高到一个更新的水平[M].//夏衍论创作.上海:上海文艺出版社,1982.
[93] [美]约翰·霍华德·劳逊.戏剧与电影的剧作理论与技巧[M].北京:中国电影出版社,1979.
[94] 詹新惠.网络新闻写作与编辑[M].北京:中国传媒大学出版社,2011.
[95] 徐世访.“用细节还原瑰场”——谈突发新闻的采写技巧[J].新闻知识,2005.(9).
[96] 奥里亚娜·法拉奇著.嵇书佩,乐华,杨顺祥译.风云人物采访记[M].北京:新华出版社,1988.
[97] 董天策,蔡慧,于小雪.当代中国灾难新闻报道模式的演变[J].新闻记者,2010(6).
[98] Quinn S,Filak V F. Convergent Journalism: An Introduction. Elsevier Inc,2005.
[99] 丹尼尔·贝尔著.赵一凡译.资本主义文化矛盾[M] .北京:三联书店,1989.

后 记

教育部于2012年新设“网络与新媒体”专业，全国28所院校率先建立这一新设专业。2013年5月，华中科技大学及华中科技大学武昌分校联合北京大学出版社，在华中科技大学举办“全国高校网络与新媒体专业学科建设”研讨会。我参加了此会，并接受了写作此书的任务。

之所以接受此任务，是因为我从事了30多年的新闻工作，历任《武钢工人报》记者科科长、《武汉晚报》经济部副主任、《今日快报》副总编、《考试指南报》社长兼总编，为《长江日报》报业集团高级记者，亲历了许多突发新闻传播的实际工作；我的新闻作品曾获中国新闻奖一等奖、全国现场短新闻一等奖，个人获得首届全国百佳新闻工作者称号，可以说实际操作经验较为丰富。加之，我在华中科技大学武昌分校任教以来，一直担任新闻写作、突发新闻报道等课程的教学工作，故对于突发新闻报道有较为深刻的了解。

为了写好此书，我于2013年以“全媒体时代突发新闻传播能力培养及教学模式研究”为题，申报了湖北省教育厅“十二五”规划2013年课题并通过立项。

2014年9月，在中南财经政法大学召开湖北省新闻与传播教育学会的媒介融合时代传媒与艺术人才培养学术研讨会，我将上述课题的阶段性成果《论全媒体时代突发新闻传播能力的内容及教学》的论文在会上进行了交流。这些活动的参加与思考，让我更加明晰了本书的逻辑框架。

为了有效地培养学生在全媒体时代突发新闻的传播能力，我从突发新闻传播中的转换过程、发现过程、传播过程入手，将突发新闻传播能力从思维、沟通、写作三大方面概括为九种能力。本书正是以此为脉络进行阐述的。

写作此书过程中得到华中科技大学广播电视研究院院长、博士生导师，华中科技大学武昌分校新闻与法学学院院长石长顺教授等同志的大力支持与协助，也参考了相关的资料并汲取了营养，在此一并表示感谢。

此书因时间所限，成稿匆匆，差错在所难免，希望读者指正。

李　军

2014年12月30日于武汉

21世纪特殊教育创新教材·理论与基础系列

特殊教育的哲学基础 方俊明 主编 29元

特殊教育的医学基础 张婷 主编 32元

融合教育导论 雷江华 主编 28元

特殊教育学 雷江华 方俊明 主编 33元

特殊儿童心理学 方俊明 雷江华 主编 31元

特殊教育史 朱宗顺 主编 36元

特殊教育研究方法（第二版） 杜晓新 宋永宁等 主编 39元

特殊教育发展模式 任颂羔 主编 33元

特殊儿童心理与教育 张巧明 杨广学 主编 36元

21世纪特殊教育创新教材·发展与教育系列

视觉障碍儿童的发展与教育 邓猛 编著 33元

听觉障碍儿童的发展与教育 贺荟中 编著 29元

智力障碍儿童的发展与教育 刘春玲 马红英 编著 32元

学习困难儿童的发展与教育 赵微 编著 32元

自闭症谱系障碍儿童的发展与教育 周念丽 编著 32元

情绪与行为障碍儿童的发展与教育 李闻戈 编著 32元

超常儿童的发展与教育 苏雪云 张旭 编著 31元

21世纪特殊教育创新教材·康复与训练系列

特殊儿童应用行为分析 李芳 李丹 编著 29元

特殊儿童的游戏治疗 周念丽 编著 30元

特殊儿童的美术治疗 孙霞 编著 38元

特殊儿童的音乐治疗 胡世红 编著 32元

特殊儿童的心理治疗 杨广学 编著 32元

特殊教育的辅具与康复 蒋建荣 编著 29元

特殊儿童的感觉统合训练 王和平 编著 45元

孤独症儿童课程与教学设计 王梅 著 37元

自闭谱系障碍儿童早期干预丛书

如何发展自闭谱系障碍儿童的沟通能力 朱晓晨 苏雪云 29.00元

如何理解自闭谱系障碍和早期干预 苏雪云 32.00元

如何发展自闭谱系障碍儿童的社会交往能力 吕梦 杨广学 33.00元

如何发展自闭谱系障碍儿童的自我照料能力 倪萍萍 周波 32.00元

如何在游戏中干预自闭谱系障碍儿童 朱瑞 周念丽 32.00元

如何发展自闭谱系障碍儿童的感知和运动能力 韩文娟，徐芳，王和平 32.00元

如何发展自闭谱系障碍儿童的认知能力 潘前前 杨福义 39.00元

自闭症谱系障碍儿童的发展与教育 周念丽 32.00元

如何通过音乐干预自闭谱系障碍儿童 张正琴 36.00元

如何通过画画干预自闭谱系障碍儿童 张正琴 36.00元

如何运用ACC促进自闭谱系障碍儿童的发展 苏雪云 36.00元

孤独症儿童的关键性技能训练法 李丹 45.00元

自闭症儿童家长辅导手册 雷江华 35.00元

孤独症儿童课程与教学设计 王梅 37.00元

融合教育理论反思与本土化探索 邓猛 58.00元

自闭症谱系障碍儿童团体社交游戏干预 李芳 39.00元

自闭症谱系障碍儿童家庭支持系统 孙玉梅 36.00元

孤独症儿童游戏与康复 王丽英 39.00元

自闭症谱系障碍儿童的家庭康复 孙玉梅 38.00元

特殊学校教育·康复·职业训练丛书（黄建行 雷江华 主编）

信息技术在特殊教育中的应用 55.00元

智障学生职业教育模式 36.00元

特殊教育学校学生康复与训练 59.00元

特殊教育学校校本课程开发 45.00元

特殊教育学校特奥运动项目建设 49.00元

21世纪学前教育规划教材

学前教育管理学 王雯 45元

幼儿园歌曲钢琴伴奏教程 果旭伟 39元

幼儿园舞蹈教学活动设计与指导 董丽 36元

实用乐理与视唱 代苗 35元

如何写好科研项目申请书

[美] 安德鲁·弗里德兰德 等著 28元

教育研究方法：实用指南 [美] 乔伊斯·高尔 等著 98元

高等教育研究：进展与方法 [英] 马尔科姆·泰特 著 25元

如何成为论文写作高手 华莱士 著 32元

参加国际学术会议必须要做的那些事 华莱士 著 32元

如何成为卓越的博士生 布卢姆 著 32元

21世纪高校职业发展读本

如何成为卓越的大学教师 肯·贝恩 著 32元

给大学新教员的建议 罗伯特·博伊斯 著 35元

如何提高学生学习质量 [英] 迈克尔·普洛瑟 等著 35元

学术界的生存智慧 [美] 约翰·达利 等主编 35元

给研究生导师的建议（第2版）

[英] 萨拉·德拉蒙特 等著 30元

21世纪教师教育系列教材·物理教育系列

中学物理微格教学教程（第二版） 张军朋 詹伟琴 王 恬 编著 32元

中学物理科学探究学习评价与案例 张军朋 许桂清 编著 32元

21世纪教育科学系列教材·学科学习心理学系列

数学学习心理学 孔凡哲 曾 峥 编著 29元

语文学习心理学 李 广 主编 29元

化学学习心理学 王后雄 主编 29元

21世纪教育科学系列教材

现代教育技术——信息技术走进新课堂 冯玲玉 主编 39元

教育学学程——模块化理念的教师行动与体验 闫 祯 主编 45元

教师教育技术——从理论到实践 王以宁 主编 36元

教师教育概论 李 进 主编 75元

基础教育哲学 陈建华 著 35元

当代教育行政原理 龚怡祖 编著 37元

教育心理学 李晓东 主编 34元

教育计量学 岳昌君 著 26元

教育经济学 刘志民 著 39元

现代教学论基础 徐继存 赵昌木 主编 35元

现代教育评价教程 吴 钢 著 32元

心理与教育测量 顾海根 主编 28元

高等教育的社会经济学 金子元久 著 32元

信息技术在学科教学中的应用 陈 勇 等编著 33元

网络调查研究方法概论（第二版） 赵国栋 45元

教师资格认定及师范类毕业生上岗考试辅导教材

教育学 余文森 王 晞 主编 26元

教育心理学概论 连 榕 罗丽芳 主编 42元

21世纪教师教育系列教材·学科教学论系列

新理念化学教学论（第二版） 王后雄 主编 45元

新理念科学教学论（第二版） 崔 鸿 张海珠 主编 36元

新理念生物教学论 崔 鸿 郑晓慧 主编 36元

新理念地理教学论（第二版） 李家清 主编 45元

新理念历史教学论（第二版） 杜 芳 主编 33元

新理念思想政治（品德）教学论（第二版）

胡田庚 主编 36元

新理念信息技术教学论（第二版） 吴军其 主编 32元

新理念数学教学论 冯 虹 主编 36元

新理念小学数学教学论 刘京莉 主编 38元

新理念小学语文教学论 易 进 主编 38元

21教师教育系列教材.学科教学技能训练系列

新理念生物教学技能训练（第二版） 崔 鸿 33元

新理念思想政治（品德）教学技能训练（第二版）

胡田庚 赵海山 29元

新理念地理教学技能训练 李家清 32元

新理念化学教学技能训练 王后雄 28元

新理念数学教学技能训练 王光明 36元

王后雄教师教育系列教材

教育考试的理论与方法 王后雄 主编 35元

化学教育测量与评价 王后雄 主编 45元

西方心理学名著译丛

拓扑心理学原理 [德] 库尔德·勒温 32元

系统心理学：绪论 [美] 爱德华·铁钦纳 30元

社会心理学导论 [美] 威廉·麦独孤 36元

思维与语言 [俄] 列夫·维果茨基 30元

人类的学习 [美] 爱德华·桑代克 30元

基础与应用心理学 [德] 雨果·闵斯特伯格 36元

格式塔心理学原理 [美] 库尔特·考夫卡 75元

动物和人的目的性行为 [美] 爱德华·托尔曼 44元

西方心理学史大纲 唐钺 42元

心理学视野中的文学丛书

围城内外——西方经典爱情小说的进化心理学透视 熊哲宏 32元

我爱故我在——西方文学大师的爱情与爱情心理学 熊哲宏 32元

21世纪教学活动设计案例精选丛书（禹明 主编）

初中语文教学活动设计案例精选 23元

初中数学教学活动设计案例精选 30元

初中科学教学活动设计案例精选 27元

初中历史与社会教学活动设计案例精选 30元

初中英语教学活动设计案例精选 26元

初中思想品德教学活动设计案例精选 20元

中小学音乐教学活动设计案例精选 27元

中小学体育（体育与健康）教学活动设计案例精选 25元

中小学美术教学活动设计案例精选 34元

中小学综合实践活动教学活动设计案例精选 27元

小学语文教学活动设计案例精选 29元

小学数学教学活动设计案例精选 33元

小学科学教学活动设计案例精选 32元

小学英语教学活动设计案例精选 25元

小学品德与生活（社会）教学活动设计案例精选 24元

幼儿教育教学活动设计案例精选 39元

全国高校网络与新媒体专业规划教材

文化产业概论 尹章池 38元

网络文化教程 李文明 39元

网络与新媒体评论 杨 娟 38元

数字媒体导论 尹章池 39元

网络新媒体实务 张合斌 39元

网页设计与制作 惠悲荷 39元

突发新闻报道 李 军 39元

视听新媒体节目制作 周建青 45元

21世纪教育技术学精品教材（张景中 主编）

教育技术学导论（第二版） 李 芒 金 林 编著 33元

远程教育原理与技术 王继新 张 屹 编著 41元

教学系统设计理论与实践 杨九民 梁林梅 编著 29元

信息技术教学论 雷体南 叶良明 主编 29元

网络教育资源设计与开发 刘清堂 主编 30元

学与教的理论与方式 刘雍潜 32元

信息技术与课程整合（第二版） 赵呈领 杨 琳 刘清堂 39元

教育技术研究方法 张屹 黄磊 38元

教育技术项目实践 潘克明 32元

21世纪信息传播实验系列教材（徐福荫 黄慕雄 主编）

多媒体软件设计与开发 32元

电视照明·电视音乐音响 26元

播音主持 26元

广告策划与创意 26元

21世纪教师教育系列教材·专业养成系列（赵国栋主编）

微课与慕课设计初级教程 40元

微课与慕课设计高级教程 48元

微课、翻转课堂与慕课实操教程 188元

网络调查研究方法概论（第二版） 49元